2025

KBS 한국어능력시험

기출 동형 모의고사

KB199627

시대에듀

머리글

KBS 한국어능력시험 기출문제 해설 수업을 하면서, 다양한 목적을 가지고 시험을 준비하는 여러분께 학습 내용을 보다 쉽고 정확하게 전달하는 것을 마음속 목표로 삼아 왔습니다.

KBS 한국어능력시험에서 가장 중요한 것은 무조건 '암기'하는 것이 아니라 '이해'하는 것으로, 각 영역의 특성에 따른 '~답게'의 공부법을 강조하기도 하였습니다.

자격증을 취득하기 위한 시험의 특성상 단기간에 결과를 내야 하는 것이 우리의 현실이지만, 그 속에서도 '암기'보다는 '이해'가 먼저임을 잊지 않고 학습하셨으면 합니다.

" KBS 한국어능력시험의 마지막 점검 "

〈KBS 한국어능력시험 기출 동형 모의고사〉를 선택하신 여러분, 그동안의 긴 여정에서 많은 고민이 있었으리라 생각합니다. 그 시간을 견뎌 내고 목표에 한 발짝 다가선 여러분을 응원합니다!

더 나은 미래를 향하는 길에 저와 이 책이 작게나마 도움이 될 수 있기를 바라며…….

저자 노수경 드림

"우리는 운명의 틀을 선택할 권한은 없지만, 그 틀에 넣을 것은 우리가 정하는 것이다."
- 다그 함마르셸드 -

합격의 공식 ▶ 시대에듀

자격증 • 공무원 • 금융/보험 • 면허증 • 언어/외국어 • 검정고시/독학사 • 기업체/취업
이 시대의 모든 합격! 시대에듀에서 합격하세요!
YouTube 접속 ➜ 시대에듀 구독 ➜ [KBS 한국어능력시험] 재생 목록 click!
※ 해당 강의는 어휘 어법 이론 강의이며, 교안은 따로 제공되지 않습니다.

시험 안내

KBS 한국어능력시험은
문화체육관광부 공인번호 제2022-02호로 국가공인자격을 취득하였습니다.

♥ 자격증 활용

KBS 한국어능력시험은 2004년부터 지금까지 KBS 공채시험의 주요 자료로 반영되고 있습니다. 또한 고등학교, 대학교 신입생 모집 시는 물론 국방부 부사관 모집 시, 각종 기관 · 단체에서의 채용 시 가산점을 부여하는 등 많은 분야에서 적극 활용되고 있습니다.

♥ 국가공인자격으로서 학점은행제 인정 확정

자격 학점 인정 기준이란 학점 인정 등에 관한 법률 제7조 제2항 제4호에 의거하여 자격 취득 및 자격 취득에 필요한 교육 과정 이수에 대하여 대학 및 전문대학에서 부여하는 학점에 상응하는 학점을 인정해 주기 위한 기준을 의미합니다. 자격별 학점 인정의 세부 기준은 교육부 장관의 승인을 받아 평생교육원의 장이 정합니다.

1급	2+급	2-급	3+급
10점	8점	5점	3점

시험 안내

◎ 출제 기준

❶ **출제 방식**: 객관식 5지 선다형, 100문항
❷ **출제 배점**: 문항당 균일 배점이 원칙이나 필요시 차등 배점
❸ **출제 수준**: 고등학교 수준의 국어 교육을 정상적으로 받은 사람이 풀 수 있는 수준

◎ 시험 시간

┌──────── 시험 당일 09:30까지 입실, 시험 시간 10:00~12:00(쉬는 시간 없음) ────────┐

듣기·말하기 10:00~10:25(총 25분)	읽기 외 10:25~12:00(총 95분)

◎ 시험 일정

구분	시험일	접수 기간	성적 발표일
82회	2024.12.15.(일)	2024.11.04.(월)~2024.11.29.(금)	2024.12.26.(목)
83회	2025년 2월경	2025년 1월경	
84회	2025년 4월경	2025년 3월경	
85회	2025년 6월경	2025년 5월경	시험일 기준 약 열흘 뒤
86회	2025년 8월경	2025년 7월경	
87회	2025년 10월경	2025년 9월경	

※ 시험 일정은 변경될 수 있으니 반드시 시행처 홈페이지(www.klt.or.kr)를 확인하시기 바랍니다.

◎ 성적 및 등급

❶ KBS 한국어능력시험의 성적은 절대평가가 아닌 KBS의 등급부여시스템으로 산정합니다.
❷ 성적은 성적 조회 개시일로부터 2년간 유효합니다.
❸ 총점은 990점이며, 국가공인자격증은 1급에서 4+급까지 발급합니다.

등급	점수	내용
1급	830~990점	전문가 수준의 뛰어난 한국어 사용 능력을 가지고 있음.
2+급	785~845점	일반인으로서 매우 뛰어난 수준의 한국어 사용 능력을 가지고 있음.
2-급	735~800점	일반인으로서 뛰어난 수준의 한국어 사용 능력을 가지고 있음.
3+급	675~750점	일반인으로서 보통 수준 이상의 한국어 사용 능력을 가지고 있음.
3-급	625~690점	국어 교육을 정상적으로 이수한 일정 수준 이상의 한국어 사용 능력을 가지고 있음.
4+급	535~640점	국어 교육을 정상적으로 이수한 수준의 한국어 사용 능력을 가지고 있음.
4-급	465~550점	고등학교 교육을 이수한 수준의 한국어 사용 능력을 가지고 있음.
무급	10~480점	한국어 사용 능력을 위해 노력해야 함.

※ KBS 한국어능력시험은 시행처 자체 등급부여시스템으로 점수와 등급을 산정하므로 위의 점수는 참고용입니다.

♡ 출제 영역

KBS 한국어능력시험은 이해 능력, 문법 능력, 창안 능력, 국어문화 능력, 표현 능력과 같이 5가지 국어 능력을 측정하는 시험입니다.

이해 능력
(듣기, 읽기)

듣기 능력

강의 · 강연 · 뉴스 · 토론 · 대화 · 인터뷰 자료 등 다양한 구어 담화를 듣고 문제를 해결할 수 있는지를 측정한다.

읽기 능력

문예 · 학술 · 실용 텍스트 등 다양한 텍스트를 주고 글에 대한 사실적 · 추론적 · 비판적 이해 능력을 측정한다.

문법 능력
(어휘, 어법)

어휘력과 문법(어법) 능력

언어의 4대 기능(말하기, 듣기, 읽기, 쓰기)의 기초가 되는 능력으로, 어휘를 풍부하고 적절하게 사용하는 능력과 문법을 정확하게 구사하는 능력을 측정한다.

어휘력

고유어 · 한자어 · 외래어에 대한 이해 및 표현 능력과 4대 어문 규정(한글 맞춤법, 표준어 규정, 외래어 표기법, 로마자 표기법)에 대한 이해 능력, 순화어와 한자(漢字)에 대한 이해 및 사용 능력을 측정한다.

창안 능력
(창의적 언어 능력)

창안 능력

표어 제작, 제목 도출, 아이디어 창안, 창의적 수사, 한자성어(漢字成語) · 속담(俗談) 활용 등의 능력을 측정한다.

국어문화 능력
(국어 교과의 교양적 지식)

국어문화 능력

국어와 관련된 교양 상식에 대한 이해 능력으로, 국어학이나 국문학에 대한 지식을 측정한다.

표현 능력
(쓰기, 말하기)

쓰기 능력

글을 쓸 때 거치는 '주제 선정 ➡ 자료 수집 ➡ 개요(outline) 작성 ➡ 집필 ➡ 퇴고'의 과정을 잘 이해하고 수행할 수 있는지를 측정한다.

말하기 능력

표준 발음법 관련 문항을 포함하여 발표 · 토론 · 협상 · 설득 · 논증 · 표준 화법(언어 예절, 호칭어와 지칭어 사용 등)과 같은 다양한 말하기 상황과 관련된 능력을 측정한다.

출제 유형 분석

시행처에서는 국어 능력을 보다 변별력 있게 평가하기 위하여, 2019년 55회부터 문제 유형에 크고 작은 변화를 주었습니다. 하지만 이제 문제 유형이 비교적 안정화되었으므로, 2025년 시험을 대비하려면 최신 기출문제 유형을 잘 파악하는 것이 중요합니다. 또 일부 문제 유형에 변화가 있더라도 그 문제가 궁극적으로 요구하는 핵심 내용은 다르지 않으므로, 고득점을 위해서는 핵심 이론을 잘 숙지하고 관련 문제를 반복하여 학습하는 것이 좋습니다.

KBS 한국어능력시험은 크게 읽기, 듣기 · 말하기, 어휘, 어법, 창안, 국어문화, 쓰기의 총 7개 영역으로 나누어집니다.

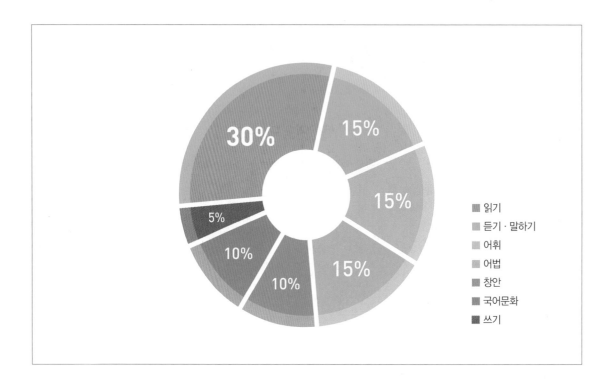

읽기(30문항)

구분	내용
문학 텍스트	문학 텍스트(시 · 소설) 이해하기
	문학 텍스트(시 · 소설) 추론하기
	문학 텍스트(시 · 소설) 비판하기
학술 텍스트	학술 텍스트(인문 · 사회 · 과학 · 예술 등) 이해하기
	학술 텍스트(인문 · 사회 · 과학 · 예술 등) 추론하기
	학술 텍스트(인문 · 사회 · 과학 · 예술 등) 비판하기
실용 텍스트	실용 텍스트(공문 · 보도 자료 · 설명서 · 시각 자료 등) 이해하기
	실용 텍스트(공문 · 보도 자료 · 설명서 · 시각 자료 등) 추론하기
	실용 텍스트(공문 · 보도 자료 · 설명서 · 시각 자료 등) 비판하기

듣기 · 말하기(15문항)

구분	내용
담화 유형 및 상황별 전략	공적 · 사적 대화
	설명 · 강연 · 발표 · 논평 · 뉴스
	설득 · 협상 · 대담 · 토론
공감적 소통	스토리텔링 · 낭독

어법(15문항)

구분	내용
한글 맞춤법	소리에 관한 것
	형태에 관한 것
	띄어쓰기
	그 밖의 것
	문장 부호
표준어 규정	표준어 사정 원칙
	표준 발음법
외래어 표기법	
로마자 표기법	
문장 다듬기	어법에 맞게 다듬기 · 중복 표현 · 번역 투 표현

국어문화(10문항)

구분	내용
국어학	국어사
	국어 문법론
국문학	한국 고전문학
	한국 현대문학
	국문학 이론 및 국문학사
미디어와 국어 생활	남북한 언어 비교
	방송 언어
	근대 광고의 문법 및 리터러시

어휘(15문항)

구분	내용
사전적 의미	고유어의 사전적 의미
	한자어의 사전적 의미
문맥적 의미	고유어의 문맥적 의미
	한자어의 문맥적 의미
	혼동하기 쉬운 어휘
의미 관계	어휘의 관계
	문맥 속 의미 관계
	고유어와 한자어의 의미 관계
	다의어 · 동음이의어
속담, 관용 표현, 한자성어	속담 · 관용 표현
	한자 · 한자성어
국어 순화	한자어 순화
	외래어 순화

창안(10문항)

구분	내용
텍스트 창안	조건에 맞는 내용 생성
	유비추론을 활용한 내용 생성
이미지 창안	추상적 그림을 활용한 내용 생성
	구체적 그림을 활용한 내용 생성
	시각 리터러시

쓰기(5문항)

구분	내용
글쓰기 계획	계획하기
	자료 활용 방안
	개요 작성
고쳐쓰기	미시적 · 거시적 점검

이 책의 구성과 특징

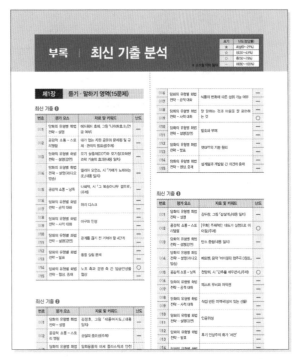

최신 기출 분석

최근 기출문제 중 주요 6회분을 평가 요소·자료 및 키워드·난도를 중심으로 분석하였습니다. '최신 기출 분석'으로 영역별 출제 경향을 파악하고 학습 방향을 잡아 보세요.

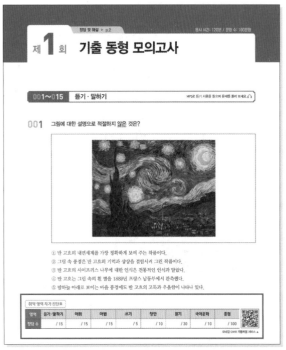

기출 동형 모의고사 4회분

신유형과 빈출 유형을 골고루 수록하였으며, 각 문제의 난도와 유형을 분석하여 고난도·신유형을 아이콘으로 표기하였습니다.
또한 모의고사 매 회차마다 편리하게 채점하고 취약 영역을 자가 진단할 수 있도록 '모바일 OMR 자동채점 서비스'로 연결되는
QR코드와 '취약 영역 자가 진단표'를 수록하였습니다. '기출 동형 모의고사'를 풀며 전략적으로 마무리 학습을 해 보세요.

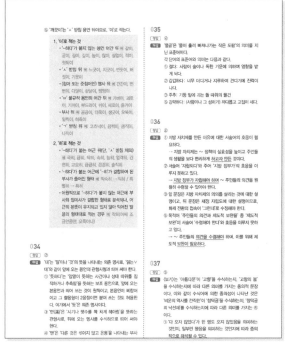

정답 및 해설

학습의 편리함을 위하여 정답 및 해설을 본책에서 분리하였으며, 상세한 해설과 함께 작품 해설 · 오답 선지별 관련 이론 등을 수록하였습니다. '정답 및 해설'로 한번 더 꼼꼼히 복습해 보세요.

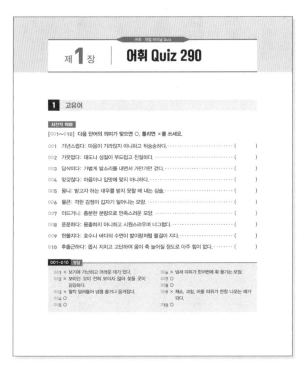
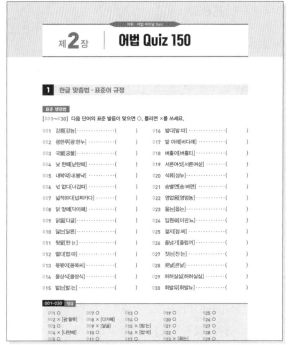

어휘 · 어법 파이널 Quiz

KBS 한국어능력시험 어휘 · 어법 영역의 실제 기출 내용을 단답형 문제로 쉽게 학습할 수 있도록 구성하였습니다. '어휘 · 어법 파이널 Quiz'의 어휘 290제와 어법 150제로 기출 어휘 · 어법을 집중 공략해 보세요.

최신 기출 리포트

📍 제80회 ▮ 2024년 8월 18일(일)

영역(만점)	평균 점수(점)
문법(30)	15.81
이해(40)	32.65
표현(10)	9.28
창안(10)	8.71
국어문화(10)	6.92
합계(100)	73.37

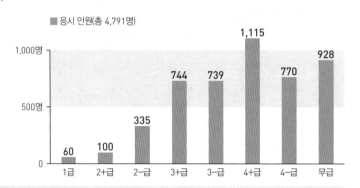

■ 응시 인원(총 4,791명)

1급	2+급	2-급	3+급	3-급	4+급	4-급	무급
60	100	335	744	739	1,115	770	928

총평 직전 회차와 비교하여 응시 인원이 증가해, 중간 등급에 해당하는 3─∼4+ 급의 비율이 하락한 반면 1, 3+, 4─급의 비율은 높아졌습니다. 표준 편차는 8.99, 최고점은 915점이었습니다.

📍 제79회 ▮ 2024년 6월 16일(일)

영역(만점)	평균 점수(점)
문법(30)	15.86
이해(40)	30.92
표현(10)	9.46
창안(10)	9.27
국어문화(10)	6.53
합계(100)	72.03

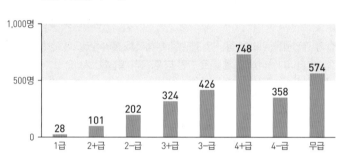

■ 응시 인원(총 2,761명)

1급	2+급	2-급	3+급	3-급	4+급	4-급	무급
28	101	202	324	426	748	358	574

총평 직전 회차와 비교하여 이해과 창안 영역의 난도가 높아져, 중간 등급에 해당하는 3─∼4─급의 비율이 상승한 반면 1급의 비율은 하락했습니다. 표준 편차는 8.96, 최고점은 935점이었습니다.

📍 제78회 ▮ 2024년 4월 21일(일)

영역(만점)	평균 점수(점)
문법(30)	15.60
이해(40)	31.76
표현(10)	8.44
창안(10)	9.28
국어문화(10)	5.78
합계(100)	70.76

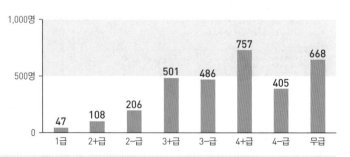

■ 응시 인원(총 3,178명)

1급	2+급	2-급	3+급	3-급	4+급	4-급	무급
47	108	206	501	486	757	405	668

총평 직전 회차와 비교하여 문법과 국어문화 영역의 난도가 높아져, 중간 등급에 해당하는 4+∼4─급의 비율이 하락한 반면 1∼2─급의 비율은 높아졌습니다. 표준 편차는 9.13, 최고점은 935점이었습니다.

제77회 ┃ 2024년 2월 24일(토)

영역(만점)	평균 점수(점)
문법(30)	16.13
이해(40)	29.38
표현(10)	8.85
창안(10)	8.98
국어문화(10)	6.56
합계(100)	69.90

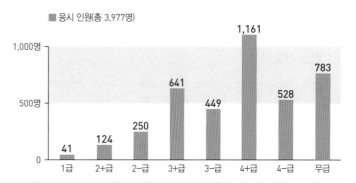

총평 직전 회차와 비교하여 국어문화 영역의 난도는 낮아지고 이해 영역의 난도는 높아져, 중간 등급에 해당하는 3-급의 비율이 하락한 반면 나머지 급수의 비율은 전반적으로 상승하였습니다. 표준편차는 8.88점, 최고점은 955점이었습니다.

제76회 ┃ 2023년 12월 19일(일)

영역(만점)	평균 점수(점)
문법(30)	16.50
이해(40)	30.81
표현(10)	9.27
창안(10)	8.15
국어문화(10)	5.21
합계(100)	69.94

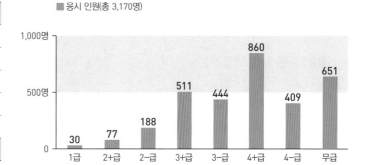

총평 직전 회차와 비교하여 문법 영역의 난도는 낮아지고 이해 · 창안 · 국어문화 영역의 난도는 높아져, 중간 등급에 해당하는 3-급의 비율이 하락한 반면 나머지 급수의 비율은 전반적으로 상승하였습니다. 표준편차는 9.55점, 최고점은 885점이었습니다.

제75회 ┃ 2023년 10월 15일(일)

영역(만점)	평균 점수(점)
문법(30)	14.98
이해(40)	32.08
표현(10)	8.84
창안(10)	9.08
국어문화(10)	7.17
합계(100)	72.15

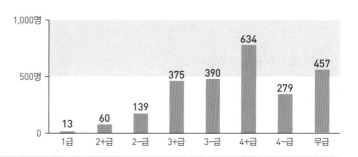

총평 직전 회차와 비교하여 이해 · 표현 · 국어문화 영역의 난도가 낮아져, 중간 등급에 해당하는 3+, 3-급의 비율이 두드러지게 상승한 반면 1급의 비율은 하락하였습니다. 표준편차는 9.39점, 최고점은 905점이었습니다.

이 책의 차례

부록

본책 | 기출 동형 모의고사

책 속의 책 | 정답 및 해설

부록

최신 기출 분석

표기	난도(정답률)
★	최상(0~29%)
☆	상(30~49%)
○	중(50~79%)
—	하(80~100%)

※ 소수점 이하 절사

제1장 | 듣기 · 말하기 영역(15문제)

최신 기출 ❶

번호	평가 요소	자료 및 키워드	난도
001	담화의 유형별 화법 전략 – 설명	에드워드 호퍼, 그림 「나이트호크」(언급 여부)	—
002	공감적 소통 – 스토리텔링	대가 없는 자원 공유의 문제점 및 규제 · 관리의 필요성(주제)	—
003	담화의 유형별 화법 전략 – 설명(강연)	모기 살충제(DDT)와 모기장(오래된 과학 기술의 효과)(내용 일치)	—
004	담화의 유형별 화법 전략 – 설명(라디오 방송)	델리아 오언스, 시 「가재가 노래하는 곳」(내용 일치)	—
005	공감적 소통 – 낭독	나희덕, 시 「그 복숭아나무 곁으로」(주제)	—
006	담화의 유형별 화법 전략 – 공적 대화	허리 디스크	—
007			—
008	담화의 유형별 화법 전략 – 사적 대화	야구와 인생	—
009			—
010	담화의 유형별 화법 전략 – 설명(강연)	관계를 끊기 전 거쳐야 할 4단계	—
011			—
012	담화의 유형별 화법 전략 – 발표	동물 실험 문제	—
013			—
014	담화의 유형별 화법 전략 – 협상, 중재	노조 측과 경영 측 간 임금인상률 협상	○
015			—

최신 기출 ❷

번호	평가 요소	자료 및 키워드	난도
001	담화의 유형별 화법 전략 – 설명	김정호, 그림 「대동여지도」(내용 일치)	—
002	공감적 소통 – 스토리 텔링	성실의 중요성(주제)	—
003	담화의 유형별 화법 전략 – 설명(강연)	일회용품의 미세 플라스틱과 안전 관리의 필요성(내용 일치)	—
004	담화의 유형별 화법 전략 – 설명(라디오 방송)	영화 「쇼생크 탈출」 속 모차르트, 음악 '피가로의 결혼 중 저녁 바람이 부드럽게'	—
005	공감적 소통 – 낭독	천양희, 시 「그 사람의 손을 보면」(긍정의 대상)	—

번호	평가 요소	자료 및 키워드	난도
006	담화의 유형별 화법 전략 – 공적 대화	식품의 변화에 따른 섭취 가능 여부	—
007			—
008	담화의 유형별 화법 전략 – 사적 대화	잘 말하는 것과 마음을 잘 표현하는 것	—
009			○
010	담화의 유형별 화법 전략 – 설명(강연)	발효와 부패	—
011			—
012	담화의 유형별 화법 전략 – 발표	챗GPT의 기본 원리	—
013			—
014	담화의 유형별 화법 전략 – 협상, 중재	설계팀과 개발팀 간 의견차 중재	—
015			—

최신 기출 ❸

번호	평가 요소	자료 및 키워드	난도
001	담화의 유형별 화법 전략 – 설명	김두량, 그림 「삽살개」(내용 일치)	—
002	공감적 소통 – 스토리텔링	[우화] 주체적인 태도가 실천으로 이어짐.(주제)	○
003	담화의 유형별 화법 전략 – 설명(강연)	탄소 중립(내용 일치)	—
004	담화의 유형별 화법 전략 – 설명(라디오 방송)	베토벤, 음악 「바이올린 협주곡 D장조」	—
005	공감적 소통 – 낭독	천양희, 시 「단추를 채우면서」(주제)	○
006	담화의 유형별 화법 전략 – 공적 대화	패스트 무비와 저작권	—
007			—
008	담화의 유형별 화법 전략 – 사적 대화	직접 만든 미역국(성의 있는 선물)	—
009			—
010	담화의 유형별 화법 전략 – 설명(강연)	인공위성	—
011			—
012	담화의 유형별 화법 전략 – 발표	후기 인상주의 화가 '세잔'	—
013			—
014	담화의 유형별 화법 전략 – 협상, 중재	지시 업무 내용	—
015			—

최신 기출 ❹

번호	평가 요소	자료 및 키워드	난도
001	담화의 유형별 화법 전략 – 설명	김홍도, 그림 「씨름도」(내용 일치)	—
002	공감적 소통 – 스토리텔링	[우화] 이성만으로는 동일 가치의 대상 중 우월한 것을 고를 수 없음.(주제)	—
003	담화의 유형별 화법 전략 – 설명(강연)	단수 가격 전략(내용 일치)	—
004	담화의 유형별 화법 전략 – 설명(라디오 방송)	영화 「싱 스트리트」	—
005	공감적 소통 – 낭독	정지용, 시 「춘설」(주제)	—
006	담화의 유형별 화법 전략 – 공적 대화	위협받는 바다 돌고래와 보호 대책	—
007			—
008	담화의 유형별 화법 전략 – 사적 대화	부부가 집에 없을 때 부부의 각 부모님의 자유로운 집 출입에 대한 의견 차이	—
009			○
010	담화의 유형별 화법 전략 – 설명(라디오 방송)	만 나이	—
011			—
012	담화의 유형별 화법 전략 – 발표	맛있는 라면을 끓이는 방법과 과학 현상·공학적 접근	○
013			—
014	담화의 유형별 화법 전략 – 협상, 중재	업무 시 적극적 의사소통의 필요성	—
015			○

최신 기출 ❺

번호	평가 요소	자료 및 키워드	난도
001	담화의 유형별 화법 전략 – 설명	모네, 그림 「인상, 해돋이」(내용 일치)	—
002	공감적 소통 – 스토리텔링	[우화] 양보의 중요성(주제)	—
003	담화의 유형별 화법 전략 – 설명(강연)	물가(내용 일치)	—
004	담화의 유형별 화법 전략 – 설명(라디오 방송)	영화 「스탠드 바이 미」 속 벤저민 얼 킹, 노래 '스탠드 바이 미'	○
005	공감적 소통 – 낭독	김종길, 시 「고고(孤高)」('높이'의 대상)	☆
006	담화의 유형별 화법 전략 – 공적 대화	유통 기한과 소비 기한	—
007			○
008	담화의 유형별 화법 전략 – 사적 대화	행복에 대한 시각 차이	○
009			—
010	담화의 유형별 화법 전략 – 설명(강연)	유전자 가위 기술	—
011			—
012	담화의 유형별 화법 전략 – 발표	가우디의 건축물	—
013			—
014	담화의 유형별 화법 전략 – 협상, 중재	공동 체육 시설 야간 개방	—
015			—

최신 기출 ❻

번호	평가 요소	자료 및 키워드	난도
001	담화의 유형별 화법 전략 – 설명	얀 베르메르, 그림 「진주 귀걸이를 한 소녀」(내용 일치)	—
002	공감적 소통 – 스토리텔링	[역사] 정호가 80세에 심은 배나무	○
003	담화의 유형별 화법 전략 – 설명(강연)	항아리 냉장고와 페달 세탁기	—
004	담화의 유형별 화법 전략 – 설명(라디오 방송)	영화 「미술관 옆 동물원」 속 에드워드 엘가, 노래 '사랑의 인사'	—
005	공감적 소통 – 낭독	강현호, 시 「새싹」(묘사 대상)	○
006	담화의 유형별 화법 전략 – 공적 대화	화면 해설 작가	—
007			—
008	담화의 유형별 화법 전략 – 사적 대화	재혼을 원하는 아버지와 이를 반대하는 가족 간 의견 차이	—
009			—
010	담화의 유형별 화법 전략 – 설명	한국의 김치와 중국의 파오차이의 차이	—
011			—
012	담화의 유형별 화법 전략 – 발표	촉법소년 연령의 기준과 소년 범죄의 예방	—
013			—
014	담화의 유형별 화법 전략 – 협상, 중재	대형견 입마개 의무화	—
015			○

듣기·말하기 영역 기출 경향 및 학습 TIP

듣기·말하기 영역은 다양한 담화를 듣고 문제를 해결할 수 있는지를 묻는다. 개별 문제와 묶음 문제로 구성되어 있으며, 전반적으로 난도가 크게 높지 않다. 또한 담화의 유형과 그 순서가 고정된 편이라 기출 동형 문제를 반복하여 풀다 보면 문제를 풀면서 다음 담화의 유형을 예측할 수 있다. 묶음 문제의 경우 듣기 문제와 말하기 문제를 동시에 해결해야 하므로 다소 까다롭게 느껴질 수 있지만, 주로 듣기 문제는 내용 일치 여부를, 말하기 문제는 말하기 방식 또는 내용 구성 전략을 물으므로, 일치 여부를 확인해야 하는 듣기 문제를 중심으로 방송을 듣되 동시에 담화의 전반적인 논리의 흐름을 이해하면 말하기 문제도 쉽게 풀 수 있다. 대체로 15번에 출제되는 '협상, 중재' 담화 역시 갈등의 원인 또는 갈등 해결 방식을 물으므로 담화의 형태만 다를 뿐 궁극적으로는 같은 것을 묻고 있는 것이다. 이에 방송이 시작되기 전에 방송될 다음 문제를 미리 읽어 두고 내용을 놓치지 않도록 주의하는 것이 가장 중요하다.

최신 기출 ❶

번호	평가 요소	자료 및 키워드	난도
016	어휘의 사전적 의미 – 고유어의 사전적 의미	간종이다, 답삭이다, 바장이다, 아작이다, 자박이다	☆
017	어휘의 사전적 의미 – 한자어의 사전적 의미	빈축(嚬蹙/顰蹙), 저간(這間), 터득(攄得), 눌변(訥辯), 준동(蠢動)	○
018	어휘의 문맥적 의미 – 고유어의 문맥적 의미	깜냥, 주눅, 티격, 닦달, 울력	—
019	어휘의 문맥적 의미 – 한자어의 문맥적 의미	사주(使嗾), 영수(領袖), 공박(攻駁), 묵계(默契), 공방(攻防)	○
020	어휘의 문맥적 의미 – 한자어의 문맥적 의미	균열(龜裂), 연패(連敗), 유세(遊說)	☆
021	어휘의 문맥적 의미 – 혼동하기 쉬운 어휘의 구별	금새, 안치다(안쳐), 걸치다(걸쳐), 부시다(부셔)/부수다(부숴), 가름	★
022	어휘 간의 의미 관계 – 다의어와 동음이의어	머리	★
023	어휘 간의 의미 관계 – 어휘의 관계	[상하 관계] 포유류 – 고래, 국경일 – 한글날	—
024	어휘 간의 의미 관계 – 고유어와 한자어	오르다 → 등재(登載)되다, 상륙(上陸)하다, 즉위(卽位)하다, 탑승(搭乘)하다	—
025	어휘 간의 의미 관계 – 어휘의 관계	[반의 관계] 차지다 ↔ 메지다	☆
026	속담 및 관용 표현 – 속담	겉치레 치중 경계(당나귀 귀 치레, 속저고리 벗고 은반지, 더벅머리 댕기 치레하듯, 치장 차리다가 신주 개 물려 보낸다)	○
027	속담 및 관용 표현 – 한자성어	각골난망(刻骨難忘), 부화뇌동(附和雷同), 수불석권(手不釋卷), 양두구육(羊頭狗肉), 종두득두(種豆得豆)	☆
028	속담 및 관용 표현 – 관용 표현	얼굴에 씌어 있다, 얼굴을 내밀다, 얼굴을 들다, 얼굴을 보다, 얼굴이 넓다/얼굴이 두껍다	—
029	국어 순화 – 한자어의 순화	등재(登載)하다, 유기(遺棄)하다, 익월(翌月), 일부인(日附印), 제반(諸般)	☆
030	국어 순화 – 외래어의 순화	드라이브스루(drive – through), 레시피(recipe), 리클라이너(recliner), 무라벨(無label), 스포티하다(sporty – –)	○

최신 기출 ❷

번호	평가 요소	자료 및 키워드	난도
016	어휘의 사전적 의미 – 고유어의 사전적 의미	곰비임비, 다문다문, 숭굴숭굴, 이드거니, 헤실바실	☆
017	어휘의 사전적 의미 – 한자어의 사전적 의미	각축(角逐), 구설(口舌), 분탕(焚蕩), 염두(念頭), 혼신(渾身)	☆
018	어휘의 문맥적 의미 – 고유어의 문맥적 의미	곰살궂다, 내숭스럽다, 덩둘하다, 되통스럽다, 푼푼하다	—
019	어휘의 문맥적 의미 – 한자어의 문맥적 의미	각출(各出), 도탄(塗炭), 아성(牙城), 일신(一身), 저간(這間)	★
020	어휘의 문맥적 의미 – 한자어의 문맥적 의미	정상(頂上, 正常, 情狀)	—
021	어휘의 문맥적 의미 – 혼동하기 쉬운 어휘의 구별	낙낙하다, 마뜩하다, 맵자하다/맵싸하다, 머쓱하다, 멀쑥하다	★
022	어휘 간의 의미 관계 – 다의어와 동음이의어	꼭, 똑, 맨, 쓱, 텅	☆
023	어휘 간의 의미 관계 – 어휘의 관계	[상하 관계] 물고기 – 붕어, 수사(修辭) – 비유(比喩), 절기(節氣) – 청명(淸明), 재난(災難) – 지진(地震), 화폐(貨幣) – 지폐(紙幣)	○
024	어휘 간의 의미 관계 – 고유어와 한자어	구역(嘔逆), 기로(岐路), 모공(毛孔), 산미(酸味)	☆
025	어휘 간의 의미 관계 – 어휘의 관계	[반의 관계] 벗다 ↔ 끼다, 쓰다, 신다, 차다	—
026	속담 및 관용 표현 – 속담	감기는 밥상머리에서 물러간다, 내리사랑은 있어도 치사랑은 없다, 도둑이 매를 든다, 비 온 뒤에 땅이 굳어진다, 팥으로 메주를 쑨대도 곧이듣는다	—
027	속담 및 관용 표현 – 한자성어	견마지로(犬馬之勞), 견원지간(犬猿之間), 고육지책(苦肉之策), 낭중지추(囊中之錐), 조족지혈(鳥足之血)	○
028	속담 및 관용 표현 – 관용 표현	귀가 열리다, 낯이 두껍다, 눈이 높다, 입이 천 근 같다, 코가 비뚤어지다	○
029	국어 순화 – 한자어의 순화	명기(明記)하다, 불하(拂下)하다, 시건장치(施鍵裝置), 지참(遲參)하다, 취부(取付)하다	☆
030	국어 순화 – 외래어의 순화	굿즈(goods), 론칭(launching), 브이로그(vlog), 오픈 마켓(open market), 케어 푸드(care food)	○

번호	평가 요소	자료 및 키워드	난도
016	어휘의 사전적 의미 – 고유어의 사전적 의미	넘실넘실, 달랑달랑, 알랑알랑, 알록알록, 일렁일렁	★
017	어휘의 사전적 의미 – 한자어의 사전적 의미	두각(頭角), 두찬(杜撰), 불초(不肖), 숙맥(菽麥), 일축(一蹴)	★
018	어휘의 문맥적 의미 – 고유어의 문맥적 의미	가뭇없이, 가없이, 물색없이, 하릴없이, 하염없이	☆
019	어휘의 문맥적 의미 – 한자어의 문맥적 의미	대미(大尾), 애환(哀歡), 유례(類例), 유해(遺骸), 질곡(桎梏)	○
020	어휘의 문맥적 의미 – 한자어의 문맥적 의미	봉우(逢遇)하다, 상봉(相逢)하다, 조봉(遭逢)하다, 조우(遭遇)하다, 해후(邂逅)하다	★
021	어휘의 문맥적 의미 – 혼동하기 쉬운 어휘의 구별	갑절/곱절, 메다/매다, 붓다/붇다, 빌다/빌리다, 여위다/여의다	○
022	어휘 간의 의미 관계 – 다의어와 동음이의어	곱다, 다리, 채, 치다, 품	★
023	어휘 간의 의미 관계 – 어휘의 관계	[상하 관계] 나물 – 두릅, 액체 – 물, 익히다 – 데치다, 자동차 – 승용차, 항성 – 태양	○
024	어휘 간의 의미 관계 – 고유어와 한자어	고치다 → 개량(改良)하다, 교정(校訂)하다, 변경(變更)하다, 수리(修理)하다, 정정(訂正)하다	—
025	어휘 간의 의미 관계 – 어휘의 관계	[등급 반의 관계] 높다 – 낮다, 뜨겁다 – 차갑다, 무겁다 – 가볍다, 빠르다 – 느리다, 크다 – 작다	—
026	속담 및 관용 표현 – 속담	목표 달성을 위한 노력의 중요성(걸음새 뜬 소가 천 리를 간다, 구르는 돌은 이끼가 안 낀다, 쇠붙이도 늘 닦지 않으면 빛을 잃는다, 열 번 갈아서 안 드는 도끼가 없다)	—
027	속담 및 관용 표현 – 한자성어	누란지위(累卵之危), 문전성시(門前成市), 미사여구(美辭麗句), 반면교사(反面教師), 화중지병(畫中之餅)	○
028	속담 및 관용 표현 – 관용 표현	머리가 굵다, 머리가 깨다, 머리가 무겁다, 머리를 들다, 머리를 쥐어짜다	★
029	국어 순화 – 한자어의 순화	가가호호(家家戶戶), 고수부지(高水敷地), 공사다망(公私多忙), 과당경쟁(過當競爭), 주야장천(晝夜長川)	—
030	국어 순화 – 외래어의 순화	램프(ramp), 스크린 도어(screen door), 오티티(OTT), 파일럿 프로그램(pilot program), 포토존(photo zone)	☆

번호	평가 요소	자료 및 키워드	난도
016	어휘의 사전적 의미 – 고유어의 사전적 의미	넌출지다, 덩이지다, 이랑지다, 한물지다, 흐벅지다	☆
017	어휘의 사전적 의미 – 한자어의 사전적 의미	거식증(拒食症), 미증유(未曾有), 사자후(獅子吼), 선정성(煽情性), 편집성(偏執性)	○
018	어휘의 문맥적 의미 – 고유어의 문맥적 의미	건듯, 더러, 마냥, 바투, 부러	—
019	어휘의 문맥적 의미 – 한자어의 문맥적 의미	격조(隔阻)하다, 구조(久阻)하다, 구활(久闊)하다, 우활(迂闊)하다, 적조(積阻)하다	★
020	어휘의 문맥적 의미 – 한자어의 문맥적 의미	규명(糾明), 증명(證明), 천명(闡明), 반병(判明), 해명(解明)	—
021	어휘의 문맥적 의미 – 혼동하기 쉬운 어휘의 구별	가름/갈음, 걷잡다/겉잡다, 늘리다/늘이다, 두껍다/두텁다, 바치다/받치다	○
022	어휘 간의 의미 관계 – 다의어와 동음이의어	고개, 꿈, 눈, 말, 짐	—
023	어휘 간의 의미 관계 – 다의어와 동음이의어	톡톡하다	○
024	어휘 간의 의미 관계 – 고유어와 한자어	신장(腎臟), 질타(叱咤), 차치(且置)하다, 한미(寒微)하다, 휴가(休暇)	○
025	어휘 간의 의미 관계 – 어휘의 관계	[상하 관계] 과일 – 사과, 꽃 – 맨드라미, 물고기 – 피라미, 사람 – 남자, 새 – 제비	—
026	속담 및 관용 표현 – 속담	궁한 뒤에 행세를 본다, 단단한 땅에 물이 괸다, 병풍에 그린 닭이 홰를 치거든, 사람의 마음은 하루에도 열두 번, 행차 뒤에 나팔	○
027	속담 및 관용 표현 – 한자성어	견물생심(見物生心), 사리사욕(私利私慾), 소탐대실(小貪大失), 우공이산(愚公移山), 원후취월(猿猴取月)	○
028	속담 및 관용 표현 – 관용 표현	곁을 주다, 밑이 드러나다, 소매를 걷어붙이다, 판에 박히다, 회가 동하다	—
029	국어 순화 – 한자어의 순화	노견(路肩), 불철주야(不撤晝夜), 음용수(飲用水), 일실(逸失)하다, 차년도(次年度)	—
030	국어 순화 – 외래어의 순화	리퍼브(refurbished), 벌크 업(bulk up), 뷰파인더(viewfinder), 오픈 런(open run), 커리어 하이(career high)	☆

번호	평가 요소	자료 및 키워드	난도
016	어휘의 사전적 의미 – 고유어의 사전적 의미	들치근하다, 초라하다, 추레하다, 추저분하다, 후줄근하다	☆
017	어휘의 사전적 의미 – 한자어의 사전적 의미	궤양(潰瘍), 동맥(動脈), 부목(副木), 수액(輸液), 인대(靭帶)	☆
018	어휘의 문맥적 의미 – 고유어의 문맥적 의미	마르다, 스스럽다, 여의다, 저미다, 패대기치다	─
019	어휘의 문맥적 의미 – 한자어의 문맥적 의미	구명(究明)하다, 매도(賣渡)하다, 사사(師事)하다, 인계(引繼)하다, 자문(諮問)하다	○
020	어휘의 문맥적 의미 – 한자어의 문맥적 의미	전력(全力, 前歷, 戰力, 戰歷)	─
021	어휘의 문맥적 의미 – 혼동하기 쉬운 어휘의 구별	감상(感傷, 感想, 鑑賞)	─
022	어휘 간의 의미 관계 – 다의어와 동음이의어	보전(補塡, 保全, 寶典)	☆
023	어휘 간의 의미 관계 – 어휘의 관계	고대, 바투, 외따로, 주효(奏效)하다, 한데	☆
024	어휘 간의 의미 관계 – 고유어와 한자어	오르다 → 격분(激忿)하다, 상륙(上陸)하다, 승진(昇進)하다, 증가(增加)하다, 탑승(搭乘)하다	─
025	어휘 간의 의미 관계 – 어휘의 관계	[다의 관계] 켜다	○
026	속담 및 관용 표현 – 속담	가게 기둥에 입춘, 가마솥에 든 고기, 구관이 명관, 귀신도 빌면 듣는다, 남의 말도 석 달	☆
027	속담 및 관용 표현 – 한자성어	분골쇄신(粉骨碎身), 자강불식(自強不息), 절차탁마(切磋琢磨), 절치부심(切齒腐心), 주마가편(走馬加鞭)	○
028	속담 및 관용 표현 – 관용 표현	간담(肝膽), 경종(警鐘), 교편(敎鞭), 구색(具色), 모골(毛骨)	○
029	국어 순화 – 한자어의 순화	목도(目睹)하다, 불하(拂下)하다, 수수(授受)하다, 절취(切取)하다, 해태(懈怠)하다	○
030	국어 순화 – 외래어의 순화	램프(ramp), 로드숍(road shop), 블라인드(blind), 체크 리스트(check list), 콜키지(corkage)	○

번호	평가 요소	자료 및 키워드	난도
016	어휘의 사전적 의미 – 고유어의 사전적 의미	궁둥이, 꼭뒤, 오금, 종아리, 회목	☆
017	어휘의 사전적 의미 – 한자어의 사전적 의미	공전(空前), 굴지(屈指), 금일봉(金一封), 기선(機先), 천추(千秋)	○
018	어휘의 문맥적 의미 – 고유어의 문맥적 의미	사뭇, 이루, 일껏, 자못, 짐짓	○
019	어휘의 문맥적 의미 – 한자어의 문맥적 의미	계량(計量), 규명(糾明), 이반(離叛/離反), 제고(提高), 창달(暢達)	○
020	어휘의 문맥적 의미 – 한자어의 문맥적 의미	발발하다(고유어, 勃勃, 勃發)	○
021	어휘의 문맥적 의미 – 혼동하기 쉬운 어휘의 구별	관용(官用, 慣用, 寬容)	○
022	어휘 간의 의미 관계 – 다의어와 동음이의어	되다	○
023	어휘의 문맥적 의미 – 고유어의 문맥적 의미	귓밥, 둘리다('두르다'의 피동사), 발리다('바르다'의 피동사), 음전하다, 한목	☆
024	어휘 간의 의미 관계 – 고유어와 한자어	가(加)하다, 보(補)하다, 비(比)하다, 인(因)하다, 처(處)하다	─
025	어휘 간의 의미 관계 – 어휘의 관계	[동의 관계] 착착(고유어, 着着)	─
026	속담 및 관용 표현 – 속담	말 많은 집은 장맛도 쓰다, 말 안 하면 귀신도 모른다, 말은 할 탓이다, 말이 많으면 쓸 말이 적다	─
027	속담 및 관용 표현 – 한자성어	걸견폐요(桀犬吠堯), 과유불급(過猶不及), 일모도원(日暮途遠), 촌철살인(寸鐵殺人), 한우충동(汗牛充棟)	○
028	속담 및 관용 표현 – 관용 표현	감투를 쓰다, 귀에 익다, 뜸 들이다, 심사가 꿰지다, 심사를 털어놓다	─
029	국어 순화 – 한자어의 순화	가료(加療), 수범(垂範), 식대(食代), 임석(臨席), 족(足)	☆
030	국어 순화 – 외래어의 순화	로컬 푸드(local food), 리빙 랩(living lab), 유니콘 기업(unicorn 企業), 테이크 아웃(takeout), 팸 투어(Familiarization Tour)	○

어휘 영역 기출 경향 및 학습 TIP

어휘 영역은 어휘를 정확히 알고 있는지와 어휘가 구나 문장에 적절히 쓰였는지를 묻는다. 문제의 유형은 복잡하지 않으나 방대한 분량 때문에 낯선 어휘를 만나면 문제 풀이가 쉽지 않다. 이에 다소 낯설거나 쉽게 혼동할 수 있는 어휘가 출제되는 경우, 수험생은 문제의 난도가 높다고 느낄 수 있으며, 회차별 난도의 차이도 큰 편이다. 따라서 어휘 영역을 학습할 때에는 무조건 많은 어휘를 외우려고 하기보다 쓰임이나 의미 등을 기준으로 하여 관련 어휘를 묶어 학습하는 것이 좋다. 또한 학습 중에 낯선 어휘를 접했거나 '다의어와 동음이의어'처럼 다양한 의미를 구분해야 하는 경우에는 '국립국어원*'의 '표준국어대사전'에서 핵심 의미를 중심으로 여러 의미를 꼼꼼히 살펴보며 어휘의 의미가 어떻게 파생되는지 파악해 보면 좋다. '외래어의 순화'에서는 사회의 변화에 따라 새롭게 쓰이기 시작한 어휘도 출제되므로, '국립국어원'의 '다듬은 말'을 통해 최신 어휘를 가볍게 살펴보면 어휘를 눈에 익히는 데 도움이 된다.

* 국립국어원(korean.go.kr)

제3장   어법 영역(15문제)

최신 기출 ❶

번호	평가 요소	자료 및 키워드	난도
031	한글 맞춤법 – 소리에 관한 것	낭랑하다, 녹록하다, 누누이, 씁쓸하다, 짭짤하다	☆
032	한글 맞춤법 – 형태에 관한 것	개구리, 귀뚜라미, 꾀꼬리, 뻐꾸기, 얼루기	○
033	한글 맞춤법 – 형태에 관한 것	'말다'의 활용형	○
034	한글 맞춤법 – 띄어쓰기	고마워하기는커녕, 듣는답니다, 일이고말고, 있으나∨마나, "~"이라고	★
035	한글 맞춤법 – 그 밖의 것(준말)	패어, 세어(세), 떼어(떼), 재어서(재서), 개어서(개서)	○
036	한글 맞춤법 – 문장 부호	줄임표(……)	☆
037	표준어 규정 – 발음 변화에 따른 표준어	꺼림직하다, 댕기다, 둘러업다, 소곤거리다, 애달프다	☆
038	표준어 규정 – 어휘 선택의 변화에 따른 표준어(방언과 표준어)	곤쌀, 냄살, 도새기, 따복따복, 흡뜨다	○
039	표준어 규정 – 표준 발음법	공권력(公權力)[공꿘녁], 광한루(廣寒樓)[광:할루], 금융(金融)[금늉/그융], 담임(擔任)[다밈], 삼천리(三千里)[삼철리]	○
040	외래어 표기법 – 외래어의 표기	난센스(nonsense), 마사지(massage), 멜론(melon), 센티미터(centimeter), 판타지(fantasy)	☆

번호	평가 요소	자료 및 키워드	난도
041	로마자 표기법 – 국어의 로마자 표기	불고기(bulgogi), 비빔밥(bibimbap), 설렁탕(seolleongtang), 육개장(yukgaejang), 콩나물국(kongnamulguk)	○
042	정확한 문장 – 어법에 맞는 표현	문장 성분의 호응	☆
043	정확한 문장 – 어법에 맞는 표현	적절한 높임 표현	○
044	정확한 문장 – 어법에 맞는 표현	문장의 중의성 이해	○
045	정확한 문장 – 번역투 표현	~에(게) 있어서, ~을/를 가지고 있다, –지다, 필요로 하다	—

최신 기출 ❷

번호	평가 요소	자료 및 키워드	난도
031	한글 맞춤법 – 소리에 관한 것	너머/넘어, 왔으매/왔음에	○
032	한글 맞춤법 – 형태에 관한 것	늴리리[닐리리], 무늬[무니], 본의(本義)[보늬/보니], 하늬바람[하니바람], 희망(希望)[히망]	☆
033	한글 맞춤법 – 소리에 관한 것	'ㄷ' 받침의 이유(〈한글 맞춤법〉 제6항, 제29항)	—
034	한글 맞춤법 – 띄어쓰기	박슬기∨씨, 김∨옹, 이순신∨장군, 홍길동∨님, 김씨(성씨)	○
035	한글 맞춤법 – 형태에 관한 것	'ㅅ' 불규칙 용언	○
036	한글 맞춤법 – 문장 부호	쌍점(:)	—
037	표준어 규정 – 발음 변화에 따른 표준어	[복수 표준어] 나부랭이/너부렁이, 네/예, 모쪼록/아무쪼록, 벌레/버러지	○
038	표준어 규정 – 표준 발음법	금융[금늉/그융], 이죽이죽[이중니죽/이주기죽], 야금야금[야금냐금/야그먀금], 욜랑욜랑[욜랑뇰랑/욜랑욜랑]	★
039	표준어 규정 – 표준 발음법	한글 자모 이름의 발음(〈표준 발음법〉 제9항, 제16항)	★
040	외래어 표기법 – 외래어의 표기	샌들(sandal), 애프터서비스(after service), 워크숍(workshop), 커닝(cunning), 파이팅(fighting)	☆
041	로마자 표기법 – 국어의 로마자 표기	극락전(Geungnakjeon), 대관령(Daegwallyeong), 뚝섬(Ttukseom), 설악(Seorak), 집현전(Jiphyeonjeon)	☆
042	정확한 문장 – 어법에 맞는 문장	문장 성분의 호응	○
043	정확한 문장 – 어법에 맞는 문장	격식체(하십시오체, 하게체, 해라체)	○
044	정확한 문장 – 어법에 맞는 표현	문장의 중의성 이해	★
045	정확한 문장 – 번역투 표현	~(으)로 인해, ~에 있어, ~에도 불구하고, (동작) 중에 있다	☆

최신 기출 ❸

번호	평가 요소	자료 및 키워드	난도
031	한글 맞춤법 – 소리에 관한 것	닁큼[닝큼], 무늬[무니], 본의(本意)[보늬/보니], 의심(疑心)[의심]	○
032	한글 맞춤법 – 형태에 관한 것	걷세(걷다), 도우세(돕다), 들으세(듣다), 맡으세(맡다), 읽으세(읽다)	○
033	한글 맞춤법 – 형태에 관한 것	대물림, 뒤치다꺼리, 뵈올(뵙다), 쇠려면(쇠다) 욱여넣으며(욱여넣다)	★
034	한글 맞춤법 – 띄어쓰기	물조차, 막아내다/막아∨내다, 모르는∨척하다, 이번만큼, 한∨줌	☆
035	한글 맞춤법 – 그 밖의 것(표준어)	깊숙이, 당당히, 번번이, 일일이, 틈틈이	○
036	한글 맞춤법 – 문장 부호	소괄호(( ))	○
037	표준어 규정 – 발음 변화에 따른 표준어	윗/웃	○
038	표준어 규정 – 어휘 선택 변화에 따른 표준어(방언과 표준어)	개완하다, 까깝하다, 남싸다, 더우, 데불다	—
039	표준어 규정 – 표준 발음법	한글 자모 이름의 발음(〈표준 발음법〉 제9항, 제16항)	○
040	외래어 표기법 – 외래어의 표기	렌터카(rent – a – car), 로켓(rocket), 앙케트(enquête), 액세서리(accessory), 초콜릿(chocolate)	☆
041	로마자 표기법 – 국어의 로마자 표기	거제도(Geojedo), 독도(Dokdo), 무의도(Muuido), 오동도(Odongdo), 울릉도(Ulleungdo)	○
042	정확한 문장 – 어법에 맞는 표현	문장 성분의 호응	○
043	정확한 문장 – 어법에 맞는 표현	적절한 높임 표현	☆
044	정확한 문장 – 어법에 맞는 표현	문장의 중의성 이해	—
045	정확한 문장 – 번역투 표현	~(으)로 인해, ~에 있다, ~의 경우에는, 필요로 하다	○

최신 기출 ❹

번호	평가 요소	자료 및 키워드	난도
031	한글 맞춤법 – 소리에 관한 것	굳이[구지], 눈곱[눈꼽], 무늬[무니], 사뭇[사묻], 짓궂다[짇·꾿따]	○
032	한글 맞춤법 – 형태에 관한 것	동그랄(동그랗다), 뛰어놉니다(뛰어놀다), 붑니다(불다), 빨갛습니다(빨갛다), 하얄(하얗다)	○
033	한글 맞춤법 – 형태에 관한 것	객쩍은(객쩍다), 떠벌린다(떠벌리다), 백지장, 오랜만, 짓물러서(짓무르다),	○
034	한글 맞춤법 – 띄어쓰기	김씨가(성씨), 올∨듯은∨하다, 처리했을지가, 총∨10명이, 한국∨대∨태국의	○
035	한글 맞춤법 – 그 밖의 것(어미)	갈거나(–ㄹ거나), 고울세라(–ㄹ세라), 말지어다(–ㄹ지어다), 올시다(–올시다), 좋을꼬(–을꼬)	○
036	한글 맞춤법 – 문장 부호	소괄호(( )), 쌍점(:), 줄임표(……), 줄표(―), 큰따옴표(“ ”)	○
037	표준어 규정 – 발음 변화에 따른 표준어	‘ㅣ’ 역행 동화 현상	○
038	표준어 규정 – 어휘 선택 변화에 따른 표준어(방언과 표준어)	오이지(표준어) – 물에지(경남), 물외소금치(전북), 신지(전남), 웨지시(제주)	☆
039	표준어 규정 – 표준 발음법	갈증(渴症)[갈쯩], 소수(小數)[소:수], 심성(心性)[심성], 전과(戰果)[전:꽈]	—
040	외래어 표기법 – 외래어의 표기	내비게이션(navigation), 리더십(leadership), 소시지(sausage), 컨테이너(container), 콤마(comma)	○
041	로마자 표기법 – 국어의 로마자 표기	경복궁(Gyeongbokgung), 무영탑(Muyeongtap), 석굴암(Seokguram), 숭례문(Sungnyemun), 훈민정음(Hunminjeongeum)	☆
042	정확한 문장 – 어법에 맞는 표현	문장 성분의 호응	○
043	정확한 문장 – 어법에 맞는 표현	적절한 높임 표현	☆
044	정확한 문장 – 어법에 맞는 표현	문장의 중의성 이해	—
045	정확한 문장 – 번역투 표현	–게 하다, ~에 있어서, ~을/를 가지다, 필요로 하다	☆

최신 기출 ❺

번호	평가 요소	자료 및 키워드	난도
031	한글 맞춤법 – 소리에 관한 것	노라네(노랗다), 발랐다(바르다), 빨갛니(빨갛다) 서툴렀다(서투르다), 푸르렀다(푸르다)	○
032	한글 맞춤법 – 형태에 관한 것	낭랑(朗朗)하다, 냉랭(冷冷)하다, 녹록(碌碌)하다, 역력(歷歷)하다, 연연(戀戀)하다	○
033	한글 맞춤법 – 형태에 관한 것	꿀꿀이, 더펄이, 살살이, 홀쭉이	☆
034	한글 맞춤법 – 띄어쓰기	그∨일이, 낼∨수가, 너만큼, 시도해∨볼/시도해볼, 이루어지도록	○
035	한글 맞춤법 – 그 밖의 것(한자에 대한 한글 표기)	곤란(困難), 승낙(承諾), 시월(十月), 오뉴월(五六月), 초파일(初八日)	○
036	한글 맞춤법 – 문장 부호	가운뎃점(·), 쉼표(,)	—
037	표준어 규정 – 발음 변화에 따른 표준어	깡충깡충, 부좃돈, 사돈어른, 오뚝하다, 주춧돌	○
038	표준어 규정 – 어휘 선택 변화에 따른 표준어	가뜩 – 갑북(충청), 객스럽다 – 객광시럽다(전라), 거의 – 건줌(제주), 그냥 – 기양(강원), 다르다 – 달부다(전라)	★
039	표준어 규정 – 표준 발음법	넓다[널따], 밟다[밥따], 얇다[얄따], 짧다[짤따], 핥다[할따]	○
040	외래어 표기법 – 외래어의 표기	디지털(digital), 블록체인(block chain), 비타민 시(vitamin C), 스태프(staff), 옐로카드(yellow card)	☆

041	로마자 표기법 – 국어의 로마자 표기	경국사(Gyeongguksa), 덕룡산(Deongnyongsan), 만덕사지(Mandeoksaji), 백련사(Baengnyeonsa), 익산쌍릉(Iksan Ssangneung)	○
042	정확한 문장 – 어법에 맞는 표현	문장 성분의 호응	☆
043	정확한 문장 – 어법에 맞는 표현	적절한 높임 표현	○
044	정확한 문장 – 어법에 맞는 표현	문장의 중의성 이해	—
045	정확한 문장 – 번역투 표현	고려에 넣는다면, ~에 있어서, ~에 한하여, ~을/를 가지다, (동작) 중이다	☆

최신 기출 ❻

번호	평가 요소	자료 및 키워드	난도
031	한글 맞춤법 – 소리에 관한 것	곧장, 반짇고리, 사흗날, 섣달, 엇셈	○
032	한글 맞춤법 – 형태에 관한 것	대가(代價), 뒤풀이, 뒷집, 위층(-層), 해님	○
033	한글 맞춤법 – 형태에 관한 것	기다랗게(기다랗다), 깊다란(깊다랗다), 높다란(높다랗다), 잗다랗게(잗다랗다), 짤따란(짤따랗다)	☆
034	한글 맞춤법 – 띄어쓰기	말했듯, 몇∨년∨만, 부부간, 지날수록, 해야∨할지	☆
035	한글 맞춤법 – 그 밖의 것(표준어)	가없다, 거무튀튀하다, 건더기, 달리다, 시답잖다	○
036	한글 맞춤법 – 문장 부호	쉼표(,)	○
037	표준어 규정 – 발음 변화에 따른 표준어	배내옷, 번지수, 부기, 안갯속, 예스럽다	☆
038	표준어 규정 – 어휘 선택 변화에 따른 표준어	[복수 표준어] 늦장/늑장, 살쾡이/삵, 서럽다/섧다, 우레/천둥	☆
039	표준어 규정 – 표준 발음법	넓죽하다[넙쭈카다], 닭장[닥짱], 뻗대다[뻗때다]	—
040	외래어 표기법 – 외래어의 표기	불도그(bulldog), 스릴(thrill), 엘보(elbow), 오일 펜스(oil fence), 헤드셋(headset)	○
041	로마자 표기법 – 국어의 로마자 표기	낙동강(Nakdonggang), 낙화암(Nakhwaam), 다보탑(Dabotap), 몽촌토성(Mongchontoseong), 반구대(Bangudae)	★
042	정확한 문장 – 어법에 맞는 표현	문장 성분의 호응	○
043	정확한 문장 – 어법에 맞는 표현	적절한 높임 표현	○
044	정확한 문장 – 어법에 맞는 표현	문장의 중의성 이해	—
045	정확한 문장 – 번역투 표현	-게 되다, ~에 다름 아니다, ~에 위치해 있다, ~을/를 소유하고 있다, ~의 그것보다	○

어법 영역 기출 경향 및 학습 TIP

어법 영역은 어문 규정에 따른 적절한 표기 · 발음 · 표현을 알고 있는지를 묻는다. 난도가 중 · 상인 문제가 대부분을 차지하며, 난도가 최상 · 하인 문제는 1~2문제 정도가 출제된다. 어법 영역을 학습할 때에는 예시를 하나하나 외우기보다는 핵심 원리를 이해하고 이를 문제에 적용하는 데 능숙해질 수 있도록 기출 동형 문제를 반복하여 풀어 보는 것이 좋다. 이 중 '외래어 표기법'은 핵심 이론을 이해하는 것만으로는 부족한데, 이는 핵심 원리는 있지만 관용(慣用)을 따르는 어휘가 많기 때문이다. 따라서 핵심 원리와 함께 기출 어휘를 꼼꼼히 학습하는 것이 중요하다. '문장의 중의성'과 '번역 투'에서는 관련 표현이 많지 않으므로 기출문제와 기출 동형 문제를 다양하게 풀어 본 후 예시를 정리하여 외워 두면 좋다.

제4장 쓰기 영역(5문제)

최신 기출 ❶

번호	평가 요소	자료 및 키워드	난도
046	글쓰기 계획 – 계획하기		—
047	글쓰기 계획 – 자료의 활용		—
048	글쓰기 계획 – 개요 작성	저출산 실태와 대책	—
049	고쳐쓰기 – 미시적 점검		—
050	고쳐쓰기 – 거시적 점검		—

최신 기출 ❷

번호	평가 요소	자료 및 키워드	난도
046	글쓰기 계획 – 계획하기		★
047	글쓰기 계획 – 자료의 활용		—
048	글쓰기 계획 – 개요 작성	소음 공해 문제와 대책	—
049	고쳐쓰기 – 미시적 점검		○
050	고쳐쓰기 – 거시적 점검		—

최신 기출 ❸

번호	평가 요소	자료 및 키워드	난도
046	글쓰기 계획 – 계획하기		—
047	글쓰기 계획 – 자료의 활용	과시 소비 현상과 그 문제점, 바람직한 소비 태도	○
048	글쓰기 계획 – 개요 작성		○
049	고쳐쓰기 – 미시적 점검		—
050	고쳐쓰기 – 거시적 점검		—

최신 기출 ❹

번호	평가 요소	자료 및 키워드	난도
046	글쓰기 계획 – 계획하기		○
047	글쓰기 계획 – 자료의 활용		○
048	글쓰기 계획 – 개요 작성	치매 용어 변경	○
049	고쳐쓰기 – 미시적 점검		—
050	고쳐쓰기 – 거시적 점검		—

최신 기출 ❺

번호	평가 요소	자료 및 키워드	난도
046	글쓰기 계획 – 계획하기		○
047	글쓰기 계획 – 자료의 활용		—
048	글쓰기 계획 – 개요 작성	혐오 표현 규제 방안 마련 촉구	○
049	고쳐쓰기 – 미시적 점검		○
050	고쳐쓰기 – 거시적 점검		—

최신 기출 ❻

번호	평가 요소	자료 및 키워드	난도
046	글쓰기 계획 – 계획하기		—
047	글쓰기 계획 – 자료의 활용		—
048	글쓰기 계획 – 개요 작성	인터넷 개인 방송 규제	—
049	고쳐쓰기 – 미시적 점검		—
050	고쳐쓰기 – 거시적 점검		○

쓰기 영역 기출 경향 및 학습 TIP

쓰기 영역은 대부분 한 가지 소재에 '글쓰기 계획' 3단계(계획하기, 자료의 활용, 개요 작성)와 '고쳐쓰기' 2단계(미시적 점검, 거시적 점검)가 각각의 문제로 출제된다. 생소한 소재의 지문이 나오면 까다롭게 느껴지는 경향이 있어 지문에 따라 회차별 난도의 차이가 있지만 문제 유형도 고정적이고 전반적인 난도 자체가 높은 편은 아니다. '글쓰기 계획'에서는 개요를 적절하게 구성할 수 있는지, 주제를 효과적으로 드러내기 위해 어떤 방식(자료와 표현)을 어떻게 활용할 것인지를 묻는다. 따라서 지문의 요점과 그에 대한 논리를 찾을 수 있다면 어렵지 않게 풀 수 있다. 이는 기출 동형 문제를 반복해서 푸는 것도 도움이 되지만 평소에 다양한 비문학 지문이나 기사 등으로도 연습해 볼 수 있다. '고쳐쓰기'의 '거시적 점검'은 주로 글의 주제나 결론을 묻는 반면, '미시적 점검'은 일부 문장이나 어휘가 적절하게 제시되었는지를 묻기 때문에 어휘와 어법 지식이 필요하다. 이때 크게 어려운 것을 묻는 것은 아니므로 여러 기출 동형 문제를 풀어 보며 자주 나오는 예시들에 익숙해지면 문제를 푸는 속도를 높일 수 있다.

제5장 창안 영역(10문제)

최신 기출 ❶

번호	평가 요소	자료 및 키워드	난도
051	텍스트 창안 – 유비 추론을 활용한 내용 생성		○
052	텍스트 창안 – 유비 추론을 활용한 내용 생성	물 끓이기의 원리	○
053	텍스트 창안 – 조건에 맞는 내용 생성		○
054	그림 창안 – 구체적 그림을 활용한 내용 생성		—
055	그림 창안 – 시각 리터러시	짬짜면(짬뽕 + 짜장면), 연어 초밥(연어 + 밥), 김밥(여러 가지 재료 + 밥)	—
056	그림 창안 – 유비 추론을 활용한 내용 생성		—
057	그림 창안 – 구체적 그림을 활용한 내용 생성	금연 공익 광고의 역사	—
058	그림 창안 – 구체적 그림을 활용한 내용 생성		—
059	텍스트 창안 – 유비 추론을 활용한 내용 생성	수전 손택, 비평 『타인의 고통』	—
060	텍스트 창안 – 유비 추론을 활용한 내용 생성		☆

최신 기출 ❷

번호	평가 요소	자료 및 키워드	난도
051	텍스트 창안 – 유비 추론을 활용한 내용 생성	개미 사회의 작동 원리	—
052	텍스트 창안 – 유비 추론을 활용한 내용 생성		—
053	텍스트 창안 – 조건에 맞는 내용 생성		—
054	그림 창안 – 구체적 그림을 활용한 내용 생성	프랑스 시인 앙드레 브르통의 이야기, 데이비드 오길비의 일화	—
055	그림 창안 – 시각 리터러시		—
056	텍스트 창안 – 유비 추론을 활용한 내용 생성		○
057	그림 창안 – 구체적 그림을 활용한 내용 생성	장애인 공익 광고	○
058	그림 창안 – 구체적 그림을 활용한 내용 생성		—
059	텍스트 창안 – 유비 추론을 활용한 내용 생성	쥐 우화, 토끼와 호랑이 우화	—
060	텍스트 창안 – 유비 추론을 활용한 내용 생성		—

최신 기출 ❹

번호	평가 요소	자료 및 키워드	난도
051	텍스트 창안 – 유비 추론을 활용한 내용 생성	커피 가공 방식	—
052	텍스트 창안 – 유비 추론을 활용한 내용 생성		—
053	텍스트 창안 – 조건에 맞는 내용 생성		—
054	그림 창안 – 구체적 그림을 활용한 내용 생성	점을 연결하는 문제의 다양한 해결 방법	—
055	그림 창안 – 시각 리터러시		—
056	그림 창안 – 유비 추론을 활용한 내용 생성		○
057	그림 창안 – 구체적 그림을 활용한 내용 생성	건강기능식품 광고 시 유의점	—
058	그림 창안 – 구체적 그림을 활용한 내용 생성		—
059	텍스트 창안 – 유비 추론을 활용한 내용 생성	적절한 시련으로 강인해지는 청어와 쥐	—
060	텍스트 창안 – 유비 추론을 활용한 내용 생성		—

최신 기출 ❸

번호	평가 요소	자료 및 키워드	난도
051	텍스트 창안 – 유비 추론을 활용한 내용 생성	이건청, 시 「레밍의 날들」	—
052	텍스트 창안 – 유비 추론을 활용한 내용 생성		—
053	텍스트 창안 – 조건에 맞는 내용 생성		—
054	그림 창안 – 구체적 그림을 활용한 내용 생성	붕어빵 틀, 다양한 속재료의 붕어빵	—
055	그림 창안 – 시각 리터러시		—
056	텍스트 창안 – 유비 추론을 활용한 내용 생성		—
057	그림 창안 – 구체적 그림을 활용한 내용 생성	총 형태의 옥외 광고(매연, 악플)	☆
058	그림 창안 – 구체적 그림을 활용한 내용 생성		—
059	텍스트 창안 – 유비 추론을 활용한 내용 생성	레몬 시장	—
060	텍스트 창안 – 유비 추론을 활용한 내용 생성		—

최신 기출 ❺

번호	평가 요소	자료 및 키워드	난도
051	텍스트 창안 – 유비 추론을 활용한 내용 생성	세탁의 과정	—
052	텍스트 창안 – 조건에 맞는 내용 생성		—
053	텍스트 창안 – 유비 추론을 활용한 내용 생성		○
054	그림 창안 – 구체적 그림을 활용한 내용 생성	상황에 따라 숫자 또는 문자로 읽히는 기호, 환경에 따라 크기가 다르게 보이는 같은 크기의 원	—
055	텍스트 창안 – 유비 추론을 활용한 내용 생성		○
056	그림 창안 – 시각 리터러시		—
057	그림 창안 – 구체적 그림을 활용한 내용 생성	닭의 사육 환경과 동물 복지	—
058	그림 창안 – 구체적 그림을 활용한 내용 생성		—
059	텍스트 창안 – 유비 추론을 활용한 내용 생성	팽나무와 담쟁이덩굴	—
060	텍스트 창안 – 유비 추론을 활용한 내용 생성		○

번호	평가 요소	자료 및 키워드	난도
051	텍스트 창안 – 유비 추론을 활용한 내용 생성		−
052	텍스트 창안 – 유비 추론을 활용한 내용 생성	감시의 눈 효과	−
053	텍스트 창안 – 조건에 맞는 내용 생성		−
054	그림 창안 – 구체적 그림을 활용한 내용 생성		−
055	그림 창안 – 시각 리터러시	좌정관천(坐井觀天), 대상이 왜곡되어 보이는 거울	−
056	텍스트 창안 – 유비 추론을 활용한 내용 생성		−
057	그림 창안 – 구체적 그림을 활용한 내용 생성		−
058	그림 창안 – 구체적 그림을 활용한 내용 생성	환경 보호	−
059	텍스트 창안 – 유비 추론을 활용한 내용 생성		−
060	텍스트 창안 – 유비 추론을 활용한 내용 생성	그레샴의 법칙	−

창안 영역 기출 경향 및 학습 TIP

창안 영역은 창의력 사고를 기반으로 지문과 〈보기〉 또는 〈조건〉에 제시된 글과 그림에서 아이디어를 창안할 수 있는지를 묻는다. 난도는 대체로 어렵지 않으나 답이 쉽게 유추되지 않는 문제가 2~3문제씩은 출제되어, 타 영역에 비해 비교적 문제가 적은 편임에도 불구하고 창안 영역에서 시간을 뺏기기도 한다. 따라서 창안 영역을 학습할 때 문제의 의도와 자료의 핵심을 빠르게 파악하고 선지에 적용하는 연습이 필요하다. KBS 한국어능력시험은 2019년 55회부터 2021년 64회까지 문제 유형에 크고 작은 변화가 있었는데, 그중 창안 영역의 변화가 가장 컸다. 2022년부터 KBS 한국어능력시험 전(全) 영역의 문제 유형이 비교적 안정화되었으나, 문제 유형과 순서가 고정된 편인 타 영역과 비교하여 창안 영역은 늘 동일하게 출제되지만은 않는다. 하지만 직전 회차에 출제되지 않은, 더 이전의 문제 유형이 다시 출제되기도 하며, 생소한 문제 유형이라도 궁극적으로는 제시된 글이나 그림 자료를 통해 답을 유추해 내는 것이므로, 문제에 제시된 자료를 꼼꼼히 확인하며 기출 동형 문제를 반복적으로 풀어 보면 창안 영역에서 시간을 크게 뺏기지 않을 수 있다.

제6장　읽기 영역(30문제)

최신 기출 ❶

번호	평가 요소	자료 및 키워드	난도
061	문학 텍스트 – 이해하기	강은교, 시 「우리가 물이 되어」	−
062	문학 텍스트 – 비판하기		○
063	문학 텍스트 – 이해하기	조수경, 소설 「유리」	−
064	문학 텍스트 – 추론하기		○
065	문학 텍스트 – 비판하기		−
066	학술 텍스트 – 이해하기	파놉티콘	−
067	학술 텍스트 – 추론하기		−
068	학술 텍스트 – 비판하기		○
069	학술 텍스트 – 추론하기	계약의 효력	○
070	학술 텍스트 – 추론하기		−
071	학술 텍스트 – 이해하기		−
072	학술 텍스트 – 비판하기		○
073	학술 텍스트 – 이해하기	양봉	−
074	학술 텍스트 – 추론하기		−
075	학술 텍스트 – 비판하기		○
076	학술 텍스트 – 이해하기	목재와 수분	☆
077	학술 텍스트 – 추론하기		○
078	학술 텍스트 – 비판하기		★
079	학술 텍스트 – 이해하기	귀납의 원리	☆
080	학술 텍스트 – 추론하기		○
081	학술 텍스트 – 추론하기		☆
082	학술 텍스트 – 비판하기		☆
083	실용 텍스트 – 이해하기	[공고] 생활 폐기물 배출 방법 안내 공고	−
084	실용 텍스트 – 추론하기		−
085	실용 텍스트 – 이해하기	[뉴스] 디지털 유산법	−
086	실용 텍스트 – 비판하기		○
087	실용 텍스트 – 추론하기		−
088	실용 텍스트 – 이해하기	[공고] 가정용 친환경 보일러 설치 지원 시행 공고	−
089	실용 텍스트 – 비판하기		○
090	실용 텍스트 – 추론하기		−

최신 기출 ❷

번호	평가 요소	자료 및 키워드	난도
061	문학 텍스트 – 이해하기	신경림, 시 「길」	○
062	문학 텍스트 – 비판하기		—
063	문학 텍스트 – 이해하기	현기영, 소설 「순이 삼촌」	—
064	문학 텍스트 – 추론하기		—
065	문학 텍스트 – 비판하기		—
066	학술 텍스트 – 이해하기	인간의 의식과 과학	○
067	학술 텍스트 – 추론하기		—
068	학술 텍스트 – 비판하기		—
069	학술 텍스트 – 이해하기	법률 효과와 행위	○
070	학술 텍스트 – 추론하기		○
071	학술 텍스트 – 추론하기		○
072	학술 텍스트 – 비판하기		○
073	학술 텍스트 – 이해하기	DNA	○
074	학술 텍스트 – 이해하기		○
075	학술 텍스트 – 이해하기		☆
076	학술 텍스트 – 이해하기	전자 에너지(도체, 부도체, 반도체)	☆
077	학술 텍스트 – 이해하기		☆
078	학술 텍스트 – 이해하기		○
079	학술 텍스트 – 이해하기	딜레마	☆
080	학술 텍스트 – 추론하기		○
081	학술 텍스트 – 추론하기		☆
082	학술 텍스트 – 비판하기		★
083	실용 텍스트 – 이해하기	[사업 개요] 에너지 효율 개선 사업 개요	—
084	실용 텍스트 – 추론하기		○
085	실용 텍스트 – 이해하기	[뉴스] AI 창작물과 저작권	○
086	실용 텍스트 – 비판하기		○
087	실용 텍스트 – 추론하기		☆
088	실용 텍스트 – 이해하기	[공고] 기록물 관리 직원 시험 시행 계획 공고	—
089	실용 텍스트 – 비판하기		—
090	실용 텍스트 – 추론하기		—

최신 기출 ❸

번호	평가 요소	자료 및 키워드	난도
061	문학 텍스트 – 이해하기	최승호, 시 「아마존 수족관」	—
062	문학 텍스트 – 비판하기		—
063	문학 텍스트 – 추론하기	김사량, 소설 「빛 속으로」	○
064	문학 텍스트 – 추론하기		—
065	문학 텍스트 – 비판하기		—
066	학술 텍스트 – 이해하기	천동설과 지동설	—
067	학술 텍스트 – 추론하기		—
068	학술 텍스트 – 비판하기		—
069	학술 텍스트 – 이해하기	법전	★
070	학술 텍스트 – 추론하기		★
071	학술 텍스트 – 추론하기		—
072	학술 텍스트 – 비판하기		○
073	학술 텍스트 – 이해하기	금속과 합금 재료의 기계적 성질, 인장 실험	—
074	학술 텍스트 – 추론하기		○
075	학술 텍스트 – 비판하기		☆
076	학술 텍스트 – 이해하기	금속의 결정 구조	○
077	학술 텍스트 – 추론하기		○
078	학술 텍스트 – 비판하기		☆
079	학술 텍스트 – 이해하기	계급과 취향	○
080	학술 텍스트 – 추론하기		○
081	학술 텍스트 – 추론하기		☆
082	학술 텍스트 – 비판하기		○
083	실용 텍스트 – 이해하기	[안내] 실내 수영장 운영 안내	—
084	실용 텍스트 – 추론하기		○
085	실용 텍스트 – 이해하기	[뉴스] 만 나이	—
086	실용 텍스트 – 비판하기		—
087	실용 텍스트 – 추론하기		—
088	실용 텍스트 – 이해하기	[고시] 입산 통제 구역 및 등산로 통제 구간 지정 고시	—
089	실용 텍스트 – 비판하기		—
090	실용 텍스트 – 추론하기		—

최신 기출 ❹

번호	평가 요소	자료 및 키워드	난도
061	문학 텍스트 – 이해하기	유하, 시「자동문 앞에서」	○
062	문학 텍스트 – 비판하기		—
063	문학 텍스트 – 이해하기	구병모, 소설 「어디까지를 묻다」	—
064	문학 텍스트 – 추론하기		○
065	문학 텍스트 – 비판하기		○
066	학술 텍스트 – 이해하기	여성의 행위주체성	☆
067	학술 텍스트 – 추론하기		○
068	학술 텍스트 – 비판하기		○
069	학술 텍스트 – 이해하기	젠트리피케이션	—
070	학술 텍스트 – 추론하기		—
071	학술 텍스트 – 추론하기		—
072	학술 텍스트 – 비판하기		—
073	학술 텍스트 – 이해하기	포도당	—
074	학술 텍스트 – 이해하기		○
075	학술 텍스트 – 추론하기		○
076	학술 텍스트 – 비판하기		○
077	학술 텍스트 – 이해하기	콘텐츠	○
078	학술 텍스트 – 추론하기		—
079	학술 텍스트 – 이해하기	구조주의	○
080	학술 텍스트 – 추론하기		☆
081	학술 텍스트 – 추론하기		○
082	학술 텍스트 – 비판하기		☆
083	실용 텍스트 – 이해하기	[안내] 전 직원 온라인 폭력 예방 교육 안내	—
084	실용 텍스트 – 추론하기		—
085	실용 텍스트 – 이해하기		—
086	실용 텍스트 – 이해하기	[칼럼] 저널리즘과 회피의 언어	○
087	실용 텍스트 – 비판하기		—
088	실용 텍스트 – 이해하기	[안내] 미세 먼지 발생 시 조치 안내	—
089	실용 텍스트 – 비판하기		○
090	실용 텍스트 – 추론하기		○

최신 기출 ❺

번호	평가 요소	자료 및 키워드	난도
061	문학 텍스트 – 이해하기	이수익, 시「결빙의 아버지」	—
062	문학 텍스트 – 비판하기		—
063	문학 텍스트 – 이해하기	이동하, 소설「폭력 연구」	—
064	문학 텍스트 – 추론하기		—
065	문학 텍스트 – 비판하기		—
066	학술 텍스트 – 이해하기	역사와 역사가	—
067	학술 텍스트 – 추론하기		○
068	학술 텍스트 – 비판하기		○
069	학술 텍스트 – 이해하기	다수결의 원칙과 민주주의	○
070	학술 텍스트 – 추론하기		☆
071	학술 텍스트 – 추론하기		☆
072	학술 텍스트 – 추론하기		○
073	학술 텍스트 – 이해하기	기브스 자유 에너지	○
074	학술 텍스트 – 이해하기		○
075	학술 텍스트 – 이해하기		☆
076	학술 텍스트 – 이해하기	아인슈타인의 상대성 이론과 민코프스키의 수학적 해석	○
077	학술 텍스트 – 이해하기		○
078	학술 텍스트 – 이해하기		☆
079	학술 텍스트 – 이해하기	도덕적 지위	○
080	학술 텍스트 – 추론하기		○
081	학술 텍스트 – 추론하기		○
082	학술 텍스트 – 비판하기		☆
083	실용 텍스트 – 이해하기	[안내] 외국 국적 농어업인 건강 보험료 지원 제도 안내	—
084	실용 텍스트 – 추론하기		○
085	실용 텍스트 – 이해하기	[공익 광고] 환경을 위한 생활 습관	—
086	실용 텍스트 – 이해하기	[칼럼] 소통을 위한 자세	—
087	실용 텍스트 – 비판하기		○
088	실용 텍스트 – 이해하기	[공고] 숲길 조성 계획 공고	○
089	실용 텍스트 – 비판하기		—
090	실용 텍스트 – 추론하기		○

번호	평가 요소	자료 및 키워드	난도
061	문학 텍스트 – 이해하기	김기림, 시 「연륜」	○
062	문학 텍스트 – 비판하기		─
063	문학 텍스트 – 이해하기	김훈, 소설 「칼의 노래」	─
064	문학 텍스트 – 추론하기		─
065	문학 텍스트 – 비판하기		○
066	학술 텍스트 – 추론하기	인간과 동물의 차이	─
067	학술 텍스트 – 추론하기		○
068	학술 텍스트 – 비판하기		─
069	학술 텍스트 – 추론하기	창작물(저작물)의 범주	○
070	학술 텍스트 – 이해하기		○
071	학술 텍스트 – 추론하기		☆
072	학술 텍스트 – 비판하기		☆
073	학술 텍스트 – 이해하기	EPR 역설	─
074	학술 텍스트 – 이해하기		─
075	학술 텍스트 – 추론하기		☆
076	학술 텍스트 – 비판하기		☆
077	학술 텍스트 – 이해하기	재료 과학	─
078	학술 텍스트 – 추론하기		★
079	학술 텍스트 – 비판하기	딜레마	─
080	학술 텍스트 – 이해하기		○
081	학술 텍스트 – 추론하기		○
082	학술 텍스트 – 추론하기		○
083	실용 텍스트 – 이해하기	[안내] 공공 마이 데이터 서비스 안내서	─
084	실용 텍스트 – 추론하기		─
085	실용 텍스트 – 이해하기	[공익 광고] 이웃 간 문제 발생 시 소통의 필요성	─
086	실용 텍스트 – 이해하기	[칼럼] 한국어의 어원	☆
087	실용 텍스트 – 비판하기		○
088	실용 텍스트 – 이해하기	[안내] 폭염 재난 예방 대책 설비 보조 지원 사업 안내	─
089	실용 텍스트 – 비판하기		─
090	실용 텍스트 – 추론하기		○

읽기 영역 기출 경향 및 학습 TIP

읽기 영역은 크게 '문학 텍스트', '학술 텍스트', '실용 텍스트'로 구성되어 있으며, 각각의 텍스트를 이해·추론·비판할 수 있는지를 묻는다. 문학 텍스트에서는 주로 글의 주제와 내용 일치 여부, 표현 방식 등이 출제된다. 문학 작품의 양이 방대해 부담이 될 수 있으나 읽기 영역에서는 기초적인 문학 이론을 바탕으로 문제에 제시된 지문을 꼼꼼히 읽어 보면 풀 수 있는 문제가 출제되므로 모든 문학 작품을 암기해야 한다는 부담을 가질 필요는 없다. '학술 텍스트'는 인문·사회·과학·예술 등의 지문이 출제되며, 내용 일치 여부뿐 아니라 글을 읽고 표면에 드러나 있지 않은 내용을 추론할 수 있는지, 〈보기〉 등에 적용하여 비판적으로 읽을 수 있는지 등을 묻는다. 지문의 내용이 복잡하거나 주로 과학을 소재로 한 경우 난도가 높아지는 경향이 있으나, 문단별 핵심 내용과 주제를 파악하고 글의 핵심 어휘를 중심으로 글을 꼼꼼히 읽다 보면 답이 보일 것이다. '실용 텍스트'는 안내문·공고문·뉴스·공익 광고·칼럼 등의 지문이 출제되며, 주로 문제에서 요구하는 내용을 글에서 찾고 이를 적용하도록 하거나 글의 의도를 묻는다. 난도가 높다고 할 수는 없으나 글을 대충 읽으면 실수를 하기 쉬우므로 글을 제대로 읽고 정확하게 푸는 연습이 필요하다. 무엇보다도 읽기 영역은 시간 내에 모두 푸는 것이 중요하므로 기출 동형 문제로 시간 내 문제를 푸는 연습을 해 두는 것이 좋으며, 시험을 볼 때 어휘·어법 영역 등을 가능한 한 빨리 풀어 시간을 확보한 후 읽기 영역에 투자하는 것이 좋다.

제7장 국어문화 영역(10문제)

최신 기출 ❶

번호	평가 요소	자료 및 키워드	난도
091	국문학 – 한국 고전 문학	박지원, 소설 「마장전」	★
092	국문학 – 한국 현대 문학	이상, 시 「날개」	○
093	국문학 – 한국 현대 문학	윤동주, 시 「서시」·「쉽게 씌어진 시」·「자화상」·「참회록」	○
094	매체와 국어 생활 – 국어 생활	「신파 대합동 연극」 『매일신보』 1916년 6월 2일 자	—
095	매체와 국어 생활 – 국어 생활	작자 미상, 소설 「박씨전」	○
096	국어학 – 국어사	『훈민정음』 언해본	☆
097	매체와 국어 생활 – 국어 생활	[남북한 언어] 문장 부호	★
098	매체와 국어 생활 – 국어 생활	[점자] '나, 마, 자, 하' 첫소리 글자로 약자 표기	—
099	매체와 국어 생활 – 국어 생활	[법령 용어 순화] 개진(開陳)하다, 면탈(免脫)하다, 분장(分掌)하다, 산입(算入)하다, 환부(還付)하다	☆
100	매체와 국어 생활 – 매체 언어의 탐구	공익 광고(표현 방식)	○

최신 기출 ❷

번호	평가 요소	자료 및 키워드	난도
091	국문학 – 한국 고전 문학	정극인, 시 「상춘곡」	○
092	국문학 – 한국 현대 문학	채만식, 소설 「태평천하」	○
093	국문학 – 한국 현대 문학	백석, 시 「고향」·「석양」·「집게네 네 형제」	☆
094	매체와 국어 생활 – 국어 생활	연극 극단에 대한 기사 『조선일보』 1939년 9월 7일 자	—
095	매체와 국어 생활 – 국어 생활	작자 미상, 소설 「소대성전」	○
096	국어학 – 국어사	『훈민정음』 서문	○
097	매체와 국어 생활 – 국어 생활	[남북한 언어] 한자어의 모음 'ㅖ'가 들어 있는 단어 표기	○
098	매체와 국어 생활 – 국어 생활	[수어] 멀다, 멀리	★
099	매체와 국어 생활 – 국어 생활	[법령 용어 순화] 공제(控除)하다, 부의(附議)하다, 상당(相當)하다, 통정(通情)한 허위(虛僞)의, 필(畢)하다	—
100	매체와 국어 생활 – 매체 언어의 탐구	라디오 방송 언어(특성)	○

최신 기출 ❸

번호	평가 요소	자료 및 키워드	난도
091	국문학 – 한국 고전 문학	작자 미상, 소설 「박씨전」	○
092	국문학 – 한국 현대 문학	최인훈, 소설 「광장」	○
093	국문학 – 한국 현대 문학	장만영, 시 「달·포도·잎사귀」	★
094	매체와 국어 생활 – 국어 생활	「재만 동포 구제 음악 연극 대회」 『동아일보』 1928년 1월 4일 자	—
095	매체와 국어 생활 – 국어 생활	작자 미상, 소설 「장화홍련전」	○
096	국어학 – 국어사	『훈민정음』 서문	★
097	매체와 국어 생활 – 국어 생활	[남북한 언어] '사랑니' 표기와 발음	○
098	매체와 국어 생활 – 국어 생활	[점자] 된소리 글자 'ㄲ, ㄸ, ㅃ, ㅆ, ㅉ'이 첫소리 자리에 쓰일 때 'ㄱ, ㄷ, ㅂ, ㅅ, ㅈ' 앞에 '된소리 표'를 적음.	—
099	매체와 국어 생활 – 국어 생활	[법령 용어 순화] 모용(冒用)하다	—
100	매체와 국어 생활 – 매체 언어의 탐구	스포츠 중계방송 언어(특성)	○

최신 기출 ❹

번호	평가 요소	자료 및 키워드	난도
091	국문학 – 한국 고전 문학	작자 미상, 소설 「장끼전」	—
092	국문학 – 한국 현대 문학	박경리, 소설 「불신 시대」	★
093	국문학 – 한국 현대 문학	김동인, 소설 「감자」·「배따라기」·「약한 자의 슬픔」·「운현궁의 봄」	○
094	매체와 국어 생활 – 국어 생활	「조선 음악의 종합적 대향연」 『매일신보』 1940년 6월 19일 자	—
095	매체와 국어 생활 – 국어 생활	「옥중화 – 춘향가 강연 중」 『매일신보』 1912년 1월 21일 자	○
096	국어학 – 국어사	『훈민정음』 언해본	☆
097	매체와 국어 생활 – 국어 생활	[남북한 언어] 어간의 끝음절 '하'가 줄어들 때의 발음	○
098	매체와 국어 생활 – 국어 생활	[수어] 자다	☆
099	매체와 국어 생활 – 국어 생활	[법령 용어 순화] 견적(見積), 결석계(缺席屆), 대합실(待合室), 도급(都給)하다, 매출(賣出)하다	○
100	매체와 국어 생활 – 매체 언어의 탐구	방송 보도 언어(적절한 표현)	☆

최신 기출 ❺

번호	평가 요소	자료 및 키워드	난도
091	국문학 – 한국 고전 문학	허난설헌, 가사 「규원가」	—
092	국문학 – 한국 현대 문학	계용묵, 소설 「백치 아다다」	○
093	국문학 – 한국 현대 문학	김유정, 소설 「금 따는 콩밭」·「동백꽃」·「따라지」·「봄봄」	○
094	매체와 국어 생활 – 국어 생활	토월회 공연에 대한 기사 「매일 신보」 1923년 6월 28일	—
095	매체와 국어 생활 – 국어 생활	판소리 「흥보가」	○
096	국어학 – 국어사	『훈민정음』 서문	☆
097	매체와 국어 생활 – 국어 생활	[남북한 언어] 형용사 어간 끝 받침 'ㅎ'의 표기	★
098	매체와 국어 생활 – 국어 생활	[점자] 겹받침으로 쓰인 'ㄳ, ㄵ, ㄶ, ㄺ, ㄻ, ㄼ, ㄽ, ㄾ, ㄿ, ㅀ, ㅄ'은 각 자음자의 받침 표기를 이용해 어울러 표기	—
099	매체와 국어 생활 – 국어 생활	[법령 문장 수정] '설계자(設計者)'의 정의	○
100	매체와 국어 생활 – 매체 언어의 탐구	뉴스 보도 언어(적절한 표현)	○

최신 기출 ❻

번호	평가 요소	자료 및 키워드	난도
091	국문학 – 한국 고전 문학	김시습, 소설 「이생규장전」	○
092	국문학 – 한국 현대 문학	이인직, 소설 「혈의 누」	○
093	국문학 – 한국 현대 문학	황순원, 시 「나의 꿈」, 소설 「독 짓는 늙은이」·「목넘이 마을의 개」·「별과 같이 살다」·「소나기」·「일월」·「카인의 후예」	☆
094	매체와 국어 생활 – 국어 생활	「토월회 기념 흥행 금야부터 개연」 「시대일보」 1924년 6월 13일 자	—
095	매체와 국어 생활 – 국어 생활	작자 미상, 소설 「박씨전」	☆
096	국어학 – 국어사	『훈민정음』 주해본	☆
097	매체와 국어 생활 – 국어 생활	[남북한 언어] 자모 순서	—
098	매체와 국어 생활 – 국어 생활	[수어] 쓰임 + 곳 = 용도	—
099	매체와 국어 생활 – 국어 생활	[법령 문장 수정] '사단 법인(社團法人)'의 정의	○
100	매체와 국어 생활 – 매체 언어의 탐구	기사문(적절한 표현)	—

국어문화 영역 기출 경향 및 학습 TIP

국어문화 영역은 기본적인 국어 지식이 필요한 영역으로, 국어 이론을 암기하지 않으면 지문이나 〈보기〉 등에서 답에 대한 힌트를 찾기 어렵기 때문에 비교적 난도가 높다. 주로 91~93번에서는 한국 고전·현대문학의 작가와 작품에 대해 물으며, 94번에서는 근대 국어로 쓰인 기사 또는 광고 등의 내용에 대해 묻는다. 95번에서는 고전 문학 내 어휘의 의미를 물으며, 96번에서는 『훈민정음』의 중세 국어에 대한 이해를 묻는다. 97번에서는 남북한 언어의 차이를 물으며, 98번에서는 점자 또는 수어를 묻는다. 99번은 법령 용어와 같이 어려운 용어를 순화한 적절한 예를 물으며, 100번은 여러 매체 언어의 특성이나 적절한 표현을 묻는다. 이처럼 국어문화 영역은 거의 고정된 문제 유형과 순서로 출제되는 경향이 있다. 따라서 각 문제에 맞는 국어 이론을 꼼꼼히 학습하고 기출 동형 문제를 반복적으로 풀어 보며 자주 나오는 작가와 작품, 어휘 등을 정리하는 것이 좋다.

기출 동형 모의고사

제 1 회 기출 동형 모의고사

001 그림에 대한 설명으로 적절하지 <u>않은</u> 것은?

① 반 고흐의 내면세계를 가장 정확하게 보여 주는 작품이다.

② 그림 속 풍경은 반 고흐의 기억과 상상을 결합시켜 그린 작품이다.

③ 반 고흐의 사이프러스 나무에 대한 인식은 전통적인 인식과 달랐다.

④ 반 고흐는 그림 속의 흰 별을 1889년 프랑스 남동부에서 관측했다.

⑤ 밤하늘 아래로 보이는 마을 풍경에도 반 고흐의 고독과 우울함이 나타나 있다.

002 등장인물이 갈등을 일으킨 원인으로 가장 적절한 것은?

① 경화가 서원의 실력을 무시한 일
② 서원이 경화의 감상평을 표절한 일
③ 유리가 서원의 감상평을 표절이라고 말한 일
④ 선생님께서 경화와 서원의 감상평을 추천한 일
⑤ 경화가 서원의 입학 성적을 친구들에게 말한 일

003 고전 수필을 통해 알 수 있는 내용으로 적절한 것은?

① 퇴락한 행랑채는 총 세 채이다.
② 행랑채를 지은 지 얼마 되지 않았다.
③ 집의 목재는 비를 한 번 맞으면 다시 사용할 수 없다.
④ 사람이 잘못을 알고도 고치지 않으면 해(害)를 입게 된다.
⑤ 올바른 정치는 비가 샌 지 오래된 행랑채를 수리하는 것과 같다.

004 강좌 내용과 일치하지 <u>않는</u> 것은?

① 치료를 위해서는 적절한 체중을 유지해야 한다.
② 발바닥의 해부학적 요인에 의해 발생하는 빈도가 높다.
③ 장시간 서 있는 자세도 발바닥에 염증을 일으키는 원인이 된다.
④ 족저근막을 구성하는 콜라겐의 변성으로 염증이 발생한 것을 말한다.
⑤ 조깅이나 마라톤을 할 때에는 쿠션이 충분한 신발을 신는 것이 좋다.

005 이 시의 중심 소재로 가장 적절한 것은?

① 곰국
② 갈비
③ 엄마
④ 눈물
⑤ 국물

006 뉴스 보도의 내용에 비추어 볼 때, 실제 방송에서 사용했음 직한 장면이 <u>아닌</u> 것은?

①

②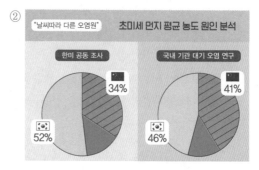

③

④

⑤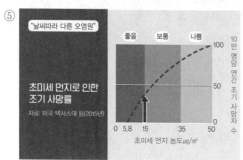

007 뉴스 보도에 대한 설명으로 적절한 것은?

① 미세 먼지의 원인을 나열하면서 보도를 시작하고 있다.

② 인터뷰를 통해 미세 먼지에 의한 질병을 예방하기 위한 방법을 설명하고 있다.

③ 미세 먼지의 평균값에 대한 서로 다른 시각 차이를 제시하여 내용을 뒷받침하고 있다.

④ 미세 먼지의 원인이 달랐던 날의 구체적인 수치를 전문가의 인터뷰를 통해 밝히고 있다.

⑤ 미세 먼지를 줄이기 위한 전문가들의 견해를 밝혀 중국과의 협력을 강조하며 마무리하고 있다.

008 강연의 내용과 일치하지 <u>않는</u> 것은?

① 루키즘은 외모 지상주의에 해당하는 단어이다.
② 외모에 대한 지나친 집착은 강박증을 유발하기도 한다.
③ 외모가 인생의 성패까지도 좌우한다고 믿는 사회 풍조이다.
④ 한국에서 루키즘이 사회 문제로 등장한 것은 2000년 이후이다.
⑤ 한국 여성들이 세계에서 다이어트를 가장 많이 하는 것으로 나타났다.

009 강연의 마지막에 이어질 말로 가장 적절한 것은?

① 외적인 아름다움보다는 내적인 아름다움을 키워 가는 것이 중요합니다.
② 지나친 다이어트와 성형 수술에 대한 인식이 바뀌어야 할 때입니다.
③ 사회의 잘못된 인식에서 벗어나 자신만의 개성을 지켜 가는 것이 중요한 때입니다.
④ 지나친 외모 지상주의에 대한 경계를 통해 바람직한 자아를 형성해 나가는 것이 중요합니다.
⑤ 획일적인 기준으로 외모를 평가하기보다는 사람마다 지닌 고유의 특성을 보는 것이 중요합니다.

010 토론의 내용으로 볼 때, 토론자들이 공통적으로 인정하고 있는 것은?

① 대형 애완견이 유기되는 사태는 막아야 한다.
② 대형 애완견은 온순하며 크게 짖지도 않는다.
③ 대형 애완견은 아파트 주민에게 피해를 주지 않는다.
④ 대형 애완견을 키우면 심리적 안정감을 얻을 수 있다.
⑤ 대형 애완견은 작은 애완견보다 아파트에서 키우기 쉽다.

011 토론에 나온 말하기 전략으로 적절하지 <u>않은</u> 것은?

① 전문가의 말을 활용하여 주장을 밝히고 있다.
② 자료를 인용하여 자신의 주장을 강화하고 있다.
③ 자신의 경험을 밝히면서 주장을 강화하고 있다.
④ 구체적인 예를 들어 상대 주장의 근거를 약화시키고 있다.
⑤ 상대가 제시한 사례에 관한 새로운 정보를 밝혀 상대 주장의 근거를 약화시키고 있다.

012 설명의 내용과 일치하는 것은?

① 깨진 유리창 이론은 그 자체만으로 사회에 영향을 준다.
② 뉴욕시는 낙서 지우기 작업을 통해 범죄율을 50%까지 감소시켰다.
③ 학자들은 깨진 유리창 이론의 효과에 대해 같은 의견을 제시하고 있다.
④ 필립 짐바르도 교수의 실험은 깨진 유리창 이론을 발표하는 모태가 되었다.
⑤ 실험에서 자동차를 파손하고, 자동차의 물건을 훔쳐간 사람들은 범죄자들이었다.

013 설명의 마지막에 이어질 내용으로 가장 적절한 것은?

① 정확한 효과를 끌어낼 수 있을지에 대해서는 고민할 필요가 있다.
② 개인의 이익을 우선시하는 집단에게는 부정적인 시각을 줄 수 있다.
③ 어느 정도 효과를 줄 수 있다는 것에 대해서는 모두 동의를 하고 있다.
④ 사회적 질서의 유지와 공공의 이익을 추구한다는 점에서는 긍정적인 효과가 있다.
⑤ 경범죄를 줄여서 사회의 안전장치를 마련할 수 있다는 점에서는 긍정적인 효과가 있다.

014 뉴스 해설을 통해 알 수 있는 내용이 <u>아닌</u> 것은?

① 최근 증가한 집중 호우가 싱크홀을 유발하고 있다.
② 도시 개발로 인한 싱크홀은 인위적 요인에 의한 것이다.
③ 우리나라의 지각 구성은 지질학적으로 보면 싱크홀에 안정적이다.
④ 싱크홀의 원인은 지질학적 요인과 인위적 요인으로 나눌 수 있다.
⑤ 싱크홀에 대한 대책을 강구하려면 기후 변화를 예측할 수 있는 시스템을 개발해야 한다.

015 〈보기〉는 뉴스의 마지막에 이어질 내용이다. ㉠에 들어가기에 가장 알맞은 속담은?

> **• 보기 •**
>
> 정부와 서울시가 원인 규명과 대책 마련에 착수했지만 가야 할 길이 멉니다. [㉠](이)라고 했습니다.
> 많은 인구가 모여 사는 도시의 안전에 투자를 미루어서는 안 될 것입니다. 뉴스 해설이었습니다.

① 산 넘어 산이다   ② 개발에 편자
③ 천릿길도 한 걸음부터   ④ 말 태우고 버선 깁는다
⑤ 우선 먹기는 곶감이 달다

016 밑줄 친 고유어의 기본형이 지닌 의미를 바르게 풀이하지 <u>못한</u> 것은?

① 그는 국민들의 분노가 <u>사그라들기</u>를 기다렸다. → 일의 범위나 규모가 조금 줄어들다.
② 요즘은 하루하루 물가가 오르는 것이 <u>다락같아</u> 살 수가 없다. → 물건값이 매우 비싸다.
③ 그는 싫다는데도 자꾸만 나에게 <u>치근덕거렸다</u>. → 성가실 정도로 끈덕지게 자꾸 귀찮게 굴다.
④ 이번 만남은 사업을 진행하는 데에 매우 <u>종요로운</u> 일이다. → 없어서는 안 될 정도로 매우 긴요하다.
⑤ 그는 후리후리한 키와 알맞은 몸집에 귀공자다운 <u>해사한</u> 면모를 빛내고 있었다. → 옷차림, 자태 따위가 말끔하고 깨끗하다.

017 밑줄 친 한자어의 사전적 뜻풀이로 옳지 <u>않은</u> 것은?

① 그는 세계 <u>유수(有數)</u>의 갑부로 자수성가하였다. → 손꼽을 만큼 두드러지거나 훌륭함.
② 그는 베토벤에 <u>비견(比肩)</u>할 만한 음악가이다. → 서로 비슷한 위치에서 견줌. 또는 견주어짐.
③ 각 사회단체에서 집단 이기주의가 <u>팽배(澎湃)</u>해 있다. → 어떤 기세나 사조 따위가 매우 거세게 일어남.
④ 그의 이론은 다른 학자들의 <u>찬동(贊同)</u>을 얻는 데 실패했다. → 무엇이 훌륭하거나 좋거나 아름답다고 찬양함.
⑤ 그 사건은 강대국들에 의해서 <u>묵인(默認)</u>되었다. → 모르는 체하고 하려는 대로 내버려 둠으로써 슬며시 인정함.

018 밑줄 친 한자어가 문맥에 어울리지 <u>않는</u> 것은?

① 김 과장은 다른 지점의 부장으로 <u>영전(榮轉)</u>이 되었다.
② 경제 불황 <u>타개(打開)</u>를 위한 각종 대안이 제시되고 있다.
③ 그는 교통사고를 당해 <u>전치(全治)</u> 십 주의 중상을 입었다.
④ 그는 초대 회장을 <u>역임(歷任)</u>하면서 사회생활을 시작했다.
⑤ 여야의 원내 총무는 오늘도 <u>막후(幕後)</u>에서 협상을 계속하고 있다.

019 밑줄 친 한자어의 쓰임이 적절하지 <u>않은</u> 것은?

① 그 법률은 <u>공표(公表)</u>와 더불어 곧 시행되었다.

② 그는 사건에 관하여 일체 <u>함구(緘口)</u>하고 있다.

③ 빗길에 차가 미끄러져서 승용차가 앞차를 <u>추돌(追突)</u>했다.

④ 그 회사는 어음을 <u>결제(決濟)</u>하지 못해 부도 처리가 됐다.

⑤ 고대 유물에 대한 문제의 <u>구명(究明)</u>에서 중요한 것은 객관적인 자료이다.

020 '채소, 과일, 어물 따위가 한창 나오는 때가 되다.'를 의미하는 말로 〈보기〉의 ㉠에 들어갈 말은?
고난도

─────────── • 보기 • ───────────

어느새 사과가 [㉠] 때가 왔구나.

─────────────────────────────

① 넌출지다   ② 덩이지다

③ 이랑지다   ④ 징건하다

⑤ 한물지다

021 〈보기〉의 ㉠~㉢에 들어갈 단어의 기본형을 바르게 짝지은 것은?

─────────── • 보기 • ───────────

• 기차 시간에 (㉠) 서두르자.

• 젊은 사람이 너무 굶어서 얼굴이 다 (㉡).

• 엄마가 올 시간이 되자 아이는 애가 (㉢) 어쩔 줄 몰라 했다.

─────────────────────────────

	㉠	㉡	㉢
①	대다	세다	다르다
②	대다	세다	달다
③	데다	세다	달다
④	데다	새다	달다
⑤	데다	새다	다르다

022 밑줄 친 한자어에 대응하는 고유어로 적절하지 <u>않은</u> 것은?

① 한약은 기를 <u>보(補)하는</u>(→ 모으는) 역할을 한다.
② 야생 동물들이 멸종 위에 <u>처(處)해</u>(→ 놓여) 있다.
③ 원금에 이자를 <u>가(加)해서</u>(→ 더해서) 갚아야 한다.
④ 그 사람과는 오래 <u>격조(隔阻)하여</u>(→ 막혀) 연락처도 알지 못한다.
⑤ 여기저기 <u>산개(散開)했던</u>(→ 흩어졌던) 사람들이 전광판 아래로 모여들었다.

023 두 어휘의 관계가 〈보기〉와 <u>다른</u> 것은?

> ● 보기 ●
>
> 파종 – 수확

① 참 – 거짓　　　　　　② 길다 – 짧다
③ 남자 – 여자　　　　　　④ 있다 – 없다
⑤ 출석 – 결석

024 밑줄 친 두 단어가 동음이의어 관계에 있는 것은?

① 그는 <u>머리</u>도 뛰어났지만, 모임의 <u>머리</u> 노릇은 사양했다.
② 사람들의 <u>눈</u>을 피해 살아가다 보니 <u>눈</u>을 마주치기 어렵다.
③ <u>발</u>을 자꾸 떠는 것이 <u>발</u>이 되면 고치기가 힘드니 조심해라.
④ 네가 나와 나눈 <u>말</u>을 다른 사람에게는 하지 않았으면 했는데 <u>말</u>이야.
⑤ 아버지는 무거운 <u>짐</u>을 지고 가는 아들의 모습이 마음의 <u>짐</u>이 되었다.

제1회 기출 동형 모의고사　**27**

025 〈보기〉의 밑줄 친 ㉠~㉢을 품사에 따라 바르게 분류한 것은?

┌─────────────────────────── 보기 ───────────────────────────┐
│ • 눈물 때문에 말을 잇지 ㉠ 못하다.   │
│ • 장염에 걸려 밥을 먹지 ㉡ 못하다.   │
│ • 급한 업무로 여행을 가지 ㉢ 못하다.   │
│ • 걱정이 많아 마음이 편안하지 ㉣ 못하다.   │
└───┘

① ㉠ / ㉡, ㉢, ㉣   ② ㉠, ㉡ / ㉢, ㉣
③ ㉠, ㉢ / ㉡, ㉣   ④ ㉠, ㉡, ㉢ / ㉣
⑤ ㉠, ㉢, ㉣ / ㉡

026 〈보기〉의 ㉠~㉢에 해당하는 한자로 바르게 묶인 것은?

┌─────────────────────────── 보기 ───────────────────────────┐
│ • 낡은 집을 ㉠ 보수하여 새 집처럼 꾸몄다.   │
│ • ㉡ 보수 대 진보의 의견이 팽팽히 맞서고 있다.   │
│ • 사원들은 성과에 따라 다른 ㉢ 보수를 받고 있다.   │
└───┘

	㉠	㉡	㉢
①	報酬	補修	保守
②	報酬	保守	補修
③	補修	報酬	保守
④	補修	保守	報酬
⑤	保守	補修	報酬

027 밑줄 친 한자어의 쓰임이 적절하지 <u>않은</u> 것은?

① 범인이 감시 <u>소홀(疏忽)</u>을 틈타 도주했다.
② 선생님은 민요에 대한 <u>대체(大體)</u>를 말씀하셨다.
③ 나는 당분간 공부에만 <u>경주(競走)</u>를 하기로 했다.
④ 국민들은 비자금 사건에 대한 <u>진상(眞相)</u> 공개를 촉구했다.
⑤ 반대에 부딪치자 내 마음도 <u>동요(動搖)</u>가 일어나기 시작했다.

028 〈보기〉의 ㉠에 들어갈 한자성어로 가장 적절한 것은?

> ────── • 보기 • ──────
>
> '소 잃고 외양간 고친다'는 속담은 한자성어 '망양보뢰(亡羊補牢)'와 유사한 의미가 있다. 이처럼 속담과 한자성어가 서로 유사한 의미를 드러내는 경우가 많은데, 속담 '빈대 잡으려고 초가삼간 태운다'는 '[㉠   ]'와(과) 유사한 의미를 드러낸다.

① 욕속부달(欲速不達)　　　　　　② 수주대토(守株待兔)

③ 백가쟁명(百家爭鳴)　　　　　　④ 오월동주(吳越同舟)

⑤ 교각살우(矯角殺牛)

029 밑줄 친 관용 표현의 뜻으로 적절하지 <u>않은</u> 것은?

① 그녀는 학벌을 <u>코에 걸고</u> 다닌다. → 자랑삼아 내세우다.

② 오랫동안 절친했던 친구와 돈 문제로 <u>새가 떴다</u>. → 서로의 관계가 소원하다.

③ 예산을 잘못 세우면 모든 일은 <u>허방 치고</u> 말 것이다. → 잘못 알거나 잘못 예산하여 실패하다.

④ 급한 일을 처리하고 났더니 <u>손이 났다</u>. → 어떤 일에서 조금 쉬거나 다른 것을 할 틈이 생기다.

⑤ 아이는 동생과 잘 놀다가도 동생이 까불라치면 <u>심사가 꿰졌다</u>. → 잘 대하려는 마음이 틀어져서 심술궂게 나가다.

030 밑줄 친 말의 순화어로 적절하지 <u>않은</u> 것은?

① 택배가 <u>익일</u>(→ 이튿날)에 도착할 예정이다.

② 그는 등산에 관한 한 <u>베테랑</u>(→ 전문가)이다.

③ 나는 그의 <u>칼럼</u>(→ 시평)을 읽는 재미로 이 신문을 구독한다.

④ 선생님은 수업 도중 종종 <u>위트</u>(→ 익살)로 웃음을 유발하신다.

⑤ 지하철 입구에는 꼭 <u>지라시</u>(→ 낱장 광고)를 나눠 주는 사람이 있다.

031 밑줄 친 부분을 바르게 수정하지 <u>못한</u> 것은?

① 동생의 특기는 유명인들의 <u>성대모사</u>(→ 성대묘사)이다.

② 바다풀이 깔린 <u>갯펄</u>(→ 개펄)은 발목까지 푹푹 빠진다.

③ <u>내노라하는</u>(→ 내로라하는) 재계의 인사들이 한곳에 모였다.

④ 사범이 <u>널판지</u>(→ 널빤지) 다섯 장을 겹쳐 놓고 격파하였다.

⑤ 하루 종일 하는 일이 없으니 <u>별에별</u>(→ 별의별) 생각이 다 난다.

032 밑줄 친 부분을 문맥에 맞게 수정하지 <u>못한</u> 것은?

① 요즘은 돈을 <u>쫓는</u>(→ 좇는) 젊은이들이 많아졌다.

② 남의 사생활을 <u>들치는</u>(→ 들추는) 것은 옳지 않다.

③ 누나는 씻어 놓은 상추를 채반에 <u>밭쳤다</u>(→ 받쳤다).

④ 그녀는 계속 흐르는 눈물을 <u>겉잡을</u>(→ 걷잡을) 수 없었다.

⑤ 아들 녀석 하나 있는 것이 그렇게 내 속을 <u>썩힌다</u>(→ 썩인다).

033 밑줄 친 부분의 표기가 적절하지 <u>않은</u> 것은?

① 마당 <u>깊숙이</u> 장독을 묻었다.

② 우리는 <u>익히</u> 알고 지내는 사이다.

③ 아이는 신문을 아주 <u>꼼꼼이</u> 읽었다.

④ 바다에 고깃배들이 <u>간간이</u> 떠 있다.

⑤ 오늘은 <u>깨끗이</u> 대청소를 할 예정이다.

034 밑줄 친 부분의 띄어쓰기가 잘못된 것은?

① 문제가 조금 <u>어려운∨듯하다</u>.

② 그 책을 다 <u>읽는데</u> 삼 일이 걸렸다.

③ 아이는 <u>만∨나이</u>로 십오 세가 되었다.

④ 그들은 <u>맨∨놀기</u>만 하고 일은 하지 않는다.

⑤ 얼마나 <u>부지런한지</u> 세 사람 몫의 일을 해낸다.

035 밑줄 친 말이 표준어인 것은?

① 그는 술에 <u>쩔어</u> 거의 폐인이 되었다.
② 그의 말을 듣고 있노라면 <u>깝깝해</u> 죽겠다.
③ 이 절의 <u>주초</u>는 귀중한 돌로 만들었다고 한다.
④ 농부들은 장마에 대비하여 논에 <u>물곬</u>을 잘 빼 놓았다.
⑤ 옆집 아저씨는 성미가 <u>강팍해서</u> 다른 사람들과 자주 싸운다.

036 다음 중 어법에 맞고 자연스러운 문장은?

① 지방 자치제는 지역의 문제를 주민들이 직접 처리하거나 주민들의 선출을 통해 구성된 지방 정부가 지역의 특성에 맞게 처리하도록 함으로써 정책의 실효성을 높이고 주민들의 생활을 보다 편리하게 한 것이다. ② 이와 같은 지방 자치제의 의의를 살리기 위해서는 무엇보다 지방 정부가 자립되어야 하며 지역 주민들의 의견을 원활히 수렴할 수 있어야 한다. ③ 그리고 우리나라의 경우, 지방 정부의 재정 자립도는 매우 미약한 수준으로 중앙 정부에 대한 의존도가 높은 실정이다. ④ 또한 주민들의 의견 수렴이 원활하게 이루어지지 않고 있다. ⑤ 따라서 지방 정부와 지역 의회가 적극적으로 주민들의 의견과 제도적 보완을 수렴해야 한다.

037 〈보기〉의 문장과 중의성의 원인이 같은 것은?

신유형

> ● 보기 ●
> 아름다운 고향의 봄이 그립다.

① 하객들이 다 오지 않았다.
② 그녀는 모자를 쓰고 있다.
③ 형은 나보다 게임을 좋아한다.
④ 과일 가게에서 배와 사과 두 개를 샀다.
⑤ 비운의 역사를 간직한 창덕궁의 낙선재를 보았다.

038 문장을 자연스럽게 고친 것으로 옳지 <u>않은</u> 것은?

① 마당에 핀 장미가 여간 탐스러웠다. → 마당에 핀 장미가 여간 탐스럽지 않았다.

② 앞으로도 계속 회의를 할 예정입니다. → 앞으로도 계속 회의를 가질 예정입니다.

③ 그가 판사가 된 것은 자랑이 되었다. → 그가 판사가 된 것은 모두에게 자랑이 되었다.

④ 산골에서 재배한 고추가 첫 수확의 기쁨을 맛보았다. → 산골에서 재배한 고추를 처음으로 수확하는 기쁨을 맛보았다.

⑤ 정부가 통상 협상 전개 시 주의할 점은 다음과 같다. → 정부가 통상 협상을 전개할 때 주의할 점은 다음과 같다.

039 〈보기〉에서 설명하는 음운 변동이 일어나지 <u>않은</u> 것은?

> ● 보기 ●
>
> 유음화는 단어를 발음할 때 'ㄴ'의 앞이나 뒤에 'ㄹ'이 오면 'ㄹ'의 영향을 받아 'ㄹ'로 바뀌어 발음되는 현상을 말한다.

① 등산로　　　　　　　　　② 광한루
③ 실내화　　　　　　　　　④ 줄넘기
⑤ 물난리

040 〈보기〉의 밑줄 친 부분과 일치하는 단어로 바르게 묶인 것은?

> ● 보기 ●
>
> 합성어는 결합된 단어의 의미 관계에 따라 세 가지로 분류할 수 있다. '대등 합성어'는 앞, 뒤 성분이 본래의 의미를 유지하면서 대등한 관계를, '종속 합성어'는 앞 성분이 뒤 성분을 수식하는 형태를, '<u>융합 합성어</u>'는 앞 성분과 뒤 성분이 원래의 의미를 잃어버리고 새로운 의미로 사용되는 형태를 말한다.

① 돌다리, 오가다　　　　　② 돌다리, 비빔밥
③ 밤낮, 종이호랑이　　　　④ 밤낮, 마소
⑤ 피땀, 비빔밥

041 문장에서 높임법의 사용이 적절하지 <u>않은</u> 것은?

① 할아버지께서 몹시 편찮으시다.
② 아버지께서는 매주 산에 가신다.
③ 사장님, 이 과장님은 출장 갔습니다.
④ 교장 선생님의 말씀이 계시겠습니다.
⑤ 어머니께서는 머리가 많이 하얘지셨다.

042 문장 부호 규정에 대한 설명이 <u>잘못된</u> 것은?

	문장 부호	규정 설명	예시
①	숨김표 (○, ×)	금기어나 공공연히 쓰기 어려운 비속어임을 나타낼 때, 그 글자의 수효만큼 쓴다.	배운 사람 입에서 어찌 ×××란 말이 나올 수 있느냐?
②	줄표 (—)	두 개 이상의 어구가 밀접한 관련이 있음을 나타내고자 할 때 쓴다.	드디어 서울—북경의 항로가 열렸다.
③	물결표 (~)	기간이나 거리 또는 범위를 나타낼 때 쓴다.	이번 시험 범위는 3~78쪽입니다.
④	물음표 (?)	모르거나 불확실한 내용임을 나타낼 때 쓴다.	조선 시대의 시인 강백(1690?~1777?)의 자는 자청이고, 호는 우곡이다.
⑤	쉼표 (,)	문장 중간에 끼어든 어구의 앞뒤에 쓴다.	나는, 솔직히 말하면, 그 말이 별로 탐탁지 않아.

043 2017년 국립국어원은 현실 발음을 존중해, 복수 표준 발음을 인정했다. 그 예가 <u>아닌</u> 것은?

① 관건[관건/관껀]
② 안간힘[안깐힘/안간힘]
③ 순이익[순니익/수니익]
④ 공권력[공꿘녁/공꿜력]
⑤ 의기양양[의:기양양/의:기양냥]

044 외래어 표기가 맞는 것은?

① 카톨릭
② 악센트
③ 비틀즈
④ 팜플렛
⑤ 고로케

045 국어의 로마자 표기가 <u>잘못된</u> 것은?

① 좋고 joko
② 해돋이 haedoji
③ 학여울 Hagyeoul
④ 낙동강 Nakdonggang
⑤ 집현전 Jiphyeonjeon

[046~047] '층간 소음'과 관련된 글을 작성하려고 한다. 제시된 물음에 답하시오.

(가) 글쓰기 계획
- 주제: 층간 소음 문제의 원인과 해결 방안
- 목적: 층간 소음 문제와 관련된 정보 전달
- 글의 내용
  - 층간 소음의 정확한 개념과 판단 기준을 제시한다. ·· ㉠
  - 층간 소음의 발생 원인과 배경을 제시한다. ··· ㉡
  - 층간 소음으로 인한 사건을 통해 개인적·사회적 문제점을 제시한다. ································ ㉢
  - 층간 소음에 대한 우리 사회의 대처 방안을 알기 위해 법적 판례를 제시한다. ······················ ㉣
  - 층간 소음을 해결할 수 있는 다양한 해결 방안을 제시한다. ··· ㉤

(나) 수집한 자료

ㄱ. 층간 소음의 원인

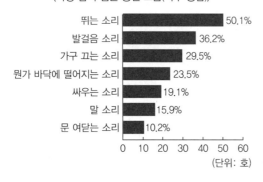

〈가장 참기 힘든 층간 소음(복수 응답)〉

ㄴ. 층간 소음 민원 현황

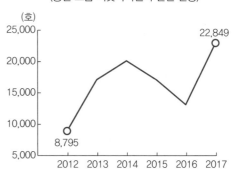

〈층간 소음 이웃사이센터 민원 현황〉

ㄷ. 층간 소음 관련 뉴스 보도 내용

　아파트, 원룸 등을 비롯한 공동 주택에서 층간 소음 관련 민원이 해마다 급증하는 것으로 나타나고 있습니다. 관련법상 층간 소음은 경범죄로 취급돼 10만 원 이하의 벌금 및 구류 등의 처벌이 가능합니다. 하지만 실제로 처벌을 받는 경우는 그리 많지 않습니다. 피해 신청인이 소음의 크기와 지속 시간을 측정해 층간 소음 여부를 입증해야 하고, 피신청인의 고의성 여부가 성립되어야 경범죄를 적용할 수 있기 때문입니다.

　결국 민사 소송 등으로 보상을 받을 수는 있지만, 소송에 드는 시간과 비용을 고려하면 실제로 얻는 이득은 별로 크지 않습니다. 오히려 손해일 수도 있다 보니 층간 소음으로 빚어진 이웃 간의 갈등은 강력 범죄로 번지기도 합니다. 그래서 한국과 달리 독일, 미국 등 일부 선진국에서는 층간 소음 문제에 대하여 300만 원 이상의 벌금을 매기는 등 강력한 조치를 합니다. 우리나라도 제도적 장치를 더 강화해서 층간 소음으로 발생하는 문제를 사전 예방해야 할 것입니다.

ㄹ. 전문가 인터뷰 자료

　대부분의 층간 소음은 건물 자체의 구조적 결함이나 방음 시설 미비 때문에 생깁니다. 특히 공동 주택의 바닥은 소음이 전달될 수밖에 없는 구조이므로, 지을 때부터 소음 발생을 최소화할 수 있도록 바닥 충격음 차단 성능을 확인하고 제도화해야 합니다.

　다음으로 이웃 간의 배려가 부족하다는 것도 원인이 될 수 있습니다. 공동 주택인 아파트에 거주하는 사람들에게는 기본적으로 이웃집에서 발생하는 통상적 수준의 소음은 어느 정도 참아야 할 의무가 있고, 거꾸로 이웃을 배려해 과다한 소음을 발생시키지 않을 의무가 있습니다.

046 글을 작성하기 위하여 계획한 내용으로 적절하지 <u>않은</u> 것은?

① ㉠   ② ㉡   ③ ㉢   ④ ㉣   ⑤ ㉤

047 (나)에 제시된 자료의 활용 방안으로 적절하지 <u>않은</u> 것은?

① ㄱ을 활용하여 층간 소음의 판단 기준을 설명한다.
② ㄴ을 활용하여 층간 소음이 심각한 사회 문제임을 제시한다.
③ ㄷ을 활용히여 층간 소음에 대한 제도적 장치가 강화되어야 함을 강조한다.
④ ㄱ과 ㄹ을 연관 지어 층간 소음의 해결 방안을 제시한다.
⑤ ㄷ과 ㄹ을 연관 지어 근본적인 문제 해결책을 구체적으로 제시한다.

[048~050] '공정 무역'을 주제로 글을 작성하려고 한다. 제시된 물음에 답하시오.

048 글을 작성하기 위하여 계획한 내용으로 적절하지 <u>않은</u> 것은?

> **● 글쓰기 계획 ●**
>
> • 주제: 우리나라의 공정 무역 현황 및 문제점과 개선 방안
> • 목적: 우리나라의 공정 무역 현황에 대한 활성화 방안 촉구
> • 글의 내용
>   – 공정 무역에 대한 개념을 제시하고, 우리나라 사람들의 인지도를 조사한다. ················· ㉠
>   – 우리나라 공정 무역 상품의 매출 규모 및 주요 소비 품목을 조사한다. ················· ㉡
>   – 우리나라와 다른 나라의 공정 무역 단체의 규모를 비교한다. ················· ㉢
>   – 공정 무역 제품의 시장이 활성화되지 못하는 이유를 분석한다. ················· ㉣
>   – 공정 무역 제품의 시장을 활성화하기 위한 대책을 제시한다. ················· ㉤

① ㉠   ② ㉡   ③ ㉢   ④ ㉣   ⑤ ㉤

위의 계획을 바탕으로 〈개요〉를 작성하였다. 〈개요〉의 수정 및 상세화 방안으로 적절하지 <u>않은</u> 것은?

```
●────── 글쓰기 개요 ──────●

 Ⅰ. 공정 무역이란?
    가. 공정 무역과 자유 무역의 개념 ·················································· ㉠
    나. 공정 무역의 역사

 Ⅱ. 우리나라 공정 무역의 현황
    가. 우리나라와 외국의 공정 무역 소비 품목 비교
    나. 우리나라 공정 무역 상품의 한정된 품목 ······························· ㉡
    다. 공정 무역 시장이 확대된 이유 ············································· ㉢

 Ⅲ. 우리나라 공정 무역 시장의 문제점
    가. 공정 무역 및 공정 무역 제품에 대한 낮은 인지도
    나. 소비자들에게 공정 무역 제품 판매처의 낮은 접근성

 Ⅳ. 우리나라 공정 무역 시장의 활성화를 위한 이미지 제고 방안 마련 ········ ㉣
    가. 공정 무역 및 공정 무역 제품에 대한 홍보 활성화
    나. 공정 무역 제품의 유통망 확대
    다. 공정 무역 제품의 품목 다양화 ············································· ㉤
```

① ㉠은 상위 항목을 구체화하는 데 적합하지 않으므로, '공정 무역의 개념'으로 수정한다.

② ㉡은 상위 항목과의 관련성을 고려하여 'Ⅲ'으로 옮긴다.

③ ㉢은 상위 항목과 직접적인 관련성이 부족하므로 삭제한다.

④ ㉣은 'Ⅳ'의 '가'와 '나'를 포괄할 수 있는 '공정 무역 시장의 활성화를 위한 방안 마련'으로 수정한다.

⑤ ㉤은 상위 항목과 관련성이 없으므로 '공정 무역 제품의 인식 전환'으로 수정한다.

공정 무역이란 '생산자들이 생산 원가와 생계비를 보장받을 수 있도록 공정한 가격을 지불하는 무역'을 의미한다. 시장에서 수요 공급 법칙에 따라 냉정하게 거래를 하는 무역, 즉 자유 무역과는 상당히 다르다. 자유 무역은 잘못하면 상대방을 착취하는 수단으로 전락할 수 있는데, 자유 무역의 이런 폐해를 막기 위한 대안이 바로 공정 무역이다. 보다 쉽게 말하면 경제 발전 수준이 낮고 생활 수준이 빈곤한 제3세계에서 생산된 농산물이나 원재료를 수입할 때 정당한 값을 지불하고 구입하자는 것이다. ㉠ <u>그 대신에 중간 상인을 배제해서 중간 이윤을 줄여 구매자 입장에서 늘어나지 않은 그대로의, 혹은 줄어든 원가로 상품을 구매할 수 있다.</u>

1980년대에 네덜란드의 막스 하벨라르(Max Havelaar) 재단은 커피를 비롯해 바나나, 꽃과 같은 다른 농산물에도 공정 무역을 인증하는 ㉡ <u>막스 하벨라르 라벨이 부착되기 시작했다.</u> 막스 하벨라르는 공정 무역을 전문적으로 지원하는 조직으로 발전했고, 제조·유통 업체들과 연계해 대규모의 공정 무역 운동을 펼쳤다.

유럽 선진국을 중심으로 전개된 공정 무역을 세계적인 사회 운동으로 발전시키기 위해 1997년 공정 무역 인증 기구인 FLO 인터내셔널(Fairtrade Labelling Organizations International, 국제공정무역상표기구)이 설립됐다. 그전까지만 하더라도 공정 무역 라벨이 서로 달라 소비자들의 눈에 ㉢ <u>띠기</u> 어려웠는데, 이 조직이 설립되면서 통일된 라벨을 만들었고, 이는 공정 무역 확산에 박차를 가했다.

이제 우리 주위 여기저기서 공정 무역 라벨을 찾아볼 수 있다. 영국의 패션 기업인 막스앤스펜서 매장이나 미국의 홀푸드마켓 매장에 가면 공정 무역 라벨이 붙은 상품들을 많이 발견할 수 있다. 스타벅스와 커피빈 매장의 원두 커피 팩에도 공정 무역 라벨이 붙어 있다. 우리나라에서도 카페데베르 커피숍에서 공정 무역 커피와 초콜릿을 볼 수 있고, 한국공정무역연합의 공정 무역 가게인 '울림'에 가면 초콜릿, 커피, 시리얼 바는 물론이고 공정 무역 축구공도 살 수 있다.

그동안 공정 무역 상품은 생각보다 저조한 질에 높은 가격, 그리고 우리 주위에서 쉽게 구할 수 없는 점 때문에 찾아보기 힘들었다. 다행히 최근 들어 공정 무역 상품의 품질이 개선되고 유통 업체가 늘면서 ㉣ <u>많은 사람이</u> 공정 무역 상품에 관심을 갖게 됐다. 이와 같이 경제와 사회, 환경을 모두 감안해 소비 품목을 결정하는 사람을 로하스(LOHAS) 소비자라고 부른다. 로하스 소비자는 가격이나 품질에 의거해 물건을 구매하지 않는다. 로하스 소비자는 사회적 의식이 있는 소비자이기 때문에 소비를 통해 생산자들에게 구원의 손길을 뻗치는 이타적 의식을 가진 소비자이다.

이타심이 고차원의 이기심이라는 사실을 아는가? 이타심이 사회 전체를 안정시키고 이것이 결과적으로 자신의 경제적·사회적 안정을 이뤄주기 때문이다. ㉤ <u>또</u> 공정 무역 상품을 구매하는 행위는 한편으로 나 자신을 위한 선택이라 할 수 있겠다.

① ㉠: 문장 성분 간의 호응을 위해 주어를 넣는다.
② ㉡: 불필요한 피동 표현이므로, '막스 하벨라르 라벨을 부착하기 시작했다'로 수정한다.
③ ㉢: 의미상 부적절한 단어이므로, '띄기'로 수정한다.
④ ㉣: 불필요한 문장 성분이므로 삭제한다.
⑤ ㉤: 앞 문장과의 의미 흐름을 고려하여 '그러므로'로 수정한다.

[051~053] '위치적 외부성'과 인간 사회를 유비(類比)하고자 한다. 다음 글을 읽고 물음에 답하시오.

한 사람의 보상이 다른 사람의 행동에 영향을 받았음에도 불구하고 그에 대한 대가를 받지도 지불하지도 않는 현상을 외부성이라고 한다. 특히 자신의 상대적 위치에 따른 보상이 다른 경쟁자의 상대적 성과에 부분적으로 의존하는 것을 '위치적 외부성'이라고 한다. 예를 들어 테니스 선수 그라프는 우승을 통해 거액을 벌었지만, 유독 숙적인 셀레스에게는 계속 패하였다. 그러나 셀레스가 사고를 당해 더 이상 경기에 참여할 수 없게 되자 그라프는 경기 능력에 큰 변화가 없음에도 불구하고 승률이 거의 두 배 이상 상승했다. 이에 따라 우승 상금은 물론 광고 출연 등의 부수적인 이익 또한 전보다 크게 증가했다. 이처럼 위치적 외부성이 작용할 경우, 자신의 상대적 위치를 향상시키는 모든 수단은 반드시 다른 경쟁자의 상대적 위치를 하락시킨다.
위치적 외부성이 개입되어 있는 상황에서 사람들은 자신의 위치를 높이는 행동을 하려고 한다. 예를 들어, 한 사람이 성과를 향상시키기 위해 지출을 늘리면 다른 사람의 위치에 영향을 미치게 되므로 다른 경쟁자 또한 지출을 늘리게 된다. 그러나 모든 사람이 동시에 자신의 위치를 향상시키기 위해 지출을 반복적으로 늘린다면 사람들 사이의 실질적인 위치는 변하지 않을 가능성이 크다.

051 '위치적 외부성'이 나타난 사람의 예로 적절하지 <u>않은</u> 것은?

① 선거에서 특정 후보의 사퇴로 당선이 된 다른 후보
② 식당에서 많은 사람의 목소리로 상대방과 대화가 어렵게 되자 목소리를 더 높이는 손님
③ 경기 시작 전에 유명 가수의 무대로 평소보다 관중이 늘어 출전 수당을 더 많이 받게 된 선수
④ 자녀의 초등학교 입학을 미뤘을 때 다른 학생보다 학업 성취도가 높아질 것이라고 생각하는 학부모
⑤ 경치가 좋은 특정 카페에 방문하는 사람이 많아지자 좋은 자리에 앉기 위해 카페가 문을 열기도 전에 줄을 서는 사람

052 밑줄 친 부분을 통해 유추할 수 있는 내용으로 가장 적절한 것은?

① 소모적인 경쟁보다는 효율을 고려해야 한다.
② 개인의 발전은 곧 사회의 발전으로 연결된다.
③ 경쟁 시 타인의 행동을 모방하는 것이 필요하다.
④ 경쟁이 심화될 때에는 사회적 규범으로 해결해야 한다.
⑤ 유의미한 성과를 위해서는 행동에 대한 자율과 규제의 균형이 필요하다.

053 공익 광고 문구를 〈조건〉에 맞게 창작한 것으로 가장 적절한 것은?

━━━━━━━━━━━━━ ● 조건 ● ━━━━━━━━━━━━━
'조직 사회의 바람직한 화합'을 이룰 수 있는 방법을 반의어를 활용하여 표현할 것

① 평등에 위아래는 없습니다.
② 서로 당기면 열리지 않습니다.
③ 공정한 경쟁은 편견 없는 시각에서 시작됩니다.
④ 사회 발전의 지름길은 서로의 다름을 인정하는 것입니다.
⑤ 지금 우리는 지나친 경쟁 속에서 살고 있는 것은 아닐까요?

[054~056] 다음 그림 (가)와 (나)를 보고 물음에 답하시오.

	(가)	(나)

054 다음은 그림 (가)와 (나)를 분석한 표이다. 적절하지 <u>않은</u> 것은?

	(가)	(나)
표현	㉠ '군계일학'을 그림으로 표현	'낭중지추'를 그림으로 표현
핵심	㉡ 많은 사람 가운데에도 뛰어난 인물은 있다.	㉢ 뛰어난 재능을 가진 사람은 다른 사람의 눈에 띄기 마련이다.
주제	㉣ 재능이 있는 사람은 스스로를 돋보이게 하는 능력이 있다.	㉤ 자신의 재능을 발현하기 위해서는 적극적인 자기표현이 필요하다.

① ㉠   ② ㉡   ③ ㉢   ④ ㉣   ⑤ ㉤

055 '삶을 살아가는 데 필요한 능력'에 대한 글을 쓰려고 한다. 그림 (가)와 (나)를 활용하여 이끌어 낼 수 있는 내용으로 가장 적절한 것은?

① 현상에 대한 본질을 깊이 파악해야 한다.
② 타인을 배려하는 마음이야말로 진정한 능력이다.
③ 개인의 성장은 사회적인 뒷받침이 있어야 가능하다.
④ 개인이 가진 타고난 능력을 꾸준히 개발하려 노력해야 한다.
⑤ 다양한 현상을 폭넓게 보는 확산적 사고를 할 수 있어야 한다.

056 그림 (가)를 주장하는 인물에게 〈보기〉의 인물이 할 수 있는 조언으로 가장 적절한 것은?

신유형
고난도

> ── • 보기 • ──
>
> 나는 10년 전에 금강산을 유람하여 한 달 동안 다니다가 돌아왔다. 바다는 출렁이고 산은 높이 솟아 그 광경은 뭐라 말로 형용할 길이 없었다. 그런데 경관이 기이하고 그윽한 언덕과 골짜기가 또 있어, 만일 이름을 붙여 널리 전파한다면 명승의 대열에 끼일 수 있을 터였다. 그러나 모두 거친 수풀과 우거진 넝쿨 사이에 가려지고 묻혀 있었다. 이로 말미암아 생각하건대 사람 또한 이와 같다.
>
> – 조희룡, 「이향견문록(里鄕見聞錄)」

① 능력이 뛰어난 모든 사람이 인정받을 수 있는 것은 아니다.
② 세상을 움직이는 것은 뛰어난 리더십을 가진 소수의 인물이다.
③ 눈에 띄지 않더라도 알고 보면 주목받을 만한 능력을 가진 사람이 있을 수 있다.
④ 뛰어난 능력을 가진 사람이 재능을 발휘하기 위해서는 많은 사람의 관심이 필요하다.
⑤ 뛰어난 인재는 저절로 만들어지는 것이 아니라 수많은 사람의 도움으로 만들어지는 것이다.

[057~058] 다음 글을 읽고 물음에 답하시오.

> 마거릿 미드는 『사모아의 청소년』에서 다음과 같이 밝히고 있다. 사모아에서 성장(사춘기)을 쉽고 간단한 문제로 만드는 배경은 사회 전체가 전반적으로 평상적이라는 것이다. 누구도 크게 성공하려고 모험하지 않으며, 많은 대사를 치르지 않고, 소신을 굽히지 않는다고 핍박을 당하지 않으며, 특별한 목적 때문에 목숨을 걸고 싸우지 않는 곳이 사모아이기 때문이다. 부모와 자식 간의 불화는 자식이 건너편으로 이사하면 해결되고, 주민과 마을 사이의 불화는 그 주민을 옆 마을로 추방하며 끝나…… 사랑과 미움, 질투와 보복, 슬픔과 사별은 모두가 몇 주를 넘기지 않는다. 아기는 처음 태어난 순간부터 여러 여성들의 손을 거쳐 소홀히 다루어짐으로써 한 개인을 지나치게 돌보지 말고 어느 관계에나 지나친 기대를 하지 말라는 교훈을 얻는다.

057 윗글을 바탕으로 '인생에 대한 조언'에 활용할 수 있는 사자성어로 가장 적절한 것은?

신유형
고난도

① 강호지락(江湖之樂)　　　　② 수간모옥(數間茅屋)
③ 안빈낙도(安貧樂道)　　　　④ 음풍농월(吟風弄月)
⑤ 한래서왕(寒來暑往)

058 윗글을 통해 유추할 수 있는 내용으로 가장 적절한 것은?

① 사춘기에 겪는 혼란은 문화에서 비롯된 것이다.

② 사춘기의 문제점은 생물학적인 원인이 가장 크다.

③ 모든 청소년의 사춘기는 혼란스럽고 어려운 시기이다.

④ 사모아에서는 갈등을 분출할 수 있는 제도가 마련되어 있다.

⑤ 어른으로의 성장이 자연스러운 문화권에서 사춘기는 나타나지 않는다.

[059~060] 다음 글을 읽고 물음에 답하시오.

> 일치법은 어떤 결과가 발생한 여러 경우에 공통적으로 선행하는 요소를 찾아 그것을 원인으로 간주하는 방법이다. X는 원인을 알고 싶은 결과이고, a, b, c, d, e, f는 여러 가지 선행하는 요소를 뜻한다. 이때, a가 X가 발생하는 모든 경우에 공통되는 유일한 요소라면 a가 X의 원인이라고 결론을 내릴 수 있다.

059 윗글에서 나타난 '일치법'의 사례로 가장 적절한 것은?

① 감기에 걸리기 전에 아이스크림을 먹었다. 따라서 감기의 원인은 아이스크림이다.

② 아이의 온몸에 붉은 반점이 생겼는데 반점이 생기기 전에 열이 있었다. 따라서 열이 붉은 반점의 원인이다.

③ 병에 걸린 여러 마리의 닭 중에서 상태가 호전된 한 마리만 다른 닭과 다른 먹이를 먹었다. 따라서 다른 먹이가 병을 호전시킨 원인이다.

④ 수학여행을 간 학생들이 장염을 호소하여 담당 교사가 학생들이 공통적으로 먹은 음식을 조사해 보니 돼지고기였다. 따라서 장염의 원인은 돼지고기이다.

⑤ 어젯밤 숙면을 취하지 못한 직장인이 그 원인을 따져 보니 평소와 다르게 어제 저녁에만 커피를 마신 것을 알게 되었다. 따라서 커피가 불면의 원인이다.

060 윗글을 도식으로 나타낸 것으로 가장 적절한 것은?

① a b c d → X
  ∴ a → X

② a c e → X
  b d f → X
  ∴ a → X

③ a b d f → X
  a c d f → X
  a b d f → X
  ∴ c → X

④ c b d f → X
  a c e f → X
  a b c d → X
  ∴ c → X

⑤ a b c e → X
  b c d e → X
  a b e f → X
  ∴ b, e → X

[061~062] 다음 글을 읽고 물음에 답하시오.

산비탈엔 들국화가 환—하고 누이동생의 무덤 옆엔 밤나무 하나가 오뚝 서서 바람이 올 때마다 아—득한 공중을 향하여 여윈 가지를 내어 저었다. 갈 길을 못 찾는 영혼 같애 절로 눈이 감긴다. 무덤 옆엔 작은 시내가 은실을 긋고 등 뒤에 서걱이는 떡갈나무 수풀 앞에 차단—한 비석이 하나 노을에 젖어 있었다. 흰나비처럼 여윈 모습 아울러 어느 무형(無形)한 공중에 그 체온이 꺼져 버린 후 밤낮으로 찾아 주는 건 비인 묘지의 물소리와 바람 소리뿐. 동생의 가슴 위엔 비가 내리고 눈이 쌓이고 적막한 황혼이면 별들은 이마 위에서 무엇을 속삭였는지. 한줌 흙을 헤치고 나즉—히 부르면 함박꽃처럼 눈뜰 것만 같애 서러운 생각이 옷소매에 스몄다.

– 김광균, 「수철리(水鐵里)」

061 시적 화자의 태도를 설명한 것으로 가장 적절한 것은?

① 화자는 누이동생이 죽은 후에 관조적인 태도를 보이고 있다.
② 화자는 변화될 수 없는 상황에 안타까워하는 태도를 보이고 있다.
③ 화자는 누이동생이 죽은 상황에 대해 유화적인 태도를 보이고 있다.
④ 화자는 누이동생의 죽음으로 인생에 대한 회의적 태도를 보이고 있다.
⑤ 화자는 누이동생과의 관계가 다시 형성되기를 바라는 태도를 보이고 있다.

062 시어에 대한 설명으로 적절하지 <u>않은</u> 것은?

① '환—하고', '아—득한' 등의 '—'는 시어의 느낌을 풍부하게 한다.
② '밤나무'의 '여윈 가지'는 쓸쓸한 시적 분위기를 형성한다.
③ '흰나비'는 '누이동생'의 여윈 모습을 연상시킨다.
④ '묘지'는 화자가 죽은 누이를 떠올리는 공간이다.
⑤ '비', '눈', '별' 등은 화자의 의지를 상징한다.

석양이 오빠의 이마와 목덜미를 붉게 물들이며 방을 깊숙이 가로질렀다.

내가 기억하는 한의 그 시간은 늘 그랬다.

함석 지붕이 흐를 듯 뜨겁게 달아오르고 저녁 햇빛이 칼처럼 방 안에 깊숙이 꽂힐 즈음이면 어머니는 화장을 시작하고 오빠는 창가에 놓인, 붉은 꽃무늬의 도배지 바른 궤짝 앞에 앉아 꼼짝 않고 소리 높이 영어책을 읽었다. 나는 어머니의 곁에 앉아 갖가지 화장품이 담긴 병들을 만지작거리거나 창을 통해서 멀찍이 보이는 개울의 다리와 신작로, 그리고 더 멀리 황금빛으로 번쩍이는 국민학교의 창을, 점점이 붉은빛이 묻어나는 새털구름들을 바라보며 이유가 분명치 않은 조바심으로 어머니와 오빠 사이의, 은밀히 조성되어 가는 팽팽한 공기를 지켜보았다.

캔 유 텔 미 홧 히 이즈 두잉? 오빠가 밭은기침으로 목청을 돋우었다.

파마한 머리칼이 얽히었는지, 신경질적인 손놀림으로 빠르게 빗질을 하던 어머니가 손을 멈추고 거울에 바짝 머리를 들이대었다. 흰 머리가 뽑혀 나왔다.

벽에 버티어 놓은 거울에, 등지고 앉은 오빠의 몸이 고집스럽게 담겨 있었다. 뽑혀 나온 새치를 손가락 사이에 들고 잠시 들여다보던 어머니가 햇빛을 피하는 시늉으로 눈살을 찌푸리며 거울을 옮겨 놓고 화장을 계속했다. 나무 궤 위에 쌓아 놓은 우리들의 때 묻은 이부자리가 거울면에 들이찼다. 오빠의 모습은 사라졌다. 대신 거친 손짓으로 책장을 넘기는 바람에 낡고 눅눅해진 종이가 힘들게 찢겨지는 소리가 났다. 오빠의, 긴장으로 경직된 등이 제풀에 움찔했다.

어머니는 등 뒤의 작은 시위―그러나 오빠 나름대로는 필사적인―에 아랑곳하지 않고 분첩으로 탁탁 얼굴을 두들기고 가늘고 둥글게 눈썹을 그렸다. 나는 조마조마한 마음으로 어머니와 오빠를 번갈아 보며, 그러나 어쩔 수 없는 호기심과 찬탄으로 거울 속에서 점차 나팔꽃처럼 보얗게 피어나는 어머니의 얼굴을 바라보았다.

[A]
어머니가 시집올 때 해왔다는 등신대(等身大)의 거울은 이 방에서 유일하게 흠 없이 온전하고 훌륭한 물건이었다. 눈에 보이게 또는 보이지 않게 남루해져 가는 우리들의 가운데서 거울은, 어머니가 매일 닦는 탓도 있지만, 나날이 새롭게 번쩍이며 한구석에 버티고 있었다. 그 이물감 때문에 우리의 눈에는 실체보다 훨씬 더 커 보이는 건지도 몰랐다.

거울 속에는 언제나 좁은 방 안이 가득 담겨 있었다.

소꿉놀이를 하다가도, 게으르게 눈을 껌벅이며 잠에서 깨어나서도, 싸움질을 하다가도, 허겁지겁 밥을 먹다가도 문득 눈을 들면 방의 한구석에 버티어 선 거울이 자신은 볼 수 없는 등까지도 환히 비추는 바람에, 우리는 거울 속에서 낯설게 만나지는 자신에게 경원과 면구스러움을 느껴 옆으로 슬쩍 비켜서거나 남의 얼굴처럼 물끄러미 바라보곤 했다.

거울은 기울여 놓기에 따라 우리의 모습을 작게도 크게도 길게도 짧게도 자유자재로 바꾸어 비추었다. 언니와 나는 어머니가 없을 때면 낑낑대며 거울을 옮겨 놓고 그 앞에서 입을 크게 벌리고 노래를 부르거나 연극 놀이를 했다. 비가 와서 밖에 나갈 수 없을 때 우리는 연극 놀이를 했는데 내용은 늘 똑같았다.

(중략)

나는 낮의 일들이 꼭 꿈속의 일처럼 아주 몽롱하고 멀게 느껴지는 것이었다. 밤마다 술 취해 오는 어머니, 더러운 이불 속에서 쥐처럼 손가락을 빨아대는 일 따위가 한바탕의 긴 꿈만 같이 여겨졌다. 진짜의 나는 안타까이 더듬어 보는 먼 기억의 갈피 짬에서 단편적인 감각으로 남아 있는 것이 아닐까. 아버지처럼. 아버지는 키가 몹시 컸다. 아니 그것은 덩치 큰 오빠를 향해 하던, 아버지를 쏙 빼었다는 할머니의 말에서 비롯된 연상인지도 몰랐다. 저녁을 먹은 후 바람이 서늘해지면 아버지는 나를 목에 태우고 밖으로 나갔다. 아버지의 무등을 타면 어찌나 높던지 나 자신이 풍선처럼 공중에 둥실 떠오르듯 눈앞이 어지러이 흔들렸다. 곧 동생이 태어날 거다. 아버지는 내 넓적다리를 꽉 쥐며 노래 부르듯 말했다. 엄마 뱃속에 아기가 들었단다. 꼭 잡아, 아버지의 말에 따라 아버지의 머리를 잡으면 손에서는 찐득찐득한 머릿기름이 묻어났다.

― 오정희, 「유년의 뜰」

063 윗글의 서술상의 특징으로 가장 적절한 것은?

① 대화를 통해 인물 간의 갈등을 고조시키고 있다.
② 독백적 진술을 통해 과거의 경험을 회상하고 있다.
③ 과거와 현재 사건을 대조하여 차이를 부각시키고 있다.
④ 꿈과 현실의 사건이 혼재해 현실의 의미가 강조되고 있다.
⑤ 작품 밖 서술자가 객관적인 태도로 사건의 흐름을 제시하고 있다.

064 '등 뒤의 작은 시위'와 관련하여 윗글을 감상한 내용으로 적절하지 <u>않은</u> 것은?

① '붉은빛이 묻어나는 새털구름들을 바라보는' 것은 어머니와 오빠의 갈등에 대해 무관심한 나의 태도를 보여 준다.
② '은밀히 조성되어 가는 팽팽한 공기'는 오빠와 어머니의 긴장된 분위기를 표현한 것이다.
③ '거친 손짓으로 책장을 넘기는' 행위를 통해 어머니에 대한 불편한 감정을 드러낸다.
④ '신경질적인 손놀림'과 '아랑곳하지 않고 분첩으로 얼굴을 두드리는' 행위는 어머니의 심적 상태를 보여 준다.
⑤ '밤마다 술 취해 오는 어머니'는 오빠의 심리적 불편함을 유발한 원인의 하나이다.

065 [A]에서 '거울'의 서사적 의미를 추리한 것으로 적절하지 <u>않은</u> 것은?

① '나날이 새롭게 번쩍이며 한구석에 버티고' 있는 거울은 피난지 현실의 남루함을 부각한다.
② '언제나 좁은 방 안이 가득 담겨 있었다'는 것은 초라한 삶이 거울을 통해 이미지화된 것을 암시한다.
③ '자신은 볼 수 없는 등까지도 환히 비추는' 거울은 일상과는 다른 자신의 모습을 확인하게 하는 매개체이다.
④ '거울 속에서 낯설게 만나지는 자신'은 자신과 대면하였을 때의 느낌을 나타낸다.
⑤ '기울여 놓기에 따라' 모습을 '자유자재로 바꾸어' 비추는 거울은 현실에서 벗어나려는 '나'의 의지를 드러낸다.

어떤 보상을 얻기 위해서 환경에 조작을 가하는 것을 '㉠ <u>조작적 조건화</u>'라고 한다. 조작적 조건화는 어떤 행동을 한 후에 '강화'가 주어지면 그 행동을 빈번히 하게 되고, '처벌'이 주어지면 그 행동을 더 이상 하지 않는다는 기본 원리를 갖고 있다.

조작적 조건화에서 '강화'는 외적 자극을 주기 전의 반응자, 즉 반응을 하는 대상자의 행동이 미래에도 반복해서 나타날 가능성을 높이는 사건이라고 정의할 수 있다. 강화는 두 가지로 구분되는데, 하나는 정적 강화이고, 다른 하나는 부적 강화이다. 정적 강화는 반응자가 어떤 행동을 한 직후 그가 좋아하는 것을 주어 그 행동의 빈도를 증가시키는 사건을 말한다. 단것을 좋아하는 아이가 착한 일을 했을 경우, 그 아이에게 사탕을 줌으로써 착한 일의 발생 빈도를 증가시키는 것이 그 예가 될 수 있다.

부적 강화는 반응자가 어떤 행동을 했을 때 그가 싫어하는 것을 제거해 주어 그 행동의 빈도를 증가시키는 것이다. 예를 들어 아이가 바람직한 행동을 했을 때 그 아이가 하기 싫어하는 숙제를 취소 또는 감소해 줌으로써 바람직한 행동을 자주 하도록 만들 수 있다. 사탕을 주거나 숙제를 취소하는 등의 행위는 강화를 유도하는 자극에 해당하며, 이를 '강화물'이라고 한다. 강화물은 상황에 따라 변할 수 있다. 음식은 배고픈 사람에게는 강화물이지만 그렇지 않은 사람에게는 강화물이 되지 않을 수 있다.

'처벌'은 강화와 반대로, 외적 자극을 주기 전 반응자의 행동이 미래에도 반복해서 나타날 가능성을 낮추는 사건을 가리킨다. 처벌에도 정적 처벌과 부적 처벌이 존재한다. 정적 처벌은 반응자가 싫어하는 어떤 것을 제시함으로써 그에 앞서 나타나던 행동을 감소시킬 수 있는 사건을 의미한다. 아이들이 나쁜 짓을 해서 벌을 받은 후, 그 다음에 나쁜 짓을 하지 않는 것이 그 예가 될 수 있다.

반면에 반응자가 선호하는 어떤 것을 주지 않음으로써 반응자의 행동을 감소시킬 수도 있다. 이것이 부적 처벌이다. 부적 처벌은 부모님의 말을 잘 듣지 않는 어린이에게 용돈을 주지 않음으로써 말을 잘 듣지 않는 행동을 감소시키는 것에서 찾아볼 수 있다.

이처럼 강화와 처벌은 외적 자극을 통해 반응자의 행동을 변화시키는 사건이다. 강화와 달리 처벌은 바람직하지 않은 행동을 억압하기는 하지만 반응자의 바람직한 행동을 증가시키는 데는 한계가 있다. 따라서 바람직한 행동을 유도하려면 처벌만 사용하기보다 처벌을 강화와 결합하여 사용할 때, 일반적으로 더 효과가 있다. 강화와 처벌은 조작적 조건화의 기본 원리로서, 가정이나 학교, 회사, 스포츠 분야 등에서 활용되고 있다.

066 윗글의 내용과 일치하지 <u>않는</u> 것은?

① 조작적 조건화는 외적 자극을 사용한다.
② 강화는 반응자의 행동을 증가시킬 수 있다.
③ 자극은 상황에 관계없이 모두 강화물이 된다.
④ 처벌은 반응자의 부정적 행동 가능성을 낮춘다.
⑤ 강화와 처벌을 결합하면 바람직한 행동을 증가시키는 데 효과적이다.

067 윗글에 나타난 개념과 〈보기〉의 ㄱ, ㄴ을 바르게 연결한 것은?

• 보기 •

ㄱ. 사회 공헌 사업을 한 기업에 대해 정부가 세금을 감면해 주자, 기업의 사회 공헌 사업이 증가했다.

ㄴ. 쓰레기를 함부로 버리는 곳에 CCTV를 설치하여 쓰레기를 버린 사람의 신원을 공개하자, 쓰레기 무단 투기가 감소했다.

	ㄱ	ㄴ
①	부적 강화	정적 처벌
②	부적 강화	정적 강화
③	정적 강화	정적 처벌
④	정적 강화	부적 강화
⑤	정적 처벌	부적 처벌

068 ㉠에 대해 제기할 수 있는 비판적 의문으로 가장 적절한 것은?

① 인간의 개인적 선택을 맹신하는 것은 아닐까?
② 인간이 만든 강화물을 무시하는 것은 아닐까?
③ 인간의 물질적 욕망에만 주목하는 것은 아닐까?
④ 인간의 자율적 의지를 간과하고 있는 것은 아닐까?
⑤ 인간의 신체적 조건을 경시하고 있는 것은 아닐까?

[069~070] 다음 글을 읽고 물음에 답하시오.

일반적으로 사진을 찍을 때는 사진에 담을 대상인 중심 피사체를 먼저 선정하여 화면 중앙에 놓고 이것에 초점을 맞춘다. 그런 다음 중심 피사체와 주변 풍경을 적절하게 구획하여 안정된 구도로 사진을 찍는 것이 일반적인 프레임* 구성 방법이다. 그런데 사진을 촬영하다 보면 의도하지 않았던 요소들이 개입하여 일반적인 프레임 구성 방법에서 벗어났음에도 미적 효과가 느껴지는 경우가 있다. 이를 의도적으로 활용한 대표적인 예가 숄더샷 프레임이다.

숄더샷 프레임이란 등에 업힌 아이가 어깨 너머로 세상을 보는 것처럼, 프레임 안에 장애물을 배치하여 감상자가 장애물 너머로 중심 피사체를 보도록 유도하는 프레임 구성 방법이다. 숄더샷 프레임을 활용하면 프레임 안에 삽입된 장애물로 인해 감상자가 시각적인 긴장감을 느끼게 되어 중심 피사체에 대한 감상자의 집중도가 높아지게 된다.

솔더샷 프레임은 다음과 같은 방법들을 활용하여 구성한다. 첫째, 사진에 담고자 하는 중심 피사체 앞에 장애물을 배치한다. 장애물을 배치하면 감상자가 눈에 잘 띄는 장애물을 먼저 본 다음에 중심 피사체를 보기 때문에 중심 피사체로 시선이 집중되는 효과가 나타난다. 이때 장애물이 중심 피사체보다 크면, 장애물이 감상자의 눈에 더 잘 띄게 된다. 그리고 장애물의 형태나 자세, 시선 등이 중심 피사체를 향하도록 하면 감상자의 시선을 중심 피사체로 이끌어 주는 지시성이 강화된다. 둘째, 중심 피사체에는 초점을 정확하게 맞추는 반면 장애물에는 초점을 맞추지 않는다. 그러면 감상자는 초점이 맞지 않아 흐릿하게 보이는 장애물보다 초점을 맞춘 대상을 중심 피사체로 인식하여 시선을 집중하게 된다. 셋째, 중심 피사체와 장애물의 밝기를 대비시킨다. 중심 피사체는 밝게, 장애물은 어둡게 촬영하는 것이 좋다. 그러면 밝음과 어둠이 대비되면서 감상자가 중심 피사체를 주목하게 된다.

솔더샷 프레임은 의도하지 않았을 때 나타나는 미적 효과를 의도적으로 활용하여 사진의 예술성을 구현하고자 한다. 솔더샷 프레임은 조화와 균형, 통일을 기본으로 여겼던 기존의 예술적 인식에서 벗어나 순간적이고 우연적인 것, 불안정한 것에서 아름다움을 발견했다는 점에서 사진 예술의 새로운 방향을 제시한다고 할 수 있다.

*프레임: 사진 화면의 구도를 설정하는 틀.

069 윗글을 통해 알 수 있는 내용이 <u>아닌</u> 것은?

① 솔더샷 프레임의 개념
② 솔더샷 프레임의 효과
③ 솔더샷 프레임의 변천 과정
④ 솔더샷 프레임의 촬영 기법
⑤ 솔더샷 프레임의 예술적 의의

070 윗글에 언급된 '솔더샷 프레임(㉠)'과 〈보기〉의 '엣지샷 프레임(㉡)'에 대한 설명으로 가장 적절한 것은?

● 보기 ●

'엣지샷 프레임'은 중심 피사체를 가장자리나 구석에 위치시켜 의도적으로 시각적 긴장감을 유발하는 프레임 구성 방법이다. 이 프레임은 안정된 구도를 활용하는 일반적인 사진과 달리 익숙하지 않은 프레임을 통해 감상자가 중심 피사체에 집중하게 한다.

① ㉠은 ㉡과 달리 기존의 예술적 인식을 바탕으로 한 프레임 구성 방법이다.
② ㉡은 ㉠과 달리 의도하지 않았을 때 나타나는 미적 효과를 의도적으로 활용하고 있다.
③ ㉠은 조화와 균형, ㉡은 부조화와 불균형을 아름다움의 기본으로 여기고 있다.
④ ㉠과 ㉡은 중심 피사체를 프레임의 중앙 부분에 놓이도록 촬영한다.
⑤ ㉠과 ㉡은 익숙하지 않은 프레임을 통해 시각적 긴장감을 유발한다.

[071~073] 다음 글을 읽고 물음에 답하시오.

일반적으로 인간은 시간을 원환적(圓環的)으로 표상하기도 하고 직선적으로 표상하기도 하는데, 전자를 '⊙ 크로노스적 시간'이라 하고 후자를 'ⓒ 카이로스적 시간'이라고 부른다. 시간에 대한 표상은 인간의 삶의 방식에 따라 달라진다. 인간이 주로 자연에 의존해서 사는 경우, 시간은 천체의 원운동과 함께 흐르는 것으로 간주되고 인간은 이런 주기적인 흐름에 맞추어 삶을 영위한다. 즉 시간은 천체의 순환과 함께 원환적으로 표상된다. 반면 인간이 주로 역사에 의존해서 사는 경우, 시간은 직선적으로 표상된다. 역사의 흐름은 일회적이다. 물론 역사적 사건의 유형이 비슷하기 때문에 역사의 순환성을 말하는 사람도 있으나, 역사적 사건 자체는 한 번 지나가면 결코 돌아오지 않는다.

서로 대립되는 것으로 보이는 두 시간 표상의 대표적인 예를 우리는 흔히 헬레니즘과 헤브라이즘의 대비에서 본다. 불트만이 고대 그리스에서 삶을 기술하는 방식과 고대 이스라엘에서 삶을 기술하는 방식을 구별하는 과정에서 이 차이는 두드러지게 드러난다.

불트만에 따르면 고대 그리스에서 인간의 삶은 전적으로 자연에 근거하고 있다. 이 때문에 그들이 삶을 기술하는 방식은 삶의 영역을 자연의 영역으로 이해하려는 형태로 나타난다. 예를 들어, 투키디데스는 인간의 삶의 방식에도 자연에서와 같은 내재적 법칙이 있어서 인간적 사건은 자연적 사건과 다르지 않다고 보았다. 즉 그리스에서 삶을 기술하는 방식에는 신의 의지를 지향하는 인간의 삶과 목표가 없는 것이다. 그 결과 그 속에는 특정 방향과 목표를 전제하지 않은, 자연의 순환을 바탕으로 하는 원환적 시간 표상이 반영되어 있다.

반면, 고대 이스라엘에서 삶을 기술하는 방식은 인간의 행위를 신의 계명에 대한 경외와 복종으로서 이해하려는 형태로 나타난다. 인간의 삶은 신의 섭리로 진행된다. 신의 계명을 따르는 인간 삶의 과정은 모든 것이 하나의 의미로 귀결될 수밖에 없다. 이러한 인간의 삶을 이끄는 시간이 직선적으로 표상되는 것은 당연하다. 직선적 시간 표상은 시간에 시작과 끝이 있다는 것을 전제한다. 신에 의해 창조된 인간의 삶에 시작과 끝이 있다는 것은, 그 삶이 끝을 목표로 하여 진행된다는 것을 의미한다. 즉 신에 의해 창조된 인간의 삶은 최후의 심판과 심판 이후의 영원한 삶을 목표로 진행되는 것이다.

우리는 이렇게 대립되는 것처럼 보이는 두 가지 시간 표상을 가지고 살아간다. 해가 바뀌어 새해가 되어도 새해의 절기는 작년과 마찬가지로 순환하면서 되돌아온다. 그러나 그 새해는 지난해와 다를 것이며 이는 시간의 단절적 계기를 보여 주는 것이기도 하다. 즉 우리는 순환적 자연 속에서 직선적 역사 세계에 살고 있는 것이다.

071 윗글의 서술 방식으로 가장 적절한 것은?

① 특정 개념의 핵심 이론을 소개하면서, 그 이론의 타당성을 검증하고 있다.
② 특정 개념에 대한 기존의 관점을 반박하고, 새로운 관점을 제시하고 있다.
③ 특정 개념에 대한 의문을 제기하고, 이를 해결할 수 있는 방안을 모색하고 있다.
④ 특정 개념에 대한 인식의 차이를 설명하고, 이를 통합하는 관점을 제시하고 있다.
⑤ 특정 개념의 통시적인 변화를 설명하고, 앞으로 일어날 변화 양상을 예측하고 있다.

072 ㉠, ㉡에 대한 설명으로 적절하지 <u>않은</u> 것은?

① ㉠과 ㉡은 모두 시간의 표상에 대한 개념이다.

② ㉠과 ㉡은 모두 인간의 삶의 방식을 반영한다.

③ ㉠과 달리 ㉡은 삶의 종말 이후의 영원한 삶을 전제한다.

④ ㉡과 달리 ㉠은 주기적인 시간의 흐름과 관련된다.

⑤ ㉡과 달리 ㉠은 자연보다 역사를 더 중시하는 태도로 나타난다.

073 윗글의 불트만이 〈보기〉의 ⓐ에 대해 보일 수 있는 반응으로 가장 적절한 것은?

> ● **보기** ●
>
> ⓐ 플라톤의 시간은 가시적인 천체 운동을 통해 지각될 수 있는 시간으로서 결코 추상적인 시간이 아니다. 천체의 규칙적 순환 운동은 시간을 재는 도구이다. 또 플라톤이 천체의 운동은 예지적이고 규칙적이라고 한 것은 시간 지각이 이성적 인식에 의한 것임을 드러내는 것이다.

① 신의 섭리에 의해 예지되는 시간을 중시하고 있군.

② 자연의 흐름과 천체 운동을 다르게 인식하고 있군.

③ 천체 운동의 규칙성을 직선적인 흐름으로 파악하고 있군.

④ 헤브라이즘과 유사하게 가시적인 시간 지각을 전제하고 있군.

⑤ 특정한 목표를 전제하지 않는 원환적 시간 표상을 드러내고 있군.

[074~075] 다음 글을 읽고 물음에 답하시오.

우리는 일반적으로 기쁘면 웃음이 나오고, 슬프면 눈물이 나오고, 화가 나면 얼굴이 붉어진다고 생각한다. 그러면 인간의 신체 반응은 정서에 의해 유발되는 것일까?

이에 대해 제임스와 랑게는 정서에 의해 신체 반응이 유발되는 것이 아니라, 신체 반응이 오히려 정서보다 앞서 나타난다고 주장한다. 즉, 웃으니까 기쁜 감정이 생기고, 우니까 슬픈 감정이 생긴다는 것이다. 예를 들어 운전 중 앞차와 충돌하게 되는 위급 상황에 처한 운전자는 자신도 모르게 핸들을 꺾거나 급정거를 하는 등의 신체 반응을 하게 된다. 이후 위기 상황을 모면하고 난 운전자는 상황을 떠올리며 공포감과 놀라움의 정서를 경험한다. 이는 외부 자극에 대한 자율신경계*의 반응으로 신체의 변화가 먼저 일어나고, 이러한 변화에 대한 자각을 한 이후 공포감이나 놀라움이라는 정서를 느끼게 되었음을 보여 준다.

이 이론에 따르면 외부 자극은 인간의 신체 내부에 자율신경계의 반응을 일으키고, 정서는 이러한 신체 반응의 결과로 나타난다는 것이다. 이는 만약 우리가 인위적으로 신체 반응을 유발할 수 있다면 정서를 바꿀 수도 있다는 것을 시사해 주기도 한다.

캐넌과 바드는 신체 반응 이후 정서가 나타난다는 제임스와 랑게의 이론에 대해 다른 의견을 제시한다. 그들은 첫째, 정서가 신체 반응의 결과로 이후에 나타나는 것이 아니라, 정서와 신체 반응은 거의 동시에 나타난다고 주장한다. 즉 정서를 일으키는 외부 자극이 대뇌에 입력되는 것과 동시에 우리 몸의 신경계가 자극되므로, 정서와 신체 반응은 거의 동시에 발생한다는 것이다. 둘째, 특정한 신체 반응에 하나의 정서가 일대일로 대응되어 연결되는 것이 아니라고 주장한다. 예를 들어 격한 심장 박동이 일어나는 신체 반응의 경우, 두려움을 느끼는 순간에 나타나기도 하지만, 이러한 신체 반응은 분노를 느낄 때도 나타나며, 심지어는 사랑의 감정을 느낄 때도 나타난다. 즉, 특정한 신체 반응이 여러 가지 정서들에 대응되기도 한다는 것이다. 따라서 특정한 신체 반응 이후에 특정한 정서가 유발된다고 한 제임스와 랑게의 이론은 한계가 있다고 본다.

*자율신경계: 생체의 의지와는 관계없이 위장, 혈관, 신경, 심장, 땀샘, 침샘 등이 작동되는 신경계.

074 윗글의 설명 방식으로 가장 적절한 것은?

① 대비되는 두 관점을 예를 들어 설명하고 있다.
② 비유적 진술을 통해 중심 화제를 제시하고 있다.
③ 예상되는 부정적인 결과를 구체적으로 설명하고 있다.
④ 시대에 따라 대상에 대한 평가를 달리하여 설명하고 있다.
⑤ 여러 이론의 장점을 추출한 후 절충적인 견해를 제시하고 있다.

075 캐넌과 바드가 주장한 내용만을 〈보기〉에서 고른 것은?

● 보기 ●

ㄱ. 신체 반응과 정서는 거의 동시에 나타난다.
ㄴ. 자율신경계의 반응은 정서 변화를 유발한다.
ㄷ. 정서는 신체 반응의 결과물에 지나지 않는다.
ㄹ. 동일한 신체 반응에 여러 가지 정서가 대응될 수도 있다.

① ㄱ, ㄴ　　　　　　　　　　② ㄱ, ㄹ
③ ㄴ, ㄷ　　　　　　　　　　④ ㄴ, ㄹ
⑤ ㄷ, ㄹ

[076~077] 다음 글을 읽고 물음에 답하시오.

옛날 어느 곳에 가재와 굼벵이가 서로 이웃해서 살았다. 그런데 가재는 수염이 있는 대신 눈이 없고, 굼벵이는 눈이 있는 대신 수염이 없었다. 그래서 겉으로는 "이 위엄 있는 수염, 어험.", "이 밝은 눈은 어떻고?" 하며, 서로 제 것을 자랑했지만, 가재는 굼벵이의 밝은 눈이 탐났고, 굼벵이는 가재의 위엄 있는 수염이 부러웠다.

그러다가 어느 날 그들은 그 수염과 눈을 바꾸기로 했다. 먼저 굼벵이가 제 눈을 빼서 가재에게 주었다. 가재가 굼벵이의 밝은 눈을 받아 달고 보니, 세상은 더없이 환하고, 저의 수염은 더욱더 위엄 있게 보였다. 그래서 가재는 저의 그 위엄 있는 수염을 굼벵이에게 줄 생각이 없어졌다. 굼벵이는 가재가 그 수염을 선뜻 내주지 않자, "왜 이렇게 꾸물대는가?" 하고 다그쳤다. 그러자 가재는 "눈도 없는 놈이 수염은 달아서 무얼 해?" 하고는 그냥 가 버렸다.

옆에서 이 광경을 지켜본 개미는 굼벵이의 하는 짓과 그 당하는 꼴이 너무도 우스워서, 그만 웃고 웃고 하다가 허리가 잘룩해졌다.*

(중략)

가재와 굼벵이 이야기를 듣고 이쯤 생각하는데, 어디선지 자지러지게 웃어대는 개미의 웃음소리가 들려 왔다. 순간 얄미운 생각이 번뜻 들었다. 아니 괘씸했다. 굼벵이의 무지와 경박(輕薄)은 허리가 끊어지게 웃어대는 놈이 어찌하여 가재의 배신과 모순에 대해선 일언반구(一言半句) 말이 없는가? 더구나 배신과 모순은 부도덕하기까지 한 것이다. 그런데도 말은 고사하고 손가락질 한 번이 없다. 그렇다면 개미란 놈은 왜 그토록 편파적(偏頗的)이었을까? 굼벵이의 무지와 경박이 하도 우습다 보니, 가재의 배신과 모순은 미처 눈에 띄지 않았던 것일까? 그럴 수도 있다. 그러나 그렇지 않을 수도 있다. 약간의 상상을 보태 보자. 만일 굼벵이에게 예민한 촉각과 날카로운 이빨이 있었다면, 어떻게 되었을까? 그럴 때도 개미란 놈이 그토록 편파적일 수 있었을까? 굼벵이는 처음부터 개미가 두려워할 만한 아무 것도 가지지 못했다. 게다가 이제는 눈까지 없다. 그러므로 백 번 웃어 주어도 보복당할 염려가 없는 것이다.

그러나 가재는 그렇지 않다. 옆걸음을 쳐도 개미보다는 빠르고, 이제는 밝은 눈까지 달았으니 숨을 수도 없다. 잘못 보였다가는 언제 그 예리한 집게발에 허리가 잘릴지 모른다. 개미는 이런 것을 잘 알았을 것이다.

내가 이 글을 쓴 것은 굼벵이의 무지와 경박을 비웃으려는 게 아니었다. 가재의 배신과 모순을 질타(叱咤)하려는 것도 아니었다. 다소 그런 뜻이 없는 것은 아니지만, 그보다는 개미의 간악한 편파성을 꾸짖자는 것이 주된 목적이었다. 개미는 가재의 잘못을 질타했어야 한다. 보복이 두려워 그러지 못했다면, 굼벵이의 어리석음도 비웃지 말았어야 한다. 그래야 공평하지 않은가? 그러나 이제는 더 꾸짖을 용기가 나질 않는다. 아니, 앞에서 몇 마디 꾸짖은 것도 오히려 취소하고 싶은 심정이다.

지금 개미란 놈이 어떻게 알고 찾아와, 나에게 삿대질을 하며, 고래고래 소리를 치고 있다. "이봐요, 정 선생. 내가 당신에게 보복할 만한 힘이 없다고 해서, 이렇게 나를 매도하는 거요? 호랑이가 나처럼 했어도 이럴 거요?"

내 발이 저리니 어떻게 더 개미를 꾸짖겠는가? '너에게서 나온 것은 너에게로 돌아간다.'라는 옛말이 있다. 내가 개미를 꾸짖은 말이 나를 꾸짖는 말로 돌아오다니, 참으로 말의 어려움을 알겠다. 그럼 어찌할까? 호랑이를 꾸짖을 수 있는 용기를 가질 때까지는 꾸짖는 일을 삼갈 수밖에 없다.

– 정진권, 「개미론」

*잘룩하다: '잘록하다(기다란 물건의 한 군데가 패어 들어가 오목하다)'의 오기.

076 윗글의 글쓴이가 비판의 대상으로 삼은 사람의 유형으로 가장 적절한 것은?

① 모든 상황을 부정적으로만 생각하는 사람
② 실천은 하지 않으면서 말만 앞세우는 사람
③ 강자의 잘못은 눈을 감고 입을 다무는 사람
④ 남을 속여서 자신의 이익만을 추구하는 사람
⑤ 편견에 사로잡혀 자신의 의견만 고집하는 사람

077 윗글에 대한 설명으로 적절하지 <u>않은</u> 것은?

① 글쓴이의 체험을 바탕으로 하고 있다.
② 웃음을 자아내게 하는 요소가 담겨 있다.
③ 우화를 제시하여 독자의 흥미를 유발하고 있다.
④ 대상을 인간의 속성과 연관 지어 평가하고 있다.
⑤ 상황을 가정하여 글쓴이의 생각을 전개하고 있다.

[078~079] 다음 글을 읽고 물음에 답하시오.

국립한글박물관 관람 안내

□ 관람 시간

구분	시작 시간	닫는 시간
평일(월~금요일, 일요일)		18:00
토요일	10:00	21:00
문화가 있는 날(매달 마지막 수요일)		21:00

※ 한글 도서관(1층) 이용 안내: 월~일요일, 오전 10시~오후 6시
※ 법정 공휴일(한글날 제외)은 휴관입니다.

□ 관람료
• 무료

□ 휴관일
• 새해 첫날(1.1.), 설날 당일, 추석 당일
• 한글 도서관: 법정 공휴일(한글날 제외)

□ 관람 유의 사항
• 박물관의 모든 공간은 금연 구역입니다.
• 전시실에 들어가기 전에 휴대 전화는 진동으로 전환하여 다른 관람자를 방해하지 않도록 협조해 주시기 바랍니다.
• 전시실에서는 플래시 및 삼각대를 이용한 촬영이나 상업적 용도의 촬영은 불가능합니다.
• 전시실 안으로 음식물을 반입할 수 없으며 안내견 이외의 반려동물은 출입할 수 없습니다.
• 박물관 내 시설과 주변에서는 안전을 위해 바퀴 달린 신발, 전동차, 퀵보드를 이용할 수 없습니다. 함께 이용하는 다른 관람객들을 위한 배려를 바랍니다.

□ 예약자 유의 사항(예약 전 알아 두기)
• 20명 이상 단체(유 · 초 · 중 · 고 · 성인 · 외국인)의 박물관 관람은 예약제로 운영하고 있습니다.
• 반드시 관람인 20명당 인솔자 1명이 있어야 합니다.
• 예약을 하지 않은 경우에는 입장이 어려울 수 있음을 알려 드립니다.
• 예약 신청은 관람 희망일 3개월(90일) 전부터 7일 전까지 해 주시기 바랍니다.
• 예약 취소는 관람 희망일 3일 전까지 해 주시기 바랍니다.
• 휴관일: 새해 첫날(1.1.), 설날 당일, 추석 당일
• 예약은 누리집(홈페이지)을 통해서만 받습니다. (전화 예약 불가)
• 한글 놀이터 단체 관람 예약 시 아래 내용을 참고하시기 바랍니다.
  – 매주 수요일, 목요일(2회차/3회차) 해당 시간대에 예약한 단체에 한해 '놀이터 속 한글 탐험' 교육이 제공됩니다.
  (3월 27일~7월 11일, 9월 18일~12월 12일)
  ※ 5월 5일, 6월 6일, 10월 3일, 9일은 교육을 진행하지 않습니다.

□ 전시 해설

구분	한국어 정기 해설	외국어
상설 전시	• 오전 10시, 11시, 오후 2시, 3시, 4시 • 저녁 7시: 토요일 (5~10월에 한함)	• 주 1회 운영 – 영어: 수요일 오후 2, 3시 – 중국어: 목요일 오후 2시 – 일본어: 금요일 오후 2시 ※ 상설 전시실(2층)에서 시작
기획 전시	• 〈한글 디자인: 형태의 전환〉 – 오전 11시, 오후 3시, 4시	※ 기획 전시실(3층)

• 해설은 각 전시실 앞에서 진행되며 자유롭게 참여 가능합니다.
• 정기 해설 이외의 해설은 반드시 방문 전에 전화 문의를 부탁드립니다.
• 해설 시간표는 박물관 사정에 따라 변동될 수 있습니다.
• 시간표를 참조하시어 정기 해설에 참여해 주시기 바랍니다.
• 한국어 정기 해설 중 상설 전시 저녁 7시 해설은 5~10월 토요일 개관 시간 내 진행합니다.
• 원활한 해설을 위하여 약 30명 정도의 인원으로 진행을 하고 있습니다. 해설 참여를 원하시는 단체 관람객은 사전 문의 부탁드립니다.

078 윗글을 읽고 이해한 내용으로 적절한 것은?

① 광복절에는 한글 도서관을 오후 9시까지 이용할 수 있겠군.
② 20명 이상인 외국인 단체의 박물관 관람은 전화로 예약이 가능하군.
③ 서울의 20명 학급이 박물관 관람을 가려면 반드시 교사 1인이 인솔해야겠군.
④ '한글 놀이터'를 한글날 단체 관람하려면 10월 6일에 전화로 예약하면 되겠군.
⑤ '놀이터 속 한글 탐험'을 이용하려면 금요일 2회차에 단체 관람을 예약하면 되겠군.

079 전시 해설을 듣기 위해 이해한 내용으로 적절하지 <u>않은</u> 것은?

① 오전 10시에 가면 기획 전시의 해설은 들을 수 없다.
② 4월에는 한국어 정기 해설 중 상설 전시 해설을 저녁 7시까지 들을 수 있다.
③ 정기 해설을 들으려면 해당 시간 전 각 전시실 앞으로 가서 자유롭게 참여하면 된다.
④ 중국인 친구와 목요일 오후 2시에 방문하면 상설 전시실에서부터 전시 해설을 들을 수 있다.
⑤ 내국인 20명 이상의 단체가 6월 중 토요일에 상설 전시 해설을 들으려면 반드시 누리집(홈페이지)을 통해 예약해야 한다.

경제학에서는 한 재화나 서비스 등의 공급이 기업에 집중되는 양상에 따라 시장 구조를 크게 독점 시장, 과점 시장, 경쟁 시장으로 구분하고 있다. 소수의 기업이 공급의 대부분을 차지할수록 독점 시장에 가까워지고, 다수의 기업이 공급을 나누어 가질수록 경쟁 시장에 가까워진다. 이렇게 시장 구조를 구분하기 위해서 사용하는 지표 중의 하나가 바로 '시장 집중률'이다.

시장 집중률을 이해하기 위해서는 먼저 '시장 점유율'에 대한 이해가 있어야 한다. ⊙ 시장 점유율이란 시장 안에서 특정 기업이 차지하고 있는 비중을 의미하는데, 생산량, 매출액 등을 기준으로 측정할 수 있다. Y 기업의 시장 점유율을 생산량 기준으로 측정한다면 '(Y 기업의 생산량/시장 내 모든 기업의 생산량의 총합)×100'으로 나타낼 수 있다.

시장 점유율이 시장 내 한 기업의 비중을 나타내는 수치라면, ⓒ 시장 집중률은 시장 내 일정 수의 상위 기업들이 차지하는 비중을 나타내는 수치, 즉 일정 수의 상위 기업의 시장 점유율을 합한 값이다. 몇 개의 상위 기업을 기준으로 삼느냐는 나라마다 자율적으로 결정하고 있는데, 우리나라에서는 상위 3대 기업의 시장 점유율을 합한 값을, 미국에서는 상위 4대 기업의 시장 점유율을 합한 값을 시장 집중률로 채택하여 사용하고 있다. 이렇게 산출된 시장 집중률을 통해 시장 구조를 구분할 수 있는데, 시장 집중률이 높으면 그 시장은 공급이 소수의 기업에 집중되어 있는 독점 시장으로 구분하고, 시장 집중률이 낮으면 공급이 다수의 기업에 의해 분산되어 있는 경쟁 시장으로 구분한다. 한국개발연구원에서는 어떤 산업에서의 시장 집중률이 80% 이상이면 독점 시장, 60% 이상 80% 미만이면 과점 시장, 60% 미만이면 경쟁 시장으로 구분하고 있다.

시장 집중률을 측정하는 기준에는 여러 가지가 있기 때문에 어느 것을 기준으로 삼느냐에 따라 측정 결과에 차이가 생기며 이에 대한 경제학적인 해석도 달라진다. 어느 시장의 시장 집중률을 '생산량' 기준으로 측정했을 때 A, B, C 기업이 상위 3대 기업이고 시장 집중률이 80%로 측정되었다고 하더라도, '매출액' 기준으로 측정했을 때는 D, E, F 기업이 상위 3대 기업이 되고 시장 집중률이 60%가 될 수도 있다.

이처럼 시장 집중률은 시장 구조를 구분하는 데 매우 유용한 지표이며, 이를 통해 시장 내의 공급이 기업에 집중되는 양상을 파악해 볼 수 있다.

080 윗글의 중심 화제로 가장 적절한 것은?

① 시장 구조의 변천사
② 시장 집중률의 개념과 의의
③ 독점 시장과 경쟁 시장의 비교
④ 우리나라 시장 점유율의 특성
⑤ 시장 집중률을 확대하기 위한 방안

081 윗글을 바탕으로 다음 도표를 이해할 때, 가장 적절한 것은?

〈우리나라 신발 시장의 가상 시장 점유율〉

(단위: %)

측정 기준＼구분	(가)	(나)	(다)	(라)	(마)	합계
생산량	40	10	20	25	5	100
매출액	30	10	20	25	15	100

＊시장 구조의 구분은 한국개발연구원의 기준을 따름.
＊조사 시점을 기준으로 시장 내의 기업은 5개만 존재한다고 가정함.

① 측정 기준을 바꾸더라도 이 시장의 시장 집중률은 변하지 않는군.

② 생산량을 기준으로 볼 때, 이 시장은 과점 시장으로 판단할 수 있군.

③ 생산량을 기준으로 볼 때, (나) 기업과 (마) 기업이 합병하여 현재와 같은 생산량을 유지한다면 이 시장의 시장 집중률은 높아지겠군.

④ 매출액을 기준으로 시장 집중률이 10% 상승하면 이 시장은 과점 시장에서 독점 시장으로 변하겠군.

⑤ 매출액을 기준으로 볼 때, (다) 기업과 (라) 기업의 시장 점유율이 지금의 두 배가 된다면 이 시장의 시장 집중률은 낮아지겠군.

082 ㉠과 ㉡에 대한 설명으로 가장 적절한 것은?

① ㉠을 통해 ㉡의 불확실성이 보완된다.

② ㉠은 ㉡을 산출하기 위해 필요하다.

③ ㉠은 ㉡을 분류하는 기준이 된다.

④ ㉠은 ㉡의 상위 개념이 된다.

⑤ ㉠은 ㉡을 합산한 결과이다.

인간의 삶에서 고통의 의미를 찾기 위한 질문은 계속되어 왔다. 이에 대한 철학적 해답으로 대표적인 것이 바로 '변신론(辯神論)'이다. 변신론이란 무고한 자의 고통이 존재함에도 불구하고 여전히 신이 정의로움을 보여 주고자 하는 논리라고 할 수 있다. 이에 따르면 고통은 선을 더 두드러지게 하고 더 큰 선에 기여하므로, 부분으로서의 고통은 전체로서는 선이 된다. 응보론적 관점에서 고통을 죄의 대가로 보거나, 종교적 관점에서 고통이 영혼의 성숙을 위한 시련이라고 보는 설명들도 모두 넓게는 변신론의 일종이라고 할 수 있다.

레비나스는 20세기까지 사람들을 지배해 온 변신론적 사고가 두 차례의 세계 대전, 아우슈비츠 대학살 등 비극적인 사건들로 인해 경험적으로 이미 그 설득력을 잃었다고 본다. 죄 없는 수백만 명이 학살당하는 처참한 현실 앞에서, 선을 위한다는 논리로 고통을 정당화할 수 있는지 그는 의문을 제기한다. 그가 보기에 고통은 고통 그 자체로는 어떠한 쓸모도 없는 부정적인 것이며 고독한 경험에 불과하다.

이에 레비나스는 고통으로부터 주체의 새로운 가능성을 포착해 낸다. 그에 따르면, 일차적으로 인간은 음식, 공기, 잠, 노동, 이념 등을 즐기고 누리는 즉 '향유'하는 주체이다. 음식을 먹고 음악을 즐길 때 향유의 주체는 아무에게도 의존하지 않고 개별적으로 존재한다.

레비나스는 이 같은 존재의 틀을 어떻게 넘어설 수 있는가에 관심이 있었으며, 개별적 존재의 견고한 옹벽에 틈을 낼 수 있는 가능성을 고통에서 발견한다. 고통받는 자는 감당할 수 없는 고통으로 인해 자연히 신음하고 울부짖게 되는데, 여기서 타인의 도움에 대한 근원적 요청이 발생한다는 것이다. 이러한 요청에 응답하여 그 사람을 위해 자신의 향유를 포기할 때, 비로소 타인에 대한 관계, 즉 인간 상호 간의 윤리적 전망이 열리게 된다. 이를 통해 인간은 '향유의 주체'를 넘어 타인을 향한 '책임의 주체'로 전환될 수 있다.

고통받는 자가 '외부의 폭력'에 무력하게 노출된 채 나에게 도덕적 호소력으로 다가오는 윤리적 사건을 레비나스는 '타인의 얼굴'이라고 부른다. '타인의 얼굴'은 존재 자체를 통해 나에게 호소하고 윤리적 의무를 일깨운다. 나는 이러한 의무를 기꺼이 받아들이고, 그를 '환대'해야 한다. 이때 중요한 것은 타인에 대한 나의 이성적 판단이 아니라 감성이다. 타인의 호소에 직접 노출되어 흔들리고 영향을 받는 것은 감성이라고 보기 때문이다. 바로 이곳이 레비나스의 윤리학이 기존의 이성 중심의 윤리학과 구분되는 지점이 된다.

083 윗글의 내용과 일치하지 <u>않는</u> 것은?

① 변신론에 따르면 고통은 선에 기여한다.

② 레비나스의 윤리학에서는 감성의 역할을 중시한다.

③ 응보론적 관점에서는 고통을 죄의 대가로 이해한다.

④ 레비나스는 개별적인 존재로서 자립할 것을 주장한다.

⑤ 레비나스는 변신론적 사고가 설득력을 잃었다고 본다.

084 〈보기〉를 활용해 '레비나스'의 견해를 설명한 내용으로 적절하지 <u>않은</u> 것은?

> ● 보기 ●
>
> A는 한겨울 밤 귀갓길에 극심한 추위에 떨고 있는 노숙인과 마주쳤다. A는 홑겹의 옷만을 걸친 노숙인에게 몹시 안타까움을 느껴, 입고 있던 외투를 그에게 벗어 주고 추위에 떨면서 집으로 돌아왔다.

① 노숙인이 느낀 추위 자체는 '부정적이며 고독한 경험'이다.

② A는 도덕적 호소로 다가오는 '타인의 얼굴'에 직면한 것이다.

③ A는 '외부의 폭력'에 노출되어 '흔들리고 영향을 받은' 것이다.

④ A가 입고 있던 외투는 A가 '즐기고 누리던' 대상이다.

⑤ A는 노숙인의 고통이 일깨우는 윤리적 의무를 기꺼이 받아들여 그를 '환대'한 것이다.

085 다음 그래프의 내용을 바르게 이해하지 <u>못한</u> 것은?

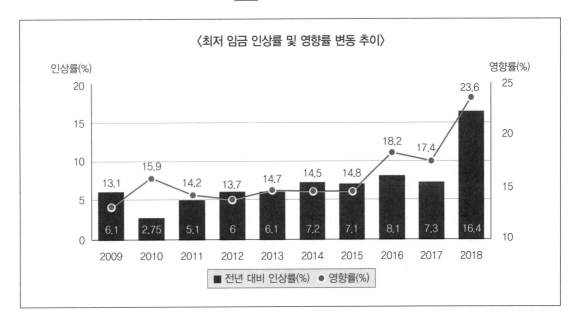

〈최저 임금 인상률 및 영향률 변동 추이〉

① 최저 임금 인상률의 변화가 가장 큰 해는 2018년이다.

② 2018년의 최저 임금 인상률은 2010년의 6배가량 증가했다.

③ 2012년 이후 최저 임금 영향률이 지속적으로 상승하고 있다.

④ 전년 대비 최저 임금 영향률의 변화가 가장 큰 해는 2018년이다.

⑤ 2010년에는 최저 임금 인상률은 낮아졌지만, 최저 임금 영향률은 상승했다.

086 다음 글을 읽고 이해한 내용으로 적절한 것은?

 보건복지부

어르신이 필요한 돌봄서비스 직접 골라 이용한다!
- 노인장기요양보험 통합재가서비스 8월부터 시행 -

□ 보건복지부와 국민건강보험공단은 노인장기요양보험 통합재가서비스를 지난 8월부터 시행 중이라고 밝혔다.
  ○ 통합재가서비스는 여러 장기요양 재가서비스(방문요양, 방문목욕, 방문간호, 주야간보호서비스) 중 필요한 것을 선택하여 이용할 수 있도록 하는 것이다.
  ○ 어르신의 건강상태, 가정상황 등에 따라 필요한 재가서비스의 종류·횟수를 조정하여 월 한도액* 내에서 요양서비스 묶음을 설정할 수 있다.
    *재가서비스 등급별 월 한도액: 1등급 145만6400원, 2등급 129만4600원, 3등급 124만700원, 4등급 114만2400원, 5등급 98만800원

(가정방문통합형) 방문요양 + 방문목욕 + 방문간호
*방문간호 월 4회 이상 필수 이용
(주야간보호통합형) 방문요양 + 방문목욕 + 주야간보호서비스
*주야간보호 월 8회 이상 필수 이용

  ○ 장기요양 수급자 어르신은 노인장기요양보험의 다양한 재가서비스를 이용하실 수 있음에도, 그간 82%의 어르신이 1가지 서비스만 이용하고 있었다.
    – 이는 ① 내게 어떤 서비스가 필요한지 스스로 결정해야 하고, ② 서로 다른 기관들을 찾아 따로 계약을 해야 하는 어려움이 있었기 때문인 것으로 분석된다.
    – 8월부터 시행된 통합재가서비스에서는 국민건강보험공단에서 상담·조사 등을 통해 수급자에게 필요한 서비스 묶음을 먼저 제시하면, 어르신이 원하는 서비스 묶음을 결정하여 1개의 기관에서 통합적으로 편리하게 이용할 수 있다.

□ 통합재가서비스는 각 제공기관에 간호사와 사회복지사를 필수 배치하도록 하므로 건강관리 강화와 어르신에 특화된 팀 단위 사례관리를 특징으로 한다.
  ○ 간호사*가 요양보호사에게 어르신의 건강상태(빈혈, 탈수 가능성)를 고려한 식사 준비, 복용약 부작용 등 돌봄 방법을 교육·지도하여 서비스의 질을 높인다.
    *방문간호기관의 간호사 또는 주야간보호기관의 간호사
  ○ 또한 간호사, 사회복지사, 요양보호사가 '어르신의 건강상태와 생활·가정환경 등'을 서로 공유하며 어르신에 특화된 사례관리를 팀 단위로 진행하게 된다.

① 대부분의 장기요양 수급자 어르신은 다양한 재가 서비스를 이용하고 있다.
② 서비스의 질을 높이기 위해 요양보호사와 간호사가 함께 돌봄 방법을 연구한다.
③ 서비스 묶음이 정해지면 해당 서비스에 관련된 여러 기관이 서비스를 제공한다.
④ 서비스를 제공하는 기관에는 간호사와 사회복지사가 필수적으로 배치되어야 한다.
⑤ 8월부터 시행되는 통합재가서비스는 어르신이 먼저 서비스 묶음을 신청해야 한다.

087 다음 표의 내용을 바르게 이해하지 <u>못한</u> 것은?

〈폐기물 종류별 일평균 발생량〉

(단위: 톤/일)

	2010	2011	2012	2013	2014	2015	2016	2017
총계	374,642	383,333	394,496	393,116	401,658	418,214	429,128	429,531
생활 폐기물	49,159	48,934	48,990	48,728	49,915	51,247	53,772	53,490
사업장 배출 시설계 폐기물	137,875	137,961	146,390	148,443	153,189	155,305	162,129	164,874
건설 폐기물	178,120	186,417	186,629	183,538	185,382	198,260	199,444	196,262
지정 폐기물	9,488	10,021	12,487	12,407	13,172	13,402	13,783	14,905

① 폐기물의 총량이 2013년에는 감소했다.
② 지정 폐기물의 발생량은 매년 증가하고 있다.
③ 생활 폐기물이 가장 많이 발생한 해는 2016년이다.
④ 사업장 배출시설계 폐기물은 지속적으로 증가하고 있다.
⑤ 폐기물의 종류 중 가장 많이 발생하는 것은 건설 폐기물이다.

088 다음 표의 내용을 바르게 이해하지 <u>못한</u> 것은?

〈연도별 취업자와 실업률 증감 추이〉

(단위: 만 명, %)

	2013	2014	2015	2016	2017	2018
취업자 증감(%)	34.5	59.8	28.1	23.1	31.6	9.7
실업자	80.8	93.9	97.6	100.9	102.3	107.3
실업률(%)	3.1	3.5	3.6	3.7	3.7	3.8
청년 실업자	32.4	37.8	38.9	42.6	42.6	40.8
청년 실업률(%)	8	9	9.1	9.8	9.8	9.5

*취업자 증감은 전년 동기 대비 / 청년 실업자 및 청년 실업률 연령 기준은 15~29세

① 2014년은 실업률의 변화가 가장 큰 해이다.
② 청년 실업자의 경우 변동이 없었던 해도 있다.
③ 취업자 증감이 가장 높았던 해는 2014년이다.
④ 청년 실업률의 증감이 가장 컸던 해는 2014년이다.
⑤ 전체 실업자의 수와 청년 실업자의 수는 매년 늘어나고 있다.

089 다음 글을 읽고 이해한 내용으로 적절하지 <u>않은</u> 것은?

 행정안전부

재난대비훈련, 증강 현실 기반으로 실제처럼 한다.
- 행안부, 증강 · 가상 현실 기반 재난 대응 통합 훈련 시뮬레이터 개발 -

□ 행정안전부는 증강 · 가상 현실 기반 재난 대응 통합 훈련 시뮬레이터 개발을 완료하고 정부 부처와 지자체, 공공기관을 대상으로 하는 재난 대비 훈련에 단계적으로 적용 및 활용한다는 계획이다.

□ 훈련 시뮬레이터를 활용하면 훈련에 소요되는 비용을 최소화할 수 있고 공간적 제약이 없어 상시 훈련이 가능하다.

　○ 또한 안전사고 발생 걱정 없이 실제처럼 재난 상황별 대응 훈련이 가능하므로 효과적인 훈련 방법이 될 수 있다는 평가를 받는다.

　○ 훈련은 다수의 참여자가 온라인상에서 증강 현실 고글(HMD; Head Mounted Display) 또는 컴퓨터를 활용하여 중앙재난안전대책본부, 중앙사고수습본부, 지자체 재난안전대책본부 등 실제 대응 조직별 재난 대응 매뉴얼 상의 협업 기능(상황총괄반, 교통대책반, 대민지원반 등) 및 개인별 역할을 선택하여 진행된다.

　○ 유해화학물질 유출, 댐 붕괴, 다중이용시설 붕괴 등 복합 재난 상황의 재난 발생 시점부터 종료 시점까지 각본(Scenario)을 기반으로 진행되나, 훈련 참가자의 역량에 따라 상황이 호전 또는 악화될 수 있다.

　　– 또한, 재난 발생 지역 및 각본은 자료(Data Base)를 추가로 입력하여 확장 또는 향상시킬 수 있다.

□ 훈련 참여자는 이러한 증강현실(Augmented Reality) 기술을 활용한 재난 상황 대응 경험을 통해 실제와 같이 재난 대응 역량을 향상시킬 수 있으며,

　○ 가상현실(Virtual Reality) 기술을 이용해 개인별 역할과 재난 유형별 재난 대응 수칙 및 매뉴얼을 숙달함으로써 재난 상황에서도 당황하지 않고 신속하고 적절하게 대응할 수 있게 된다.

① 안전사고 발생 없이 실제처럼 대응 훈련이 가능하다.
② 훈련 참가자의 역량에 따라 재난 상황이 달라질 수 있다.
③ 다수의 참여자가 온라인상에서 재난 대비 훈련을 할 수 있다.
④ 재난 발생 지역에 대한 자료를 추가로 입력하여 훈련할 수 있다.
⑤ 훈련 시뮬레이터를 활용하면 시간적 제약이 없어 상시 훈련이 가능하다.

090 다음 그래프의 내용을 바르게 이해하지 <u>못한</u> 것은?

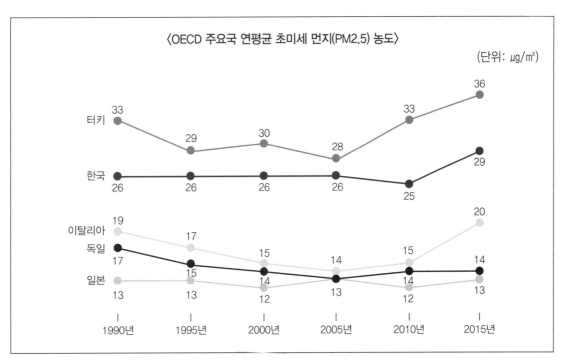

〈OECD 주요국 연평균 초미세 먼지(PM2.5) 농도〉

(단위: ㎍/㎥)

① 2005년 독일과 일본의 연평균 초미세 먼지 농도는 같다.
② 한국은 2010년부터 연평균 초미세 먼지 농도의 수치가 상승했다.
③ 일본은 2000년 이후 연평균 초미세 먼지 농도가 계속해서 감소하고 있다.
④ 1990년부터 2015년까지 연평균 초미세 먼지 농도의 수치가 가장 높은 나라는 터키이다.
⑤ 2010년부터 2015년까지 연평균 초미세 먼지 농도의 변화가 가장 큰 나라는 이탈리아이다.

091~100 국어문화

091 〈보기〉의 ㄱ~ㅁ에 대한 설명으로 적절하지 <u>않은</u> 것은?

● 보기 ●

ㄱ. 오늘 <u>선친</u>의 제사가 있습니다.
ㄴ. 이 일은 <u>춘부장</u>께도 비밀로 해야 되네.
ㄷ. <u>선대인</u>의 원수 갚을 도리를 알려 주겠네.
ㄹ. <u>엄친</u>께서는 농사를 지으셔서 학비를 대주고 계십니다.
ㅁ. 어머님, 조금 전에 철수 <u>아범</u>이 먼저 출발한다고 전화했어요.

① ㄱ과 ㄹ의 '선친, 엄친'은 남에게 자기 아버지를 높여 부르는 말이다.
② ㄴ과 ㄷ의 '춘부장, 선대인'은 청자의 아버지를 높여 부르는 말이다.
③ ㅁ의 '아범'은 며느리가 시어머니에게 자기의 남편을 가리키는 지칭어이다.
④ ㄱ~ㄹ은 모두 자녀가 부모를 부르는 호칭어이다.
⑤ ㄱ~ㅁ 중, 돌아가신 분을 부르는 호칭어는 ㄱ과 ㄷ의 '선친'과 '선대인'이다.

092 〈보기〉를 읽고 이해한 내용으로 적절하지 <u>않은</u> 것은?

● 보기 ●

'ㆍ(아래 아)'는 시간 차를 두고 두 번의 소멸 과정을 겪었다. 첫 번째 소멸은 단어의 둘째 음절 이하에서 'ㅡ'로, 두 번째 소멸은 첫째 음절에서 'ㅏ'로 바뀌면서 일어났다. 예를 들어 중세 국어의 'ㅁㆍㅿㆍㅁ'은 'ㅿ(반치음)'이 소멸하고, 'ㆍ(아래 아)'가 소멸의 과정을 겪게 된다. 현대어 '마음'은 (㉠)에서 (㉡)의 과정으로 'ㆍ(아래 아)'가 소멸하게 된다.

$$ㅁㆍㅿㆍㅁ^* → ㅁㆍㅇㆍㅁ → (\ ㉠\ ) → (\ ㉡\ )$$

＊ㅁㆍㅿㆍㅁ : '마음'을 가리키는 중세 국어의 단어.

---

① 'ㅁㆍㅇㆍㅁ'을 보면 'ㅿ(반치음)'이 소멸하고, 'ㅇ'으로 바뀌었다.

② ㉠은 단어의 둘째 음절이 'ㅡ'로 바뀌어, 'ㅁㆍㅇㅡㅁ'이 되어야 한다.

③ ㉡은 단어의 첫째 음절이 'ㅏ'로 바뀌어, '마음'이 되어야 한다.

④ 현대에도 모음조화는 '깡충깡충, 오손도손'처럼 잘 지켜지고 있다.

⑤ 'ㅁㆍㅿㆍㅁ'과 'ㅁㆍㅇㆍㅁ'에서 'ㆍ(아래 아)'가 사라지기 전에는 모음조화가 지켜졌음을 알 수 있다.

093 밑줄 친 방송 언어에 대한 설명으로 적절하지 <u>않은</u> 것은?

① 두 겹으로 굳게 잠겨 있던 철문이 활짝 열리며, <u>DMZ</u> 서부 전선이 민간인에게 처음으로 열렸습니다. → [디엠제트]와 [디엠지] 모두 발음이 가능하다.

② 네 가지 악기를 완벽하게 <u>조화시켜</u> 우리 장단의 매력을 마음껏 <u>발산시킵니다</u>. → 사동 표현을 주동 표현으로 바꿔서 '조화해, 발산합니다'로 수정해야 한다.

③ 목욕탕에서 쓰러진 30대 정신 지체자가 중태에 빠지자 119의 <u>늑장</u> 출동이 논란을 빚고 있다. → '늦장'도 올바른 표현이므로, 두 단어 모두 사용할 수 있다.

④ 김 박사는 새로운 컴퓨터 운영 체제를 개발해 낸 <u>주역</u>이다. → 일의 결과가 긍정적이므로 '장본인'으로도 표현할 수 있다.

⑤ 주말 연휴와 내주 초 미국의 금리 인하를 앞두고서 대부분의 투자자들이 짙은 관망세를 보였습니다. → '주말 연휴와 내주 초'의 서술어가 없으므로, 서술어 '있을'을 추가한다.

094 〈보기〉의 ㄱ~ㅁ의 설명에 해당하는 예문으로 적절하지 <u>않은</u> 것은?

• 보기 •

우리말에서 용언은 자립하여 쓰여 실질적인 뜻을 나타내는 '본용언'과 본용언의 뒤에 붙어서 뜻을 보충해 주는 '보조 용언'이 있다. 보조 용언에는 '보조 동사'와 '보조 형용사'가 있고, 아래와 같은 문법적 기능을 한다.

보조 동사	ㄱ. 어떤 동작이나 상황의 '유지'
	ㄴ. 어떤 동작이나 상황의 '진행'
	ㄷ. 어떤 동작이나 상황의 '완료'
보조 형용사	ㄹ. 사건이나 상태 따위를 '추측'
	ㅁ. 상황이나 사건이 발생할 '가능성'

① ㄱ: 불을 켜 두고 잠이 들었다.
② ㄴ: 날이 밝아 오니 주위가 무척이나 밝아졌다.
③ ㄷ: 책을 읽고 싶으면 언제라도 와서 봐라.
④ ㄹ: 문제가 조금 어려운 듯하다.
⑤ ㅁ: 그 사람이 이미 와 있을 법하다.

095 〈보기〉에서 설명하고 있는 작가로 적절한 것은?

• 보기 •

1930년대 문단에서 김기림, 정지용 등과 '구인회(九人會)'에서 활동하며 순수 문예 운동을 주도하였다. 그의 작품 경향은 현실 탐구나 사상적인 내용보다는 문장의 묘미를 강조하는 등 순수 예술을 지향하면서 현대 소설의 기법적인 바탕을 마련, 우리나라의 전통적인 풍취를 담는 지사(志士)적인 작품을 주로 그리고 있다. 대표작으로는 「해방 전후」, 「돌다리」, 「패강랭」, 「복덕방」 등이 있다.

① 김동리   ② 이태준
③ 황순원   ④ 이광수
⑤ 박완서

096 〈보기〉의 ㉠~㉤에 대한 설명으로 적절하지 <u>않은</u> 것은?

고난도

• 보기 •

• 이마에 난 ㉠ 뽀드락지 때문에 무척 신경이 쓰인다.
• 아이는 ㉡ 고뿔이 들었는지 콧물을 흘리고 기침을 했다.
• 마을 입구 ㉢ 고샅에 아기를 업은 젊은 새댁이 서 있었다.
• ㉣ 우수리는 받지 않을 테니 물건이나 좋은 것으로 주세요.
• 그녀는 딸에게 ㉤ 가리마를 태우고 곱게 빗질을 해 주었다.

① ㉠: '뾰족하게 부어오른 작은 부스럼'을 이르는 말로 방언이다.
② ㉡: '감기(感氣)'를 일상적으로 이르는 말로 표준어이다.
③ ㉢: '시골 마을의 좁은 골목길이나 골목 사이. 또는 좁은 골짜기의 사이'를 이르는 말로 표준어이다.
④ ㉣: '물건 값을 제하고 거슬러 받는 잔돈'을 이르는 말로 방언이다.
⑤ ㉤: '이마에서 정수리까지의 머리카락을 양쪽으로 갈랐을 때 생기는 금'을 이르는 말로 방언이다.

097 다음은 표준국어대사전의 수정 내용이다. ㄱ~ㅁ에 대한 수정 내용으로 적절하지 않은 것은?

구 분	표제어	수정 전	수정 후
ㄱ	-거라	((‘오다’를 제외한 동사 어간 뒤에 붙어))	((동사 어간 뒤에 붙어))
ㄴ	주책-맞다	%	주책-맞다[-챙맏따]〔-맞아, -맞으니〕「형용사」 = 주책스럽다. ¶ {주책맞게} 들리는 소리 / {주책맞아} 보이다 / {주책맞은} 사람.
ㄷ	애태우다	%	「2」【(…을)】
ㄹ	터울	「1」 한 어머니의 먼저 낳은 아이와 다음에 낳은 아이와의 나이 차이.	「1」 한 어머니로부터 먼저 태어난 아이와 그 다음에 태어난 아이와의 나이 차이. 또는 먼저 아이를 낳은 때로부터 다음 아이를 낳은 때까지의 사이.
ㅁ	-이[31]	((일부 수사 뒤에 붙어))	((일부 수사, 명사 뒤에 붙어))

① ㄱ: ‘오다’도 ‘오거라’의 형태로 쓸 수 있다.
② ㄴ: ‘주책없다’를 표제어에서 삭제하고 새로운 표제어를 추가한 것이다.
③ ㄷ: 문형 정보가 수정되어, 목적어를 필요로 하는 서술어이다.
④ ㄹ: 뜻풀이를 수정하여, 단어의 의미 범위가 더 넓어졌다.
⑤ ㅁ: 수사 이외의 단어 뒤에 결합되는 경우를 추가했다.

098 〈보기〉의 문화어에 대한 설명으로 적절하지 않은 것은?

보기

㉠ 해님도 달님도 사라지고 ㉡ 밤어둠이 찾아왔습니다.
“이 공원에는 무엇이 ㉢ 있을가?”
아이들은 이렇게 이야기하며 ㉣ 디대에서 ㉤ 뛰여내렸습니다.

① ㉠: 북한에서는 남한과 달리 사이시옷을 표기하지 않는다.
② ㉡: 남한에서는 북한과 달리 하나의 단어로 쓰일 수 없다.
③ ㉢: 북한에서는 남한과 달리 의문의 종결 어미 ‘-ㄹ가’를 발음할 때 된소리가 나더라도 된소리로 적지 않는다.
④ ㉣: 남한에서는 ‘계단’이라고 쓰는 단어로, 남한과 북한이 같은 대상을 이르는 단어가 다름을 알 수 있다.
⑤ ㉤: 북한에서는 남한과 달리 어간이 ‘하-’로 끝나지 않더라도 어미 ‘어’를 ‘여’로 적는다.

099 다음 근대 광고에 대한 설명으로 적절하지 <u>않은</u> 것은?

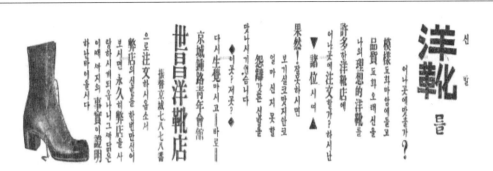

洋靴(신발)를 어나곳에 맛출가?

模樣(모양) 됴화 마암에 들고 品質(품질) 됴화 오래 신을 나의 理想的(이상적) 洋靴(양화)를 허다한 洋靴店(양화점)에 어나 곳에 주문할가? 하시난 諸位(제위)*시여.

果然(과연)! 잘못하시면 보기실코 맛지안코 얼마 신지 못 할 怨讐(원수) 갓튼 신발을 맛나시기 쉽습니다.

이곳? 저곳? 다시 生覺(생각) 마시고 바로 경성종로청년회관 世昌洋靴店(세창양화점)으로 注文(주문)하시옵소서. 弊店(폐점)의 신발를 한 번만 신어보시면 永久(영구)히 弊店(폐점)을 사랑하시게 되옵나니 그 싸닭은 이 째 까지의 事實(사실)이 證明(증명) 하난 바이올시다.

＊제위: '여러분'을 문어적으로 이르는 말.
＊폐점: 자기(自己) 상점(商店)을 겸손(謙遜)하게 이르는 말.

① 구개음화가 적용된 단어 형태를 확인할 수 있다.

② 초성을 운용하는 방법으로 합용 병서를 확인할 수 있다.

③ 음운이 축약된 형태가 표기에 반영된 것을 확인할 수 있다.

④ 정중하게 부탁을 하는 종결 어미의 형태를 확인할 수 있다.

⑤ 의문을 나타내는 관형사와 의문형 종결 어미의 형태가 현대와 다르다.

100 〈보기〉의 내용에 해당하는 단어로 적절하지 <u>않은</u> 것은?

> ● 보기 ●
>
> 우리말 다듬기는 낯선 외래어와 외국어, 어려운 한자어만 다듬는 것이 아니다. 우리말 중에 남성과 여성을 차별하는 성차별적 어휘들 또한 다듬기의 대상이 되어야 한다.

① 미망인　　　　　　　　② 처녀작

③ 간병인　　　　　　　　④ 학부형

⑤ 얼굴마담

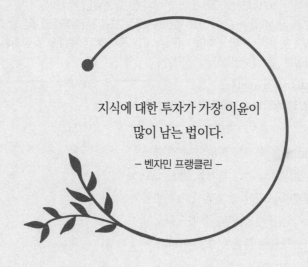

지식에 대한 투자가 가장 이윤이
많이 남는 법이다.

– 벤자민 프랭클린 –

기출 동형 모의고사

제2회 기출 동형 모의고사

001 그림에 대한 설명으로 적절하지 <u>않은</u> 것은?

① 그림 속 인물들은 세심하게 구상하여 만들어졌다.
② 발레 의상을 입지 않은 사람들은 발레리나들의 부모들이다.
③ 드가는 주로 휴식을 취하거나 연습 중인 발레리나의 모습을 그렸다.
④ 발레 마스터는 완고하고 고집스러운 표정으로 창문을 바라보고 있다.
⑤ 그림에서 보이는 창문은 감상자의 시선을 확장시켜 넓은 공간감을 형성한다.

002 등장인물의 생각으로 적절하지 <u>않은</u> 것은?

① 사월: 참판 마님 덕에 궁에 들어와서 다행이야.
② 사월: 어머니의 생사를 알고 싶지만, 방법이 없어.
③ 전하: 사월의 처지가 나의 처지처럼 불쌍하고 안타깝구나.
④ 전하: 농사꾼에게 전복을 세금으로 바치게 하는 것은 불합리한 일이야.
⑤ 전하: 왕 노릇이 끝나기 전에 사월이 어미를 만날 수 있게 해 줘야겠다.

003 '아토피'에 대한 설명으로 적절하지 <u>않은</u> 것은?

① 대개 생후 2개월 이후에 나타난다.
② 만성으로 바뀌는 시기는 대개 2~3세이다.
③ 아토피의 발병 원인은 근본적으로 유전적 소인에 있음이 밝혀졌다.
④ 일란성 쌍둥이는 성장한 환경에 따라 발생 여부가 결정되기도 한다.
⑤ 한쪽 부모가 아토피 피부염 환자일 경우, 아이에게 발생할 확률은 50%에 육박한다.

004 토론의 마지막에 남자가 제안할 내용으로 가장 적절한 것은?

① 개인의 소득에 맞게 건강 보험료를 책정한다.
② 건강 보험료를 올려 의료 서비스의 질을 높인다.
③ 병원 평가를 통해 병원에 지급하는 돈을 달리한다.
④ 수익자 부담의 원칙을 적용하여 본인 부담률을 달리한다.
⑤ 현행 건강 보험 체계는 유지하면서 건강 보험료를 낮춘다.

005 이 시의 '저것'이 가리키는 대상으로 가장 적절한 것은?

① 나비
② 파리
③ 잠자리
④ 귀뚜라미
⑤ 바퀴벌레

006 뉴스 보도의 내용에 비추어 볼 때, 실제 방송에서 사용했음 직한 장면이 <u>아닌</u> 것은?

①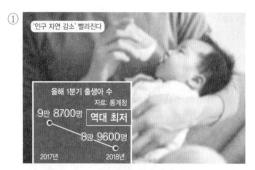

②

③

④

⑤

007 뉴스 보도에 대한 설명으로 적절한 것은?

① 출생아 수가 줄어든 사회적 배경을 밝히고 있다.
② 정부 차원의 출산율 증가 대책을 마련할 것을 밝히며 마무리하고 있다.
③ 인터뷰를 활용해 생산 가능 인구의 비율에 대한 통계를 제시하고 있다.
④ 전문가의 말을 인용하여 우리나라의 저출산 상황에 대한 반성을 요구하고 있다.
⑤ 구체적인 수치를 제시하여 외국과 우리나라의 출산율에 대한 비교를 하고 있다.

008 '쇼트 트랙'에 대해 설명한 내용과 일치하지 <u>않는</u> 것은?

① 쇼트 트랙 스케이팅은 경기에서 선수 두 명이 뛴다.

② 쇼트 트랙은 제1회 동계 아시아 대회에서 정식 종목으로 채택되었다.

③ 결승점에서는 스케이트 날이 먼저 들어오는 선수가 이기기 때문에 대부분 한 발을 쭉 내미는 자세가 된다.

④ 쇼트 트랙이라는 명칭이 붙게 된 것은 롱 트랙 스피드 스케이팅과 대비하여 짧은 코스를 주행하기 때문이다.

⑤ 계주에서 선수 교대를 할 경우, 현재 링크에서 게임을 뛰고 있지 않은 선수는 링크 안쪽에서 돌고 있다가 교대한다.

009 설명에서 사용한 말하기 전략으로 가장 적절한 것은?

① 전문가의 말을 인용하여 대상의 의의를 드러내고 있다.

② 역사적 흐름에 따라 대상이 변화하는 모습을 제시하고 있다.

③ 두 대상의 차이점을 제시하여 이해하기 쉽게 설명하고 있다.

④ 묻고 답하는 방식을 사용하여 대상의 특징을 드러내고 있다.

⑤ 대상을 일정한 기준에 따라 분류하여 장점과 단점을 나열하고 있다.

010 강연의 내용과 일치하지 <u>않는</u> 것은?

① 구매자는 생산 후에 제품의 가격을 지불한다.

② 구매자는 장기 계약을 통해 생산 환경을 보호해야 한다.

③ 생산자는 안전하고 건강한 노동 환경을 제공하기 위해 노력해야 한다.

④ 공정 무역은 불공정 무역 구조로 발생하는 문제를 해결하기 위한 것이다.

⑤ 공정 무역의 원칙하에 생산된 제품들은 소비자의 윤리적 소비를 촉진한다.

011 강연의 마지막에 이어질 말로 가장 적절한 것은?

① 개발 도상국들이 자유 무역 국가로 성장하는 데 도움이 될 것입니다.

② 소비자들의 공정 무역 제품에 대한 인식 전환의 계기가 될 것입니다.

③ 개발 도상국의 생산자들이 겪는 인권 침해를 막아 소비자와 함께 성장할 수 있을 것입니다.

④ 생산자와 소비자의 대화로 불공정을 공정으로 이끄는 사회 분위기를 조성할 수 있을 것입니다.

⑤ 개발 도상국은 지속적인 발전을 이룰 수 있고, 개발 도상국의 생산자와 노동자도 경제적으로 자립할 수 있을 것입니다.

012 두 사람의 말하기 방식에 대한 설명으로 적절한 것은?

① 조카는 자신의 경험을 대화에 반영하고 있다.

② 삼촌은 구체적인 역사적 사실을 들어 설명하고 있다.

③ 삼촌은 조카가 이해했는지 질문을 하며 확인하고 있다.

④ 조카는 자신의 의견을 피력하며 대화의 긴장감을 형성하고 있다.

⑤ 조카는 삼촌의 말에 계속 공감하며 대화를 부드럽게 이어나가고 있다.

013 대화를 듣고 난 후의 반응으로 가장 적절한 것은?

① 세일러복의 깃은 원래 장식적인 목적에서 고안되었군.

② 세일러복의 유행은 당시 대중들의 모방 심리에서 비롯되었군.

③ 세일러복의 스카프는 제복의 더러움을 가리기 위한 것이었군.

④ 세일러복은 원래 아동복이었는데 해군이 군복으로 사용한 것이었군.

⑤ 세일러복은 영국 왕실에서 해군을 위해 새롭게 디자인해 준 것이었군.

014 뉴스 해설의 내용과 일치하지 <u>않는</u> 것은?

① 라니티딘 성분은 위궤양이나 식도염 치료제의 주원료이다.

② 미국과 스위스는 낮은 수준의 NDMA가 검출되어 회수 조치를 취했다.

③ 라니티딘을 복용 중인 국내 환자는 대부분 6주 이하의 단기 복용자들이다.

④ 라니티딘은 과다 복용 시 복통, 고열, 요통, 혈뇨 등의 부작용이 생길 수 있다.

⑤ 식품의약품안전처가 위장약을 수거하여 검사한 결과 라니티딘 성분의 위장 약품에서 발암 추정 물질이 검출됐다.

015 뉴스에서 사용한 말하기 전략으로 가장 적절한 것은?

① 다양한 사례를 제시하여 시청자의 이해를 돕고 있다.

② 우리나라의 대처 방안을 외국과 비교하여 비판하고 있다.

③ 개념에 대한 정의를 제시하여 시청자의 이해를 돕고 있다.

④ 해당 기관과 정부에서 해야 할 역할을 제시하고, 이를 설득하고 있다.

⑤ 환자들이 발암 추정 물질에 어떻게 대처해야 하는지 정보를 제공하고 있다.

016 밑줄 친 고유어의 뜻풀이로 알맞지 않은 것은?

① 형은 급한 마음에 발걸음을 재우 놀렸다. → 매우 재게.

② 그는 여러 해포 만에 가슴이 탁 트이는 듯했다. → 한 달이 조금 넘는 기간.

③ 나는 끙끙 앓는 소리를 내며 이틀 밤낮을 내처 잠만 잤다. → 줄곧 한결같이.

④ 우리는 동생의 생일에 깜짝파티를 하기로 짬짜미를 했다. → 남모르게 자기들끼리만 짜고 하는 약속이나 수작.

⑤ 가납사니 같은 도시 사람들은 제멋대로 소문을 퍼뜨렸다. → 쓸데없는 말을 지껄이기 좋아하는 수다스러운 사람.

017 밑줄 친 한자어의 사전적 뜻풀이로 적절하지 않은 것은?

① 박 선생님은 우리 집에서 두 달 정도 유숙(留宿)하신 적이 있다. → 남의 집에서 묵음.

② 도전자는 통쾌한 케이오 승을 거두겠다고 기염(氣焰)을 토하고 있다. → 불꽃처럼 대단한 기세.

③ 묘령(妙齡)의 여인이 갑자기 나타나자 조용하던 회의장이 술렁거렸다. → 열 살 안팎의 여자 나이.

④ 정부는 민심 이반(離反)에 대해 전면적인 개각을 검토하고 있는 것으로 알려졌다. → 인심이 떠나서 배반함.

⑤ 그 시대는 봉건 시대의 암울한 질곡(桎梏)을 깨고 근대적 역동이 시작되는 시기였다. → 몹시 속박하여 자유를 가질 수 없는 고통의 상태를 비유적으로 이르는 말.

018 밑줄 친 한자어가 문맥에 어울리지 않는 것은?

① 국무총리 주재(主宰)로 가뭄 대책 회의를 열었다.

② 그는 권력의 비호(庇護)로 사업을 쉽게 하고 있다.

③ 남한산성은 병자호란 때 국운의 마지막 보루(堡壘)였다.

④ 나는 부모님의 만류(挽留)에도 불구하고 유학을 결심했다.

⑤ 내가 선거에 나갔을 때 돌아가신 가친(家親)께서 많은 도움을 주셨다.

019 밑줄 친 한자어의 쓰임이 적절한 것은?

① 서울의 옛 모습을 재연(再演)한 전시가 마련되었다.

② 그 문제는 너무 난삽(難澁)하여 도저히 풀 수 없었다.

③ 그의 칼럼을 일주일에 한 번 신문에 게시(揭示)하기로 했다.

④ 그는 원고의 문제점을 보충(補充)하여 학술지에 투고할 예정이다.

⑤ 그는 사업을 떠벌여 놓고 빚쟁이들에게 곤욕(困辱)을 치르고 있다.

020 밑줄 친 고유어의 쓰임이 적절하지 <u>않은</u> 것은?

① 이번 방학은 <u>사뭇</u> 바빴다.

② 시장에 나간 모친은 <u>좀체</u> 돌아오지 않았다.

③ 사람들은 그의 경솔한 행동을 <u>자못</u> 불쾌해했다.

④ 그의 웃음소리는 호탕하기는커녕 <u>못내</u> 가련하게 들렸다.

⑤ 부모가 물려주는 많은 유산은 <u>무릇</u> 불행을 낳기 쉽다고 했다.

021 ㉠~㉢에 들어갈 단어의 기본형을 바르게 짝 지은 것은?

• 오래되어 (㉠) 국수는 맛이 없다.

• 그는 목이 마르다며 물을 벌컥벌컥 (㉡).

• 나는 합격 소식을 듣고 너무 기뻐 목이 (㉢).

	㉠	㉡	㉢
①	붇다	들이켜다	메다
②	붇다	들이키다	메다
③	붇다	들이켜다	매다
④	붓다	들이키다	매다
⑤	붓다	들이켜다	메다

022 밑줄 친 한자어에 대응하는 고유어로 적절하지 <u>않은</u> 것은?

① 너에 비(比)하면(→ 견주면) 내가 힘든 것은 아무것도 아니다.

② 새 학기를 맞아 교복으로 단장(丹粧)한(→ 꾸민) 아이들의 모습이 보였다.

③ 공사장에서의 사고는 항상 부주의로 인(因)해(→ 말미암아서) 사고가 일어난다.

④ 이번에 발표된 영화는 현실을 핍진(逼眞)하게(→ 성글게) 표현한 것으로 유명하다.

⑤ 이 사건은 우리 현대사를 관통(貫通)하는(→ 꿰뚫는) 민중 저항의 흐름을 보여 준다.

023
<신유형>
〈보기〉의 ㉠, ㉡이 올바르게 짝 지어지지 <u>않은</u> 것은?

--- • 보기 • ---

한 단어의 의미가 다른 쪽을 포함하거나 다른 쪽에 포함되는 단어의 관계를 상하 관계라 한다. ㉠ <u>상의어</u>는 일반적이고 포괄적인 의미를, ㉡ <u>하의어</u>는 개별적이고 구체적인 의미를 갖고 있다.

	㉠	㉡
①	길	고샅길
②	나무	잎
③	모자	휘양
④	그릇	유기
⑤	현악기	해금

024 〈보기〉의 밑줄 친 '마르다'와 다의어 관계에 있지 <u>않은</u> 것은?

─────── • 보기 • ───────

돈이 나올 구멍이 없어 보이는데도 그의 주머니 속은 <u>마르지</u> 않았다.

① 날씨가 맑아 빨래가 잘 <u>마른다</u>.
② 공부를 하느라 몸이 많이 <u>말랐다</u>.
③ 가뭄에도 이 우물은 <u>마르지</u> 않는다.
④ 뜨거운 태양 아래서 달리기를 했더니 목이 몹시 <u>마른다</u>.
⑤ 어머니는 저고리를 만들기 위해 비단을 <u>마르기</u> 시작하셨다.

025 〈보기〉의 밑줄 친 ㉠~㉤ 중, 나머지와 품사가 <u>다른</u> 것은?

─────── • 보기 • ───────

• 식구들이 모두 집에 돌아왔나 ㉠ <u>보다</u>.
• 이제는 그녀가 나를 떠나려나 ㉡ <u>보다</u>.
• 사람이 워낙 착하다 ㉢ <u>보니</u> 고생을 사서 한다.
• 돌이 워낙 무겁다 ㉣ <u>보니</u> 혼자서 들 수가 없었다.
• 이런 일을 당해 ㉤ <u>보지</u> 않은 사람은 내 심정을 모른다.

① ㉠   ② ㉡   ③ ㉢   ④ ㉣   ⑤ ㉤

026 〈보기〉의 ㉠~㉢에 해당하는 한자로 바르게 묶인 것은?

─────── • 보기 • ───────

• ㉠ 경기가 회복되어 수출이 활기를 띠고 있다.
• 우리 팀은 초반부터 ㉡ 경기의 주도권을 잡았다.
• 그녀는 ㉢ 경기를 일으킨 아이를 침대에 눕혔다.

	㉠	㉡	㉢
①	競技	驚氣	景氣
②	景氣	驚氣	競技
③	景氣	競技	驚氣
④	驚氣	競技	景氣
⑤	驚氣	景氣	競技

027 밑줄 친 말의 한자어의 쓰임이 적절하지 <u>않은</u> 것은?

① 입상자들에게는 상장이 <u>수여(授與)</u>된다.
② 그의 정체가 쉽게 <u>간파(看破)</u>되지는 않았다.
③ 정부는 이번 일로 장관 <u>경질(更迭)</u>을 단행하기로 했다.
④ 두 나라 간의 이해관계가 <u>상충(相衝)</u>하여 전쟁이 일어났다.
⑤ 경찰은 위법 사항이 적발될 경우 강력히 <u>제재(題材)</u>할 방침이다.

028 다음 중 '하룻강아지 범 무서운 줄 모른다'와 의미가 유사한 것은?

① 견마지심(犬馬之心)
② 당랑거철(螳螂拒轍)
③ 오비이락(烏飛梨落)
④ 어로불변(魚魯不辨)
⑤ 낭중지추(囊中之錐)

029 밑줄 친 관용 표현의 쓰임이 적절하지 <u>않은</u> 것은?

① 그 일은 <u>어깨를 걸고</u> 함께 나아가야 할 수 있다.
② 구수한 고기 국물 냄새에도 <u>회가 동하였는지</u> 입맛이 떨어졌다.
③ 그건 이미 시기가 지나 <u>날 샌</u> 일이니 더 이상 생각하지도 마라.
④ 나는 그 일에 대한 <u>김이 식어서</u> 이제는 아무것도 하고 싶지 않다.
⑤ 그는 사석에서 이번 사태에 대한 자신의 불편한 <u>심사를 털어놓았다</u>.

030 밑줄 친 말의 순화어로 적절하지 <u>않은</u> 것은?

① <u>멀티탭</u>(→ 모둠꽂이)은 쉽게 전원을 관리할 수 있게 해 준다.
② 이번 사고는 <u>시말서</u>(→ 경위서) 한 장으로 끝날 일이 아니다.
③ 그 사람이 문단에 <u>데뷔</u>(→ 등장)를 언제 했는지 확실하지 않다.
④ 신학기를 알리는 <u>플래카드</u>(→ 현수막)가 나무 사이에 걸려 있다.
⑤ <u>홀대</u>(→ 막대접)를 받고 있는 우리의 고전들을 새롭게 조명할 필요가 있다.

031   밑줄 친 부분의 표기가 적절하지 <u>않은</u> 것은?

① 요즘은 <u>밥심</u>으로 버티고 산다.
② 아이는 괜스레 <u>귓불</u>이 붉어졌다.
③ 그는 엉뚱한 사람에게 <u>덤터기</u>를 씌웠다.
④ 그녀는 얼굴이 <u>핼쑥하고</u> 몸이 바싹 말랐다.
⑤ 빚쟁이들 등쌀에 먼 곳으로 <u>야반도주</u>하였다.

032   밑줄 친 부분의 사이시옷의 표기가 적절하지 <u>않은</u> 것은?

① 서울에 온 지 <u>햇수</u>로 5년이 되었다.
② 그의 발언이 논쟁의 <u>촛점</u>을 흐리고 있다.
③ 그는 회사가 몰락하면서 <u>월세방</u>을 전전했다.
④ 사람들이 <u>나루터</u>에서 사공을 기다리고 있다.
⑤ 어른께 <u>예사말</u>을 쓰는 것은 공손하지 못한 행동이다.

033   밑줄 친 부분의 표기가 어법에 맞지 <u>않는</u> 것은?

① 책상 다리가 짧아 책으로 <u>괬다</u>.
② 그녀는 집안 형편이 영 <u>폐지</u> 않는다.
③ 나는 요즘 일에 <u>치어</u> 사느라 아무 생각이 없다.
④ 벽지까지 길이 <u>트여</u> 가는 데에 하루가 안 걸린다.
⑤ 계속 뛰어야 하니 운동화 끈을 단단히 <u>매</u> 놓아라.

034   밑줄 친 부분의 띄어쓰기가 옳지 <u>않은</u> 것은?

① 이 음악은 <u>매시간</u> 반복해서 연주된다.
② 전교생이 <u>한∨교실</u>에 모여 특강을 들었다.
③ 오랜만에 <u>부녀∨간</u>에 정겨운 대화를 나누었다.
④ <u>그∨무엇인가</u>를 알아내고자 했지만 역부족이었다.
⑤ 이번 행사에는 <u>총∨백</u> 명의 작가들이 참가하였다.

035 밑줄 친 말이 표준어가 <u>아닌</u> 것은?

① 비에 젖은 <u>꼬라지</u>가 가관이다.

② 산불이 나서 나무들이 <u>깡그리</u> 다 타 버렸다.

③ 그는 <u>구레나룻</u>에 수염을 덥수룩하게 길렀다.

④ 그녀는 자식을 잘 기르기 위해 <u>아등바등</u> 살아왔다.

⑤ 사람들은 경쟁 사회 속에서 늘 <u>아귀다툼</u>하며 살아간다.

036 다음 중 어법에 맞고 자연스러운 문장은?

> ① 동물원, 수목원, 박물관 등에 가 보면 엄마와 아빠가 자녀들에게 대상의 이름, 생태, 특징 등에 대해 끊임없이 설명하는 모습을 볼 수 있다. ② 이렇게 언어로 설명해 주는 것이 기억하는 데 도움을 주는 것은 선명하다. ③ 그리고 아이들은 그만큼 잃는 것도 많아, 언어 없이는 세상을 만날 수 없게 된다. ④ 아이들에게 지식과 창의적 사고는 쌓을 수 없게 되는 것이다. ⑤ 왜냐하면 언어는 상투적이어서 지금 당장 만들어진 물건이나 솟구치는 생각을 오롯이 담지 못한다.

037 중복 표현이 포함된 문장이 <u>아닌</u> 것은?

① 우리 민족의 오랜 숙원은 통일이다.

② 아침에는 집안 공기를 환기해야 한다.

③ 그는 일생을 돌이켜 회고하는 자서전을 썼다.

④ 아이는 책의 내용을 한 마디로 정리해 주었다.

⑤ 에너지를 절약하기 위한 여러 가지 다양한 방법이 제시되었다.

038 표현의 중의성을 해소한 것으로 적절하지 <u>않은</u> 것은?

① 그의 성적이 제일 높았다. → 그가 받은 성적이 제일 높았다.

② 그녀는 흰색 드레스를 입고 있다. → 그녀는 흰색 드레스를 입는 중이다.

③ 아름다운 그녀의 어머니를 만났다. → 그녀의 아름다운 어머니를 만났다.

④ 친구들이 반창회에 다 오지 않았다. → 친구들이 반창회에 모두 오지 않았다.

⑤ 여러 사람이 한 권의 책을 받았다. → 여러 사람이 각각 한 권의 책을 받았다.

039 〈보기〉에서 밑줄 친 ㉠~㉤의 발음에 대한 이해로 적절하지 <u>않은</u> 것은?

• 보기 •

- 그는 제주 땅을 ㉠ <u>밟지</u> 못하게 되었다.
- 새가 나뭇가지에 ㉡ <u>앉아</u> 노래를 한다.
- 발밑의 ㉢ <u>흙만</u> 발가락으로 쓸어 모았다.
- 치마가 발에 ㉣ <u>밟혀</u> 빨리 걸을 수가 없다.
- 태풍으로 인해 뱃길이 ㉤ <u>끊기어</u> 옴짝달싹 못하게 생겼다.

---

① ㉠: 자음군 단순화와 된소리되기에 의해 [밥찌]로 발음되겠군.

② ㉡: 연음 법칙에 의해 [안자]로 발음되겠군.

③ ㉢: 자음군 단순화와 비음화에 의해 [흥만]으로 발음되겠군.

④ ㉣: 거센소리되기에 의해 [발펴]로 발음되겠군.

⑤ ㉤: 자음군 단순화에 의해 [끈기어]로 발음되겠군.

040 〈보기〉를 이해한 내용으로 적절하지 <u>않은</u> 것은?

• 보기 •

ㄱ. 철수가 밥을 먹었다. / 꽃이 예뻤다.
　　철수가 밥을 먹는다. / *꽃이 예쁜다.
ㄴ. 철수야, 밥 먹어라. / *영희야, 좀 예뻐라.
　　철수야, 밥 먹자. / *우리 좀 예쁘자.
ㄷ. 밥을 먹으려고 식당으로 갔다. / *예쁘려고 미용실에 갔다.
　　밥을 먹으러 식당에 갔다. / *예쁘러 미용실에 갔다.
ㄹ. 그는 집에 있다. / 집에 있는 사람
　　나에게는 돈이 있다. / 돈이 있는 사람
ㅁ. 나무가 크다. / 나무가 쑥쑥 큰다.
　　머리카락이 길다. / 머리카락이 잘 긴다.

※ '*'은 비문을 나타냄.

---

① ㄱ: 형용사는 동사와 달리 현재 시제 선어말 어미와 결합할 수 없다.

② ㄴ: 동사는 형용사와 달리 명령형 · 청유형 어미와 결합할 수 있다.

③ ㄷ: 형용사는 의도나 목적을 나타내는 연결 어미와 결합할 수 없다.

④ ㄹ: '있다'는 동사로 관형사형 어미 '-는'과 결합할 수 있다.

⑤ ㅁ: '크다, 길다'는 동사와 형용사로 모두 쓰일 수 있다.

041 〈보기〉의 ㄱ~ㄹ에 대한 설명으로 적절하지 <u>않은</u> 것은?

● 보기 ●
ㄱ. 하늘이 눈부시게 파랗다.
ㄴ. 그는 위기를 기회로 삼았다.
ㄷ. 아이가 벌써 어른이 되었다.
ㄹ. 철수는 반짝이는 별을 바라보았다.
---

① ㄱ의 '눈부시게'는 부속 성분이다.
② ㄴ의 '삼다'는 주어 외에 두 개의 문장 성분을 필수적으로 요구한다.
③ ㄷ의 '어른이'는 서술어 '되다'의 의미를 보충해 주는 보어이다.
④ ㄹ의 '바라보다'는 두 자리 서술어이다.
⑤ ㄱ~ㄹ의 서술어는 모두 필수적 부사어를 필요로 한다.

042 문장 부호 규정에 대한 설명이 <u>잘못된</u> 것은?

	문장 부호	규정 설명	예시
①	빗금 (/)	기준 단위당 수량을 표시할 때 해당 수량과 기준 단위 사이에 쓴다.	100미터/초
②	쌍점 (:)	희곡 등에서 대화 내용을 제시할 때 말하는 이와 말한 내용 사이에 쓴다.	아들: 아버지, 제발 제 말씀 좀 들어 보세요.
③	소괄호 (( ))	우리말 표기와 원어 표기를 아울러 보일 때 쓴다.	커피(coffee), 기호(嗜好)
④	빠짐표 (□)	비밀을 유지해야 하거나 밝힐 수 없는 사항임을 나타낼 때 쓴다.	1차 시험 합격자는 김□영, 이□준, 박□순 등 모두 3명이다.
⑤	붙임표 (‒)	차례대로 이어지는 내용을 하나로 묶어 열거할 때 각 어구 사이에 쓴다.	김 과장은 기획‒실무‒홍보까지 직접 발로 뛰었다.

043 〈보기〉의 밑줄 친 ⊙과 ⓒ에 해당하는 단어로 적절한 것은?

보기

합성어는 단어의 형성 방식이 우리말의 정상적인 단어 배열법과 일치하는 '⊙ 통사적 합성어'와 그렇지 않은 'ⓒ 비통사적 합성어'로 나눌 수 있다.

	⊙	ⓒ
①	큰집	철들다
②	늦잠	여닫다
③	작은형	부슬비
④	여닫다	작은형
⑤	부슬비	접칼

044 외래어 표기가 **틀린** 것은?

① 마니아
② 바비큐
③ 심포지엄
④ 콜롬비아
⑤ 카스테라

045 국어의 로마자 표기가 **잘못된** 것은?

① 식혜 sikhye
② 신선로 sinseonlo
③ 떡볶이 tteokbokki
④ 비빔밥 bibimbap
⑤ 북엇국 bugeo-guk

[046~047] '사물 인터넷'과 관련된 글을 작성하려고 한다. 제시된 물음에 답하시오.

(가) 글쓰기 계획
- 주제: 사물 인터넷의 국내 현황 분석과 활성화 방안
- 목적: 사물 인터넷에 대한 정보 전달 및 관련 산업 활성화 촉구
- 글의 내용
  - 사물 인터넷의 개념과 사례를 밝힌다. ·· ㉠
  - 사물 인터넷의 경제적 가치를 언급한다. ·· ㉡
  - 국내 사물 인터넷 산업의 현황을 분석한다. ······································ ㉢
  - 국내 사물 인터넷 산업의 활성화 방안을 제시한다. ····························· ㉣
  - 사물 인터넷의 정보 보안 및 사생활 침해 문제를 드러낸다. ···················· ㉤

(나) 수집한 자료

ㄱ. 국내 사물 인터넷 상품 가입 수

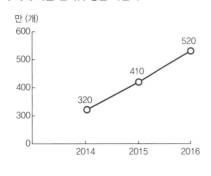

ㄴ. 사물 인터넷 시장 규모(2016년)

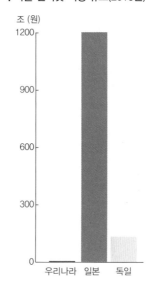

ㄷ. 전문가 인터뷰

　　사물 인터넷 산업은 미래의 고부가가치 산업으로, 헬스 케어, 물류, 금융, 농업 등 적용 가능성이 무궁무진하게 열려 있는 분야입니다. 2020년까지 국내 시장 규모만 따져도 22조 원대를 웃돌 것으로 예상됩니다. 그러나 현재 사물 인터넷과 관련된 기술 규격이 표준화되지 않아서 각 기업의 제품끼리 호환되지 않는 문제가 있습니다. 이는 국내의 사물 인터넷 시장이 확대되지 못하는 원인 중 하나입니다. 이러한 문제들이 해결된다면 우리나라의 사물 인터넷 산업이 활성화될 수 있을 것입니다.

ㄹ. 신문 기사

　　스페인의 바르셀로나 시는 스마트 시티 프로젝트의 일환으로 사물 인터넷을 활용한 스마트 가로등 및 스마트 주차 시스템을 도입하였다. 그 결과 바르셀로나 시는 연간 전력 소비량의 20%를 절감하고, 주차 요금으로 연간 600억 원 이상의 수익을 얻은 것으로 나타났다.

046 글을 작성하기 위하여 계획한 내용으로 적절하지 **않은** 것은?

① ㉠   ② ㉡   ③ ㉢   ④ ㉣   ⑤ ㉤

047 (나)에 제시된 자료의 활용 방안으로 적절하지 **않은** 것은?

① ㄱ을 활용하여 사물 인터넷에 대해 사람들의 관심이 늘고 있다는 내용을 뒷받침하는 근거로 제시한다.

② ㄴ을 활용하여 국내 사물 인터넷 산업이 선진국에 비해 활성화되지 않았다는 점을 뒷받침하는 근거로 제시한다.

③ ㄷ을 활용하여 사물 인터넷과 관련된 기술 규격이 표준화되지 않은 상황을 국내 사물 인터넷 시장이 확대되지 못한 이유로 제시한다.

④ ㄴ과 ㄹ을 활용하여 사물 인터넷과 관련된 다른 나라들의 투자가 공공 부문보다 민간 부문에 집중되었다는 점을 뒷받침하는 사례로 제시한다.

⑤ ㄷ과 ㄹ을 활용하여 사물 인터넷 산업이 높은 경제적 가치를 지니고 있다는 내용을 뒷받침하는 근거로 제시한다.

[048~050] '휴대용 물통 사용'을 주제로 글을 작성하려고 한다. 제시된 물음에 답하시오.

048 글을 작성하기 위하여 계획한 내용으로 적절하지 **않은** 것은?

```
•━━━━━━━━━━━━━━ ● 글쓰기 계획 ● ━━━━━━━━━━━━━━•
│ • 주제: 휴대용 물통 사용이 활성화되지 못한 원인과 해결 방안                              │
│ • 목적: 휴대용 물통 사용과 관련된 정보 전달 및 설득                                      │
│ • 예상 독자: 일반인                                                              │
│ • 글의 내용                                                                     │
│   – 일회용 컵 및 휴대용 물통 사용과 관련된 통계를 제시한다. ·························· ㉠  │
│   – 일회용 컵을 재활용하는 다양한 방법을 소개한다. ······························· ㉡  │
│   – 휴대용 물통이 보편화되지 못한 원인을 분석한다. ······························· ㉢  │
│   – 휴대용 물통을 사용할 때 불편한 점을 정리한다. ································· ㉣  │
│   – 휴대용 물통에 대한 우려를 해소할 수 있는 방안을 제시한다. ······················ ㉤  │
•━━━━━━━━━━━━━━━━━━━━━━━━━━━━━━━━━━━━━━━━━━•
```

① ㉠   ② ㉡   ③ ㉢   ④ ㉣   ⑤ ㉤

049 위의 계획을 바탕으로 〈글쓰기 개요〉를 작성하였다. 〈글쓰기 개요〉의 수정 및 상세화 방안으로 적절하지 <u>않은</u> 것은?

● 글쓰기 개요 ●

Ⅰ. 일회용 컵 제작 및 사용에 관한 통계 자료 ·· ㉠
　　가. 일회용 컵의 연간 사용량
　　나. 일회용 컵 제작에 소모되는 자원의 양

Ⅱ. 휴대용 물통의 판매 및 사용 현황
　　가. 휴대용 물통에 대한 관심 증가
　　나. 휴대용 물통의 제작 과정 ·· ㉡

Ⅲ. 휴대용 물통의 사용이 활성화되지 못한 이유
　　가. 휴대용 물통의 안전성에 대한 우려
　　나. 휴대용 물통의 사용상의 불편함
　　다. 일회용 컵 사용이 인체에 미치는 영향 ·· ㉢

Ⅳ. 휴대용 물통의 사용을 촉진할 수 있는 방안
　　가. 휴대용 물통 사용자를 위한 다양한 서비스 제공
　　나. 휴대용 물통 사용 시 할인 혜택 제공 ·· ㉣
　　다. 휴대용 물통의 안전성에 대한 정보 제공 ·· ㉤

Ⅴ. 휴대용 물통 사용의 활성화에 따른 기대 효과

---

① ㉠은 하위 항목과의 연관성을 고려하여 '일회용 컵 사용 실태'로 고친다.
② ㉡은 상위 항목과의 연관성을 고려하여 '휴대용 물통의 실제 사용률'로 고친다.
③ ㉢은 전체적인 글의 전개상 불필요한 내용이므로 삭제한다.
④ ㉣은 다른 하위 항목의 내용과 중첩되므로 'Ⅳ-가'와 통합하여 제시한다.
⑤ ㉤은 'Ⅲ-가', 'Ⅲ-나'와의 관계를 고려하여 'Ⅳ-가'와 순서를 바꾸어 제시한다.

음료 판매점 등에서 사용하고 버려지는 일회용 컵은 우리나라에서만 연간 130억 개 이상이라고 한다. ㉠ <u>그리고</u> 일회용 컵 하나를 만드는 데 11g의 이산화탄소가 배출되며, 1톤의 컵을 만들려면 20년 생 나무를 20그루나 베어 내야 한다고 한다.

그래서 최근 들어 환경 보호 차원에서 '텀블러'로 불리는 휴대용 물통에 대한 관심이 높아지고 있으며, 이에 따라 휴대용 물통의 판매도 증가 추세에 있다고 한다. 그러나 여전히 휴대용 물통을 들고 다니는 사람은 그리 많지 않다. 휴대용 물통의 판매가 증가하는 데도 불구하고 실제 사용률이 낮은 이유는 무엇일까? 지금부터 휴대용 물통의 사용이 ㉡ <u>활성화하지</u> 못한 원인과 그에 따른 해결 방안에 대해 살펴보고자 한다.

사람들이 휴대용 물통을 사용하지 않는 원인으로, 먼저 사용상의 불편을 들 수 있다. 휴대용 물통을 계속 들고 다녀야 하는 번거로움과 사용 후 세척의 어려움 때문에 사람들이 휴대용 물통 사용을 주저하는 것이다. 다음으로 휴대용 물통의 안전성에 대한 소비자들의 우려도 그 원인으로 볼 수 있다. 소비자들은 휴대용 물통에 뜨거운 물이나 음료를 넣으면 환경 호르몬 물질이 배출되어 건강을 해칠 수 있다고 생각하기 때문에 휴대용 물통을 잘 사용하지 않는 것이다. ㉢ <u>그럼에도 불구하고 휴대용 물통 제조업체에서 다양한 디자인과 성능을 갖춘 물통을 해마다 개발하면 소비자들은 관심을 갖는다.</u>

그러면 이러한 문제를 해결하기 위해서는 어떻게 해야 할까? 우선 사용상의 불편을 감수하더라도 휴대용 물통을 사용할 수 있도록 다양한 유인 정책을 실시할 필요가 있다. 사용 후 세척의 어려움을 해소하기 위해 휴대용 물통을 사용하는 ㉣ <u>소비자에게</u> 음료 판매점들이 세척 서비스를 제공하도록 권장하는 것이다. 또한 최근 연구 결과에 따르면 휴대용 물통에서 환경 호르몬 물질이 검출되지 않거나 검출되더라도 미량이 검출되어 인체에 미치는 영향이 거의 없다고 한다. 이러한 휴대용 물통의 안전성에 대한 정확한 정보를 제공하여 소비자들의 인식을 개선해야 한다.

최근 어느 기업에서 친환경 정책의 일환으로 개인컵 사용 고객에게 쿠폰의 도장을 찍어주는 서비스를 도입한 결과 개인컵 사용량이 두 배정도 늘었다고 한다. 이러한 실례를 보아 알 수 있듯이 위의 방안을 실천한다면, 편리하지만 환경을 오염시키는 일회용 컵 사용은 줄어들고 불편하지만 환경을 보호하는 휴대용 물통 사용은 ㉤ <u>늘어난다.</u> 그리고 휴대용 물통 사용의 활성화는 우리들에게 친환경적인 삶을 누릴 수 있는 기회를 제공할 것이다.

① ㉠: 문맥상 흐름을 고려해 '그런데'로 바꾼다.
② ㉡: 주어와의 호응을 고려해 '활성화되지'로 수정한다.
③ ㉢: 글의 흐름상 통일성을 해치는 내용이므로 삭제한다.
④ ㉣: 서술어와의 호응을 고려해 '소비자가'로 수정한다.
⑤ ㉤: 문장 간의 유기적인 연결이 이루어지도록 '늘어날 것이다'로 수정한다.

[051~053] '소음'과 인간 사회를 유비(類比)하고자 한다. 다음 글을 읽고 물음에 답하시오.

소음 문제는 물질문명의 발달과 관련이 있다. 산업화가 진행됨에 따라 우리의 생활 속에는 '개인적 도구'가 증가하고 있다. 그러한 도구들 덕분에 우리의 생활은 점점 편리해지고 합리적이며 효율적으로 변해가고 있다. 그러나 그러한 이득은 개인과 그가 소유하고 있는 물건 사이의 관계에서 성립하는 것으로 그 관계를 넘어서면 전혀 다른 문제가 된다. 제한된 공간 속에서 개인적 도구가 넘쳐남에 따라, 개인과 개인, 도구와 도구, 그리고 자신의 도구와 타인과의 관계 등이 모순을 일으키는 것이다. 소음 문제도 마찬가지이다. ㉠ 개인의 차원에서는 편리와 효율을 제공하는 도구들이, 전체의 차원에서는 불편과 비효율을 빚어내는 것이다. 그래서 많은 사회에서 개인적 도구가 타인의 권리를 침해하는 것을 방지하기 위하여 공공장소의 소음을 규제하고 있다.

하지만, 소음을 규제하는 것만이 공공의 이익을 위한 방법이 될 수는 없다. 소리는 본질적으로 단순한 물리적 존재가 아니라 문화적 가치를 담은 존재이기 때문이다. 또한, 소리에는 계절의 변화가 담겨 있고 지역의 삶과 역사가 반영되어 있다. 즉 시공간적 다양성을 담아내는 문화의 구성 요소인 것이다.

051 윗글의 ㉠의 예로 제시하기에 적절하지 <u>않은</u> 것은?

① 자전거가 인도를 질주하여 보행하는 사람의 안전이 위협받고 있다.
② 승용차를 이용하는 사람이 많아지면서 대기의 오염이 심해지고 있다.
③ 골목길에 주차한 차들로 인해 아이들이 놀 수 있는 공간이 사라지고 있다.
④ 도로 공사 때문에 차량을 우회 운행하게 하여 운전자들의 불만이 높아지고 있다.
⑤ 휴대 전화의 전파 때문에 병원에서 사용되는 의료 기구가 제 성능을 발휘하지 못하고 있다.

052 윗글과 연관 지어 주장할 수 있는 내용으로 가장 적절한 것은?

① 개인의 행복을 보장하는 것이 최선의 방법이다.
② 사회적 편의에 대한 시민 의식의 전환이 필요하다.
③ 소음 문제를 해결하기 위해서는 공공의 적극적인 개입이 필요하다.
④ 무조건적인 규제보다는 소리를 통해 문화 공간을 창출하는 전략이 필요하다.
⑤ 합리적이고 효율적인 사회를 만들기 위해서는 공공의 이익이 우선되어야 한다.

053 공익광고 문구를 〈조건〉에 맞게 창작한 것으로 가장 적절한 것은?

① 위층 킹콩, 아래층 팬더
② 당신의 땅은 나의 하늘입니다.
③ 어떤 음악을 연주하고 계십니까?
④ 이웃을 생각해서 사뿐사뿐 걸어요.
⑤ 다를 것이 없습니다. 우리는 모두 이웃입니다.

[054~055] 다음 그림을 보고 물음에 답하시오.

(가)	(나)	그림 (다)
		?

054 (가), (나), (다)가 동일한 주제의 그림이라 할 때, (다)에 들어갈 그림으로 적절하지 <u>않은</u> 것은?

신유형

①

②

③

④

⑤

055 그림 (가)~(다)를 활용할 수 있는 장소로 적절하지 않은 것은?

① 노키즈 존이 있는 카페
② 여러 사람이 많이 모이는 축제 장소
③ 자원 재활용을 적극적으로 하는 지역
④ 친환경 교육을 주기적으로 실시하는 학교
⑤ 텀블러에 음료 구입 시 할인을 해 주는 카페

[056~057] 다음 글을 읽고 물음에 답하시오.

'모자이크 사회'는 다문화주의를 지향하는 사회를 가리키는 표현 중 하나이다. 여러 가지 빛깔의 돌 또는 금속·타일·조개의 껍데기 등을 조각조각 붙여 무늬나 회화를 만드는 기법인 모자이크는 가까이에서 자세히 보면 각 조각의 특성이 잘 살아 있고, 거리를 두고 보면 조화롭고 통일성이 있다. 이러한 모자이크의 특징에 빗대어 생겨난 말인 모자이크 사회는 다양한 인종, 언어, 역사, 문화적 배경을 가진 사람들이 각자의 독특한 특성과 가치를 존중받으면서 고유의 정체성을 잃지 않은 채 조화롭게 살아가는 사회를 의미한다.

'샐러드 볼(Salad Bowl)'이라는 표현 역시 모자이크 사회와 동일한 의미를 가지고 있다. 이는 갖가지 채소나 과일들이 제 특성을 유지한 채 소스에 버무려져 나오는 샐러드 그릇처럼 서로 다른 문화의 독창성들이 유지되고 또 보호됨을 의미한다.

한편, 흔히 이민자로 구성된 미국 사회를 '용광로 사회' 또는 '멜팅 팟(Melting Pot)'이라고 표현하는데 여러 가지 재료를 냄비 속에 넣고 녹여 내듯 여러 이민자가 미국적인 주류 가치와 문화 속에 통합·흡수됨을 의미한다.

056 윗글의 밑줄 친 부분과 관련지어 주장할 수 있는 내용으로 가장 적절한 것은?

① 인간은 문화 속에서 자신의 정체성을 확인할 수 있다.
② 인간은 자신의 가치뿐 아니라 타인의 가치도 존중해야 한다.
③ 다른 나라를 이해하기 위해서는 그 나라에 동화되어야 한다.
④ 개인이 성장하기 위해서는 상호 간의 협력과 소통이 중요하다.
⑤ 모든 현상의 가치는 적절한 거리가 유지되어야 정확하게 보인다.

057 윗글과 연관 지어 '편견'에 대한 공익 광고 문구를 작성한 것으로 적절하지 않은 것은?

① 무관심에 마침표를 찍어 주세요.
② 틀린 것이 아닙니다. 다를 뿐입니다.
③ 편견을 접으면 상대의 능력이 보입니다.
④ 외국에 살면 외국인이고, 한국에 살면 한국인입니다.
⑤ 모두 살색입니다. 외국인 근로자도 우리와 같은 사람입니다.

[058~060] '연날리기'와 인간의 삶을 유비(類比)하고자 한다. 다음 글을 읽고 물음에 답하시오.

> 연이 하늘을 나는 원리는 달리는 차창 밖으로 손을 내밀어 보면 쉽게 이해할 수 있다. 창밖으로 내민 손바닥이 지면과 나란한 방향으로 향할 경우 양력*은 거의 느끼지 못하며, 공기의 저항인 항력*도 작다. 하지만 손바닥을 조금씩 세울수록 항력과 양력이 증가하는 것을 느낄 수 있으며, 손은 공기 중을 날게 된다.
>
> 이러한 현상은 손바닥에 부딪친 공기가 방향을 바꾸면서 손바닥을 밀기 때문에 생긴다. 즉, 손바닥이 공기를 밀면 공기도 손바닥을 밀기 때문에 손바닥이 뜨는 힘을 받게 되는 것이다. 연의 경우에도 마찬가지로 비스듬한 연에 부딪친 공기가 연을 밀면 연도 공기를 밀어 연이 하늘로 뜨는 것이다. 따라서 연이 하늘을 나는 것은 '작용과 반작용의 법칙'으로 설명할 수 있다.
>
> *양력: 물체와 유체 사이에 움직임이 있을 때 그 움직임에 수직한 방향으로 발생하는 힘.
> *항력: 물체가 유체 안에서 상대적으로 움직일 때 움직이는 방향의 반대 방향으로 작용하여 물체의 운동을 방해하는 힘.

058 연날리기의 법칙을 통해 유추한 내용으로 가장 적절한 것은?

① 모든 일에는 다양한 가능성을 열어 두어야 한다.
② 다른 사람과 다른 생각을 하는 사고의 전환도 필요하다.
③ 인간관계에서 사고의 유연성이 있어야 갈등을 줄일 수 있다.
④ 자신과 생각이 같은 사람의 기대에 부합하며 사는 것이 중요하다.
⑤ 좋은 아이디어를 위해서는 양방향 소통을 해야 상승효과를 낼 수 있다.

059 밑줄 친 부분과 연관 지어 인생에 대한 조언으로 쓸 수 있는 한자성어로 가장 적절한 것은?

고난도

① 거자필반(去者必返)　　　　　② 도행역시(倒行逆施)
③ 무위자연(無爲自然)　　　　　④ 백년하청(百年河淸)
⑤ 인생무상(人生無常)

060 '연'에서 '인간의 삶의 모습'을 연상한 내용으로 적절하지 <u>않은</u> 것은?

	연	인간의 삶의 모습
①	연의 다양한 높이	인간은 많은 사람과 관계를 맺고 살아간다.
②	연 싸움	인간은 크고 작은 경쟁을 하며 살아간다.
③	연의 다양한 생김새	인간은 각자 개성을 가지고 살아간다.
④	연줄에 묶인 연	인간은 현실적 제약을 받으며 살아간다.
⑤	연의 상승	인간은 이상을 추구하며 살아간다.

[061~062] 다음 글을 읽고 물음에 답하시오.

저 지붕 아래 제비집 너무도 작아
갓 태어난 새끼들만으로 가득 차고
어미는 둥지를 날개로 덮은 채 간신히 잠들었습니다
바로 그 옆에 누가 박아 놓았을까요, 못 하나
그 못이 아니었다면
아비는 어디서 밤을 지냈을까요
못 위에 앉아 밤새 꾸벅거리는 제비를
눈이 뜨겁도록 올려다봅니다
종암동 버스 정류장, 흙바람은 불어오고
한 사내가 아이 셋을 데리고 마중 나온 모습
수많은 버스를 보내고 나서야
피곤에 지친 한 여자가 내리고, 그 창백함 때문에
반쪽 난 달빛은 또 얼마나 창백했던가요
아이들은 달려가 엄마의 옷자락을 잡고
제자리에 선 채 달빛을 좀 더 바라보던
사내의, 그 마음을 오늘 밤은 알 것도 같습니다
실업의 호주머니에서 만져지던
때 묻은 호두알은 쉽게 깨어지지 않고
그럴듯한 집 한 채 짓는 대신
못 하나 위에서 견디는 것으로 살아온 아비,
거리에선 아직도 흙바람이 몰려오나 봐요
돌아오는 길 희미한 달빛은 그런대로
식구들의 손잡은 그림자를 만들어 주기도 했지만
그러기엔 골목이 너무 좁았고
늘 한 걸음 늦게 따라오던 아버지의 그림자
그 꾸벅거림을 기억나게 하는
못 하나, 그 위의 잠

– 나희덕, 「못 위의 잠」

061   **윗글에 대한 설명으로 적절하지 <u>않은</u> 것은?**

① 자연물을 통해 시상을 유발한다.
② 화자는 자신의 정서를 간접적으로 드러낸다.
③ 구어체를 사용하여 독자에게 친근감을 준다.
④ 화자는 아버지를 원망하는 마음을 가지고 있다.
⑤ 화자는 어린 시절의 아버지와 시적 대상을 병치시키고 있다.

062 윗글의 표현상 특징으로 가장 적절한 것은?

① 반어적 표현을 구사하여 주제를 부각한다.
② 시간의 흐름이 시상 전개에 중요한 역할을 한다.
③ 부정적 현실을 반성하는 자아 성찰의 자세가 보인다.
④ 화자와 대상의 거리를 좁혀 자연 친화적 태도를 드러낸다.
⑤ 독백체를 사용하여 독자가 화자의 정서에 공감하도록 하고 있다.

[063~065] 다음 글을 읽고 물음에 답하시오.

아침 점심을 나는 일쑤 걸렀다. 거지 같은 위를 채우기 위해 비를 맞으면서까지 누나가 있는 두부 공장으로 가고 싶지 않았기 때문이다. 누나의 얼굴을 보는 일도 반갑지 않았지만, 거기다 다리 한 짝이 없는, 두부살의 오빠를 보는 일은 더 싫었다. 친구 태길이가 약이 오를 때면 매번 들먹이듯, 그가 내 미래의 매형이란 사실 때문에 나의 굴욕감은 더 컸는지도 모른다. 도대체가, 누나는 왜 두부살의 네 오빠들 중에서 하필이면 다리 한 짝을 전쟁터에다 내버리고 온 사내를 골라잡은 것인지 그 점이 나를 더 속상하게 했다.

저녁마저 거르는 날은 누나 쪽에서 나를 찾아왔다. 치마폭에 감추어 온 것들을 가만히 내 머리맡에 내려 두고는 잠자코 돌아섰다. 누나는 진작부터 나의 적의를 눈치채고 있었는지도 모른다. 나의 감정을 다치게 하지 않으려고 그녀는 언제나 조심스럽게 행동했다. 때로는 내 이부자리 속으로 살며시 기어들어 자고 가기도 했는데 그런 날은 두부 공장에서 밤일이 없는 때뿐이었다.

하지만 그런다고 해서 누나에 대한 나의 적의가 조금이라도 늦추어지는 것은 물론 아니었다. 지난 겨울에 비해 누나는 확실히 건강을 회복하고 있었고, 친구 두부살처럼 뽀얗게 살이 올라 있었다. 수증기가 자욱한 작업장에서 누나가 때때로 밝게 웃고 있는 모습을 나는 본 적이 있었다. 그 고된 노동과 천대에도 불구하고 누나는 지극히 행복한 것이다—라고 나는 생각했다. 아버지가 우리 곁을 떠났을 때, 어머니가 마침내 숨을 거두었을 때 그토록 절망에 빠져 있던 그녀가 이제는 행복한 것이다. 친구 두부살의 집에서, 다리 한 짝이 없는 그 사내의 곁에서 말이다.

누나의 그 건강과 행복이 나의 적의를 더 단단하게 만들고 있었다. 때로는 적의를 넘어 어떤 혐오감까지도 느끼고 있었음이 분명하다. 일테면 누나에게서 그 기분 나쁜 냄새를 맡았을 경우였다. 그랬다. 그것은 언젠가 어머니를 따라 외삼촌댁에 갔다가 그에게서 맡은 바 있었던 그 녹슨 총기 냄새였다. 외삼촌은 다리 대신 팔 한 짝을 전쟁터에다 묻고 온 사내였던 것이다.

다리 한 짝이 없는, 두부살의 오빠에게서도 분명히 그 냄새가 났다. 누나가 모처럼 내 곁에서 잠들어 있던 어느 날 밤, 그자가 느닷없이 우리의 방으로 굴러들었던 것이다. 그를 탓할 사람은 아무도 없었다. 누나는 기왕에 민며느리로 들어간 사람이었고, 나는 또 그 사내의 속절없는 처남인 셈이었다. 당당한 틈입자를 우리는 멍하니 보고만 있었다.

그는 흠뻑 젖어 있었다. 외양은 빗물에 젖어 질척거렸고 영혼은 술에 젖어 마비돼 있었다. 그가 좁은 방 한가운데에 사지를 내던지고 철버덕 드러누웠을 때, 솔직한 내 심정으로는 대갈통을 목침으로 까 주고 싶었다. 하지만 야릇한 것은 누나의 태도였다. 그녀는 다소 놀란 표정이긴 했지만 그러나 곧 침착해졌다. 쌀자루처럼 널브러진 사내의 몸뚱이로부터 젖은 옷가지들을 한 겹씩 차근차근 벗겨 냈고 머리칼이며 얼굴이며 몸뚱이 등 더 이상 벗겨 낼 수 없는 부분들은 마른 수건으로 정성 들여 닦아 내고 있었다. 나는 말문이 막힌 채 그녀의 거동만을 멍하니 지켜보았을 따름이었다. 아마도 누나는—하고, 나는 마음속으로 맹렬히 저항했다—정상이 아니다. 누나는 머리가 어떻게 되어 버린 것이다.

하지만, 누나의 얼굴에 광기는 없었다. 거의 아무런 표정도 담고 있지 않은, 지극히 담담하고 조용한 얼굴이었을 뿐이었다.

"나 좀 도와주렴."

[A] 누나가 내게 말했다. 낮게 가라앉은 목소리였다. 누나와 그 사내에 대한 적의에도 불구하고 나는 왠지 거부할 수가 없었다. 누나와 둘이서 간신히 그를 한편으로 옮겨 뉘었는데 그때 나는 비로소 사내의 의족을 보았다. 삼십 촉짜리 흐릿한 조명 아래서도 그것은 차갑고 이물스럽게 거기 놓여 있었다. 날카로운 비수에 가슴이 찔리듯 나는 언젠가 만난 적이 있는 외삼촌을 기억해 냈고, 그리고 그에게서 맡았던 저 녹슨 총기의 냄새를 다시 맡았던 것이다.

[B] 밤새 땅을 파헤치느라고 나는 잠을 제대로 이루지 못하였다. 우리 판자촌 골목 어떤 지점을 파헤쳐도 온갖 무기들이 쏟아져 나왔다. 엠원 소총에서부터 박격포탄에 이르기까지, 부러진 대검에서부터 시작하여 탱크의 캐터필러 조각에 이르기까지, 군번이 새겨진 알루미늄 조각에서부터 깨진 철모에 이르기까지…… 모양도 크기도 용도도 각양각색인 그 물건들은, 그러나 한결같이 뻘겋게 녹이 슬어 있었다. 지난 전쟁을 실제로 목격한 적이 없던 나는 몹시 큰 충격을 받은 나머지 소리쳤다.
"야, 여기다 여기! 바로 여기서 전쟁을 했던 거야……."

[C] 그러고는 문득 깨어났다. 문살이 훤하게 밝아 오고 있었다. 사내는 깊은 잠에 떨어져 있었지만 누나는 단정한 차림새로 머리맡에 앉아 있었다.
"너 어디 아프니? 헛소리를 하게……."
그러면서 누나가 내 이마를 짚었다.
"치워!"
스스로도 놀랄 만큼 나는 꽥 소리를 치며 누나의 손을 떨쳐 버렸다. 그러고는 홑이불 자락을 머리 위까지 뒤집어썼다. 갑자기 누나가 혐오스러워졌다. 그녀의 손에서도, 몸뚱이에서도 녹슨 총기의 냄새가 물씬물씬 풍겼기 때문이다.

– 이동하, 「장난감 도시」

063 윗글에 대한 설명으로 가장 적절한 것은?

① 인물 간의 갈등이 해소되는 과정이 나타나 있다.
② 객관적 태도를 일관되게 유지하며 인물의 행위를 서술하고 있다.
③ 공간적 배경에 따라 서술자를 달리하여 상황을 입체적으로 드러내고 있다.
④ 인물의 체험과 그 과정에서 나타난 심리와 태도를 중심으로 서술하고 있다.
⑤ 서술자가 인물과 사건을 권위적으로 논평하여 주제를 선명하게 드러내고 있다.

064 윗글에 제시된 사건을 시간 순서대로 정리할 때, 다음 중 가장 처음에 올 것은?

① 어머니가 돌아가신다.
② '나'가 꿈에서 깨어난다.
③ '나'가 외삼촌댁을 방문한다.
④ 두부살의 오빠가 우리 방에 찾아온다.
⑤ '나'가 두부 공장에서 웃으며 일하는 누나를 본다.

065 〈보기〉를 참고하여 [A]~[C]를 이해한 내용으로 적절하지 <u>않은</u> 것은?

● 보기 ●

이 작품에서는 '녹슨 총기'의 이미지가 반복적으로 등장한다. 작품이 한국 전쟁 직후를 배경으로 하고 있음을 고려할 때, '녹슨 총기'는 전쟁과 관련되어 있음을 알 수 있다. 이에 따라 '녹슨 총기의 냄새'는 전쟁으로 인해 빚어진 비정상적인 현실에 대한 '나'의 심리적 반응을 상징한다고 볼 수 있다.

① [A]의 '녹슨 총기의 냄새'는 '사내'에 대한 '나'의 심리적 반응과 관련이 있다.
② [A]에서 '녹슨 총기의 냄새'라는 공통점을 지닌 '사내'와 '외삼촌'은 '나'를 둘러싼 비정상적 현실에 해당한다고 볼 수 있다.
③ [B]를 통해 '녹슨 총기'가 전쟁의 상흔과 관련이 있음을 알 수 있다.
④ [B]에서 '나'가 전쟁과 관련된 꿈을 꾼 이후 '녹슨 총기 냄새'는 [A]의 '사내'에서 [C]의 '누나'로 전이된다.
⑤ [A]에서 [C]로 갈수록 '녹슨 총기 냄새'를 불러일으키는 '나'의 심리적 반응의 대상이 축소되고 있다.

[066~067] 다음 글을 읽고 물음에 답하시오.

사람들은 하루에도 수많은 일들을 판단하면서 살아간다. 판단을 할 때마다 필요한 모든 정보를 수집하여 이용하고자 하면, 정보를 수집하는 것도 힘들뿐더러 그 정보를 처리하는 것도 부담이 된다. 그렇기 때문에 사람들은 과거 경험을 바탕으로 어림짐작을 하게 되는데, 이를 휴리스틱이라고 한다. 이러한 휴리스틱에는 대표성 휴리스틱과 회상 용이성 휴리스틱, 그리고 시뮬레이션 휴리스틱 등이 있다.

대표성 휴리스틱은 어떤 대상이 특정 집단에 속할 가능성을 판단할 때, 그 대상이 특정 집단의 전형적인 이미지와 얼마나 닮았는지에 따라 판단하는 경향을 말한다. 우리는 키 198㎝인 사람이 키 165㎝인 사람보다 농구 선수일 가능성이 높을 것이라 판단한다. 이와 같이 대표성 휴리스틱은 흔히 첫인상을 형성할 때나 타인에 대해 판단을 할 때 작용한다. 그런데 대표성 휴리스틱에 따른 판단은 그 대상이 가지고 있는 특정 집단의 전형적인 속성에만 주목하여 이루어진 것이다. 따라서 이러한 판단은 신속한 결정을 내리는 데 도움이 되기도 하지만, 항상 정확하고 객관적인 것이라고 보기는 어렵다.

회상 용이성 휴리스틱은 당장 머릿속에 잘 떠오르는 정보에 의존하여 판단하는 경향을 말한다. 사람들에게 작년 겨울 독감에 걸린 환자들이 얼마나 많았는지 물어보면, 일단 자기 주변에서 발생한 사례들을 떠올려 추정하게 된다. 이러한 추정은 적절할 수도 있지만, 실제 발생 확률과는 다를 수도 있다. 사람들은 최근에 자신이 경험한 사례, 생동감 있는 사례, 충격적이거나 극적인 사례들을 더 쉽게 회상한다. 그래서 비행기 사고 장면을 담은 충격적인 뉴스 보도 영상을 접하게 되면, 그 장면이 자꾸 떠올라 자동차보다 비행기가 더 위험하다고 생각하게 되는 것이다. 그러나 이것은 실제 사고 발생 확률을 고려하지 못한 잘못된 판단이다.

시뮬레이션 휴리스틱은 과거에 발생한 특정 사건이나 미래에 일어날 일들을 마음속에 떠올려 그 장면을 상상해 보는 것이다. 범죄 용의자를 심문하는 경찰관이 그 용의자의 진술에 기초해서 범죄 장면을 머릿속에 그려 보는 것이 이에 해당한다. 이때 경찰관은 그 용의자를 범인으로 가정해야만 그가 범죄를 저지르는 장면을 머릿속에 떠올려 볼 수 있다. 이러한 가상적 장면을 자꾸 머릿속에 떠올리다 보면, 그 용의자가 정말 범인인 것처럼 생각하게 된다. 그래서 그가 범인임을 입증하는 객관적인 증거를 충분히 수집하기도 전에 그를 범인이라고 판단할 가능성이 높아지는 것이다.

이처럼 휴리스틱은 종종 판단 착오를 낳기도 하지만, 경험에 기반하여 답을 찾는 효율적인 방법이라고 볼 수도 있다. 일상생활에서 우리의 판단과 추론이 항상 합리적인 사고 과정을 거쳐 일어나는 것은 아니다. 우리는 '결정을 위한 시간이 많지 않다'는 가정을 무의식적으로 하고 있다. 휴리스틱은 우리가 쓰고 싶지 않아도 거의 자동적으로 작용한다. 그리고 수많은 대안 중 순식간에 몇 가지 혹은 단 한 가지의 대안만을 남겨 판단하기 쉽게 만들어 준다. 이런 점에서 인간은 '㉠ <u>인지적 구두쇠</u>'라고 할 만하다.

066 윗글의 내용과 일치하지 <u>않는</u> 것은?

① 일상생활 속에서 사람들은 과거 경험을 바탕으로 어림짐작을 하게 된다.

② 사람들은 충격적인 경험을 충격적이지 않은 경험보다 더 쉽게 회상한다.

③ 휴리스틱에 따른 판단은 사실에 부합하는 판단일 수도 있고 그렇지 않을 수도 있다.

④ 가상적인 상황을 반복하여 상상하면 마치 그 상황이 실제 사실인 것처럼 느껴질 수 있다.

⑤ 다른 사람의 입장이 되어 가상적인 상황을 생각함으로써 정확하고 객관적인 판단을 내릴 수 있다.

067 ㉠의 의미를 가장 잘 나타내고 있는 것은?

① 인간은 세상의 수많은 일을 판단할 때 가능하면 노력을 덜 들이려는 경향이 있다.

② 인간은 주변 세계에 의미를 부여하고 앞으로 일어날 일을 예측하려는 욕구를 가지고 있다.

③ 인간은 과학적이고 체계적으로 정보를 처리하여 정확하고 객관적인 판단을 하려는 경향이 있다.

④ 인간은 판단에 필요한 정보나 판단하기 위한 시간이 부족하기 때문에 휴리스틱을 의도적으로 사용한다.

⑤ 인간은 일상생활 속에서 판단이나 결정을 할 때 가능한 모든 대안의 장점과 단점을 분석하여 결론을 도출한다.

[068~070] 다음 글을 읽고 물음에 답하시오.

무엇인가를 알아내는 사고 방법에는 여러 가지가 있는데 그중 하나가 유추이다. 유추란 어떤 사물이나 현상의 성질을 그와 비슷한 다른 사물이나 현상에 기초하여 미루어 짐작하는 것을 말한다. 이는 학문 또는 예술 활동에서뿐만 아니라 일상생활에서도 흔히 행하고 있는 사고법이다.

유추는 '알고자 하는 특성의 확정-알고 있는 대상과의 비교-결론 내리기'의 과정을 통해 이루어진다. 동물원에 가서 '백조'를 처음 본 어린아이가 그것이 날 수 있는가의 여부를 판단하는 과정을 생각해 보자. 이 경우 '알고자 하는 대상'과 그 '알고자 하는 특성'을 확정하면 '백조가 날 수 있는가?'가 된다. 그런데 그 아이가 자신이 이미 알고 있는 '비둘기'를 떠올리고는 백조와 비둘기 사이에 '깃털이 있다', '다리가 둘이다', '날개가 있다' 등의 공통점을 발견하였다. 이렇게 공통점을 발견하는 것이 바로 비교이다. 그 다음에 '비둘기는 난다'는 특성을 다시 확인한 후 '백조가 날 것이다'라고 결론을 내리면 유추가 끝난다.

많은 논리학자들은 유추가 판단을 그르치게 한다고 폄하한다. 유추를 통해 알아낸 것이 옳다는 보장이 없기 때문이다. 위의 경우 '백조가 난다'는 것은 옳다. 그런데 똑같은 방법으로 '타조'에 대해 '타조가 난다'는 결론을 내렸다면, 이는 사실에 어긋난다. 이는 공통점이 가장 많은 대상을 비교 대상으로 선택하지 못했기 때문이다. 이렇게 유추를 통해 알아낸 것은 옳을 가능성이 있다고는 할 수 있어도 틀림없다고는 할 수 없다.

결국 ㉠ 유추를 통해 옳은 결론을 내릴 가능성을 높이는 것이 중요한데, '범위 좁히기'의 과정을 통해 비교할 대상을 선정함으로써 그 가능성을 높일 수 있다. 만약 어린아이가 수많은 새 중에서 비둘기 말고, 타조와 더 많은 공통점을 갖고 있는 것, 예를 들면 '몸통에 비해 날개 크기가 작다'는 공통점을 하나 더 갖고 있는 '닭'을 가지고 유추를 했다면 '타조는 날지 못할 것이다'라는 결론을 내렸을 것이다.

옳지 않은 결론을 내릴 가능성을 항상 안고 있음에도 불구하고 유추는 필요하다. 우리 인간은 모든 것을 알고 태어나지 않을 뿐만 아니라 어느 한순간에 모든 것을 알아내지는 못한다. 그런데도 인간이 많은 지식을 갖게 된 것은 유추와 같은 사고법을 가지고 있기 때문이다.

068 윗글의 내용과 일치하지 <u>않는</u> 것은?

① 유추는 일상생활에서도 흔히 행해지는 사고법이다.

② 비교는 유추의 과정에서 백조와 비둘기 사이의 차이점을 발견하는 것이다.

③ 유추는 옳지 않은 결론을 내릴 가능성이 있지만, 반드시 필요한 사고법이다.

④ 유추를 통해 옳은 결론을 내릴 가능성을 높이기 위해서는 '범위 좁히기'의 과정이 필요하다.

⑤ 많은 논리학자들은 유추를 통한 결론이 옳다는 보장이 없으므로, 유추가 판단을 그르치게 한다고 폄하한다.

069 윗글에 대한 설명으로 가장 적절한 것은?

① 유추의 활용 사례들을 분석하면서 그 유형을 소개하고 있다.

② 유추의 방법과 효용을 알려 주면서 그 유용성을 강조하고 있다.

③ 유추에 대한 학문적 논의의 과정을 시간 순서대로 소개하고 있다.

④ 유추의 문제점을 지적하면서 새로운 사고 방법의 필요성을 역설하고 있다.

⑤ 유추와 여타 사고 방법들과의 차이점을 부각하면서 그 본질을 이해시키고 있다.

070 윗글의 내용을 바탕으로 다음 그림을 판단할 때, ㉠을 위해 할 일로 가장 적절한 것은?

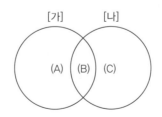

[가]: 알고자 하는 대상이 지니고 있는 특성들
[나]: 비교를 위해 선정할 대상이 지니고 있는 특성들

① (A)의 범위가 가장 넓은 대상을 선택해야 한다.

② (B)의 범위가 가장 넓은 대상을 선택해야 한다.

③ (C)의 범위가 가장 넓은 대상을 선택해야 한다.

④ (A)와 (C)의 면적 차이가 가장 큰 대상을 선택해야 한다.

⑤ (A), (B), (C)의 면적이 동일한 대상을 선택해야 한다.

사람들의 시선을 사로잡고, 그 시선을 더 오래 머무르게 하여 시각적 의미를 강화하기 위해서는 한 단위 안에 있는 어느 한곳이 다른 곳에 비해 더 돋보이도록 해야 한다. 이러한 미적 원리를 디자인에 적용한 것을 '강조'라고 하는데, 이러한 강조를 위해 디자인에서는 '㉠ 대비', '㉡ 집중', '㉢ 우세' 등의 방법이 주로 사용된다.

대비(對比)는 서로 다른 두 요소가 공간적 또는 시간적으로 접근할 때 일어나는 현상이다. 따라서 현저하게 차이가 나는 두 요소를 나란히 배치하여 어떤 특징이 더욱 두드러지도록 하는 방법인 대비는 디자인에서도 대단히 유용하다. 대비는 사람의 주의를 집중시키거나 유지하며, 시선을 특정 부분으로 유도하기 때문에 이 방법을 통해 정보를 구성하는 것은 좋은 디자인이 될 수 있다. 예를 들어 직선을 곡선과 함께 배치하면 직선이 지닌 특징이 곡선에 대비되어 더욱 두드러져 보이게 될 것이다. 일반적으로 수직과 수평, 굵은 것과 가는 것, 큰 것과 작은 것, 매끄러운 것과 거친 것, 먼 것과 가까운 것, 높은 것과 낮은 것, 밝은 것과 어두운 것 등은 디자인에서 모두 좋은 대비를 이루는 요소들이 된다. 그런데 강조는 이러한 질적인 대비뿐만 아니라 양적인 대비를 통해서도 일어나게 된다. 무수한 직선의 집단에 단 하나의 곡선이 배치되면 형태적 대비와 함께 수량적인 대비도 생겨나 강조의 효과는 더 커지게 되는 것이다.

강조하고자 하는 하나의 요소를 위해 모든 요소들을 어느 한곳으로 모이도록 하는 집중(集中)도 강조를 위한 방법 중의 하나이다. 즉, 집중은 시선을 중심이나 초점으로 유도하는 것으로, 리듬의 요소인 방사(放射)* 또는 점이(漸移)*와 함께 사용되면 더욱 효과적이다. 그런데 시선을 어느 중심으로 모은다고 했을 때, 그 중심은 무게의 중심이나 기하학적인 중심과는 개념이 다르다. 여기서 말하는 중심은 미적 요인과 관계된 것으로 미적 흥미의 중심이 되는 곳이다. 따라서 그 중심의 위치를 어디에 두느냐에 따라 미적인 느낌과 효과가 달라질 수 있다. 대개는 평면 작품의 중심 근처나 그보다 약간 위쪽에 어떤 형상을 배치하면 그곳으로 시선이 집중되는 효과를 쉽게 얻을 수 있다.

또한, 중심이 되는 대상 주위에 주변 요소를 종속적으로 배치하는 기법도 있는데 이것이 바로 우세(優勢)이다. 이것은 어느 한 범위에서 중심이 되는 것을 정하여 이것에 지배적인 역할을 부여하고, 다른 것을 여기에 종속시켜 주가 되는 것을 더욱 강조하는 방법이다. 비유적으로 말하면 연극이나 영화에서 중심적인 역할을 하는 주연 배우와 보조적인 역할을 하는 조연 배우의 관계와 같다고 할 수 있다. 그런데 어느 한쪽을 지배적인 입장에 놓게 하려면 대비나 집중의 방법을 고려하지 않을 수가 없다. 이런 의미에서 앞서 말한 대비와 집중은 모두 우세 속에 포함된다고 할 수 있다. 대비는 대비된 것 중 더 중심이 되는 어느 하나를 강조하게 되고, 집중은 어느 하나의 중심점만을 강조하는 것이기 때문에 모두 우세의 방법이 적용된 셈이라고 할 수 있다.

그런데, 어떠한 경우에도 흥미와 관심을 끌게 하는 강조의 중심점은 하나여야 하며 둘 이상이 되어서는 안 된다. 디자인의 요소들이 각각 비슷한 정도, 비슷한 비중으로 공존할 때는 우리의 시선이 디자인에서 중심점을 찾지 못해 방황하게 되고, 그 디자인은 긴장감을 잃게 된다. 그러므로 강조를 위해서는 하나의 중심점이 초점의 역할을 하고 나머지 부분은 이 초점을 보완하고 보충하는 종속적인 역할을 해야 하는 것이다.

*방사: 중심점 또는 중심이 되는 부분에서 여러 방향으로 퍼져 나가거나 안으로 모이면서 생겨나는 시각적인 율동.
*점이: 양이나 크기, 밀도나 강도 등이 단계적으로 커지거나 작아지면서 생겨나는 시각적인 율동.

071 윗글을 읽은 독자의 반응으로 적절한 것은?

① 양적인 대비는 질적인 대비에 비해 강조의 효과가 훨씬 강하게 나타나겠군.

② 리듬을 만드는 방사나 점이를 이용하지 않으면 집중의 효과를 얻을 수 없겠군.

③ 강조는 중심적인 대상뿐 아니라 주변에 있는 대상들에까지 시선이 머물도록 하는 것이군.

④ 우세의 방법이 사용된 디자인을 볼 때는 그 속에서 대비나 집중의 방법도 찾아볼 수 있겠군.

⑤ 한 단위 안에서 강조해야 할 대상의 수는 디자이너가 가지고 있는 흥미의 중심에 따라 결정되겠군.

072 ㉠~㉢이 모두 포함된 디자인으로 가장 적절한 것은?

①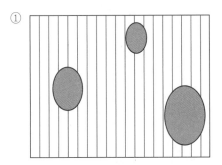

②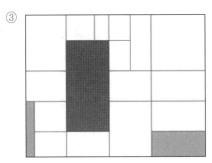

③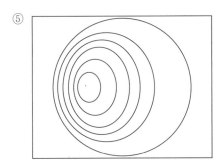

④
SSSSSS	S	SSSSSS
SSSSS	SS	SSSSS
SSSS	SSS	SSSS
SSS	SSSS	SSS
SS	SSSSS	SS
S	SSSSSS	S

⑤

빛이 물체에 닿으면 물체를 구성하는 원자 내의 전자가 진동하면서 전자기파를 방출하는데, 인간의 눈에 보이는 빛의 색깔은 방출되는 전자기파의 고유한 진동수에 따라 결정된다. 인간의 눈에 보이는 가시광선 중 가장 낮은 진동수의 빛은 빨간색 광선이며, 진동수가 가장 높은 빛은 보라색 광선이다. 보라색 광선보다 더 높은 진동수를 지닌 자외선이나, 빨간색 광선보다 더 낮은 진동수를 지닌 적외선은 인간의 눈에 보이지 않는다. 빛이 물체에 닿을 때, 물체는 흡수한 빛 중에서 특정 진동수의 가시광선을 우리 눈의 방향으로 다시 방출하여 우리 눈은 그 방출된 빛을 보게 된다. 장미가 빨갛게 보이는 이유는 장미가 흡수한 빛 중에서 빨간색 광선에 해당하는 진동수의 빛을 우리 눈의 방향으로 방출하기 때문이다.

그렇다면 유리와 같은 투명체는 왜 특정 색깔을 띠지 않고 투명해 보이는 것일까? 인간의 눈에는 빛이 직진하여 그대로 유리를 통과하는 것처럼 보이지만, 실제로는 그렇지 않다. 즉, 유리를 구성하는 원자가 흡수한 빛 가운데, 적외선과 자외선은 유리에 대부분 흡수되어 열에너지의 형태로 남고, 가시광선 영역에 해당하는 대부분은 사방으로 재방출된다. 유리가 투명해 보이는 이유는 이 때문이다.

그런데 유리 원자가 가시광선을 흡수했다가 방출하기까지는 약간의 시간이 소요되며, 소요된 시간만큼 빛의 속력이 줄어들게 된다. 공기 중에서의 빛의 속력의 값을 c로 놓을 때, 유리나 물과 같은 투명체를 통과하는 빛의 속력은 c의 대략 70%에 불과하다. 이렇게 느려진 빛은 다시 공기 중으로 나오면서 원래의 속력을 회복하게 된다. 빛의 속력은 매질의 밀도가 높을수록 낮아지는데, 공기 중보다 유리에서 빛의 속력이 낮아지는 것은 유리의 밀도가 공기의 밀도보다 높기 때문이다.

빛이 이렇게 물질마다 다른 속력으로 진행하기 때문에, 다른 물질의 경계 면에 닿았을 때 수직으로 진행하는 경우를 제외하면 언제나 빛의 경로가 꺾이게 된다. 이러한 현상을 굴절이라고 한다. 굴절 현상을 이해하기 위해, 매끈한 아스팔트에서 바퀴가 잘 구르지 않는 잔디밭으로 장난감 자동차가 비스듬히 들어가는 경우를 생각해 보자. 잔디에 먼저 도착한 쪽의 바퀴의 속력은 느려지지만 아스팔트 위를 달리고 있는 쪽의 바퀴의 속력은 빠르게 유지되기 때문에 자동차의 진행 방향은 잔디에 먼저 도착한 쪽의 바퀴가 있는 방향으로 꺾이게 된다. 빛이 공기 중에서 물로 비스듬히 들어갈 때에도, 빛의 파면*의 아랫부분이 물에 먼저 도착하여 속력이 느려지면서 빛이 파면의 아랫부분으로 꺾이게 된다. 또한 빛이 투명체를 지날 때 굴절되면서 진동수에 따라 다양한 광선으로 분리되는데, 이를 빛의 분산이라고 한다. 빛이 공기 중에서 투명체로 비스듬히 들어갈 때, 진동수가 높은 보라색 광선은 진동수가 낮은 빨간색 광선보다 투명체 안에서의 속력이 더 느려지기 때문에, 더 많이 굴절된다. 이에 따라 투명체를 통과하는 빛은 서로 다른 색깔의 광선으로 나뉘어 각기 다른 진행 경로로 방출된다.

*빛의 파면: 빛을 파동으로 보았을 때 빛의 진행 방향과 수직인 면. 본래 파면은 곡선이나 태양과 거리가 먼 지구에서의 빛의 파면은 거의 직선이다.

073 윗글에서 다룬 내용이 아닌 것은?

① 자외선이 유리에 흡수되는 이유
② 빛의 색깔에 따른 진동수의 차이
③ 빛의 진행 과정에서 일어나는 현상
④ 유리와 같은 물체가 투명하게 보이는 이유
⑤ 투명체를 통과할 때 빛의 속력이 감소하는 이유

074 〈보기〉의 현상이 나타나는 원인과 가장 관련이 깊은 것은?

----- • 보기 • -----

투명한 연못 속의 금붕어를 물가에 서서 비스듬히 내려다 볼 때, 관찰자의 눈에는 금붕어가 본래의 위치보다 수면에 가까이 있는 것처럼 보인다. 이는 금붕어에 닿은 빛이 되돌아와 우리 눈에 보이는 과정에서 일어난 현상이다.

① 밀도가 다른 매질에서 빛의 속력이 변함.
② 빛이 수면과 수직 방향으로 들어가고 나옴.
③ 가시광선이 물속에서 빠른 속력으로 직진함.
④ 물이 특정 색의 가시광선만 흡수했다 방출함.
⑤ 빛이 진동수에 따라 여러 빛깔의 광선으로 분리됨.

[075~077] 다음 글을 읽고 물음에 답하시오.

역사가 삶을 가르치고 삶을 규정하는 조건이라면, 삶이 역사와 어떤 방식으로 관계를 가질 때 역사의 올바른 의미가 드러나는 것일까? 역사는 삶에 기여해야 한다. 삶이 역사와 관계를 맺는 것을 '기념비적 역사', '골동품적 역사', '비판적 역사'로 나누어 볼 수 있다.

㉠ 기념비적 역사는 과거의 위대함에 대한 회상을 통해 새로운 위대함의 가능성을 촉진하는 역사이다. 이는 '인간'의 개념을 더욱 확대하고 아름답게 성취하게 하여 인간 현존의 모습을 보다 고차원적으로 만든다. 그러나 기념비적 역사를 통해 과거의 위대함이 우상 숭배적으로 찬양되어 생성과 변화가 무시된다면, 역사적 상황이나 시대적 필요와 아무 관련이 없는 특정한 위대함에 대한 광신주의가 탄생할 것이다. 과거에 대한 일방적 의미 규정, 특정한 역사적 위대함에 대한 숭배와 모방의 강요는 기념비적 역사가 지닌 위험이다.

㉡ 골동품적 역사는 오래된 과거를 찾아 보존하면서 전승하는 역사이다. 여기에서는 실증적 사실의 확인은 중요하지 않다. 골동품적 역사는 전통과 매개되어, 인간은 이를 통해 비로소 자신의 유래를 알고 자신을 이해하며 더욱 확장하게 된다. 비범한 대상에 대한 관심에서 시작하는 기념비적 역사와는 달리 골동품적 역사는 일상적 습관과 관습을 규정하고 보존하며, 민족의 역사적 고유성 속에서 민족 구성원 모두를 결합시키는 귀속성의 감정을 만들어 낸다. 이는 골동품적 역사를 통해 현재의 인간이 전통과 유래를 인식함으로써 행복을 느낀다는 것이다. 그러나 골동품적 역사는 과거에 대한 미라(mirra)적 숭배로 미래적 삶에 대한 뿌리를 송두리째 뽑아낼 수 있다. 이와 함께 그것은 굳은 관습으로 전락할 수 있다. 즉 골동품적 역사는 삶을 단지 보존할 줄만 알 뿐 생산할 줄은 모르게 되는 것이다.

㉢ 비판적 역사는 과거를 숭상하거나 보존하기 위해서가 아니라 과거를 부정하기 위한 역사이다. 비판적 역사의 유용성은 과거의 절대화와 고착화에 대항하여 삶을 과거의 폭력으로부터 해방시킨다는 데 있다. 역사적 전통은 인간에 의해 창출된 것이므로 그 안에는 판결받아야 할 정치적 특권, 지배적 관습 등이 존재한다. 비판적 역사는 이들을 폭로하고 파괴한다. 이때 판결 기준은 절대적이고 선험적인 정의가 아니라 자기 자신의 욕구에 따른 삶 자체이다. 비판적 역사는 보존되고 전승된 과거와 투쟁을 벌여 새로운 관습과 본능을 창안하고자 한다. 인간은 비판적 역사를 통해 능동적이고 주체적으로 자신이 원하는 과거를 만들고 정당화하는 것이다. 비판적 역사 역시 위험성을 가지고 있다. 억압과 지배로부터 해방의 의지를 품었으나, 새로운 삶의 가능성을 위한 과거 부정의 척도를 세울 수 없는 비판적 역사가는 단지 과거만을 파괴하는 결과를 초래할 수 있다.

인간은 기념비적, 골동품적, 비판적 관점에서 과거를 사용하여 자신이 원하는 역사를 만들어 내야 한다. 이를 통해 역사는 우리의 삶에 의미 있고 유용한 것으로 기능해야 하는 것이다.

075 윗글의 내용 전개 방식으로 가장 적절한 것은?

① 중심 화제를 관점에 따라 유형화하고 각각의 장·단점을 설명하고 있다.
② 중심 화제와 관련된 논의 내용을 정리하고 새로운 이론을 제시하고 있다.
③ 중심 화제를 다룬 두 이론의 차이를 설명하고 구체적 사례에 적용하고 있다.
④ 중심 화제에 대한 통념의 문제점을 지적하고 반대되는 견해를 제시하고 있다.
⑤ 중심 화제의 개념을 정의하며 이론을 소개하고 이론의 발전 가능성을 언급하고 있다.

076 ㉠~㉢에 대한 설명으로 적절하지 않은 것은?

① ㉠은 과거의 비범한 대상에 주목한다.
② ㉡은 민족 구성원들의 결속력을 강화할 수 있다.
③ ㉠, ㉢은 과거에 대한 인식을 바탕으로 새로운 것을 형성하고자 한다.
④ ㉠과 달리 ㉡, ㉢은 실제적 검증 과정을 중심으로 과거를 해석한다.
⑤ ㉢과 달리 ㉠, ㉡은 과거에 긍정적인 가치를 부여한다.

077 윗글을 바탕으로 〈보기〉를 이해한 내용으로 적절하지 않은 것은?

• 보기 •

(가) 조선 시대의 관습이었던 가부장적 가족 제도가 지닌 모순을 밝힘으로써 남녀평등에 근거한 합리적인 가족 제도를 제시하였다.
(나) 이순신 장군을 국가를 구한 영웅으로 높이 평가하여 동상을 세우고 특정한 날을 기념일로 정하고 있다.
(다) 한반도에서 가장 오래된 과거의 정치 공동체로 알려진 고조선을 우리 역사의 시작으로 규정하고 단군을 우리의 시조로 만들어 우리 스스로를 단군의 자손으로 설정했다.

---

① (가)에서 가부장적 가족 제도에 문제가 있다고 판단한 것은 절대적인 정의에 근거한 것이겠군.
② (가)에서 제시한 새로운 가족 제도는 과거에 대한 부정을 통해 창안한 새로운 관습으로 볼 수 있겠군.
③ (나)는 이순신의 위대함을 기리고 보존함으로써 인간 현존의 모습을 보다 높은 차원으로 만들기 위한 것이겠군.
④ (다)에서 단군을 시조로 만들 때, 단군의 실체를 규명하는 것은 중요하게 여기지 않았겠군.
⑤ (다)는 우리나라 국민들이 단군의 자손임을 인식하게 하여 한 민족으로서의 귀속성을 느끼게 하기 위한 것이겠군.

[078~079] 다음 글을 읽고 물음에 답하시오.

사랑을 노래하는 청춘의 봄은 화려하고 찬란한 봄이지만, 그것을 바라보고 느끼는 봄은 인생의 끝없는 봄이다. 누가 봄을 젊은이의 것이요, 늙은이의 것이 아니라 하던가. 젊은이의 봄은 기쁨으로 차 있는 홑겹의 봄이지만 늙은이의 봄은 기쁨과 슬픔을 아울러 지닌 겹겹의 봄이다. 과거란 귀중한 재산, 과거라는 재산이 호수에 가득 찬 물결같이 고이고 고여서 오늘을 이루고 있는 것, 물 위에 호수가 따로 없듯이 과거를 떠나서 오늘이 따로 없는 것. 그러므로 물이 많을수록 호수가 아름답고 과거가 길수록 오늘이 큰 것이다.

늙어서 봄을 맞으며 봄을 앞으로 많이 못 볼까 슬퍼할 필요는 없다. 그동안 많이 가져본 봄이 또 하나 느끼는 것을 대견하게 생각할 일이다. 산에 오르거나 먼 길을 걸을 때, 십 리고 이십 리고 가서 뒤를 돌아다보고는 내가 저기를 걸어왔구나 하며, 흐뭇하고 자랑스러운 때도 있다. 그리고 돌아다보는 경치가 걸어올 때보다 놀랍게 아름다움을 발견하는 때도 있다. 다만 지나온 추억을 더듬어 한 개의 진주를 발견하지 못하고 거친 모래알만 쥐어질 때, 그것이 슬프다. 보잘것없는 내 과거가 항상 오늘을 슬프게 할 뿐이다.

뜰 앞에 한 그루 밀감나무가 서 있다. 동쪽 가지 끝에 파릇파릇 싹이 움돋기 시작한다. 굵은 가지에서도 푸른 생기가 넘쳐흐른다. 미구에 잎이 퍼지고 꽃이 피고 열매가 맺힐 것이다. 집안사람들의 기대가 사뭇 크다. 그러나 서쪽 가지에서는 소식이 없다. 나무의 절반은 죽은 가지다. 죽은 가지에 봄이 올 리 없다. 지난겨울에 잎이 다 떨어지고 검은 등걸만 남았을 때, 혹 죽지나 아니했나 염려도 했고, 봄이 되면 살아나겠지 믿기도 했었다. 그러나 같은 나무 한 등걸에서 한 가지는 살고 한 가지는 죽었으리라고는 생각하지 못했다. 하지만, 눈보라 추운 속에서도 한 가지는 생명을 기르며 겨울을 살아왔고, 한 가지는 그 속에서 자기를 살리지 못했던 것이다. 저 동쪽 가지의 씩씩하고 발랄한 생의 의지. 지난겨울 석 달 동안, 마음속으로의 안타까운 저항. 그리고 남모르는 분투와 인내! 이에 대한 무한한 경의와 찬사를 보내고 싶다. 봄이 가면 봄이 없다고 슬퍼함은 일 년을 사는 곤충의 슬픔이다. 교목은 봄이 열 번 가면 열 개의 봄을, 가을이 백 번 가면 백 개의 가을을 지닌다.

생활에 따라서는 인류 역사 억만 년의 봄이 다 내 몸에 간직된 봄이요, 생각에 따라서는 잊지 못할 뚜렷한 봄이란 또 몇 날이 못 될 것이다. 그러므로 오래 세상에 머물러 봄을 여러 번 보는 것이 귀한 게 아니라, 봄을 봄답게 느끼고 지나온 모든 봄을 회상하며 과거를 잃지 않고 되새기는 것도 우리의 생활을 풍부하게 해 줄지언정 섭섭할 것은 없다.

– 윤오영, 「봄」

078 윗글에 대한 설명으로 가장 적절한 것은?

① 대상을 분석하여 문제점을 지적하고 있다.
② 일상에서 체험한 내용을 객관적으로 전달하고 있다.
③ 다른 사람의 말을 인용하여 글쓴이의 주장을 일반화하고 있다.
④ 자연과 대화하는 방식을 취하면서 자신의 관점을 합리화하고 있다.
⑤ 소재에 대한 보편적인 생각에서 출발하여 삶의 의미를 찾아내고 있다.

079 윗글에 나타난 글쓴이의 생각으로 가장 적절한 것은?

① 흐르는 세월에 대해 안타까워하고 있다.
② 과거를 부정하고 미래를 지향하고 있다.
③ 화려한 청춘의 봄으로 회귀하고 싶어 한다.
④ 봄을 여러 번 보는 것에서 봄의 진정한 가치를 찾고 있다.
⑤ 자신의 의지에 따라 다른 봄을 맞이하게 될 것이라 생각하고 있다.

도서관 회원 가입 안내

□ **회원증 발급 대상 및 발급 시 구비 서류 안내**
- 발급 대상: 주민등록상 주소지가 서울이거나 학교나 직장이 서울인 분
- 주민등록상 주소지가 서울이 아닌 경우에만 추가 서류 제시
  - 서울 시내 직장인: 직장 주소가 서울시임을 확인할 수 있는 재직증명서
  - 서울 시내 재학생: 학교 주소가 서울시임을 확인할 수 있으면서 주민등록번호가 있는 학생증 또는 재학증명서

□ **회원증 발급에 필요한 서류**

회원 카드 발급	구비 서류
어린이, 초등학생, 청소년	3개월 이내 발급된 주민등록등본
	서울 소재 학교 재학생은 신분증과 학생증 또는 재학증명서 제출
일반 성인	주민등록상의 주소 확인 가능한 주민등록증, 운전면허증 등의 신분증
	재직증명서(주소지가 서울이 아닌 경우)
재외동포	국내 거소 신고자 및 외국인 등록증 등 외국인임을 확인할 수 있는 서류

□ **회원증 관련 사항 및 가족 회원 등록 안내**
- 14세 미만 자녀의 도서관 회원증 대리 발급 시 구비 서류: 회원 가입자 본인이 ○○구립도서관 홈페이지에서 본인 인증(휴대폰, I-PIN 등)을 통한 회원 가입이 되어 있어야 함.
  - 최초 발급 시, 발급 수수료 없음.
  - 법정 대리인의 신분증(주민등록증 또는 운전면허증)
  - 주민등록등본 3개월 이내 발급본(회원 가입자와 법정 대리인이 가족임을 확인할 수 있는 서류)

□ **회원증 재발급**
- 분실 등으로 재발급할 경우에는 신분증과 재발급 수수료를 지참 후 도서관에 방문하여 신청
- 필요 사항
  - 신분증(회원 가입 신청 시 기준 신분증)
  - 주민등록등본 3개월 이내 발급본(만14세 미만 회원의 재발급 시)
  - 재발급 비용: 1,000원(현금 납부만 가능)

□ **회원증 관리**
- 타인 양도 및 대여 불가, 도서 대출 시 반드시 제시
- 주소, 전화번호, 휴대폰번호 등 개인 정보 변경 시 홈페이지를 통해 변경
- 회원증 분실 시 즉시 도서관에 분실 신고

□ **가족 회원제**
- 가족 회원제 등록 서비스 내용
  - 도서 대출은 본인 명의 회원증으로 이용할 수 있는 서비스이나 가족 회원 등록 시, 본인 회원증을 사용하여 가족 명의로 대출이 가능하도록 하는 서비스
- 가족 회원제 등록 방법
  - 주민등록등본 3개월 이내 발급 본
  - 신청자의 신분증(주민등록증 또는 운전면허증) 및 가족 회원으로 등록하고자 하는 구성원의 회원증을 가지고 안내 데스크에서 등록 가능
- 가족 회원제 등록 시 유의 사항
  - 가족 회원으로 등록하려는 구성원 모두 자관 회원증이 있어야 함.
  - 대출 시 반드시 본인 회원증 지참

080 윗글을 읽고 보인 반응으로 적절하지 <u>않은</u> 것은?

① 회원의 개인 정보를 변경할 경우, 신분증을 지참하여 방문해야겠군.
② 회원증을 분실했을 경우, 재발급을 받으려면 직접 도서관에 가야겠군.
③ 서울 소재 중학교를 다니는 학생의 경우, 신분증과 학생증으로 회원증 발급이 가능하군.
④ 서울시에 근무하지만 주소지가 경기도인 회사원이 회원증을 발급받으려면 재직증명서가 필요하군.
⑤ 13살 자녀의 도서관 회원증을 엄마가 대리로 발급받을 경우, 자녀가 도서관 홈페이지에 회원 가입이 되어 있어야겠군.

081 윗글을 읽고 난 후, 해결할 수 있는 질문으로 알맞은 것은?

① 회원증 발급이 가능한 시간은 몇 시일까?
② 스마트 회원증으로 발급받을 수 있는 기준은?
③ 가족 회원이 되려면 최소한의 인원은 몇 명일까?
④ 회원증에 들어갈 사진은 신분증과 일치해야 할까?
⑤ 미취학 아동이 회원증을 발급받으려면 어떻게 해야 할까?

[082~083] 다음 글을 읽고 물음에 답하시오.

건축에서 공간이란 건축의 실체로서 가장 중요한 개념이다. 하나의 공간이 존재하기 위해서는 최소한의 물리적 구획이 필요한데 이때 구획을 결정짓는 것은 벽체-바닥-천장이라는 3차원 구도를 구성하는 경계 요소이다. 1900년대 중반까지 대부분의 서양 건물은 경계 요소에 의해 내·외부 공간이 엄격하게 차폐되는 형태를 보였다. 공간은 일률적으로 구획되었으며 물리적 구조체와 동일한 것으로 간주되었다. 공간은 기능을 위한 도구로서 의미를 가졌던 것이다.

이러한 경향성을 보여 주는 대표적인 건축물은 1909년 비엔나에 지어진 '로스하우스'이다. 이 건물은 지붕과 본체, 기단의 세 부분으로 이루어진 사각의 단순한 외형으로 지어졌다. 주거를 위해 계획된 이 건물은 한 치의 낭비도 없는 가지런한 공간 구성을 하고 있다. 건물의 내부는 박스형 공간 구성을 하고 있으며 일체의 장식은 배제되었다. 건물의 외부는 내부 공간에서 필요로 하는 기능적 창들로만 구성되어 있다. 이 건물은 기능주의 건축의 표본이 되었다.

2차 세계 대전이 끝나면서 서양 건축의 공간에 대한 인식에도 큰 변화가 일어났다. 기능과 효율 중심의 근대적 가치관으로부터 벗어나고자 했던 일군의 건축가들은 공간을 특정한 목적을 위한 수단이 아닌 다양한 가능성을 지닌 가변적 대상으로 보았다. 또한 공간이 체험자에 따라 다르게 인식되는 상대성으로 말미암아 예술적이고 감성적인 가치를 지닌다고 여겼다. 이러한 관점에서 공간 구성의 제약을 벗어난 비정형적 형태의 건물이 지어졌다. 외부 공간과 내부 공간을 연속되게 하거나 건물 내에 광장이나 공원을 만드는 시도 등이 다양하게 이루어지기도 했다.

신시내티의 '로젠탈 현대미술센터'는 기능주의 건축의 공간 인식을 탈피한 대표적 건물로 꼽을 수 있다. 이 건물은 거리의 영역을 연장하고 있다는 의미에서 '도시의 카펫'이라는 별칭을 갖고 있기도 하다. 전면이 유리로 처리된 건물의 로비는 외부의 보행로와 연결되어 통로이자 전시실이 되고 공원이자 광장으로 다양하게 활용된다. 또한 건물 곳곳의 작고 조밀한 공간들은 크기나 비례가 서로 다르게 구성되어 있고 거리감 역시 다르게 주어져 있다. 공간 체험자가 공간을 풍부하게 느낄 수 있도록 해 주는 것이다.

공간은 사람들의 신념이나 의식이 담겨 물리적 형태로 구현된 것이다. 기능주의 건축이 효율 지향의 근대적 가치관을 드러낸다면, 이를 탈피하려는 움직임으로서의 건축 경향은 조화와 예술의 시각에서 현대 문명을 이해하고자 하는 흐름을 반영하는 것이라 할 수 있다.

082 윗글에 대한 설명으로 가장 적절한 것은?

① 공간에 대한 상반된 견해를 절충하고 있다.
② 유사한 상황에 빗대어 공간의 속성을 설명하고 있다.
③ 공간에 대한 서로 다른 인식을 대비하여 서술하고 있다.
④ 특정한 이론을 바탕으로 공간 구성의 원리를 밝혀내고 있다.
⑤ 다양한 사례를 종합하여 공간 개념에 대한 새로운 문제를 제기하고 있다.

083 윗글과 관련하여 〈보기〉를 이해한 것으로 적절하지 <u>않은</u> 것은?

> • 보기 •
>
> 　최근 건축가 A 씨는 주거를 위한 전원주택을 지었다. A 씨는 크기와 비례가 다른 공간들을 자유롭게 결합하여 계단형의 독특한 건물을 완성하였다. 내부 공간을 구분 짓는 벽은 미닫이로 만들어 공간의 변형이 자유롭도록 하고, 모임 장소나 전시장 등으로 활용할 수 있게 했다. 건물의 전면에는 대형 유리창을 설치하여 내부 공간이 정원과 연결되도록 했으며, 콘크리트가 아닌 목재로 외벽을 꾸며 자연 경관과 어우러지도록 했다.

① A 씨가 계단형의 비정형적인 건물을 지은 것은 주거 기능의 극대화를 위한 것이로군.
② A 씨가 건물의 전면에 대형 유리창을 설치한 것은 내부 공간과 외부 공간의 연속성을 고려한 것이로군.
③ A 씨가 목재로 외벽을 꾸민 것은 주변 환경과의 조화를 통해 공간이 감성적 가치를 지니도록 한 것이로군.
④ A 씨가 벽을 미닫이로 만들어 공간을 변형할 수 있게 한 것은 공간을 가변적 대상으로 인식한 것이로군.
⑤ A 씨가 크기와 비례가 다른 공간을 자유롭게 결합한 것은 공간 체험자가 공간의 상대성을 통해 예술적 경험을 할 수 있다고 생각한 것이로군.

어딘지 알기 어려운 해양 사고 위치 정보, 문자 메시지로 손쉽게 전달
- 스마트폰만 있으면 해양 사고 신고자 위치 확인으로 구조 골든타임 확보 -

☐ 해양 사고 발생 시 사고 신고자의 위치 정보를 문자 메시지로 간편하게 확인할 수 있는 서비스가 개발돼 시행에 들어간다. 별도의 어플리케이션이 없어도 스마트폰만 켜져 있으면 이용이 가능해 신속한 구조가 가능할 전망이다.

☐ 행정안전부와 해양경찰청은 이런 기능을 담은 '해양 사고 위치 문자 알림 서비스'를 공동 개발하고 17일부터 본격 서비스에 들어간다.

☐ '해양 사고 위치 문자 알림 서비스'는 사고 신고자가 해양경찰청 상황실에 조난 신고를 하면, 근무자가 신고자 스마트폰에 문자 메시지를 보내게 된다. 신고자가 전송된 문자 메시지의 인터넷 주소를 클릭만 하면 자동으로 신고자의 위치(위 · 경도 좌표)가 해양경찰청에 전송되는 방식이다(2G폰 사용자 제외).

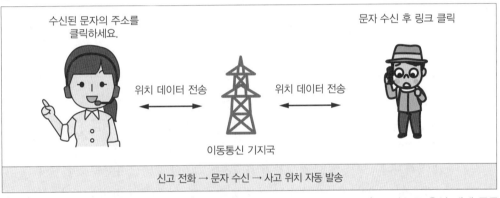

신고 전화 → 문자 수신 → 사고 위치 자동 발송

○ 이 서비스는 신고자의 이동통신사 가입 형태(이동통신 3사, 알뜰폰, 선불폰), 스마트폰 운영 체제 종류(Android, iOS), '해로드'와 같은 앱 설치 유무와 상관없이 인터넷 통신이 가능한 환경이면 모든 스마트폰 사용자가 이용이 가능하다는 점에서 편리하다.

☐ 이전에는 해양 관련 업무 종사자들이 주로 사용하고 있는 해상 안전 앱(App)인 해로드(海 Road)*를 이용하거나 신고자 휴대 전화의 위성항법시스템(GPS), 통신 기지국 및 와이파이(wi-fi) 접점 등을 활용해 신고자의 위치를 확인했다.

*해로드(海 Road) 앱: 항법 장비를 갖추지 못한 소형 선박이나 레저보트 이용자들의 안전을 위한 스마트폰 앱으로, 최신 전자해도를 기반으로 자신의 위치 정보, 이동 경로, 실시간 해양 기상 정보 등을 제공한다.

○ 그러나 해로드 앱을 설치하지 않으면 위치 확인이 어렵다는 단점이 있었다. 통신 기지국 등을 통해 위치를 확인하는 다른 방법들은 실제 사고 위치와 차이가 많이 나며 이마저도 알뜰폰 사용자는 그 위치를 확인할 수 없다는 어려움이 있었다.

☐ 행정안전부와 해양경찰청은 이런 문제점을 보완하기 위해 별도의 앱이 없어도 GPS를 활용해 신고자의 위치를 파악할 수 있는 서비스 개발을 추진하여 지난 7월 개발을 마치고 8월 한 달 동안 시범 운영을 완료했다.

① 스마트폰이 꺼져 있어도 이용할 수 있다.
② 2G폰 사용자도 신고자의 위치를 전송할 수 있다.
③ 스마트폰 운영 체제에 따라 이용이 불가능한 경우가 있다.
④ 전화로 조난 신고만 하면 자동으로 신고자의 위치가 전송된다.
⑤ 별도의 앱 없이 GPS를 활용해 신고자의 위치를 파악하는 것이다.

085 다음 그래프의 내용을 바르게 이해하지 <u>못한</u> 것은?

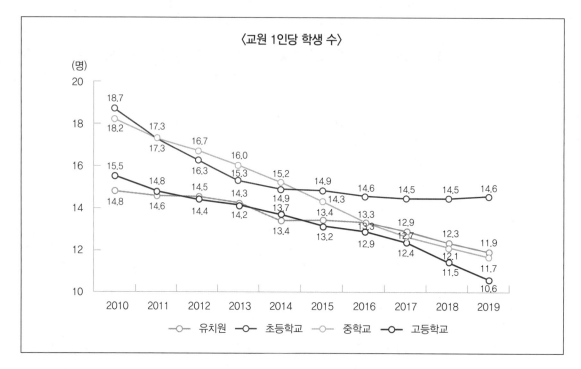

① 2019년 교원 1인당 학생 수가 가장 적은 것은 고등학교이다.

② 초등학교의 교원 1인당 학생 수가 전년 대비 증가한 해는 2019년이다.

③ 중학교에서 교사 1인당 학생 수가 가장 크게 감소한 해는 2016년이다.

④ 고등학교에서 교사 1인당 학생 수가 가장 크게 감소한 해는 2018년과 2019년이다.

⑤ 2010년부터 2019년까지 교원 1인당 학생 수는 모든 학교급이 증가 없이 지속적으로 감소하고 있다.

086 다음 표의 내용을 바르게 이해한 것은?

〈연도별 논벼(쌀) 재배 면적, 생산량 및 수입 현황〉

구분	1990	1995	2000	2005	2010	2015	2016	2017	2018
재배 면적(천 ha)	1,242	1,055	1,055	967	887	798	778	754	737
총생산량(천 톤)	5,600	4,694	5,239	4,735	4,282	4,323	4,195	3,972	3,867
총수입(십억 원)	7,216	7,777	10,985	8,502	7,289	7,931	6,660	7,351	8,688

① 2000년의 재배 면적은 1995년보다 감소했다.

② 쌀 재배 면적의 감소 폭이 가장 큰 해는 1995년이다.

③ 2000년부터 쌀의 총생산량이 계속해서 감소하고 있다.

④ 2000년 이후 쌀의 총수입 금액은 2016년부터 감소하고 있다.

⑤ 1990년부터 쌀의 총생산량의 증가가 가장 컸던 해는 2015년이다.

087 다음 글을 읽고 이해한 내용으로 적절하지 <u>않은</u> 것은?

 보건복지부 질병관리본부 | **인플루엔자 백신 2회 접종이 필요한 어린이, 오늘부터 무료 예방접종 시작**

□ 질병관리본부는 생후 6개월에서 12세 어린이(2007년 1월 1일~2019년 8월 31일 출생) 중 2회 접종이 필요한 어린이를 대상으로 9월 17일(화)부터 무료 접종을 시작한다고 밝혔다.

○ 2회 접종 대상자는 생후 6개월~만 9세 미만 어린이 중 '인플루엔자 예방접종을 생애 처음으로 받거나', '2019.7.1. 이전까지 총 1회만 받아 면역 형성이 완벽하지 않은' 어린이들이다.

○ 질병관리본부는 인플루엔자 유행 기간* 및 접종 2주 후부터 예방 효과가 나타나는 것을 고려하여 가능하면 11월까지 2회 접종을 완료해 줄 것을 당부하였다.

*인플루엔자 유행주의보 발령 시점: (2016) 12.8. → (2017) 12.1. → (2018) 11.16.

〈2019~2020년 대상자별 접종 기간〉

구분	접종 대상	접종 기간
생후 6개월~12세 어린이 (2007년 1월 1일~ 2019년 8월 31일 출생아)	• 어린이 사업 대상자 중 2회 접종 대상자	2019년 9월 17일 ~2020년 4월 30일
	• 어린이 사업 대상자 중 1회 접종 대상자	2019년 10월 15일 ~2020년 4월 30일

○ 그 외 1회 접종 대상 어린이는 긴 인플루엔자 유행 기간 동안 충분한 면역력 유지를 위해 10월 15일(화)부터 무료 예방접종을 시작할 계획이며,

– 초등학생 등 집단생활을 하는 어린이는 인플루엔자 유행 차단을 위해 방학 전 예방접종을 완료하는 것이 중요하다.

□ 어린이 인플루엔자 무료 예방접종을 제공하는 지정의료기관은 전국적으로 약 9천여 곳이 있으며, 주민등록상 거주지에 상관없이 전국 어디서나 무료 접종을 받을 수 있다.

○ 지정의료기관은 예방접종 도우미 누리집 및 스마트폰 앱에서 확인 가능하며, 사전에 가까운 지정의료기관을 확인한 후 방문할 경우 불편을 줄일 수 있다고 설명했다.

○ 질병관리본부는 어린이의 안전한 접종을 위하여 "보호자는 접종 전후 아이 상태를 잘 살피고, 의료인은 예진과 접종 후 30분 관찰로 이상반응 여부 확인하며, 안전한 백신보관(콜드체인) 등 관리에 만전을 기해줄 것"을 당부했다.

① 보호자는 접종 후 30분 관찰로 이상반응 여부를 확인해야 한다.
② 주민등록상 거주지가 서울이어도 지방에서 무료 접종을 받을 수 있다.
③ 11세 어린이가 2회 접종 대상자라면 9월 17일부터 예방접종이 가능하다.
④ 예방접종 후 2주부터 효과가 나타나므로 11월까지 2회 접종을 완료하는 것이 좋다.
⑤ 9세 미만의 어린이가 인플루엔자 예방접종을 처음 받는다면 2회 접종 대상자에 해당한다.

다음 표의 내용을 바르게 이해하지 <u>못한</u> 것은?

〈종사자 규모별 사업장 퇴직 연금 도입 현황〉

(단위: 개소, %)

구분	'16년				'17년			
	전체 도입 사업장	도입 대상 사업장(A)	도입 사업장(B)	도입률 (B/A× 100)	전체 도입 사업장	도입 대상 사업장(A)	도입 사업장(B)	도입률 (B/A× 100)
합계 (구성비)	334,820 (100.0)	1,203,784 (100.0)	323,864 (100.0)	26.9	354,018 (100.0)	1,259,585 (100.0)	343,134 (100.0)	27.2
5인 미만	77,678 (23.2)	619,517 (51.5)	68,865 (21.3)	11.1	82,936 (23.4)	659,198 (52.3)	74,360 (21.7)	11.3
5~9인	93,500 (27.9)	307,047 (25.5)	92,108 (28.4)	30.0	102,312 (28.9)	320,042 (25.4)	100,742 (29.4)	31.5
10~29인	101,912 (30.4)	195,414 (16.2)	101,327 (31.3)	51.9	106,718 (30.1)	198,753 (15.8)	106,132 (30.9)	53.4
30~49인	24,178 (7.2)	35,207 (2.9)	24,092 (7.4)	68.4	24,456 (6.9)	35,101 (2.8)	24,371 (7.1)	69.4
50~99인	20,660 (6.2)	26,822 (2.2)	20,591 (6.4)	76.8	20,727 (5.9)	26,712 (2.1)	20,676 (6.0)	77.4
100~299인	12,339 (3.7)	14,768 (1.2)	12,330 (3.8)	83.5	12,283 (3.5)	14,732 (1.2)	12,270 (3.6)	83.3
300인 이상	4,553 (1.4)	5,009 (0.4)	4,551 (1.4)	90.9	4,586 (1.3)	5,047 (0.4)	4,583 (1.3)	90.8

① 사업장의 규모가 클수록 퇴직 연금의 도입률이 높다.

② 퇴직 연금 도입률은 모든 구성비에서 2017년이 더 높다.

③ 도입 대상 사업장의 수가 가장 많은 곳은 5인 미만의 사업장이다.

④ 퇴직 연금을 도입한 사업장의 수가 가장 많은 구성비는 10~29인이다.

⑤ 2016년에서 2017년의 퇴직 연금 도입률의 변화가 가장 큰 곳은 5~9인, 10~29인 규모의 사업장이다.

설 연휴 항공, 택배 소비자 유의 사항!
- 공정위 · 소비자원, 설 명절 소비자 피해 주의보 발령 -

---

1. 항공 소비자 유의 사항

☐ 항공권에 기재된 운송 약관 및 유의 사항, 예약 정보 등을 꼼꼼히 확인한다.

○ 전자 항공권(E-Ticket)과 항공 운송 약관에 기재된 계약 조건(항공편명, 항공 시간 및 여정, 승객 정보, 마일리지 적립 조건, 경유지 체류 가능 여부 등) 및 중요 안내 사항(취소 · 변경 수수료, 위탁 수하물 관련 정보 등) 등을 꼼꼼히 확인한다.

○ 항공 운송 지연 · 결항 발생 및 갑작스러운 항공 스케줄 변경 등에 대비하여 항공사 및 여행사의 긴급 연락처를 보관한다.

○ 미국 등 출입국 관리가 까다로운 국가의 경우에는 전자 항공권(E-Ticket)을 요구하는 경우도 있으니 전자 항공권을 여유 있게 출력하여 소지하거나, 스마트폰에 다운로드할 필요가 있다.

＊구매 후에는 여권상 영문 성명, 여정, 스탑 오버(경유지 체류) 등의 예약 내용 변경이 불가하거나 변경 시 추가 요금이 발생할 수 있으니 주의한다.

> ※ 항공권 취소 시 수수료 등 환급 조건을 확인하고 신중히 결제한다. 특히 외국계 항공사는 국내법 적용이 불가할 수 있으므로 주의한다.

☐ 여권, 비자 등 여행지 입국에 필요한 자격 · 서류 등에 대한 준비는 여행자의 책임이므로 출국 전 꼼꼼히 확인한다.

○ 여권 정보와 항공권의 승객 정보(영문명 등)가 일치하는지 여부와 여권 유효 기한을 반드시 확인하고, 미성년자 동반 출입국 시 필요 서류(가족관계증명서, 부모미동반 여행동의서 등)도 확인한다.

＊일부 국가는 출국 시점 기점으로 여권 유효 기간이 최소 6개월 이상 남아 있어야 입국 허가가 나기도 한다.

☐ 출국일 전에 항공사 및 여행사를 통해 항공 스케줄 변동 여부를 확인하고, 설 등 연휴에는 대기 시간이 길어질 수 있으므로 가능하면 출발 3시간 전에 공항 내 체크인 카운터에 도착, 탑승 시작 시간 전까지 탑승 게이트에 도착한다.

○ 항공 스케줄이 변경된 경우, 전자 항공권(E-Ticket)에 변경 내용이 반영되지 않거나 문자 메시지, 이메일 등으로 안내되지 않을 수 있으므로 출발 전날 항공사에 스케줄 변동 여부를 확인한다.

☐ 위탁 수하물이 있는 경우 반드시 해당 항공사의 위탁 수하물 관련 규정 및 주의 사항 등을 확인한다.

○ 각 항공사 및 항공권의 종류별로 수하물 관련 규정(무게 · 부피 · 수량 등)이 다르며, 기내 반입이나 수하물 위탁이 금지되는 품목이 있으니 사전에 확인할 필요가 있다.

○ 위탁 수하물이 해당 항공사의 규정을 벗어날 경우 공항에서 짐을 다시 정리해야 하며, 수속이 지연되는 상황이 발생할 수 있으니 주의한다.

☐ 위탁 수하물 파손 · 분실 · 인도 지연 등 피해 발생 시 즉시 공항 내 항공사에서 피해 사실 확인서 등을 발급받는다.

○ 대부분의 항공사가 위탁 수하물 관련 피해를 신고할 수 있는 기한을 7일 이내로 규정하고 있으며, 일부 항공사는 탑승권과 함께 제공한 수하물표(Baggage Claim Tag)를 소지하지 않은 경우 신고 접수나 배상을 거부할 수 있으므로 주의한다.

2. 택배 소비자 유의 사항

☐ 명절에는 택배 물량이 일시에 몰려 배송이 늦어질 수 있으므로 충분한 시간 여유(최소 1주 이상)를 두고 배송을 맡긴다.

○ 배송 예정일보다 늦게 배송되어 피해를 입으면 소비자분쟁해결기준에 따라 물품 명세서(운송장) 등을 근거(배송 예정일 등)로 피해 보상을 청구할 수 있다.

＊택배 표준약관에 따르면 운송장에 배송 예정일을 기재하도록 되어 있고 전자상거래 표준 약관에 따르면 온라인 상점(쇼핑몰)은 소비자가 구매한 물품의 배송 예정일 등을 명시하도록 되어 있다.

☐ 운송장에 물품 종류, 수량, 가격을 정확하게 기재한다.

○ 농수산물은 품명과 중량, 공산품은 물품 고유 번호와 수량 등을 운송장에 적고 물품 가격도 함께 적어야 물품이 분실되거나 훼손됐을 때 적절한 배상을 받을 수 있다.

＊물품의 가격을 운송장에 기재하지 않으면, 택배 회사의 손해 배상 한도액은 50만 원으로 제한될 수 있다(소비자분쟁해결기준).

○ 선물을 보낼 때 운송장은 발송자가 직접 작성하고 물품 배송이 완료될 때까지 보관한다.

☐ 파손이나 훼손의 우려가 있는 물품은 포장 완충재 등을 이용하여 꼼꼼하게 포장하고, '파손 주의' 등의 문구를 표기한 후 배달원에게 내용물을 사실대로 알린다.

○ 농산물과 같이 부패나 변질이 우려되는 식품은 빠른 기간 내에 배달되도록 특송 서비스 등을 이용하는 것이 좋다.

＊물품을 받은 후, 곧바로 파손·변질 여부 등을 확인해야 하며, 문제가 있으면 즉시 택배업체에게 알리고 사고 물품은 보상이 완료될 때까지 보관한다.

☐ 연휴 기간 중 집을 비우면, 배달 기사가 경비실 등에 물품을 맡기는 사례가 있으므로 부패하기 쉬운 식품은 주기적으로 배송 여부를 확인한다.

○ 선물을 보내는 사람은 받는 사람에게 물품 종류와 수량, 배송 예정일 등을 알려 물품이 변질이나 부패되기 전에 수령할 수 있도록 한다.

089 항공 소비자 유의 사항에 대한 내용으로 적절하지 <u>않은</u> 것은?

① 미성년자인 자녀와 출국할 때에는 가족관계증명서를 준비해야겠군.

② 외국계 항공사는 국내법 적용이 안 될 수도 있으니 항공권을 신중하게 예약해야겠군.

③ 위탁 수하물 관련 피해로 인해 배상을 받으려면 탑승권과 수하물표를 잘 챙겨둬야겠군.

④ 미국의 경우 출입국 관리가 까다로운 편이니 스마트폰에 항공권을 다운로드해 놔야겠군.

⑤ 모든 나라가 여권의 유효 기간이 최소 6개월 이상은 남아 있어야 입국 허가를 받을 수 있겠군.

090 택배 소비자 유의 사항에 대한 내용으로 적절한 것은?

① 배송이 예정보다 늦을 경우, 운송장을 근거로 피해 보상을 청구할 수 있다.

② 선물을 보낼 때 운송장은 발송자가 작성하고, 배송이 시작되면 파기할 수 있다.

③ 연휴 기간 중에 식품을 배달할 경우, 택배업체에서 받은 사람에게 물품 정보를 알려 주어야 한다.

④ '택배 표준약관'에는 쇼핑몰은 소비자가 구매한 물품의 배송 예정일을 명시하도록 되어 있다.

⑤ 농수산물이나 공산품이 분실, 훼손될 경우 물품의 종류와 수량이 적혀 있으면 손해 배상을 받을 수 있다.

091   〈보기〉의 ㉠~㉤에 대한 설명으로 적절하지 <u>않은</u> 것은?

> ● 보기 ●
>
> [점원] 어머, ㉠ 선생님! 이 원피스가 참 잘 어울리시네요. ㉡ 얼굴이 하얀 편이셔서 ㉢ 짙은 색깔이 참 좋으시고, ㉣ 이목구비도 뚜렷해 보이시는 것 같으세요. 잠시만 기다리시면 새 상품으로 가져다 드릴게요. ㉤ 손해 보는 장사지만, 고객님께만 특별히 싸게 해 드리는 거예요.
> [손님] 아, 정말이요? 그럼 저 살게요.

① ㉠: 손님의 직함과 관계없이, 상대방을 기분 좋게 하기 위한 표현이다.
② ㉡: 손님의 신체의 일부분을 높인 '간접 높임'이다.
③ ㉢: 옷의 색깔을 지나치게 높이고 있으므로, 잘못된 표현이다.
④ ㉣: 주체가 아닌 객체를 높이기 위해 '같다'를 높임말로 사용한 것이다.
⑤ ㉤: 사실과 관계없이 손님의 구매 욕구를 자극하기 위해서 한 말이다.

092
고난도

〈보기〉의 ㄱ~ㄹ 중, 밑줄 친 부분의 조사의 쓰임이 적절한 것끼리 묶인 것은?

> ● 보기 ●
>
> 중세 국어에는 목적격 조사의 형태가 '올/을/롤/를'로 4가지가 있었다. 앞말의 끝이 자음으로 끝나느냐, 모음으로 끝나느냐와 바로 앞의 모음이 양성 모음이냐, 음성 모음이냐에 따라 달리 사용했다.

구분	앞말이 자음으로 끝날 때	앞말이 모음으로 끝날 때
바로 앞의 모음이 양성 모음일 때	올	롤
	ㄱ. 번게 [구룸+올 → <u>구르믈</u>] 흐터 (번개 구름을 흩어)	ㄴ. 엇디ᄒᆞ야 [나+롤 → <u>나롤</u>] 두고 (어찌하여 나를 두고)
바로 앞의 모음이 음성 모음일 때	을	를
	ㄷ. 큰 [ᄆᆞᅀᆞᆷ+을 → <u>ᄆᆞᅀᆞᆷᆯ</u>] 여러 (큰 마음을 열어)	ㄹ. 王이 [부텨+를 → <u>부텨를</u>] 請ᄒᆞᅀᆞᄫᆞ쇼셔 (왕이 부처를 청하십시오.)

① ㄱ, ㄴ   ② ㄴ, ㄷ
③ ㄴ, ㄹ   ④ ㄱ, ㄷ, ㄹ
⑤ ㄴ, ㄷ, ㄹ

093 밑줄 친 방송 언어에 대한 설명으로 적절하지 <u>않은</u> 것은?

① 영화 '배심원들' 측이 출연진의 차량 불법 유턴을 사과했다. → '불법'은 한자어로서, ㄴ이나 ㄹ 받침 뒤에서 표기대로 발음해야 하므로 [불뻡]이 아닌 [불법]으로 발음한다.

② 오늘 밤은 전국이 차차 개겠고, 휴일인 내일은 대체로 맑은 날씨를 유지하겠습니다. → '내일은 대체로 맑겠습니다'가 어법에 맞는 표현이다.

③ 기상청은 모레 오전까지 최고 230mm가 넘는 비가 내릴 것으로 예보했습니다. → 강수의 양을 나타내는 표현이므로 '최대'가 더 적절한 표현이다.

④ 러시아가 중국의 궤적을 밟아 또 하나의 무역 분쟁의 진앙지가 될 것이란 전망이 커지고 있다. → '궤적을 밟다'는 '어떠한 일을 이루어 온 과정이나 흔적을 가다'이므로, 나쁜 사례일 경우에는 '전철을 밟다'로 표현한다.

⑤ 방사성 폐기물 정보를 잘못 분석하고 방폐물을 무단 처분한 한국원자력연구원이 과징금 10억 1550만 원을 물게 됐습니다. → 방송 언어는 어림수를 쓰므로, 10억여 원'으로 표현한다.

094 다음은 표준국어대사전의 수정 내용이다. ㄱ~ㅁ의 수정 범주를 바르게 제시하지 <u>못한</u> 것은?

구분	표제어	수정 전	수정 후
ㄱ	-아라	((('오다'와 '오다'로 끝나는 동사를 제외하고 끝음절의 모음이 'ㅏ, ㅗ'인 동사 어간 뒤에 붙어))	((끝음절의 모음이 'ㅏ, ㅗ'인 동사 어간 뒤에 붙어))
ㄴ	하고⁵	[2] ((체언 뒤에 붙어))(구어체로) 둘 이상의 사물을 같은 자격으로 이어 주는 접속 조사. ≒ 하며.	[2] ((체언 뒤에 붙어))(구어체로) 둘 이상의 사물이나 사람을 같은 자격으로 이어 주는 접속 조사. ≒ 하며
ㄷ	잘나다	「형용사」	「동사」
ㄹ	관건²	[-건]	[-건/-껀]
ㅁ	있다¹	[Ⅰ][3] ¶배가 아팠는데 조금 있으니 곧 괜찮아지더라. / 앞으로 사흘만 있으면 추석이다.	[Ⅰ][3] ¶앞으로 사흘만 있으면 추석이다.

① ㄱ: 문법 정보 수정
② ㄴ: 뜻풀이 수정
③ ㄷ: 품사 수정
④ ㄹ: 발음 수정
⑤ ㅁ: 표제어 수정

095 〈보기〉에서 설명하고 있는 작품을 쓴 작가는?

> ● 보기 ●
>
> 　중국 명나라 때 유현의 아들 연수는 15세에 장원 급제하여 한림학사가 된다. 유한림은 그후 숙덕(淑德)과 재학(才學)을 겸비한 사 씨(謝氏)와 혼인하였으나, 9년이 지나도록 소생이 없자 교 씨(喬氏)를 후실로 맞아들인다. 그러나 간악하고 시기심이 많은 교 씨는 간계로써 사 씨 부인을 모함하여 그녀를 폐출시키고 자기가 정실이 된다. 그 후 교 씨는 간부(姦夫)와 밀통하며 남편인 유한림을 조정에 모함하여 유배 보내게 한 다음 재산을 가지고 간부와 도망치다가 도둑을 만나 재물을 모두 빼앗기고 궁지에 빠진다. 한편 유한림은 혐의가 풀려 배소에서 풀려나와 방황하는 사 씨를 찾아 다시 맞아들이고 교 씨와 간부를 잡아 처형한다.

① 허균　　　　　　　　　② 김만중
③ 이규보　　　　　　　　④ 김시습
⑤ 박지원

096 〈보기〉의 ㉠~㉤에 대한 설명으로 적절하지 <u>않은</u> 것은?

> ● 보기 ●
>
> • 아이는 ㉠ 정지에서 남은 밥을 먹었다.
> • ㉡ 짜장 사실인 것처럼 이야기를 한다.
> • 가을 햇빛에 ㉢ 나락이 잘 여물어 가고 있다.
> • 그는 ㉣ 마수걸이로는 제법 짭짤한 소득을 얻었다.
> • 요즘 삼겹살에 곰삭힌 ㉤ 묵은지를 함께 먹는 것이 유행이다.

① ㉠: '일정한 시설을 갖추어 놓고 음식을 만들고 설거지를 하는 등 식사에 관련된 일을 하는 곳'을 이르는 방언이다.
② ㉡: '과연 정말로'의 뜻을 이르는 표준어이다.
③ ㉢: '하나하나 따로따로인 알'을 이르는 '낟알'의 방언이다.
④ ㉣: '맨 처음으로 물건을 파는 일. 또는 거기서 얻은 소득'을 이르는 표준어이다.
⑤ ㉤: '오랫동안 숙성되어 푹 익은 김장 김치'를 이르는 표준어이다.

097
고난도

〈보기〉의 밑줄 친 부분에 대한 예와 품사로 적절하지 <u>않은</u> 것은?

> ● 보기 ●
>
> 　단어 중에는 동일한 형태이지만, 문장에서 둘 이상의 품사적 기능을 갖는 것이 있다. 이를 <u>품사의 통용(通用)</u>이라고 한다. 예를 들어 '나도 참을 <u>만큼</u> 참았다.'에서 '만큼'의 품사는 의존 명사이고, '나도 그 사람<u>만큼</u> 잘 할 수 있다'에서 '만큼'의 품사는 조사이다.

① 보름이라 달이 <u>밝다</u>.(형용사) / 벌써 날이 <u>밝는다</u>.(동사)
② 하나를 배우면 <u>열</u>을 안다.(수사) / <u>열</u> 사람이 백 말을 한다.(관형사)
③ 가족 <u>모두</u>가 여행을 떠났다.(명사) / 컵에 담긴 물을 <u>모두</u> 쏟았다.(부사)
④ 우리 <u>같이</u> 학교에 갑시다.(부사) / 얼음장<u>같이</u> 차가운 물이 생각난다.(조사)
⑤ 그는 눈을 뜨자마자 <u>바로</u> 떠났다.(부사) / 공복에 <u>바로</u> 커피를 마시면 건강에 해롭다.(관형사)

098 〈보기〉는 북한의 그림책에 실린 글이다. ㉠~㉤에 대한 설명으로 적절하지 <u>않은</u> 것은?

> ● 보기 ●
>
> ㉠ <u>어느날</u> ㉡ <u>녀학생</u>들이 어뜩 새벽에 나보다 먼저 공원의 길을 쓸려고 ㉢ <u>비자루</u>를 들고 나왔다가 누가 벌써 ㉣ <u>말끔히</u> 쓸어놓았기때문에 허탕을 치고 돌아갔습니다. 또 다음날에는 남학생 몇이 꽃밭에 있는 돌이 넘어진것을 고쳐놓으려 나왔었는데 누가 감쪽같이 세워놓았기때문에 허탕을 쳤습니다.
>
> – 김형운, 「㉤ <u>공원속의 세 아이</u>」

① ㉠: 북한에서는 남한과 달리 관형사 '어느'와 명사 '날'을 붙여 쓰고 있다.

② ㉡: 남한에서는 북한과 달리 두음 법칙을 적용하여 '여학생'으로 표기한다.

③ ㉢: 북한에서는 사이시옷을 표기하지 않지만, 남한에서는 '빗자루'로 표기한다.

④ ㉣: 남한에서는 북한과 달리 '말끔이'로 표기한다.

⑤ ㉤: 북한에서는 남한과 달리 명사 '공원'과 명사 '속'을 붙여 쓰고 있다.

---

099 다음 근대 광고에 대한 설명으로 적절하지 <u>않은</u> 것은?

[고난도]

진고기목도평시계포

각국 시계와 좌종(묵상 도구로 쓰이는 종)과 각색 자힝거(자전거)와 부속하는 물건을 허다히 구비하야 헐하게 파오. 또 이번에 쟝석을 더 두고 시계며 자힝거 파상. 개조도 솜씨잇게 잘 하오.

① 예사 높임의 상대 높임법이 사용되고 있다.

② 초성을 운용하는 방법에 합용 병서도 쓰이고 있다.

③ 이중 모음이 단모음화되지 않은 형태로 쓰이고 있다.

④ 접속 조사가 쓰이는 음운론적 환경이 현대 국어와 같다.

⑤ 용언이 활용할 때 모음 조화가 파괴된 형태로 쓰이고 있다.

100 '다듬은 말'을 참고하여 국어 순화의 양상에 대해 설명한 내용으로 적절하지 <u>않은</u> 것은?

대상 표현	다듬은 말	대상 표현	다듬은 말
개런티(guarantee)	출연료(出演料)	웨딩플래너(wedding planner)	결혼설계사
멀티탭(multi-tap)	모둠꽂이	선루프(sunroof)	지붕창(--窓)
마블링(marbling)	결지방(-脂肪)	포스팅(posting)	올리기

① 다듬은 말이 모두 순우리말로만 만들어지지는 않는다.

② 다듬은 말 중에는 고유어와 한자어가 결합된 것도 있다.

③ 다듬은 말은 항상 명사와 명사의 결합으로만 이루어진다.

④ 다듬은 말이 본말이 비해 항상 짧게 만들어져만 하는 것은 아니다.

⑤ 다듬은 말은 본말에 해당하는 대상의 역할이나 기능에 의해 만들어진다.

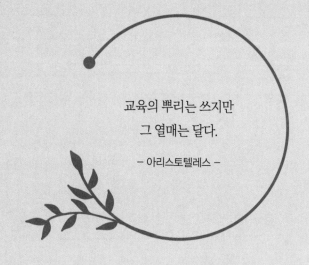

교육의 뿌리는 쓰지만
그 열매는 달다.

– 아리스토텔레스 –

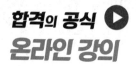

제3회

기출 동형 모의고사

제3회 기출 동형 모의고사

001~015 **듣기 · 말하기** MP3로 듣기 지문을 들으며 문제를 풀어 보세요. 🎧

001 그림에 대한 설명으로 적절하지 <u>않은</u> 것은?

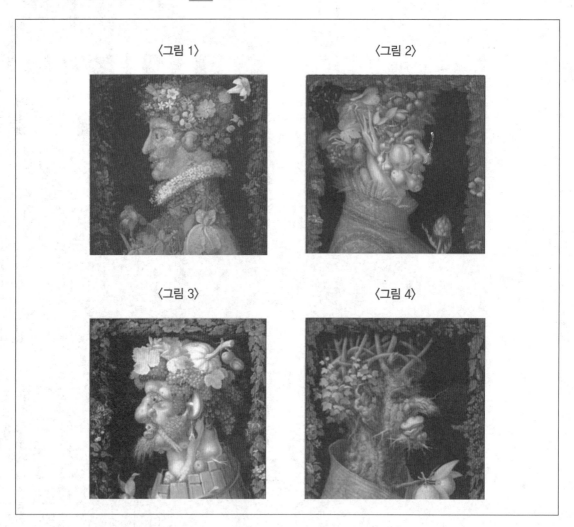

① 〈그림 1〉은 르네상스 시대의 화사하고 따뜻한 분위기를 표현하고 있다.
② 〈그림 2〉는 화가의 이름과 제작 연도를 짚으로 표현하고 있다.
③ 〈그림 3〉은 가을을 상징하는 포도송이와 포도 잎으로 계절감을 표현하고 있다.
④ 〈그림 4〉는 인생의 단계 중 노년을 표현하고 있다.
⑤ 아르침볼도는 정물화에 새로운 형식을 결합해 재치 있는 작품을 그렸다.

002 등장인물의 생각으로 적절하지 <u>않은</u> 것은?

① 아들: 엄마는 요즘 공부 방법을 너무 모르셔.

② 아들: 엄마의 말씀 중 말이 안 되는 것도 많아.

③ 엄마: 내가 감정적으로 말하기보다는 이성적으로 말했어야 했어.

④ 엄마: 아들이 더 잘 이해할 수 있게 객관적인 근거를 가지고 설명해야겠어.

⑤ 엄마: 영어 단어만 외우는 것도 힘든데 동영상까지 보면서 공부한다니 이해하기 힘들어.

003 강좌의 내용과 일치하지 <u>않는</u> 것은?

① 성대 결절은 특정 직업군에서 많이 나타난다.

② 수술적 치료보다 보존적 치료를 우선적으로 한다.

③ 성인보다 소아가 음성 치료를 받을 때 효과가 더 좋다.

④ 성대 결절은 노래할 때보다 대화할 때 더 민감하게 나타난다.

⑤ 보존적 치료를 일정 기간 받았지만, 음성 장애가 있으면 수술적 치료를 받아야 한다.

004 이 시에서 느낌이 <u>다른</u> 시어로 적절한 것은?

① 평상

② 국숫집

③ 슈퍼

④ 식당

⑤ 푸조나무

005 강좌의 내용과 일치하지 <u>않는</u> 것은?

① 패치 형태의 주사기는 패치에 미세한 바늘이 있다.

② 약물을 나노 캡슐에 넣고 주사를 하면 통증이 줄어든다.

③ 약물을 몸 안에 머물게 하는 기술은 주사를 맞는 횟수를 줄여 준다.

④ 금속성 주사 바늘에서 벗어나게 되면서 환경적 측면에서도 도움이 된다.

⑤ 피부 안에서 미세한 바늘이 녹으면서 약물이 몸속으로 들어가는 패치도 있다.

006 뉴스 보도의 내용에 비추어 볼 때, 실제 방송에서 사용했을 직한 장면이 <u>아닌</u> 것은?

① 물건값 18,182 원 / 부가세(10%) 1,818 원 / 총 결제액 20,000 원

② 기업별 포인트 부가세

③ 소비자, 여전히 부가세 명목으로 포인트 더 사용

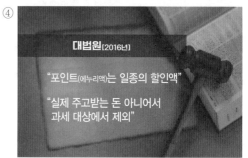

④ 대법원[2016년] "포인트(에누리액)는 일종의 할인액" "실제 주고받는 돈 아니어서 과세 대상에서 제외"

⑤ 내꺼인 듯 내꺼 아닌 '카드 포인트'

---

007 뉴스 보도에 대한 설명으로 적절하지 <u>않은</u> 것은?

① 소비자들은 부가세 명목으로 포인트를 더 쓰고 있다.
② 물건을 살 때 실제로 주고받은 돈은 과세 대상이 된다.
③ 포인트로 물건을 살 때는 부가세를 물리지 않아야 한다.
④ 기업들은 부가세 환급을 받고도 소비자들에게 혜택을 알리지 않았다.
⑤ 업체들은 소비자들이 포인트로 낸 부가세에 해당하는 세금을 내고 있다.

---

008 설명의 내용과 일치하지 <u>않는</u> 것은?

① 헤파 필터는 방사성 먼지를 제거하기 위해 개발된 것이다.
② 활성탄 필터는 유해 물질을 분해하고, 미생물을 죽이는 데 쓴다.
③ 이온화 방식의 공기 정화 과정에서는 오존 발생을 주의해야 한다.
④ 이온화 방식의 공기 정화 과정에서 산화물은 유해 물질을 살균하는 효과가 있다.
⑤ 방전에 의한 이온화 방식을 이용하는 공기 청정기는 전기적으로 오염 물질을 제거한다.

009 설명에서 사용한 말하기 방식에 대한 설명으로 적절한 것은?

① 공기 청정기의 장단점을 열거하고 있다.
② 공기 청정기의 공기 정화 과정을 순차적으로 제시하고 있다.
③ 공기 청정기와 관련된 역사적 사실을 순서대로 나열하고 있다.
④ 방전에 의한 이온화 방식을 구체적인 예를 들어 설명하고 있다.
⑤ 오염 물질을 제거하는 방법에 따라 공기 청정기를 구분하여 설명하고 있다.

010 '고슴도치의 가시' 비유가 거리 유지 원리에서 의미하는 바로 가장 적절한 것은?

① 거리 유지는 인간의 의사소통에서 긴장감을 형성해 준다.
② 인간은 의사소통을 하면서 의견이 다르면 충돌하게 된다.
③ 인간은 의사소통을 하면서 개인의 영역을 지키고 싶어 한다.
④ 인간은 소외감이나 외로움에서 벗어나기 위해 서로에게 다가간다.
⑤ 인간은 의사소통 과정에서 독립성과 연대감의 균형을 유지하려고 한다.

011 강연에서 말한 선택권의 지침을 지켜 발화한 것으로 적절한 것은?

① 물 좀 주세요.
② 창문 좀 닫아요.
③ 좀 춥지 않으세요.
④ 내일 같이 등산 가요.
⑤ 우리 오늘 저녁에 음악회 가요.

012 두 사람의 말하기 방식에 대한 설명으로 적절한 것은?

① 오빠는 대상에 대해 대조적으로 설명하고 있다.
② 동생은 이해되지 않는 내용에 대해 질문을 하고 있다.
③ 동생은 오빠의 설명에서 잘못된 부분을 지적하고 있다.
④ 오빠는 동생의 이해를 돕기 위해 그림을 그려 설명하고 있다.
⑤ 오빠는 관용적 표현을 사용하여 자신의 생각을 드러내고 있다.

013 대화의 끝부분에서 오빠가 동생에게 낸 문제의 답으로 적절한 것은?

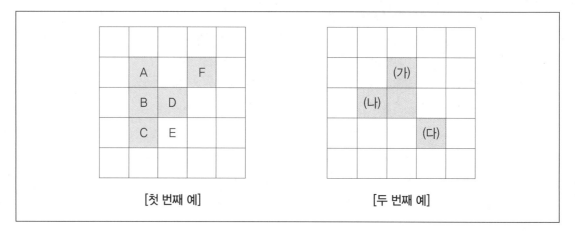

[첫 번째 예]   [두 번째 예]

① (가), (나), (다) 모두 살아남을 거야.
② (가), (나), (다) 모두 살아남지 못할 거야.
③ (가), (나)는 살아남는 반면, (다)는 살아남지 못할 거야.
④ (가), (다)는 살아남는 반면, (나)는 살아남지 못할 거야.
⑤ (다)는 살아남는 반면, (가), (나)는 살아남지 못할 거야.

014 뉴스 해설의 내용과 일치하지 <u>않는</u> 것은?

① 우리나라도 내외국인 노동자가 일자리 경쟁을 벌이는 나라가 됐다.
② 외국인 노동자가 계속 많아지는 원인에는 인력 시장의 불균형도 있다.
③ 국내 내국인 취업자 수는 가장 낮은 수준으로 떨어진 반면, 외국인 노동자는 늘었다.
④ 외국인 노동자는 인력난이 심한 기피 업종이나 중소기업의 노동 공백을 메우고 있다.
⑤ 현재 우리나라는 외국에서 우리 국민이 번 임금이 많아서 임금 수지 흑자의 상황이다.

015 뉴스 해설에 반영된 말하기 계획으로 적절하지 <u>않은</u> 것은?

① 구체적인 수치를 활용하여 사실적인 정보를 전달해야겠군.
② 주요 기관의 전문가의 말을 인용하여 문제점을 제시해야겠군.
③ 국내 취업자와 외국인 노동자의 취업을 대조적으로 표현해야겠군.
④ 중심 사건으로 인한 현실을 제시하여 문제의 심각성을 밝혀야겠군.
⑤ 중심 사건과 관련된 문제를 해결하기 위한 다양한 방안을 제시해야겠군.

016 밑줄 친 고유어의 뜻풀이로 알맞지 <u>않은</u> 것은?

① 그는 <u>노상</u> 웃고 다닌다. → 언제나 변함없이 한 모양으로 줄곧.

② 아내는 <u>홀몸</u>이 아니어서 장시간의 여행은 무리다. → 아이를 배지 아니한 몸.

③ 그는 세상 이치에는 밝지만, 실제 생활은 아주 <u>손방</u>이다. → 아주 할 줄 모르는 솜씨.

④ 손님은 자신의 뜻대로 되지 않자 <u>몽니</u>를 부리기 시작했다. → 받고자 하는 대우를 받지 못할 때 내는 심술.

⑤ 어디를 가든 <u>너울가지</u>가 좋은 사람은 친구를 잘 사귄다. → 남과 잘 사귀는 솜씨. 붙임성이나 포용성 따위를 이름.

017 밑줄 친 한자어의 사전적 뜻풀이로 옳지 <u>않은</u> 것은?

① 전혀 낯선 세계의 풍경이 <u>생경(生硬)</u>한 느낌으로 다가왔다. → 익숙하지 않아 어색하다.

② 내가 제출한 사업 계획서가 <u>반려(返戾)</u>되었다. → 어떤 일을 당장 처리하지 아니하고 나중으로 미루어 둠.

③ 그녀가 여러 책을 보고 적은 <u>초록(抄錄)</u>은 일목요연했다. → 필요한 부분만을 뽑아서 적음. 또는 그런 기록.

④ 구두쇠로 소문난 그가 남몰래 고아원에 거금을 <u>쾌척(快擲)</u>했다. → 금품을 마땅히 쓸 자리에 시원스럽게 내놓음.

⑤ 그는 다양한 실험을 통해 우리 것에 대한 <u>천착(穿鑿)</u>을 계속하고 있다. → 어떤 원인이나 내용 따위를 따지고 파고들어 알려고 하거나 연구함.

018 밑줄 친 한자어가 문맥에 어울리지 <u>않는</u> 것은?

① 부장님께 상품 기획안을 <u>품의(稟議)</u>했다.

② 그는 어제 사건에 관하여 일체 <u>함구(緘口)</u>하고 있다.

③ 정부는 농지 및 임야의 무분별한 <u>전용(轉用)</u>을 규제하고 있다.

④ 그가 했던 망언은 아직도 사람들 사이에서 <u>회자(膾炙)</u>되고 있다.

⑤ 주최 측의 실수로 그의 이름이 합격자 명단에서 <u>누락(漏落)</u>되었다.

019 밑줄 친 한자어의 쓰임이 적절하지 <u>않은</u> 것은?

① 그는 낙향하여 시골집에 <u>칩거(蟄居)</u>하고 있다.

② 홍보용 책자를 각 지역구로 <u>배포(配布)</u>하였다.

③ 산불로 훼손된 문화재의 <u>복원(復元/復原)</u>이 시급하다.

④ 무더위로 최대 전력 수요 <u>경신(更新)</u>이 계속되고 있다.

⑤ 지금 추세로 보아 이 구간의 항공기 <u>증설(增設)</u>은 불가피하다.

020 밑줄 친 단어의 쓰임이 적절하지 <u>않은</u> 것은?

① 그 가난한 고학생의 옷차림새는 늘 <u>가년스러웠다</u>.

② 그는 문을 열고 들어서면서 춥다고 계속 <u>계두덜거렸다</u>.

③ 이 시점에서 우리에게 무엇보다 <u>주효한</u> 것은 단결이다.

④ 외출복이 마음에 <u>맞갖잖아서</u> 옷장 앞에서 한참 망설였다.

⑤ 그는 지금까지 한 말을 그냥 없었던 것으로 <u>눙치려고</u> 했다.

021 ㉠~㉢에 들어갈 단어의 기본형을 바르게 짝 지은 것은?

- 아궁이에 장작을 (㉠) 따뜻하게 만들었다.
- 촛불이 꺼지다가 다시 (㉡) 방을 밝히고 있었다.
- 지난 몇 년간 우리 사회는 눈에 (㉢) 발전을 이루었다.

	㉠	㉡	㉢
①	때다	이르다	띄다
②	때다	일다	띠다
③	때다	일다	띄다
④	떼다	일다	띠다
⑤	떼다	이르다	띄다

022 밑줄 친 부분을 고유어로 바꾸었을 때, 적절하지 <u>않은</u> 것은?

① 비참한 광경을 <u>목도(目睹)하고</u>(→ 직접 보고) 나니 마음이 아팠다.

② 그는 <u>한미(寒微)한</u>(→ 넉넉한) 환경에서 태어나 일찍 자수성가했다.

③ 사장은 실적을 올리라고 모든 부서를 <u>독촉(督促)하였다</u>(→ 다그쳤다).

④ 정부는 민간 기업에 국유지를 <u>불하(拂下)하기로</u>(→ 팔아넘기기로) 했다.

⑤ 이번 문제는 <u>차치(且置)하고</u>(→ 내버려두고) 다음에는 그런 행동을 하지 마라.

023 〈보기〉의 ㉠과 ㉡의 관계와 <u>다른</u> 것은?

> ● 보기 ●
>
> 프랑스에서는 아는 사람이 많을 때, '㉠ 팔이 길다.'라는 표현을 쓰지만, 우리는 '㉡ 발이 넓다.'라는 표현을 사용한다.

① 발을 빼다 : 손을 떼다

② 재를 뿌리다 : 찬물을 끼얹다

③ 시치미를 떼다 : 오리발을 내밀다

④ 심장이 멈추었다 : 숨이 끊어졌다

⑤ 발등의 불을 끄다 : 발등에 불이 떨어지다

024 〈보기〉의 ㉠~㉤을 다의어끼리 짝 지은 것으로 적절한 것은?

> ● 보기 ●
>
> • 일이 ㉠ <u>되면</u> 쉬어 가면서 해라.
> • 반죽이 ㉡ <u>돼서</u> 물을 더 넣었다.
> • 저 사람은 전혀 다른 사람이 ㉢ <u>됐다</u>.
> • 요즘은 사업이 그럭저럭 ㉣ <u>되고</u> 있다.
> • 길고 짧은 것은 재어 보아야 알고 많고 적은 것은 ㉤ <u>되어</u> 보아야 안다.

① ㉠ - ㉡, ㉢ - ㉣   ② ㉠ - ㉡, ㉢ - ㉤

③ ㉠ - ㉢, ㉡ - ㉣   ④ ㉡ - ㉢, ㉣ - ㉤

⑤ ㉡ - ㉣, ㉢ - ㉤

025 〈보기〉의 ㉠~㉤ 중, 나머지와 품사가 <u>다른</u> 것은?

> ● 보기 ●
>
> • 가구가 ㉠ <u>커서</u> 방에 들어가지 않는다.
> • 이번 일은 네 책임이 ㉡ <u>크니</u> 반성이 필요하다.
> • 그녀는 통이 ㉢ <u>커서</u> 사소한 일에 개의치 않는다.
> • 그 회사는 한창 ㉣ <u>크는</u> 분야라서 지원자가 많다.
> • 회사는 은행이 대출을 정지해서 ㉤ <u>큰</u> 타격을 입었다.

① ㉠   ② ㉡   ③ ㉢   ④ ㉣   ⑤ ㉤

026 〈보기〉의 ㉠~㉢에 해당하는 한자로 바르게 묶인 것은?

> ● 보기 ●
>
> • 그는 풍물 시장에서 ㉠ <u>구제</u> 의류를 샀다.
> • 보건소에서는 해충 ㉡ <u>구제</u> 사업을 시작했다.
> • 소비자들에 대한 피해 ㉢ <u>구제</u> 방안이 필요하다.

	㉠	㉡	㉢
①	救濟	舊製	驅除
②	救濟	驅除	舊製
③	驅除	舊製	救濟
④	舊製	驅除	救濟
⑤	舊製	救濟	驅除

027 밑줄 친 말의 한자 병기가 <u>잘못된</u> 것은?

① 소설에서 좋은 구절을 뽑아 <u>인용(認容)</u>했다.
② 방 안은 두 사람이 눕기에도 <u>옹색(壅塞)</u>하였다.
③ 그는 다음 달에 중국으로 <u>파견(派遣)</u>을 나가게 되었다.
④ 경제 불황으로 대규모 투자 계획을 <u>순연(順延)</u>하기로 했다.
⑤ 일부 소수의 의견을 대다수의 의견인 것처럼 <u>간주(看做)</u>하고 있다.

028 〈보기〉의 ⟨ ㉠ ⟩에 들어갈 한자성어로 가장 적절한 것은?

> ● 보기 ●
>
> '수박 겉핥기'라는 속담은 한자성어 '주마간산(走馬看山)'과 유사한 의미가 있다. 이처럼 속담과 한자성어가 서로 유사한 의미를 드러내는 경우가 많은데, 속담 '제 논에 물 대기'는 '⟨ ㉠ ⟩'와/과 유사한 의미를 드러낸다.

① 곡학아세(曲學阿世)
② 구밀복검(口蜜腹劍)
③ 견강부회(牽強附會)
④ 연목구어(緣木求魚)
⑤ 다기망양(多岐亡羊)

029 밑줄 친 관용 표현의 의미가 적절하지 않은 것은?

① 그는 세심한 일을 잘 못하고 손이 거칠었다. → 일하는 동작이 매우 굼뜨다.
② 감투를 쓰더니 사람이 달라졌다. → 벼슬자리나 높은 지위에 오름을 속되게 이르는 말.
③ 그는 반죽이 좋아 웬만한 일에는 성을 내지 않는다. → 노여움이나 부끄러움을 타지 아니하다.
④ 발이 짧아서 제대로 얻어먹지도 못한다. → 먹는 자리에 남들이 다 먹은 뒤에 늦게 이르러 먹을 복이 없다.
⑤ 먹을 때마다 부르지도 않았는데 오는 것을 보면 저 친구 참 다리가 길지. → 음식 먹는 자리에 우연히 가게 되어 먹을 복이 있다.

030 〈보기〉에 제시된 단어를 바르게 순화한 것끼리 묶은 것은?

> ● 보기 ●
>
> ㄱ. 매점(買占) → 사재기
> ㄴ. 레시피(recipe) → 조리 순서
> ㄷ. 다대기 → 다진 양념
> ㄹ. 인센티브(incentive) → 유인책
> ㅁ. 타임캡슐(time capsule) → 추억 상자

① ㄱ, ㄴ, ㄹ
② ㄱ, ㄷ, ㄹ
③ ㄴ, ㄷ, ㄹ
④ ㄴ, ㄹ, ㅁ
⑤ ㄷ, ㄹ, ㅁ

031 밑줄 친 부분을 바르게 수정하지 <u>못한</u> 것은?

① 나무가 의자로 쓰기에 쉽상(→ 십상) 좋다.
② 어머니께서 직접 담근 창난젓(→ 창란젓)을 주셨다.
③ 어머니는 다리미로 셔츠의 잘주름(→ 잔주름)을 펴고 계셨다.
④ 그녀는 친구인 내게 그런 일은 귀뜸(→ 귀띔)조차 하지 않았다.
⑤ 밤이 깊도록 건너방(→ 건넌방)에서는 이야기 소리가 끊이지 않았다.

032 밑줄 친 부분의 표기가 적절한 것은?

① 나는 원서를 가방에 <u>욱여넣었다</u>.
② 새로 산 옷의 크기나 색상이 <u>쌈빡하다</u>.
③ 그런 <u>갑잖은</u> 일로 입씨름할 필요가 없다.
④ 피의자가 경찰의 단속이 <u>헤이한</u> 틈을 타서 도망쳤다.
⑤ 그는 일 처리가 <u>흐리멍텅해서</u> 상사에게 자주 꾸지람을 듣는다.

033 밑줄 친 부분이 〈보기〉의 규정에 적용받지 <u>않는</u> 것은?

• 보기 •

한글 맞춤법 제3장 제5절
제40항 어간의 끝음절 '하'의 'ㅏ'가 줄고 'ㅎ'이 다음 음절의 첫소리와 어울려 거센소리로 될 적에는 거센소리로 적는다.
[붙임1] 'ㅎ'이 어간의 끝소리로 굳어진 것은 받침으로 적는다.
[붙임2] 어간의 끝음절 '하'가 아주 줄 적에는 준 대로 적는다.

① <u>어떻든지</u> 그 일은 네 책임이다.
② <u>결단코</u> 그 일을 해내고야 말겠다.
③ 그는 활동하기에 <u>간편케</u> 옷을 입었다.
④ 귀한 손님이니 <u>섭섭잖게</u> 대접해야 한다.
⑤ 내가 <u>생각건대</u> 그것은 사실이 아닐 것이다.

034 **밑줄 친 부분의 띄어쓰기를 수정한 결과로 옳은 것은?**

① 아무도 갈 사람이 없으니 내가 직접 <u>갈밖에</u>. → 갈∨밖에
② 신입 직원이 일도 <u>잘할뿐더러</u> 성격도 좋다. → 잘할∨뿐더러
③ 무엇부터 <u>해야∨할지</u> 덤벙거리다 시간만 보냈어. → 해야∨할∨지
④ 내일 사표를 <u>낼망정</u> 하던 일은 모두 해 놓고 가야지. → 낼∨망정
⑤ 친구가 이곳에 도착한 지 <u>두∨시간만에</u> 떠났다. → 두∨시간∨만에

035 **밑줄 친 말이 표준어가 <u>아닌</u> 것은?**

① 온몸에 <u>부스럼</u>이 나기 시작했다.
② 참새들이 쌀의 <u>낱알</u>을 쪼아먹기 시작했다.
③ 방에 들어서니 이상한 냄새가 코를 <u>찔러</u> 왔다.
④ 대문의 빗장을 <u>찌르고</u> 있을 때 사랑채에 불이 켜졌다.
⑤ 그는 제 앞가림도 하지 못하면서 <u>어쭙잖게</u> 남의 일에 나섰다.

036 **다음 중 어법에 맞고 자연스러운 문장은?**

> ① 열대 아프리카에서 제작된 주요 미술품은 가면과 3차원적인 조각품과 같은 목조각이라고 한다. ② 이는 대부분 각이 졌으며 형태가 왜곡되고 불균형하다. ③ 아프리카 사람들은 이러한 조각이 자연의 영(靈)과 조상신의 힘이 깃든 신성한 물건으로써 병을 치료하거나 적을 해하는 힘이 있다고 믿는다. ④ 외경스러운 초자연적인 힘이 깃들어 있다고 해서 의식을 치르는 동안에는 여자와 아이들이 이 조각상을 보는 것이 금지되었다. ⑤ 다습한 정글 기후 탓에 대부분의 목조각이 썩어 버렸지만, 남아 있는 조각상에는 그들 사회를 반영하는 정서가 집중되어 나타나 있다.

037 **중복 표현이 포함된 문장이 <u>아닌</u> 것은?**

① 어린이들의 태권도 시범을 보였다.
② 봄의 마곡사는 이름난 절경을 이룬다.
③ 친구가 오기 전에 미리 영화표를 예매했다.
④ 참석자의 과반수 이상이 그 안건에 찬성하였다.
⑤ 그녀는 꿈을 이루기 위해 혼자서 고군분투하고 있다.

038 문장 표현이 가장 자연스러운 것은?

① 그는 거짓말을 할 최후의 사람이다.

② 오랜 기간의 조사를 행한 끝에 결과가 나왔다.

③ 춤추는 아이의 모습은 아마 한 마리의 나비처럼 예뻤다.

④ 신선한 생선을 고르는 요령은 눈보다 아가미를 살펴보는 것이다.

⑤ 다른 사람에게 자신만의 시각으로 비도덕적이라고 비난하는 것은 옳지 않다.

039 〈보기〉의 표준 발음과 같이 발음되지 <u>않는</u> 것은?

고난도

● 보기 ●

표준어 규정 제2부 제7장
제29항 합성어 및 파생어에서, 앞 단어나 접두사의 끝이 자음이고 뒤 단어나 접미사의 첫음절이 '이, 야, 여, 요, 유'인 경우에는, 'ㄴ' 음을 첨가하여 [니, 냐, 녀, 뇨, 뉴]로 발음한다.
[붙임1] 'ㄹ' 받침 뒤에 첨가되는 'ㄴ' 음은 [ㄹ]로 발음한다.

① 절약   ② 물약
③ 내복약   ④ 식용유
⑤ 남존여비

040 〈보기〉의 ㉠~㉤에 대한 설명으로 적절하지 <u>않은</u> 것은?

● 보기 ●

• ㉠ 다래끼가 나서 눈가가 발갛게 부었다.
• 겨우 고만한 일로 화를 내다니 ㉡ 얼척없다.
• 옷감에 풀을 먹인 다음 ㉢ 다디미로 두드렸다.
• 아이는 갖고 싶은 것이 있을 때면 ㉣ 만날 떼를 쓴다.
• 절름절름 절면서 달려가는 ㉤ 꼬라지가 참 가관이었다.

① ㉠: '속눈썹의 뿌리에 균이 들어가 눈시울이 발갛게 붓고 곪아서 생기는 작은 부스럼'을 이르는 말로 표준어이다.

② ㉡: '뜻밖이거나 한심해서 기가 막힘'을 이르는 말로 방언이다.

③ ㉢: '다듬이질을 할 때 쓰는 방망이'를 이르는 말로 방언이다.

④ ㉣: '매일같이 계속하여서'를 이르는 말로 표준어이다.

⑤ ㉤: '사람의 모양새나 행태를 낮잡아 이르는 말'로 표준어이다.

041 어문 규범의 발음 변화에 따른 표준어 규정 중, "특별한 경우를 제외하고, '웃-' 및 '윗-'은 명사 '위'에 맞추어 '윗-'으로 통일한다."라는 조항이 있다. 여기에 해당하지 <u>않는</u> 것은?

① 윗니   ② 위쪽

③ 웃목   ④ 윗눈썹

⑤ 웃어른

042 문장 부호의 설명과 그 예를 짝 지은 것으로 옳지 <u>않은</u> 것은?

① 쌍점(:)은 장, 절, 항 등을 표시하는 문자나 숫자 다음에 쓴다. 예 가: 인명

② 가운뎃점(·)은 공통 성분을 줄여서 하나의 어구로 묶을 때 쓴다. 예 상 · 중 · 하위권

③ 소괄호(( ))는 주석이나 보충적인 내용을 덧붙일 때 쓴다. 예 니체(독일의 철학자)의 말을 빌리면 다음과 같다.

④ 겹낫표(『 』)는 책의 제목이나 신문 이름 등을 나타낼 때 쓴다. 예 우리나라 최초의 민간 신문은 『독립신문』이다.

⑤ 작은따옴표(' ')는 인용한 말 안에 있는 인용한 말을 나타낼 때 쓴다. 예 그는 "여러분! '계륵'이라는 말을 들어 보셨죠?"라고 말했다.

043
고난도

〈보기〉에 제시된 단어와 음운 변동 현상이 같은 것은?

──────── 보기 ────────

ㄱ. 몫몫이[목목씨 → 몽목씨]

ㄴ. 협력[협녁 → 혐녁]

ㄷ. 칼날[칼랄]

	ㄱ	ㄴ	ㄷ
①	닳는	막론	난로
②	닳는	국물	막론
③	닳는	신라	난로
④	흙만	막론	신라
⑤	흙만	강릉	난로

044 외래어 표기가 맞는 것은?

① 푸켓   ② 타이베이

③ 싱가폴   ④ 콸라룸푸르

⑤ 아랍 에미레이트

045 국어의 로마자 표기가 잘못된 것은?

① 한강 Hangang River

② 을밀대 Eulmildae

③ 경복궁 Gyeongbokgung

④ 동의보감 Donguibogam

⑤ 광장 시장 Gwangjangsijang

046~050 쓰기

[046~048] '친환경 자동차 보급'을 소재로 글을 작성하려고 한다. 제시된 물음에 답하시오.

046 글을 작성하기 위하여 계획한 내용으로 적절하지 않은 것은?

┌──────────────── 글쓰기 계획 ────────────────┐

• 주제: 대기 오염 개선을 위한 친환경 자동차의 국내 보급 확대 방안 촉구
• 목적: 친환경 자동차의 보급 실태 및 관련 정보를 전달하여 자신의 주장을 밝힌다.
• 예상 독자: 일반인
• 글의 내용
 − 친환경 자동차의 개념과 특징을 제시한다. ·· ㉠
 − 친환경 자동차를 대중화해야 하는 이유를 분석하여 제시한다. ·········· ㉡
 − 친환경 자동차의 국내 보급 현황을 분석하여 제시한다. ······················ ㉢
 − 친환경 자동차를 보급할 수 있는 구체적 방법을 조사하여 제시한다. ····· ㉣
 − 친환경 자동차 산업의 전망과 성장 가능성, 명암 등을 제시한다. ········· ㉤

└──┘

① ㉠   ② ㉡   ③ ㉢   ④ ㉣   ⑤ ㉤

047 〈글쓰기 자료〉의 활용 방안으로 적절하지 <u>않은</u> 것은?

● 글쓰기 자료 ●

(가) 친환경 자동차 관련 서적의 정리 자료

구분	하이브리드 자동차	전기차	수소차
연료	화석 연료＋전기	전기	수소
대당 온실가스 감축 효과(년)	0.7톤	2톤	2톤
특징	• 높은 연비 • 대기 오염 물질 약 40% 감소 • 화석 연료 사용	• 대기 오염 물질 배출 없음. • 비싼 가격 • 충전소 부족	• 대기 오염 물질 배출 없음. • 비싼 가격 • 충전소 부족

(나) 친환경 자동차에 대한 언론 보도(뉴스)

　　대기 오염을 일으키는 주요 원인은 바로 자동차 배기가스입니다. 수도권의 대기 오염 물질 중 절반 가까이가 자동차에 의해서 발생하고 있습니다. 이에 따라 친환경 자동차에 대한 관심이 커지고 있습니다. 약 5년 후에는 전 세계적으로 친환경 자동차 시장이 2.6배, 특히 전기차와 수소차 시장은 8.5배 성장하여, 친환경 자동차 산업이 경제의 새로운 성장 동력으로 떠오를 전망입니다. 그러나 친환경 자동차 산업이 활성화되려면 친환경 자동차에 대한 소비자들의 인식 개선이 선행되어야 할 것으로 보입니다.

(다) 국내 자동차 연료별 신규 등록 비중 추이

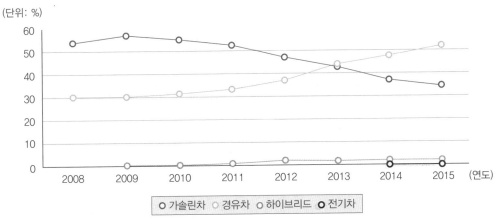

(단위: %)

◯ 가솔린차　◯ 경유차　◯ 하이브리드　● 전기차

(라) 시민 인터뷰 자료

　　나 하나 탄다고 환경이 개선되겠어요? 그리고 사고 싶어도 친환경 자동차의 가격이 여전히 일반 자동차에 비해 많이 비싸잖아요. 주위 사람들을 보면, 세금 감면이나 보조금 지원과 같은 친환경 자동차 구매 혜택이 적어 구매를 포기하는 경우가 많더라고요. 특히 전기 충전소나 정비 시설 등이 제대로 구축되지 않아 불편할 것 같아요.

① (가)를 활용하여 친환경 자동차의 종류와 각각의 장단점을 밝힌다.

② (가)와 (나)를 활용하여 친환경 자동차 보급이 확대되면 온실가스의 배출이 줄어들어 환경을 개선하는 효과가 있음을 언급한다.

③ (나)와 (다)를 활용하여 정부가 화석 연료를 사용하는 자동차에 환경 부담금을 부과하여 친환경 자동차 비율을 높일 필요가 있음을 제시한다.

④ (다)와 (라)를 활용하여 비싼 가격, 구매 지원 제도 및 관련 기반 시설 미흡 등이 친환경 자동차 보급이 저조한 이유임을 설명한다.

⑤ (나), (다), (라)를 활용하여 소비자들이 여전히 친환경 자동차 구입에 소극적임을 제시하고 이에 대한 인식의 전환이 필요함을 강조한다.

048 위의 계획과 자료를 바탕으로 〈글쓰기 개요〉를 작성하였다. 수정 방안으로 적절하지 <u>않은</u> 것은?

● 글쓰기 개요 ●

Ⅰ. 친환경 자동차 보급의 필요성 ··· ㉠
  1. 환경 개선 효과
  2. 자동차 산업 활성화 효과

Ⅱ. 친환경 자동차의 종류 및 특징
  1. 가솔린차의 특징 ·· ㉡
  2. 하이브리드 자동차의 특징
  3. 전기차의 특징
  4. 수소차의 특징

Ⅲ. 친환경 자동차의 보급에 따른 문제점
  1. 관련 기반 시설 부족에 따른 유지의 어려움
  2. 친환경 자동차의 비싼 가격 ·· ㉢
  3. 친환경 자동차의 낮은 판매량 ··· ㉣

Ⅳ. 친환경 자동차 보급 확대 방안 ··· ㉤
  1. 정부의 적극적인 지원
  2. 소비자의 인식 전환

---

① ㉠: 논리적 흐름을 고려하여 하위 항목들을 포함, 'Ⅱ'와 순서를 바꾸어 제시한다.
② ㉡: 상위 항목과의 관련성이 부족하므로 삭제한다.
③ ㉢: 내용의 관련성이 부족하므로 '친환경 자동차에 대한 낮은 관심'으로 고친다.
④ ㉣: 글의 주제나 목적과의 관련성이 부족하므로 삭제한다.
⑤ ㉤: 하위 항목으로 '기업의 적극적인 투자와 기술 개발'을 추가한다.

대기 오염 물질로 인해 우리의 하늘이 검게 물들고 있다. 그런데 친환경 자동차의 신규 등록 비율은 왜 2%에 불과할까? 친환경 자동차 보급의 걸림돌은 무엇이고 이를 개선할 수 있는 방안은 무엇인지 알아보자.

친환경 자동차는 하이브리드 자동차, 전기차, 수소차와 같이 청정에너지를 사용하여 오염 물질을 적게 배출하는 자동차를 의미한다. 먼저 하이브리드 자동차는 내연 기관을 가지고 있어 휘발유를 사용하지만 전기 배터리를 동시에 탑재한 차량으로 높은 연비를 자랑한다. 일반 자동차에 비하여 대기 오염 물질이 적은 데다 온실가스 감축 효과가 뛰어난 것으로 알려져 있다. 전기차와 수소차는 각각 전기와 수소를 연료로 사용하는 차량으로서 온실가스 감축 효과가 하이브리드 자동차보다 더 높으며, 대기 오염 물질은 아예 배출하지 않는다고 한다.

대기 오염의 주된 원인이 바로 자동차 배기가스임을 감안할 때 친환경 자동차의 보급이 ㉠ 확대되어지면 대기 오염 물질이나 온실가스의 배출이 줄어들어 환경을 개선하는 효과가 있을 것이다. 뿐만 아니라 약 5년 후에는 전 세계적으로 친환경 자동차 시장, 특히 전기차와 수소차의 시장이 크게 성장할 것으로 전망된다. 따라서 친환경 자동차는 우리 경제에 새로운 활력이 될 수 있는 신 성장 사업이다.

㉡ 그러나 국내에서 소비자들의 친환경 자동차에 대한 관심은 현저히 낮다. 2008년부터 2015년까지 국내 자동차의 연료별 신규 등록 추이를 살펴보면 가솔린차나 경유차 같은 일반 자동차가 여전히 높은 판매량을 유지하고 있는 것이 현실이다. 이처럼 우리나라에서 친환경 자동차의 판매가 부진한 이유는 전기차나 수소차의 가격이 일반 자동차에 비해 비싸고, 구매했을 때 주어지는 혜택이나 지원도 별로 ㉢ 없다. 또한 전기 충전소나 정비 시설 등의 관련 기반 시설도 찾기 어려워 구매 이후 차를 유지하는 것에도 어려움이 따르기 때문에 소비자들은 구입을 망설일 수밖에 없다.

따라서 친환경 자동차의 보급률을 높이기 위해서는 우선 정부에서의 적극적인 지원이 필요하다. 화석 연료를 사용하는 자동차에는 환경 부담금을 ㉣ 부가하고, 친환경 자동차와 관련된 기반 시설을 확대하여 소비자들의 불편함을 줄여 줄 필요가 있다. 기업에서는 친환경 자동차 개발에 적극적으로 투자하고 기술을 개발하여 미래 사회 우리 경제의 새로운 성장 동력을 마련해야 한다. ㉤ 특히 경유차에 비하여 가솔린차의 판매량이 점차 떨어지고 있는 것에 대한 대책이 필요하다. 무엇보다도 소비자들 역시 10년 후의 깨끗하고 아름다운 환경을 위하여 나부터 환경 보호를 실천한다는 생각으로 친환경 자동차에 대한 관심을 가지고 그 필요성을 요구한다면 친환경 자동차 산업이 활성화되는 것은 물론 환경 보호의 소중한 밑거름이 될 것이다.

049 ㉠~㉤을 수정하기 위한 방안으로 적절하지 <u>않은</u> 것은?

① ㉠: 불필요한 이중 피동 표현이므로 '확대되면'으로 바꾼다.
② ㉡: 문맥상 흐름을 고려해 '이에 따라'로 수정한다.
③ ㉢: 주술 호응을 고려해 '없기 때문이다'로 수정한다.
④ ㉣: 정확한 의미 전달을 위해 '부과'로 바꾼다.
⑤ ㉤: 글의 흐름상 통일성을 해치므로 삭제한다.

050 윗글을 보완할 수 있는 방안으로 가장 적절한 것은?

① 글의 타당성을 높이기 위해 국외 자동차 연료별 신규 등록 비중 추이를 추가한다.
② 글의 논리성을 높이기 위해 전문가의 인터뷰 자료를 정리한 시각 자료를 추가한다.
③ 글의 완결성을 높이기 위해 친환경 자동차의 보급으로 인한 기대 효과를 제시한다.
④ 체계적인 내용 전개를 위해 친환경 자동차와 관련된 법 조항들을 순차적으로 제시한다.
⑤ 글의 신뢰성을 높이기 위해 온실가스 감축 효과 및 대기 오염 물질 배출 수치를 구체적으로 비교한다.

[051~053] '온돌의 구조'와 관련된 글을 읽고 물음에 답하시오.

온돌의 구조에서 가장 중요한 것은 뜨거운 연기가 지나는 '구들'과 '고래'입니다. 구들은 이 고래 위에 놓는 것이지요. 불과 뜨거운 연기는 아궁이에서 '부넹기'라는 구멍을 통해 고래 쪽으로 빨려 들어갑니다. 부넹기는 '부넘기' 혹은 '불목'이라고도 하는데, 불이 넘어가는 고개 혹은 목이라는 뜻입니다. 보통 이 구멍은 작기 때문에 열기가 바깥으로 새지 않고 고래로 잘 빨려 들어가게 해 줍니다. 열기가 그다음에 도달하는 곳은 '구들개자리'입니다. 열기는 이곳에서 속도가 낮아지고 고래로 균등하게 공급되어 구들이 데워지도록 하는데, 이때 열이 고래 전체에 골고루 가게 하는 것이 가장 중요합니다. 이를 위해서는 고래와 구들장을 제대로 놓아야 하는데, 온돌을 만들 때 이 기술이 가장 중요합니다.

고래에서 뜨거운 열기가 굴뚝으로 빨리 빠져나가면 열의 손실이 심해지므로 고래가 끝나는 부분에 '고래개자리'를 만듭니다. 여러 개의 고래를 통과한 뜨거운 공기가 바로 여기서 모였다가 숨을 한번 고른 다음 열기는 이곳에 남고 연기만 굴뚝으로 나갑니다. 고래개자리는 마지막까지 열기를 잡아 방을 데우는 역할을 하는 것입니다. 그리고 이곳을 떠난 연기는 굴뚝으로 갑니다. 연기는 굴뚝으로 나가기 전에 그 밑에 있는 '굴뚝개자리'를 만납니다. 이곳은 찬 공기나 빗물이 구들로 들어가는 것을 막아 주는 역할을 합니다. 이렇게 보면 온돌에는 개자리만 3종류가 있는데, ㉠ 이것들은 모두 같은 역할을 합니다.

이러한 원리로 바닥을 따뜻하게 하는 방식인 온돌이 적용된 나라는 우리나라가 전 세계에서 거의 유일하였지만 최근에는 미디어를 통해 많은 나라에 알려져 이제는 온돌을 여러 나라에 수출하고 있습니다. 많은 나라에서 온돌의 가치를 알아본 만큼 ㉡ 앞으로도 우리의 전통 기술인 온돌을 현대에 맞춰 발전시키기 위해 노력해야겠습니다.

051 ㉠의 역할을 '조직에서의 업무 수행'과 관련하여 설명한 것으로 가장 적절한 것은?

① 업무의 효율성을 높이기 위한 것
② 공평하게 업무를 배분하기 위한 것
③ 조직의 구성원을 보호하고자 하는 노력
④ 조직의 비약적인 발전을 위한 기본 요소
⑤ 부서 간 화합으로 개방적 업무 수행을 하기 위한 것

052 ㉡에서 주장하는 내용과 관련이 있는 한자성어로 가장 적절한 것은?

① 견물생심(見物生心)   ② 온고지신(溫故知新)
③ 자강불식(自強不息)   ④ 절차탁마(切磋琢磨)
⑤ 천의무봉(天衣無縫)

053 온돌의 구조를 통해 연상한 내용으로 가장 적절한 것은?

	구조	바람직한 삶
①	아궁이	개개인의 역할이 잘 어우러져야 아름다운 사회를 만들 수 있다.
②	부넹기	개인의 작은 도움이 공동체를 유지하는 힘이 될 수 있다.
③	구들개자리	더불어 살아가는 공동체 사회를 만들기 위해 마음을 열어야 한다.
④	고래개자리	다른 사람의 삶에 공감하는 자세가 필요하다.
⑤	굴뚝개자리	삶에서 불필요한 요소를 가려내는 자세가 필요하다.

[054~055] 다음 글을 읽고 물음에 답하시오.

저작권 보호와 관련하여 "㉠ 거인의 어깨 위 ㉡ 난쟁이는 거인보다 멀리 볼 수 있다."라는 말이 있습니다. 이 말은 창작을 위해서는 다른 사람이 만들어 놓은 저작물을 모방하거나 인용할 수밖에 없다는 점을 강조한 것입니다. 디만 난쟁이가 거인의 어깨 위에 올라서는 특권을 누리기 위해서 거인으로부터 허락을 받거나 거인에게 그에 따르는 대가를 지불해야 한다는 의미를 내포하고 있습니다.

054 윗글을 읽고 ㉠과 ㉡의 의미를 바르게 쓴 것은?

	㉠	㉡
①	거대 업체	소규모 업체
②	영리 집단	비영리 집단
③	공동 창작자	개인 창작자
④	저작물을 남긴 저작자	타인의 저작물을 이용하려는 사람
⑤	타인의 저작물을 이용하려는 사람	저작물을 남긴 저작자

055 윗글을 읽고 공익 광고 문구를 〈조건〉에 맞게 창작한 것으로 가장 적절한 것은?

┌─────────── • 조건 • ───────────┐
• '올바른 저작권 문화 조성'에 대한 내용을 담을 것
• 의인법과 의문문을 활용하여 작성할 것
└──────────────────────────────┘

① 그만 퍼 가세요.
② 정말, 그것이 당신의 것이 맞습니까?
③ 남의 창작물 수호가 곧 나의 창작물 수호
④ 생선도 고기도 아닌, 남의 작품을 날로 드시려고요?
⑤ 가치를 인정받지 못하고 울고 있는 음악의 소리가 들리십니까?

(가)	(나)

056 그림 (가)와 (나)를 모두 활용하여 이끌어 낼 수 있는 논지로 적절한 것은?

① 개인보다 공동체를 중요시해야 한다.
② 구성원을 지키고 이끄는 리더의 역할이 중요하다.
③ 역경을 함께 헤쳐 나가 보아야 상대방의 진가를 알 수 있다.
④ 긴 시간을 인내하고 시련에 강해져야 비로소 목표를 이룰 수 있다.
⑤ 개개인의 특성을 이해하고 그에 따라 적합한 역할을 부여해야 한다.

057 그림 (가)와 〈보기〉를 연관 지어 '리더십'에 대해 설명한 것으로 가장 적절한 것은?

> • 보기 •
>
> 남극의 펭귄은 먹잇감을 구하려면 바다에 뛰어들어야 합니다. 하지만 배가 고파도 쉽게 뛰어들지 못하고 서로의 눈치를 보면서 한참을 머뭇거립니다. 이는 천적 때문입니다. 섣불리 바다에 들어갔다가는 바다표범이나 물개의 먹이가 되기 쉽습니다. 안전이 확인되기 전까지 치열한 눈치 보기가 이어집니다. 이때, 한 마리의 펭귄이 과감하게 바다에 뛰어듭니다.

① 리더는 조직의 발전을 위해 칭찬보다는 질책을 해야 한다.
② 리더는 조직이 위기에 처했을 때 앞장서는 용기가 필요하다.
② 리더의 힘이 너무 크면 구성원들의 반발로 힘을 잃을 수 있다.
④ 리더는 불가피한 선택을 해야 할 때 심사숙고하는 자세가 필요하다.
⑤ 리더는 조직 내에서 갈등이 생겼을 때 조직의 윤활유 역할을 해야 한다.

순우곤(淳于髡)은 중국 전국 시대 해학의 달인으로 이름난 지식인이었다. 어느 날 순우곤이 이웃집의 굴뚝이 곧게 뻗어 장작더미와 가까이 붙어 있는 것을 보고 이웃집 주인에게 "집에 화재가 날 수 있으니 굴뚝을 구부리고 장작을 옮겨야 합니다."라고 경고하였으나 이웃집 주인은 이를 무시하였다. 며칠 후 순우곤이 경고했던 대로 이웃집에 화재가 났다. 그러자 동네 사람들이 몰려와 화재를 진압하는 데 도움을 주었다. 동네 사람들의 도움으로 화재가 진압되자 이웃집 주인은 이를 고맙게 여겨, 화재 진압에 도움을 준 동네 사람들을 초대하여 음식과 술을 대접하였다. 하지만 순우곤은 초대받지 못하였는데, 이는 화재를 예고했던 순우곤은 화재가 난 날 출타하여 화재 진화에 직접적인 도움이 되지 못했다는 이유에서였다. 이에 한 선비가 "만약 당신이 처음에 그 사람의 말을 따랐다면 화재가 나지 않아 손실이 전혀 없었을 것이고, 오늘 차린 음식과 술 비용도 들지 않았을 것입니다. 당신이 가장 감사해야 할 사람은 바로 그 사람입니다."라고 꾸짖었다. 이웃집 주인은 그제야 깨닫고 순우곤을 모시고 감사를 표했다.

– 반고(班固), 「곽광전(霍光傳)」

058 윗글을 통해 주장할 수 있는 내용으로 가장 적절한 것은?

① 자신의 신념을 바꾸지 않는 태도가 필요하다.
② 다양한 관점과 생각으로 상황을 폭넓게 이해해야 한다.
③ 타인의 나쁜 행동을 거울삼아 자기 자신을 성찰해야 한다.
④ 당장은 쓸모가 없어 보이더라도 언젠가는 유용하게 쓰일 수 있다.
⑤ 눈앞의 손해를 덜어 내기보다 문제의 화근을 없애는 것이 중요하다.

059 윗글에서 얻을 수 있는 교훈으로 가장 적절한 한자성어는?

고난도

① 삭주굴근(削柱掘根)
② 양두구육(羊頭狗肉)
③ 우공이산(愚公移山)
④ 자승자박(自繩自縛)
⑤ 타산지석(他山之石)

060 윗글의 상황을 통해 유추할 수 있는 내용을 나타낸 문구로 가장 적절한 것은?

① 머리가 있어야 꼬리도 있다.
② 하늘이 높다 해도 산 아래에 있다.
③ 새의 몸을 가지고 있어도 사자의 심장을 가져라.
④ 앞 달구지 넘어진 데서 뒤 달구지 넘어지지 않는다.
⑤ 달리는 데 손을 사용하지 않는다고 하여 손을 묶으면 빨리 달릴 수 없다.

[061~062] 다음 글을 읽고 물음에 답하시오.

첩첩산중에도 없는 마을이 여긴 있습니다. 잎 진 사잇길 저 모래 둑, 그 너머 강기슭에서도 보이진 않습니다. 허방 다리 들어내면 보이는 마을.

갱(坑) 속 같은 마을. 꼴깍, 해가, 노루꼬리 해가 지면 집집마다 봉당에 불을 켜지요. 콩깍지, 콩깍지처럼 후미진 외딴집, 외딴집에도 불빛은 앉아 이슥토록 창문은 모과(木瓜) 빛입니다.

기인 밤입니다. 외딴집 노인은 홀로 잠이 깨어 출출한 나머지 무를 깎기도 하고 고구마를 깎다, 문득 바람도 없는데 시나브로 풀려 풀려 내리는 짚단, 짚오라기의 설레임을 듣습니다. 귀를 모으고 듣지요. 후루룩 후루룩 처마깃에 나래 묻는 이름 모를 새, 새들의 온기를 생각합니다. 숨을 죽이고 생각하지요.

[A] 참 오래오래, 노인의 자리맡에 밭은 기침 소리도 없을 양이면 벽 속에서 겨울 귀뚜라미는 울지요. 떼를 지어 웁니다, 벽이 무너지라고 웁니다.

어느덧 밖에는 눈발이라도 치는지, 펄펄 함박눈이라도 흩날리는지, 창호지 문살에 돋는 월훈.

– 박용래, 「월훈(月暈)」

061 윗글에 대한 설명으로 적절하지 <u>않은</u> 것은?

① 원경에서 근경으로 시선이 이동하고 있다.
② 향토적 서정을 불러일으키는 시어를 사용하고 있다.
③ 시어의 반복과 연쇄로 산문적 진술에 리듬감을 주고 있다.
④ 시상이 집약되는 시어로 명사를 사용하여 여운을 남기고 있다.
⑤ 목가적인 분위기를 표현하기 위해 대화적 구성 방법을 사용하고 있다.

062 [A]에 대한 설명으로 가장 적절한 것은?

① 공간의 대비가 두드러진 부분이다.
② 자연물을 통해 정서를 환기하고 있다.
③ 시적 상황을 압축적으로 표현하고 있다.
④ 현실에 대한 관조적 태도가 나타나 있다.
⑤ 화자가 처한 무기력한 현실이 나타나 있다.

주머니에는 단돈 십 전, 그도 안경다리를 고친다고 벌써 세 번짼가 네 번째 딸에게서 사오십 전씩 얻어 가지고는 번번이 담뱃값으로 다 내어 보내고 말던 최후의 십 전, 안 초시는 주머니에 손을 넣어 그것을 집어내었다. 백통화 한 푼을 얹은 ㉠ 야윈 손바닥, 가만히 떨리었다. 서 참의(徐參議)의 투박한 손을 생각하면 너무나 얇고 잘망스러운 손이거니 하였다. 그러나, 이따금 술잔은 얻어먹고, 이렇게 내 방처럼 그의 복덕방에서 잠까지 빌려 자건만 한 번도, 집 거간이나 해먹는 서 참의의 생활이 부럽지는 않았다. 그래도 언제든지 한 번쯤은 무슨 수가 생기어 다시 한 번 내 집을 쓰게 되고, 내 밥을 먹게 되고, 내 힘과 내 낯으로 다시 한번 세상에 부딪쳐 보려니 믿어졌다.

초시는 전에 어떤 관상장이의 "엄지손가락을 안으로 넣고 주먹을 쥐어야 재물이 나가지 않는다."는 말이 생각났다. 늘 그렇게 쥐노라고는 했지만 문득 생각이 나 내려다볼 때는, 으레 엄지손가락이 얄밉도록 밖으로만 쥐어져 있었다. 그래 드팀전을 하다가도 실패를 하였고, 그래 집까지 잡혀서 장전*을 내었다가도 그만 화재를 보았거니 하는 것이다.

㉡ "이놈의 엄지손가락아, 안으로 좀 들어가아, 젠―장."
하고 연습 삼아 엄지손가락을 먼저 안으로 넣고 아프도록 두 주먹을 꽉 쥐어 보았다. 그리고 당장 내어 보낼 돈이면서도 그 십 전짜리를 그렇게 쥔 주먹에 단단히 넣고 담배 가게로 나갔다.

이 복덕방에는 흔히 세 늙은이가 모였다.

언제 누가 와 집 보러 가잘지 몰라, 늘 갓을 쓰고 앉아서 행길을 잘 내다보는, 얼굴 붉고 눈방울 큰 노인이 주인 서 참의다. 참의로 다니다가 합병 후에는 다섯 해를 놀면서 시기를 엿보았으나 별 수가 없을 것 같아서 이럭저럭 심심파적으로 갖게 된 것이 이 가옥 중개업이었다. 처음에는 겨우 굶지 않을 만한 수입이었으나 대정 팔구 년 이후로는 시골 부자들이 세금에 몰려, 혹은 자녀들의 교육을 위해 서울로만 몰려들고, 그런데다 돈은 흔해져서 관철동 다옥정(茶屋町) 같은 중앙 지대에는 그리 고옥만 아니면 만 원대를 예사로 훌훌 넘었다. 그 판에 봄가을로 어떤 달에는 삼사백 원 수입이 있어, 그러기를 몇 해를 지나 가회동에 수십 칸 집을 세웠고 또 몇 해 지나지 않아서는 창동 근처에 땅을 장만하기 시작하였다. 지금은 중개업자도 많이 늘었고 건양사 같은 큰 건축 회사가 생겨서 당자끼리 직접 팔고 사는 것이 원칙처럼 되어가기 때문에 중개료의 수입은 전보다 훨씬 준 셈이다. 그러나 이십여 칸 집에 학생을 치고 싶은 대로 치기 때문에 서 참의의 수입이 없는 달이라고 쌀값이 밀리거나 나무 값에 졸릴 형편은 아니다.

[A]
> "세상은 먹구 살게는 마련이야……."
> 서 참의가 흔히 하는 말이다. 칼을 차고 훈련원에 나서 병법을 익힐 때는 한번 호령만 하고 보면 산천이라도 물러설 것 같던 그 기개와 오늘의 자기, 한낱 가쾌(家儈)*로 복덕방 영감으로 기생 작부 따위가 사글세 방 한 칸을 얻어 달래도 네네 하고 따라 나서야 하는 만인의 심부름꾼인 것을 생각하면 ㉢ 서글픈 눈물이 아니 날 수도 없는 것이다.

(중략)

박희완 영감이란 세 영감 중의 하나로 안 초시처럼 이 복덕방에 와 자기까지는 안 하나 꽤 쏠쏠히 놀러 오는 늙은이다. 아니, 놀러 오기만 하는 것이 아니라 와서는 공부도 한다. 재판소에 다니는 조카가 있어 대서업(代書業) 운동을 한다고 『속수국어독본(速修國語讀本)』을 노상 끼고 와 그 ㉣『삼국지』 읽던 투로,

"긴―상 도코―에 유키이마스카.(김 선생, 어디 가십니까.)" / 어쩌고를 외고 있는 것이다.

그러나 『속수국어독본』 뚜껑이 손때에 절고, 또 어떤 때는 목침 위에 받쳐 베고 낮잠도 자서 머리때까지 새까맣게 절어 조선총독부편찬(朝鮮總督府編纂)이란 ㉤ 잔 글자들은 보이지 않게 되도록, 대서업 허가는 의연히 나오지 않는 모양이었다.

"너나 내나 다 산 것들이 업은 가져 뭘 하니. 무슨 세월에…… 흥!"
하고 어떤 때, 안 초시는 한나절이나 화투패를 떼다 안 떨어지면 그 화풀이로 박희완 영감이 들고 중얼거리는 『속수국어독본』을 툭 채어 행길로 팽개치며 그랬다.

"넌 또 무슨 재술 바라고 밤낮 화투패나 떨어지길 바라니?"

"난 심심풀이지."

그러나 속으로는 박희완 영감보다 더 세상에 대한 야심이 끓었다. 딸이 평양으로 대구로 다니며 지방 순회까지 하여서 제법 돈냥이나 걷힌 것 같으나 연구소를 내느라고 집을 뜯어 고친다, 유성기를 사들인다, 교제를 하러 돌아다닌다 하느라고, 더구나 귀찮게만 아는 이 애비를 위해 쓸 돈은 예산에부터 들지 못하는 모양이었다.

— 이태준, 「복덕방」

*장전: 장롱과 찬장을 파는 가게.
*가쾌: 부동산 중개인.

063 윗글의 인물에 대한 설명으로 적절한 것은?

① 서 참의는 자신의 삶에 만족하고 있다.
② 안 초시는 서 참의의 삶을 부러워하고 있다.
③ 안 초시는 자신의 현실에 대해 부정적으로 생각하고 있다.
④ 박희완 영감은 일본어 공부를 하며 대서업을 준비하고 있다.
⑤ 안 초시는 자신을 살뜰히 챙기는 딸을 보며 미래에 대한 야심을 갖고 있다.

064 문맥적 의미를 고려할 때, ㉠~㉤에 대한 설명으로 가장 적절한 것은?

① ㉠: 죽음을 앞둔 안 초시의 두려움을 묘사하고 있다.
② ㉡: 안 초시는 자신의 못생긴 엄지손가락에 대해 자탄하고 있다.
③ ㉢: 서 참의는 자신의 가난한 처지를 비관하고 있다.
④ ㉣: 일본어 억양과 어울리지 않음을 말해 주고 있다.
⑤ ㉤: 책의 인쇄 상태가 좋지 않음을 강조하고 있다.

065 [A]를 속담으로 표현할 때, 가장 적절한 것은?

① 목구멍이 포도청이라
② 산 입에 거미줄 치랴
③ 쥐구멍에도 볕 들 날 있다
④ 소 뒷걸음질 치다 쥐 잡는다
⑤ 개똥밭에 굴러도 이승이 좋다

상담은 심리적 어려움을 겪고 있는 사람의 문제를 해결해 주는 전문적 과정으로, 그 이론은 250여 개에 이른다. 이 중 정신분석적 상담, 인간중심적 상담, 인지행동적 상담이 대표적이라 할 수 있다.

1890년대에 프로이트는 사람의 감정과 행동을 어떤 원인이 작용한 결과로 보고, 그 원인을 정신적인 것에서 찾으려 했다. 프로이트는 정신적 원인의 실체를 과거의 경험들로부터 형성된 '무의식'에 두는 ㉠ 정신분석적 상담을 시도하였다. 이에 따르면 상담자와 내담자가 오랜 시간 관계를 맺으며 과거의 경험과 감정을 거리낌 없이 털어놓고 상담자가 그것에 담긴 의미를 해석해 주면, 내담자가 자신의 무의식을 이해하고 받아들이게 되어 심리적 문제를 해결할 수 있다는 것이다.

1940년대에 로저스는 프로이트가 인간을 과거의 경험에 의해 형성되는 수동적인 존재로 파악한 것에 반발하여 인간을 '자신의 가능성과 잠재력을 발견하고 실현할 수 있는 존재'로 간주하는 ㉡ 인간중심적 상담을 주장했다. 인간중심적 상담에서는 사람은 외적으로 부여된 가치에 맞추어 살려고 하기 때문에 자기가 타고난 가능성과 잠재력을 발견하지 못하고 심리적 문제를 겪는다고 보았다. 따라서 상담자는 내담자를 대할 때 가식이나 겉치레 없는 진솔한 태도를 보이며, 어떠한 전제나 조건을 달지 않고 이야기를 들어 주고 세심하고 정확하게 이해해 주는 공감적 태도를 취한다. 상담자가 이러한 태도를 일관되게 유지하면, 내담자는 자기 자신을 의미 있게 만드는 것은 바로 자신이라는 것을 깨닫게 되어 외적으로 부여된 가치들을 스스로 해체하여 심리적 문제를 해결할 수 있다는 것이다. 인간중심적 상담은 이전의 상담과 달리 상담 기법보다는 상담 태도에, 문제 해결보다는 내담자 자체에 초점을 두었다.

그런데 정신분석적 상담은 장기적으로 진행되어 비효율적이고, 인간중심적 상담은 심리적 문제 자체에 초점을 맞추지 못했다. 그래서 1960년대에 엘리스는 심리적 문제 그 자체에 초점을 맞추면서도 단기적인 해결을 중요시하는 ㉢ 인지행동적 상담을 제안했다. 인지행동적 상담에서는 인간의 인지 방식에 초점을 맞춘다. 그래서 사람은 감정이나 행동을 어떻게 인지하고 받아들이느냐에 따라 영향을 받는다고 주장한다. 엘리스에 따르면 정서적 문제를 겪는 이유는 구체적인 사건들 때문이 아니라 그 사건을 인지하고 받아들이는 방식이 잘못되었기 때문이다. 이 잘못된 사고방식의 뿌리에는 '비합리적 신념'들이 깔려 있다. 비합리적 신념이란 '반드시 ~ 해야 한다'나 '결코 ~ 할 수 없다'와 같이 융통성이 없거나 현실적으로 실현 불가능한 생각을 말한다. 따라서 상담자는 상담 과정에서 내담자의 비합리적 신념을 찾아 그 부당성을 적극적으로 논박하여 합리적인 신념으로 변환시키게 된다. 이런 과정을 통해 내담자는 정서적 건강을 되찾게 되는 효과를 얻는다는 것이다.

066 글의 내용을 소개하는 제목으로 가장 적절한 것은?

① 상담 이론의 발전 과정과 전망
② 서로 다른 상담 이론 간의 접목
③ 대표적 상담 이론의 흐름과 특징
④ 다양한 상담 이론의 공통점과 차이점
⑤ 세 가지 상담 이론의 신뢰도와 정확도

067 ㉠과 ㉡에 대한 설명으로 적절하지 <u>않은</u> 것은?

① ㉠에서는 심리적 문제의 원인을 무의식에서 찾는다.

② ㉠에서는 내담자의 과거에 대한 상담자의 해석이 이루어진다.

③ ㉡에서는 상담 기법보다는 상담 태도를 중시한다.

④ ㉡에서는 내담자가 자신의 가능성과 잠재력을 깨닫는 것이 중요하다.

⑤ ㉡에서는 상담자가 내담자에게 구체적인 문제 해결 방법을 제시한다.

068 〈보기〉는 ㉮의 사례이다. ⓐ~ⓔ에 대한 설명으로 적절하지 <u>않은</u> 것은?

> **• 보기 •**
>
> [내담자] 선생님, 요즈음 ⓐ 계속 기분이 우울하고 뭘 해도 자신감이 없어요.
>
> [상담자] 그래, 참 안타깝구나. 무슨 일이 있었던 거니?
>
> [내담자] 지난 ⓑ 학생회장 선거에서 낙선한 이후로 줄곧 그래요. 저는 제가 당선될 줄 알았거든요. 제가 부회장이었으니 당연히 학생회장이 되어야죠.
>
> [상담자] 음……. 너는 'ⓒ <u>반드시 당선돼야 한다</u>'고 생각하고 있구나. 그런데 ⓓ <u>모든 사람이 늘 당선될 수는 없는 게 아니겠니?</u>
>
> [내담자] …….
>
> [상담자] 'ⓔ 선거에서는 당선될 수도 있고 낙선할 수도 있다'고 생각해 봐. 그러면 낙선으로 잠깐 기분이 상할 수도 있지만 금세 원래의 네 모습으로 돌아올 수 있을 거야.
>
> [내담자] 생각해 보니까 그런 것도 같아요.

① 내담자는 ⓑ 때문에 ⓐ가 발생했다고 생각한다.

② 상담자는 ⓑ가 가져온 긍정적 효과를 가르쳐 준다.

③ ⓒ는 융통성 없는 비합리적 신념에 해당한다.

④ 상담자는 ⓒ의 부당성을 ⓓ와 같이 논박한다.

⑤ ⓒ를 ⓔ와 같이 바꾸면 심리적 문제는 해결될 수 있다.

[069~070] 다음 글을 읽고 물음에 답하시오.

거센 바람이 불고 화재가 잇따르자 정(鄭)나라의 재상 자산(子產)에게 측근 인사가 하늘에 제사를 지내라고 요청했지만, 자산은 "천도(天道)는 멀고, 인도(人道)는 가깝다."라며 거절했다. 그가 보기에 인간에게 일어나는 일은 더 이상 하늘의 뜻이 아니었고, 자연 변화 또한 인간의 화복(禍福)과는 거리가 멀었다. 인간이 자연 변화를 파악하면 얼마든지 재난을 대비할 수 있고, 인간사는 인간 스스로 해결할 문제라 생각한 것이다. 이러한 생각에 기하여 그는 인간의 문제 해결 범위를 확대했고, 정나라의 현실 문제를 극복하고자 하였다.

그가 살았던 정나라는 요충지에 위치한 작은 나라였기 때문에 춘추 초기부터 제후국의 쟁탈 대상이었고, 실제로 다른 나라의 침략을 받기도 하였다. 춘추 중기에는 귀족 간의 정치 투쟁이 벌어져 자산이 집정(執政)하기 직전까지도 정변이 이어졌다. 따라서 귀족 정치의 위기를 수습하고 부국강병을 통해 강대한 제후국의 지배를 받지 않는 것이 정나라와 자산에게 부여된 과제였다. 그래서 그는 집권과 동시에 귀족에게 집중됐던 정치적, 경제적 특권을 약화시키는 데 초점을 맞춰 개혁을 추진하였다.

그는 귀족이 독점하던 토지를 백성들도 소유할 수 있게 하였고, 이것을 문서화하여 세금을 부과하였다. 이에 따라 백성들은 개간(開墾)을 통해 경작지를 늘려 생산을 증대하였고, 국가는 경작지를 계량하고 등록함으로써 민부(民富)를 국부(國富)로 연결시켰다. 아울러 그는 중간 계급도 정치 득실을 논할 수 있도록 하여 귀족들의 정치 기반을 약화시키는 한편, 중국 역사상 처음으로 형법을 성문화하여 정(鼎)*에 새김으로써 모든 백성이 법을 알고 법에 따라 처신하게 하는 법치의 체계를 세웠다. 성문법 도입은 귀족의 임의적인 법 제정과 집행을 막아 그들의 지배력을 약화시키는 조치였으므로 당시 귀족들은 이 개혁 조치에 반발하였다.

귀족의 반대를 무릅쓰고 단행한 자산의 개혁 조치에 따라 정나라는 부국강병을 이루었다. 그리고 법을 알려면 글을 알아야 하기 때문에, 성문법 도입은 백성들도 교육을 받을 수 있는 계기가 되는 등 그의 개혁 조치는 이전보다 상대적으로 백성의 위상(位相)을 높였다. 하지만 그의 개혁은 힘에만 의존하여 다스리는 역치(力治)의 가능성이 농후(濃厚)하였고, 결국 국가의 엄한 형벌과 과중한 세금 수취로 이어지는 폐단을 낳기도 했다.

*정(鼎): 중국에서, 하나라의 우왕이 구주의 금속을 모아 만든 아홉 개의 솥. 처음에는 음식을 익히거나 죄인을 삶아 죽이는 데 쓰다가, 뒤에 왕위 전승의 보기(寶器)로 삼은 후 국가·왕위·제업을 뜻하게 되었다.

069 윗글에서 언급하지 않은 것은?

① 자산이 추진한 개혁의 사상적 기초
② 자산이 추진한 개혁의 시대적 배경
③ 자산이 단행한 개혁 조치의 내용
④ 자산이 단행한 개혁 조치의 영향
⑤ 자산이 단행한 개혁에 대한 계승

070 〈보기〉의 입장에서 윗글의 '자산'을 평가한 것으로 가장 적절한 것은?

• 보기 •

노자(老子)는 만물의 생성과 변화는 자연스럽고 무의지적이지만, 스스로의 작용에 의해 극대화된다고 보았다. 인간도 이러한 자연의 원리에 따라 삶을 영위해야 한다고 보아 통치자의 무위(無爲)를 강조하였다. 또한 사회의 도덕, 법률, 제도 등은 모두 인간의 삶을 인위적으로 규정하는 허위라 파악하고, 그것의 해체를 주장하였다.

① 사회 규범의 법제화는 자발적인 도덕의 실현으로 이어질 것이다.
② 사회 제도에 의거하는 정치 개혁은 사회 발전을 극대화할 것이다.
③ 현실주의적 개혁은 궁극적으로 백성들에게 안정과 혜택을 줄 것이다.
④ 자연이 인간의 화복을 주관하지 않는다는 생각은 자연의 의지에 반하는 것이다.
⑤ 인간의 문제를 스스로 해결하겠다는 시도는 결국 현실 사회를 허위로 가득 차게 할 것이다.

소리는 진동으로 인해 발생한 파동이 전달되는 현상으로, 이때 전달되는 파동을 음파라고 한다. 음파는 일정한 방향으로 나아가려는 직진성이 있고, 물체에 부딪치면 반사되는 성질을 갖고 있다.

음파는 주파수의 크기에 따라 고주파와 저주파로 나뉜다. 고주파는 직진성이 강하고 작은 물체에도 반사파가 잘 생기며 물에 흡수되는 양이 많아 수중에서의 도달 거리가 짧다. 반면, 저주파는 직진성이 약하고 작은 물체에는 반사파가 잘 생기지 않으며 물에 흡수되는 양이 적어 수중에서의 도달 거리가 길다.

음파는 파동을 전달하는 물질의 밀도가 높을수록 속도가 빨라진다. 그래서 음파의 속도는 공기 중에 비해 물속에서 훨씬 빠르다. 또한 음파의 속도는 물의 온도나 압력에 따라 변화한다. 일반적으로 수온이나 수압이 높아질 경우 속도가 빨라지고, 수온이나 수압이 낮아지면 속도는 느려진다. 300m 이내의 수심에서 음파는 초당 약 1,500m의 속도로 나아간다.

한편 음파는 이러한 속성을 바탕으로 어업과 해양 탐사, 지구 환경 조사, 군사적 용도 등으로 폭넓게 사용된다. 음파를 활용하는 대표적인 예로는 물고기의 위치를 탐지하는 어군 탐지기와 지구 온난화와 관련된 실험을 들 수 있다. 어군 탐지기는 음파가 물체에 부딪쳐 반사되는 원리를 이용한 기기이다. 고깃배에서 발신한 음파가 물고기에 부딪쳐 반사되는 방향과 속도를 분석하여 물고기가 있는 위치를 알아낸다. 예를 들어 어군 탐지기가 특정 방향으로 발신한 음파가 0.1초 만에 반사되어 돌아왔다면, 목표물은 발신 방향으로 75m($1,500m/s \times 0.1s \times 0.5$) 거리에 있음을 알 수 있다. 일반적으로 가까운 거리에 있는 물고기를 찾을 때에는 반사파가 잘 생기는 고주파를 사용한다. 이에 반해 먼 거리에 있는 물고기 떼를 찾을 때에는 도달 거리가 긴 저주파를 사용한다.

음파를 활용하면 지구 온난화 연구에 대한 기초 자료를 얻을 수도 있다. ㉠ 미국의 한 연구팀은 미국 서부 해안의 특정 지점에서 발신한 음파가 호주 해안의 특정 지점에 도달하는 시간을 주기적으로 측정하였다. 이를 통해 연구팀은 수온이 지속적으로 높아지고 있다는 결론을 내렸다. 연구팀은 이러한 결과가 ㉡ 지구 온난화를 입증할 수 있는 증거 중의 하나라고 주장하였다.

071 윗글을 통해 알 수 있는 내용이 <u>아닌</u> 것은?

① 소리는 파동이 전달되는 현상이다.
② 물의 밀도는 공기의 밀도보다 높다.
③ 수중에서 음파는 물을 매개로 전달된다.
④ 음파의 속도는 수압에 따라 달라질 수 있다.
⑤ 멀리 있는 물체일수록 반사파의 양은 많아진다.

072 ㉡을 고려하여 ㉠의 결과를 추론한 내용으로 가장 적절한 것은?

① 음파의 양이 증가하는 추세를 보였겠군.
② 음파의 속도가 느려지는 추세를 보였겠군.
③ 음파의 주파수가 높아지는 추세를 보였겠군.
④ 음파의 도달 거리가 길어지는 추세를 보였겠군.
⑤ 음파의 도달 시간이 짧아지는 추세를 보였겠군.

절에서 시간을 알리거나 의식을 행할 때 쓰이는 종을 범종이라고 한다. 범종은 불교가 중국에 유입되면서 나타나기 시작하여 우리나라와 일본의 사찰로 퍼져 나갔다. 중국 종의 영향 속에서도 우리나라와 일본의 범종은 각각 독특한 조형 양식을 발전시켰는데, 우리나라 범종의 전형적인 조형 양식은 신라에서 완성되었다. 신라에서는 독창적이고 섬세한 조형 양식을 지닌 대형 종을 주조하였는데, 이는 중국이나 일본의 주조 공법으로는 만들기 어려운 것이었다. 이러한 신라 종의 조형 양식은 조선 초기를 기점으로 한 ㉠ 큰 변화가 나타나기 전까지 후대의 범종으로 계승되었다.

신라 종의 몸체는 항아리를 거꾸로 세워 놓은 것과 비슷하게 가운데가 불룩하게 튀어나온 모습을 하고 있다. 이와 달리 중국 종은 몸체의 하부가 팔(八) 자로 벌어져 있으며, 일본 종은 수직 원통형으로 되어 있다. 범종의 정상부에는 종을 매다는 용 모양의 고리인 용뉴(龍鈕)가 있는데, 신라 종의 용뉴는 쌍용 형태인 중국 종이나 일본 종의 용뉴와는 달리 한 마리 용의 모습을 하고 있다. 그리고 용뉴 뒤에는 우리나라의 범종에서만 특징적으로 나타나는 음통이 있다.

주조 공법이 발달했던 신라의 범종에는 섬세한 문양들이 장식되어 있어 중국 종이나 일본 종과 차이를 보인다. 신라 종의 상부와 하부에는 각각 상대와 하대라고 부르는 동일한 크기의 문양 띠가 있는데, 여기에는 덩굴무늬나 연꽃무늬 등의 불교적 상징물이 장식되어 있다. 상대 바로 아래 네 방향에는 사다리꼴의 유곽이 있으며 그 안에 연꽃 봉우리 형상이 장식된 유두가 9개씩 있어, 단순한 꼭지 형상의 유두가 있는 일본 종이나 유두와 유곽 모두 존재하지 않는 중국 종과 차이를 보인다. 그리고 가장 불룩하게 튀어나온 종의 정점부에는 타종 부위인 당좌(撞座)가 있으며, 이 당좌 사이에는 천인상(天人像)이 아름답게 장식되어 있어 가로세로의 띠만 있는 일본 종과 차이가 있다.

고려 시대에는 이러한 신라 종의 조형 양식이 미약한 변화 속에서 계승된다. 전기에는 상대와 접하는 종의 상판 둘레에 견대라 불리는 어깨 문양의 장식이 추가되고 유곽과 당좌의 위치가 달라지며, 천인상만 부조되어 있던 자리에 삼존불 등이 함께 나타난다. 그리고 고려 후기로 가면 전기 양식의 견대가 연꽃을 세운 모양으로 변하고, 원나라의 침입 이후 전래된 라마교의 영향으로 범자(梵字) 문양 등의 장식이 나타난다. 한편, 범종이 소형화되어 신라 종의 조형 양식이 계승되면서도 그러한 조형 양식을 지닌 대형 종의 주조 공법은 사라지게 된다.

조선 초기에는 새 왕조를 연 왕실 주도로 다시 대형 종이 주조된다. 이때 조선에서는 신라의 대형 종 주조 공법을 대신하여 중국 종의 주조 공법을 도입하게 된다. 그러면서 중국 종처럼 음통이 없이 쌍용으로 된 용뉴가 등장하며, 당좌가 사라지고, 신라 종의 섬세한 장식 대신 중국 종의 전형적인 장식들이 나타나게 된다. 이후 불교를 억제하는 정책에 따라 한동안 범종 제작이 통제되었고, 16세기에 사찰 주도로 소형 종이 주조되면서 사라졌던 신라 종의 조형 양식이 다시 나타난다. 그 후 이러한 혼합 양식과 복고 양식이 병립하다가 복고 양식이 사라지면서 우리나라의 범종은 쇠퇴기에 접어들게 된다.

073 윗글의 내용과 일치하지 <u>않는</u> 것은?

① 신라에서는 중국이나 일본과는 다른 주조 공법으로 대형 종을 주조하였다.

② 우리나라와 일본에서 범종이 만들어진 것은 중국에서 불교가 전파된 것과 관련이 있다.

③ 신라 시대부터 범종에 장식되어 있었던 당좌는 조선 시대에 들어와 사라지기도 하였다.

④ 신라 종의 상부와 하부에는 불교적 상징물이 장식되어 있는 동일한 크기의 문양 띠가 있다.

⑤ 고려 시대까지 우리나라의 범종은 외국의 영향을 받지 않으며 신라 종의 조형 양식을 계승하였다.

074 윗글의 서술상 특징으로 가장 적절한 것은?

① 중심 화제의 장점과 단점을 설명하고 있다.
② 중심 화제를 각 시대별 특징에 따라 서술하고 있다.
③ 중심 화제의 개념에 대해 예를 들어 서술하고 있다.
④ 중심 화제를 비슷한 유형끼리 묶어 범주화하고 있다.
⑤ 중심 화제의 구조에 대해 분석적으로 서술하고 있다.

075 ㉠이 나타나게 된 이유로 가장 적절한 것은?

① 조선 시대에 불교를 억제하는 정책을 펴면서 범종 제작이 통제되었기 때문이다.
② 고려 시대에 종이 소형화되면서 신라 종의 조형 양식이 전승되지 못했기 때문이다.
③ 중국 종의 주조 공법으로 대형 종을 만들면서 중국 종의 조형 양식을 따르게 되었기 때문이다.
④ 16세기에 사찰 주도로 범종을 주조할 때 신라 종의 조형 양식을 복원하는 데 한계가 있었기 때문이다.
⑤ 조선 초기에 사찰 주도로 대형 종을 주조하면서 섬세한 조형 양식을 지닌 신라 종을 따르고자 했기 때문이다.

안전하고, 편리하며, 품격 있는 삶을 위한 공공 디자인 사례를 찾습니다.
- '대한민국 공공 디자인 대상' 공모 실시 -

1. 개요
   ○ 문화체육관광부는 한국공예 · 디자인문화진흥원과 함께 '대한민국 공공 디자인 대상'을 다음과 같이 공모합니다. 2008년부터 시행한 '대한민국 공공 디자인 대상'은 공공 디자인의 방향성을 제시하고 문화적 가치를 높이는 데 기여한 모범 사례를 찾아 시상해 왔습니다.
   ○ 일시: 5.27.(월) ~ 8.26.(월)
   ○ 주최: 문화체육관광부
   ○ 주관: 한국공예 · 디자인문화진흥원

2. 선정 부문
   ○ 올해 공모는 프로젝트 부문과 학술 연구 부문으로 나누어 진행됩니다. 프로젝트 부문에서는 국민 생활 속에서 체감할 수 있는 모범 공공 디자인 사례를 찾습니다.

구분		세부 부문		내용
일반 공모 부문	프로 젝트	생활 안전을 더하는 공공 디자인	범죄 예방/ 재난 예방/안전	폭력, 범죄, 재난, 사고를 예방하고 안전을 고려하는 공공 디자인
		모든 이를 위한 공공 디자인	범용(유니버설)/ 보건 · 복지	남녀노소 및 사회적 약자가 구애받지 않는 보편적 디자인 해결방안 제시 및 사회복지 · 사회보장 · 공중위생 등의 향상에 기여하는 공공 디자인
		생활 편의를 더하는 공공 디자인	공공공간/공공시설/ 공공용품	누구나 불편 없이 생활할 수 있는 안내체계 등 공공공간 · 공공시설물 · 공공용품 디자인
		생활 품격을 높이는 공공 디자인	지역정체성/ 공동체 의사소통/ 친환경/ 생활 SOC/기타	지역정체성 및 공동체 의사소통 향상, 친환경적 해결책 제시, 사회적 책임 향상 등 더 나은 삶을 위한 공공 디자인
	학술 연구	기초가 튼튼한 공공 디자인	인력양성/R&D/ 기반조성/기타	공공 디자인의 전문성 · 발전 가능성 · 혁신성 등 R&D 강화 및 공공 디자인 진흥에 기여하는 연구
비공모 부문	주제: 지방 자치 단체 상징 디자인 ※ 비공모 부문은 문화체육관광부와 한국공예 · 디자인문화진흥원이 조사를 통하여 우수 공공 디자인을 발굴, 선정하는 부문임.			

   ○ 학술 연구 부문에서는 공공 디자인에 대한 사회적 담론을 형성하고 새로운 방향성을 제시하는 최근 3년 이내의 연구를 발굴해 시상합니다. 미래 사회에 대한 공공 디자인의 역할과 가치를 제시하는 연구 논문에는 특별상*을 수여할 계획입니다.

   *(특별상) 빅터 마골린(Victor Margolin)이 후원하는 상('17년~): 빅터 마골린은 미국 시카고 일리노이 대학교 디자인사학과 명예교수로서 2015년 국제디자인총회의 기조연사로 한국을 방문, 한국디자인의 발전과 학술 연구 증진을 위한 후원금을 기부함. 비공모 부문 신설, 2019년 주제 '지자체의 상징 디자인'을 직접 조사 · 시상함.

3. 공모 자격

○ 공공 디자인에 관심이 있는 누구나 응모 가능합니다.

구분		내용
일반 공모 부문	프로젝트	실현된 프로젝트로, 프로젝트 참여자 공동 접수 ※ 작품당 참여 인원 제한 없으며, 공동 프로젝트의 경우 공동 추진자의 동의하에 제출
	학술 연구	국내 · 외 공공 디자인 관련 최근 3년 이내(접수일 기준) 연구로, 연구 추진 주체(연구자)에 한하여 접수 가능 ※ 공동 연구 참여자의 경우, 연구 책임자 동의하에 제출

※ 학술 연구 부문에 한하여 국내 · 외 공공 디자인 관련 협 · 단체 등 추천 가능

4. 심사 기준

구분		항목	내용
일반 공모 부문	프로젝트	디자인 기본 원리	심미성, 조화성, 안전성, 사용성, 경제성 등
		공공 디자인 방향	공공성, 지속 가능성, 친환경성, 미래 지향성 등
		공공 디자인 효과	인류 및 사회적 기여도, 확산성, 혁신성 등
	학술 연구	공공성	유용성, 지속 가능성, 친환경성, 사회성, 안전성 등
		창의성	참신성, 차별성, 혁신성 등
		기여도	학문적 · 정책적 기여도 및 활용도 등 기타 파급 효과
	빅터마골린상 추가 심사 기준	미래 지향성	미래 사회에 대한 공공 디자인의 실천적 방안 및 역할, 실효성, 새 로운 관점 · 방향, 디자인의 미래 가치 등

※ 학술 연구: 한국학술지인용색인(KCI: Korea Citation Index)에 등록된 학술지, 학위논문증명서 등 관련 연구 증빙 서
류 제출 시 가산점 부여

076 윗글에 대해 이해한 것으로 알맞지 <u>않은</u> 것은?

① 특별상은 연구 논문에서 수여하는군.
② 공모 신청은 일반 공모 부문만 가능하군.
③ 공동 프로젝트는 공동 추진자의 동의하에 접수할 수 있군.
④ 학술 연구 부문에 응모할 경우, 공동 연구 참여자는 누구나 접수할 수 있군.
⑤ 학술 연구 부문에서 관련 연구 증빙 서류를 제출하면 가산점을 받을 수 있군.

077 일반 공모 부문 프로젝트에 지원할 수 있는 공공 디자인 내용으로 알맞지 <u>않은</u> 것은?

① 지하철의 임산부 배려석 디자인
② 각 구청을 상징하는 로고 디자인
③ 플라스틱 빨대를 대체할 친환경 빨대 디자인
④ 장애인이 지하철을 쉽게 이용할 수 있는 계단 디자인
⑤ 밤늦은 시간 귀가하는 여성의 안전 지키미 로고 디자인

[078~079] 다음 글을 읽고 물음에 답하시오.

> 서울의 청계광장에는 '스프링(Spring)'이라는 다슬기 형상의 대형 조형물이 설치되어 있다. 이것을 기획한 올덴버그는 공공장소에 작품을 설치하여 대중과 미술의 소통을 이끌어 내려 했다. 이와 같이 대중과 미술의 소통을 위해 공공장소에 설치된 미술 작품 또는 공공 영역에서 이루어지는 예술 행위 및 활동을 공공 미술이라 한다.
>
> 1960년대 후반부터 1980년대까지의 공공 미술은 대중과 미술의 소통을 위해 작품이 설치되는 장소를 점차 확장하는 쪽으로 전개되었기 때문에 '장소 중심'의 공공 미술이라 할 수 있다. 이전까지는 미술관에만 전시되던 작품을 사람들이 자주 드나드는 공공건물에 설치하기 시작했다. 하지만 이렇게 공공건물에 설치된 작품들은 한낱 건물의 장식으로 인식되어 대중과의 소통에 한계가 있었기 때문에, 작품이 설치되는 공간은 공원이나 광장 같은 공공장소로 확장되었다. 그러나 공공장소에 놓이게 된 작품 중에는 주변 공간과 어울리지 않거나, 미술가의 미학적 입장이 대중에게 수용되지 못하는 일들이 벌어졌다. 이는 소통에 대한 미술가의 반성으로 이어졌고 시간이 지남에 따라 공공 미술은 점차 주변의 삶과 조화를 이루는 방향으로 발전하였다.
>
> 1990년대 이후의 공공 미술은 참된 소통이 무엇인가에 대해 진지하게 성찰하며 대중을 작품 창작 과정에 참여시키는 쪽으로 전개되었기 때문에 '참여 중심'의 공공 미술이라 할 수 있다. 이때의 공공 미술은 대중들이 작품 제작에 직접 참여하게 하거나, 작품을 보고 만지며 체험하는 활동 속에서 작품의 의미를 완성할 수 있도록 하여 미술가와 대중, 작품과 대중 사이의 소통을 강화하였다. 장소 중심의 공공 미술이 이미 완성된 작품을 어디에 놓느냐에 주목하던 '결과 중심'의 수동적 미술이라면, 참여 중심의 공공 미술은 작품의 창작 과정에 대중이 참여하여 작품과 직접 소통하는 '과정 중심'의 능동적 미술이라고 볼 수 있다.
>
> [A] ⎡ 그런데 공공 미술에서는 대중과의 소통을 위해 누구나 쉽게 다가가 감상할 수 있는 작품을 만들어야 하므로, 미술가는 자신의 미학적 입장을 어느 정도 포기해야 한다고 우려할 수 있다. 그러나 이러한 우려는 대중의 미적 감상 능력을 무시하는 편협한 시각이다. 왜냐하면 추상적이고 난해한 작품이라도 대중과의 소통의 가능성은 늘 존재하기 때문이다. 따라서 공공 미술에서 예술의 자율성은 소통의 가능성과 대립하지 않는다. 공공 미술가는 예술의 자율성과 소통의 가능성을 높이기 위해 대중의 예술적 감성이 어떠한지, 대중이 어떠한 작품을 기대하는지 면밀히 분석하며 작품을 창작해야 한다.

078 윗글의 내용과 일치하지 <u>않는</u> 것은?

① 장소 중심의 공공 미술은 결과 중심의 미술이다.

② 올덴버그의 '스프링'은 대중과의 소통을 위한 작품이다.

③ 장소 중심의 공공 미술은 대중과의 소통에 한계가 있었다.

④ 장소 중심의 공공 미술은 작품 창작에서 대중의 참여를 중요시하였다.

⑤ 공공 영역에서 이루어지는 예술 행위 및 활동은 공공 미술이라 할 수 있다.

079 [A]의 입장에서 〈보기〉의 견해를 비판한 것으로 가장 적절한 것은?

• 보기 •

　공원이나 광장 같은 공공장소에 주변의 공간과의 조화를 고려하지 않고 마치 던져 놓은 듯 만들어 놓은 공공 미술 작품들은 대중들의 관심을 끌지 못했다. 이는 대중과의 소통을 염두에 두지 않았기 때문에 발생하는 것이다. 따라서 공공 미술가는 대중과의 소통을 위해 때로는 자신의 미학적 입장을 포기할 수 있어야 한다.

---

① 공원이나 광장 같은 공공장소에 설치된 작품들은 대중에 의해 예술로 인정받을 수 없다.
② 공공 미술 작품이 대중으로부터 호응을 받으려면 누구나 쉽게 다가갈 수 있도록 해야 한다.
③ 대중의 미적 감상 능력은 한계가 있으므로 작품에서 작가의 미학적 입장을 강조해서는 안 된다.
④ 공공 미술에서 미술가 자신의 미학적 입장을 포기하지 않아도 대중과의 소통 가능성은 열려 있다.
⑤ 미술가의 생각을 작품에 추상적으로 표현하여 대중이 난해하게 느끼면 이 작품은 외면을 받을 수밖에 없다.

[080~084] 다음 글을 읽고 물음에 답하시오.

　도덕적 판단이란 어떤 행위나 의도를 일정한 기준에 따라 좋은 것 혹은 정당한 것으로 판단하는 것을 의미한다. 그런데 도덕적 판단의 기준은 사람이 성장하면서 달라질 수 있다. 도덕성 발달 단계를 연구한 콜버그는 사람들에게 '하인즈 딜레마'를 들려주고 하인즈의 행동의 옳고 그름에 대한 질문을 하였다. 그리고 그는 사람들의 대답에서 단순하게 '예' 혹은 '아니오'라는 응답에 관심을 둔 것이 아니라 그 판단 근거를 기준으로 도덕성 발달 단계를 '전 관습적 수준', '관습적 수준', '후 관습적 수준'의 세 수준으로 나누었다. 그리고 이를 다시 세분화하여 총 여섯 단계로 구성했다.

　콜버그가 구성한 가장 낮은 도덕성 발달 단계는 ⊙ 전 관습적 수준이다. 이 수준은 판단의 기준이 오로지 ⓐ [　　　　　　]와 연관되어 있기 때문에 자기중심적인 단계라고 할 수 있다. 이 수준은 다시 두 단계로 구성된다. 가장 낮은 도덕성인 1단계에서 판단의 기준은 '처벌'이다. 벌을 받으면 나쁜 것이고 칭찬을 받으면 좋은 것으로 인식한다. 2단계에 도달하면 '자신의 이익'이 판단의 기준이 된다. 즉 자신의 욕망을 충족하는 것을 옳다고 간주한다.

　전 관습적 수준을 넘어서면 대다수의 사람들이 속하는 ⓛ 관습적 수준에 다다르게 된다. 이 수준에서는 행위자에게 미치는 결과를 고려하는 것에서 벗어나 사회 집단이나 국가의 기대를 따르게 된다. 관습적 수준의 첫 단계인 3단계에서는 자신이 속한 사회의 구성원들이 동의하는 것을 좋은 것으로 인식한다. 즉 사회에 속한 사람들이 추구하는 것이 도덕적 판단의 기준이 되는 것이다. 4단계에 이르면 모든 잘잘못은 법에 의해 판단되어야 한다고 생각하며, 어떤 예외도 허용하지 않는다. 질서 유지를 위한 법의 준수가 도덕적 판단의 기준이 되는 것이다.

　관습적 수준을 넘어서면 ⓒ 후 관습적 수준에 도달하게 된다. 이 수준은 자신의 가치관과 도덕적 원칙이 자신이 속한 집단과 별개임을 깨닫고 집단을 넘어 개인의 양심에 근거하는 단계라고 할 수 있다. 후 관습적 수준의 첫 번째 단계인 5단계에 이르면 법의 합리성이 도덕적 판단의 기준이 된다. 법이 합리적이지 못할 경우, 법적으로는 잘못이지만 도덕적으로는 옳다고 판단하는 것이다. 6단계에 이르면 도덕적 판단은 스스로 선택한 양심의 결정을 따르는 것이라고 인식한다. 따라서 법이나 관습과 같은 제약을 넘어 인간 존엄, 생명 존중과 같은 본질적 가치가 중요한 판단의 기준이 되는 것이다.

　콜버그 이론의 특징으로는 우선 인간의 도덕성 발달이 단계에 따라 순차적으로 이루어진다고 보았다는 점을 들 수 있다. 즉 사람은 각 단계를 순서대로 거쳐 간다는 것이다. 그리고 도덕성 발달은 자기 수준보다 높은 도덕적 난제를 스스로 해결하는 과정에서 이루어진다고 보았다는 점을 들 수 있다. 이러한 콜버그의 이론은 도덕성 발달을 이끌어 줄 수 있는 유용한 ⓑ 도덕 교육의 틀을 제시했다는 점에서 가치가 있다.

080 윗글에 대한 설명으로 적절한 것은?

① 특정한 이론을 소개한 후 그 의의를 밝히고 있다.

② 권위자의 이론을 설명한 후 그 장단점을 분석하고 있다.

③ 다양한 이론을 제시한 후 각각의 한계를 지적하고 있다.

④ 상반된 두 이론의 차이점을 설명한 후 이를 절충하고 있다.

⑤ 어떤 이론에 대한 통념을 제시한 후 그 문제점을 설명하고 있다.

081 ㉠~㉢을 이해한 내용으로 적절한 것은?

① ㉠은 소수의 사람들이, ㉡은 대다수의 사람들이 거쳐 가는 수준이라고 할 수 있겠군.

② ㉠은 이기적인 욕망을, ㉡은 집단의 가치를 추구하는 수준이라고 할 수 있겠군.

③ ㉠은 집단의 질서를, ㉢은 보편적인 도덕 원칙을 지향하는 수준이라고 할 수 있겠군.

④ ㉡은 개인의 자율성이, ㉢은 집단에 의한 강제성이 중시되는 수준이라고 할 수 있겠군.

⑤ ㉡은 성인들에게서, ㉢은 아동들에게서 많이 보이는 수준이라고 할 수 있겠군.

082 문맥을 고려할 때, ⓐ에 들어갈 말로 가장 적절한 것은?

① 사회적 계약 및 합법적 지향

② 자신이 속한 사회 집단의 규준

③ 행위자에게 미치는 직접적인 결과

④ 권위자에 대한 존중과 사회 질서 유지

⑤ 추상적이고 보편적인 윤리적 행동 지침

083 ⓑ의 내용을 추론한 것으로 가장 적절한 것은?

① 각자의 도덕성 발달 단계 수준보다 낮은 도덕적 원리에 대한 지식을 제공하는 것이다.

② 사람들에게 도덕성 발달 단계의 최고 수준의 도덕 원리에 대한 지식을 제공하는 것이다.

③ 보편적인 도덕성 발달 단계 수준의 도덕적 딜레마를 제공하여 이를 해결하게 하는 것이다.

④ 각자의 도덕성 발달 단계 수준보다 낮은 도덕적 딜레마를 해결하는 방법을 알려 주는 것이다.

⑤ 각자의 도덕성 발달 단계 수준보다 한 단계 높은 도덕적 문제를 제기하여 이를 스스로 해결하게 하는 것이다.

제3회

084
고난도

〈보기〉는 윗글의 '하인즈 딜레마'에 대한 '콜버그의 연구 과정'을 정리한 것이다. 〈보기〉의 [A], [B]에 들어갈 내용을 바르게 연결한 것은?

───────────── • 보기 • ─────────────

• **하인즈 딜레마**: 하인즈의 부인이 암으로 죽어 가고 있었다. 부인을 살릴 수 있는 약은 같은 마을에 사는 어떤 약사가 만든 약뿐이었다. 그런데 그 약사가 원가의 10배나 되는 가격을 책정했기 때문에 하인즈는 그 약을 구입할 수가 없었다. 하인즈는 약사에게 약을 싸게 팔거나 외상으로라도 달라고 간청했지만 거절당했다. 절망을 느낀 하인즈는 그날 밤 약방을 부수고 들어가 부인을 위해 약을 훔쳤다.

〈콜버그의 연구 과정〉

질문	하인즈의 행동은 옳은 것인가? 왜 그렇게 판단했는가?	
판단	판단 기준	단계
예	[A]	2
아니오	마을 사람들의 비난을 받기 때문에	3
아니오	[B]	4
예	생명이 소중하다는 양심에 따른 행동이기 때문에	5

	[A]	[B]
①	자신의 욕망을 충족했기 때문에	법이 합리적이지 못하기 때문에
②	자신이 필요로 하는 약을 얻었기 때문에	법을 어기고 도둑질을 했기 때문에
③	아내에게 칭찬을 받기 때문에	사회적 정의를 저버렸기 때문에
④	마을 사람들에게 좋은 인상을 주기 때문에	약사가 약값을 부당하기 책정했기 때문에
⑤	법을 어겼지만 도덕적으로는 옳기 때문에	약사가 법적 권리를 침해했기 때문에

085 다음 그래프의 내용을 바르게 이해하지 <u>못한</u> 것은?

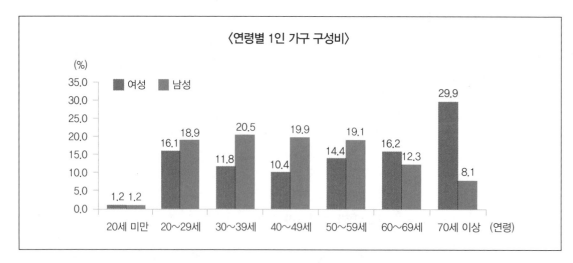

① 남성의 1인 가구 구성비는 30~39세에 가장 높다.

② 여성의 1인 가구 구성비는 70세 이상이 가장 높다.

③ 20세 미만의 남녀 1인 가구 구성비는 같은 비율로 나타났다.

④ 남녀 모두 1인 가구 구성비는 연령이 올라갈수록 감소하고 있다.

⑤ 70세 이상에서 남녀의 1인 가구 구성비의 차이가 가장 크게 나타난다.

086 다음 표의 내용을 바르게 이해하지 <u>못한</u> 것은?

〈임금 근로자의 사회 보험 가입률〉

(단위: %, %p)

구분	사회 보험	2012	2013	2014	2015	2016	2017	2018
여성	국민연금	57.7	60.8	62.2	62.2	64.2	64.4	66.1
	건강 보험	59.8	62.8	64.4	64.6	67.0	68.8	69.0
	고용 보험	56.2	59.1	61.9	62.3	64.7	66.1	66.6
남성	국민연금	71.4	73.8	74.3	73.9	75.0	73.7	75.2
	건강 보험	75.0	77.3	77.9	77.7	78.7	79.6	79.5
	고용 보험	70.6	72.7	74.3	74.5	76.1	76.5	76.7
차이	국민연금	13.7	13.0	12.1	11.7	10.8	9.3	9.1
	건강 보험	15.2	14.5	13.5	13.1	11.7	10.8	10.5
	고용 보험	14.4	13.6	12.4	12.2	11.4	10.4	10.0

① 여성의 사회 보험 가입률은 2018년에 가장 높다.

② 남성의 건강 보험 가입률은 해마다 감소하고 있다.

③ 사회 보험의 남녀 가입률의 차이는 해마다 감소하고 있다.

④ 국민연금의 남녀 가입률의 차이가 가장 큰 해는 2012년이다.

⑤ 남녀 모두 고용 보험 가입률의 변화가 가장 큰 해는 2013년이다.

여름 불청객, 벌 쏘임 사고 주의하세요!
- 주간(8.19.~8.25.) 안전사고 주의보 -

☐ 여름이 되면서 벌의 활동이 왕성해짐에 따라 벌 쏘임 관련 안전사고가 발생하지 않도록 행정안전부에서 시민 여러분께 주의를 당부드립니다.

☐ 벌 쏘임 사고를 예방하려면 다음의 안전 수칙을 준수하여야 합니다.
  ○ 벌을 발견하였을 때는 차분하게 대피하여야 하며, 팔을 휘두르는 등의 큰 몸짓은 벌을 위협하여 흥분시킬 수 있으므로 조심합니다.
  ○ 벌은 검은색이나 갈색 등 어두운 색에 강한 공격성을 보이므로 벌이 많은 장소에 출입할 때는 흰색 등 밝은 계열의 색을 띤 옷을 입는 것이 사고 예방에 도움이 됩니다.
  ○ 향수나 화장품, 헤어스프레이는 벌을 자극할 수 있는 강한 냄새를 유발하므로 자제하고 주스나 청량음료, 과일 등 단 음식은 벌을 끌어들일 수 있으므로 가져가지 말아야 합니다.
  ○ 벌이 있거나 벌집이 있을 만한 곳에서는 2~3분가량 주변을 잘 살펴보고 벌집을 건드리지 않도록 주의합니다.
  ○ 만약 벌집을 건드렸다면 신속하게 벌집에서 20m 이상 떨어진 곳으로 대피합니다.
  ○ 벌에 쏘였을 때는 알레르기로 인한 '과민성 쇼크'가 발생할 수 있기 때문에 쏘인 부위를 깨끗한 물로 씻고, 얼음주머니 등으로 차갑게 한 후 즉시 병원으로 갑니다.
  ○ 말벌에 쏘인 경우 독침이 남아 있지 않지만, 꿀벌에 쏘인 경우 독침이 남아 있을 수 있으므로 신용 카드로 쏘인 부위를 살살 긁어서 밀어내 독침을 제거하여야 합니다.
  ○ 참고로 말벌의 독은 알칼리성이므로 레몬, 식초 등 산성 물질을 바르는 것이 도움이 되고, 꿀벌의 독은 산성이므로 침을 제거한 후 비누 등 알칼리성 물질로 상처를 씻으면 독을 중화할 수 있습니다.

① 벌을 발견한 후, 큰 몸짓은 피하는 것이 좋다.
② 꿀벌의 독은 산성이므로 침을 제거한 후 비누로 씻는다.
③ 밝은 색 계열의 옷을 입는 것이 벌의 공격성을 줄일 수 있다.
④ 벌을 자극하는 냄새를 풍기지 않도록 주의하고 단 음식도 가져가지 않는다.
⑤ 말벌의 독침이 남아 있을 수 있으므로 신용 카드로 긁어서 밀어내 독침을 제거한다.

088 다음 표의 내용을 바르게 이해하지 <u>못한</u> 것은?

〈국가 온실가스 통계〉

(단위: 백만 톤 $CO_2eq.$)

구분	2010	2011	2012	2013	2014	2015	2016
총배출량	657.4	682.9	687.1	696.7	690.9	692.9	694.1
순 배출량	603.0	628.7	638.0	652.0	648.3	650.1	649.6
– 에너지	565.8	594.2	596.9	606.2	598.8	602.4	604.8
– 산업공정	54.4	52.1	53.0	53.3	56.0	53.3	51.5
– 농업	22.2	21.2	21.5	21.4	20.8	20.9	21.2
– 토지 이용 및 임업	−54.4	−54.2	−49.1	−44.7	−42.7	−42.9	−44.5
– 폐기물	15.0	15.5	15.7	15.9	15.4	16.4	16.5

① 온실가스 총 배출량이 가장 많았던 해는 2013년이다.

② 폐기물에서 나오는 온실가스의 양은 2016년에 가장 많았다.

③ 온실가스의 순 배출량이 가장 많이 증가했던 해는 2011년이다.

④ 농업 부분에서 온실가스 배출량이 가장 많이 감소했던 해는 2011년이다.

⑤ 2011년 이후 토지 이용 및 임업에서 발생하는 온실가스의 양은 2010년에 비해 감소했다.

089 다음 글을 읽고 이해한 내용으로 적절하지 <u>않은</u> 것은?

 농림축산 식품부

농수산물 및 가공품 원산지 표시 방법 합리적 개선
- 농식품부 · 해수부 「원산지 표시법 시행령 · 시행 규칙」 개정 시행 -

□ 농림축산식품부와 해양수산부는 통신 판매 증가 등 변화하는 유통 환경에 대응하고, 원산지 표시에 따른 가공업체와 음식점의 불편을 해소하기 위해 「농수산물의 원산지 표시에 관한 법률」 하위 규정을 개정하여 시행한다.

   ＊시행일자: 시행령(2019.7.1.), 시행 규칙(2019.9.10.)

□ 주요 개정 사항은 ▲통신 판매, ▲농수산물 가공품, ▲음식점의 원산지 표시에 해당하며, 세부 사항은 다음과 같다.

   ① 급격히 증가하는 통신 판매의 체계적인 관리를 위해 원산지 표시 대상과 방법을 개선하였다.

   – 통신 판매 원산지 표시 관리 대상을 「전자상거래법」에 따라 신고한 통신 판매업자의 판매와 통신 판매중개업자가 운영하는 사이버몰 판매로 명확히 하였으며,

   – 인터넷 판매 시 「전자상거래법」 표시 방법에 의한 원산지 표시를 허용하고, 배달 판매 시 제품 포장재에 표시가 어려운 경우 영수증 표시를 허용하는 등 다양한 방법으로 원산지를 표시할 수 있도록 하였다.

   ＊「전자상거래법」 관리 대상과 통일하고, 별도 창을 이용한 표시를 허용하여 현장의 혼란 방지

   ② 원산지 표시에 따른 현장의 애로 사항을 해소하기 위해 농수산물 가공품과 음식점의 원산지 표시 방법을 합리적으로 개선하였다.

   – 농수산물 가공품은 포장재 면적에 따라 달리하였던 글자 크기를 10포인트 이상으로 통일하되 소비자 식별이 용이하도록 진하게(굵게) 표시토록 하였으며,

   – 농수산물 명칭이 제품명에 포함되면 해당 농수산물을 모두 표시하는 규정을 3순위 이하의 미량 원료는 「식품표시광고법」에 따라 원재료명을 생략하면 원산지 표시도 생략할 수 있도록 하고,

   ＊「식품표시광고법」의 표시 방법과 통일하여 가공업체의 불편 해소

   – 음식점에서 사용하는 식재료 중 가공품은 주원료만 명확히 표시토록 하고, 거래 명세서 등으로 원산지 확인이 가능한 경우에는 보관 장소(냉장고 등)의 원산지 표시를 생략할 수 있도록 하였다.

   ＊보관 장소 표시 과정에서 식재료 오염을 방지하고, 관리에 따른 업체의 불편 해소

① 통신 판매의 원산지 표시 관리 대상을 두 가지로 명확하게 나누고 있군.
② 배달 판매 시 포장재에 원산지 표시가 어려우면 영수증에 표시할 수 있군.
③ 음식점에서 사용하는 식재료 중 가공품은 주원료만 명확히 표시하면 되는군.
④ 농산물 가공품은 소비자가 식별하기 쉽게 글씨 크기를 10포인트 이상으로 통일했군.
⑤ 농수산물 명칭이 제품명에 포함되면 원재료명을 생략했을 때 원산지 표시를 생략해도 되겠군.

090 다음 글을 읽고 이해한 내용으로 적절하지 <u>않은</u> 것은?

 보건복지부 | **11월부터 복부·흉부 MRI 검사비 부담 1/3로 줄어든다.**

□ 보건복지부는 건강 보험 보장성 강화대책('17.8월)의 후속 조치로서 간, 담췌관, 심장 등 복부·흉부 자기 공명영상법(MRI) 검사의 건강 보험 적용 범위를 전면 확대하는 고시 개정안을 9월 18일(수)부터 행정 예고 ('19.9.18.~10.7.)하고 의학 단체, 국민 등의 의견을 수렴한다.

○ 복부·흉부 부위의 암(간암, 유방암 등) 등의 이상 소견을 확인하는 복부·흉부 MRI 검사는 그간 암 질 환 등 중증 질환에 한하여 제한적으로 건강 보험이 적용되었으며, 그 외 환자는 검사비 전액을 부담했 었다.

*악성 종양과 감별이 필요한 양성 종양, 중등도 이상의 담관 결석 등의 질환은 보험 미적용

○ 이번 고시 개정안이 개정·발령되면 11월 1일부터는 암 질환 등 중증 환자뿐만 아니라 복부·흉부 부위 에 MRI 촬영이 필요한 질환이 있거나, 해당 질환이 의심되어 의사가 타 선행검사 이후 MRI를 통한 정밀 진단이 필요하다고 판단한 경우까지 건강 보험이 적용된다.

□ 복부·흉부 부위의 질환은 일차적으로 초음파나 전산화단층촬영(CT) 등의 검사로 진단하는 것이 일반적 이나, 악성 종양과의 감별 또는 치료 방법 결정을 위한 정밀진단 등 2차적으로 MRI 검사가 필요한 경우가 있다.

○ 예를 들어, 간내 담석은 초음파 검사 등으로 정확한 진단이 어려우나, MRI 검사로 간내 담석의 분포와 담관 협착 위치 등에 대한 정확한 평가가 가능하다.

○ 이외에도 해부학적 구조 확인이 필요한 자궁 기형 환자, 심장 기능의 평가가 필요한 심부전 환자 등이 건강 보험 혜택을 받을 것으로 전망된다.

○ 또한, 환자의 충분한 경과 관찰을 보장하기 위해 건강 보험 적용 기간과 적용 횟수도 확대된다.

– 경과 관찰 기간 중에 정해진 횟수를 초과하여 검사를 받더라도 건강 보험이 적용되고, 본인 부담률만 80%로 높게 적용된다.

○ 다만, 타 선행 검사 없이 1차적으로 촬영한 경우 등은 의학적 필요성이 미흡하여 건강 보험이 적용되지 않는다.

*이 경우는 환자 동의하에 비급여 검사 가능

---

① '간내 담석'은 초음파 검사로 정확한 진단이 가능하다.

② 해부학적 구조 확인이 필요한 자궁 기형 환자는 MRI 건강 보험 혜택을 받을 수 있다.

③ 11월부터는 간암이 의심되어 MRI로 정밀 진단을 해야 하는 경우 건강 보험이 적용된다.

④ 일반적으로 복부나 흉부 부위의 질환은 초음파나 전산화단층촬영(CT) 등의 검사로 진단한다.

⑤ 경과 관찰 기간 중 정해진 횟수를 초과하면 건강 보험은 적용되지만 본인 부담률이 높아진다.

091 〈보기〉의 ㄱ~ㅁ에 제시된 발화를 분석한 내용으로 적절하지 <u>않은</u> 것은?

• 보기 •

ㄱ. (선생님이 지각한 학생에게) 도대체 지금이 몇 시니?
ㄴ. (창문이 닫힌 교실의 창가에 앉은 학생에게) 얘들아, 너무 덥지 않니?
ㄷ. (출근하려다 집에 다시 들어오며 남편이 부인에게) 여보, 밖에 비가 많이 와.
ㄹ. (발표를 듣고 화난 표정의 상사가 부하 직원에게) 자네 회사 그만 다니고 싶은가?
ㅁ. (늦은 밤 음악을 크게 틀어 놓은 옆집 사람에게) 잠 좀 잡시다.

① ㄱ, ㄹ, ㅁ의 발화 상황에서는 '죄송하다'는 표현으로 대답해야 한다.
② ㄴ의 상황을 직접 발화로 바꾸면 "지금 기온이 몇 도일까?"와 같은 내용일 것이다.
③ ㅁ은 문장의 형식은 청유문이지만, 청자의 행동 수행을 촉구하는 명령의 의미가 있다.
④ ㄱ~ㅁ은 모두 간접 발화에 해당한다.
⑤ ㄱ~ㅁ은 의도를 상황에 맞춰 표현한 것이다.

092 〈보기〉에 제시된 국어사전의 정보를 탐구한 내용으로 적절하지 <u>않은</u> 것은?

• 보기 •

㉠ **뜨다**⁵ 동 「…을」 감았던 눈을 벌리다.
    예 그는 잠이 깨어 눈을 떴다.

㉡ **뜨다**⁹ 동 「…을」 상대편의 속마음을 알아보려고 어떤 말이나 행동을 넌지시 걸어 보다.
    예 상대편의 속마음을 슬쩍 뜨다.

㉢ **뜨다**¹³ 동 행동 따위가 느리고 더디다.
    예 동작이 그렇게 떠서 어디 먹고살겠어?

① ㉠의 반의어는 '감다'이다.
② ㉢을 활용한 속담에는 '뜬 소 울 넘는다'가 있다.
③ ㉠~㉢은 형태는 같지만 서로 뜻이 다른 동음이의어이다.
④ ㉠, ㉡이 문장에서 사용될 때에는 목적어를 요구하며, 두 자리 서술어이다.
⑤ ㉠~㉢은 활용할 때, 모음의 어미와 결합하면 형태가 변하는 불규칙 활용이다.

〈보기〉의 단어들을 발음할 때 공통적으로 일어나는 음운 현상이 포함된 단어는?

보기

목록	색연필	밟는다	옛날

① 꽃잎   ② 문화
③ 촬영   ④ 알약
⑤ 해돋이

〈보기〉의 ㄱ~ㅁ에 제시된 명사형과 그에 대한 설명으로 적절하지 않은 것은?

보기

중세 국어에서 명사형 어미는 '-옴/움'이 쓰였다. 앞에 나오는 어간에 따라 양성 모음이 면 '-옴', 음성 모음이면 '-움'이 쓰였다. 또한 근대 국어 시기에는 명사형 어미로 '-기'를 쓰기도 했다. 반면에 현대 국어에서 명사형 어미의 역할을 하는 '-음'은 '-옴'과 함께 명사 파생 접미사의 기능을 했다. '-옴/음'도 앞에 나오는 어간에 따라 양성 모음이 오면 '-옴', 음성 모음이면 '-음'을 사용한다.

ㄱ. 쓰-+-움 → 뿜(씀, 사용함)
ㄴ. 닙-+-기 → 닙기[(옷을) 입기]
ㄷ. 얼-+-움 → 어룸(얼음)
ㄹ. 살-+-옴 → 사롬(사람)
ㅁ. 살-+-옴 → 사롬(삶)

① ㄱ: 어간이 음성 모음이므로 명사형 어미 '-움'이 결합한 후, 모음 'ㅡ'가 탈락되었다.
② ㄴ: 근대 국어 시기의 명사형 어미 '-기'가 사용되었다.
③ ㄷ: 용언을 명사로 바꾸는 음성의 명사 파생 접미사 '-움'이 결합되었다.
④ ㄹ: 용언을 명사로 바꾸는 양성의 명사 파생 접미사 '-옴'이 결합되었다.
⑤ ㅁ: 어간 뒤에 명사형 어미 '-옴'이 결합하여 명사형이 되었다.

095

다음 중 표현론적 관점에서 작품을 분석한 내용으로 적절한 것은?

① 글을 읽고 느긋한 삶의 중요성을 알게 됐어.
② 첫 연과 마지막 연이 수미쌍관을 이루고 있군.
③ 60년대 독재 정권에 저항하고자 하는 화자의 의지가 담겨 있군.
④ 화자는 일제에 적극적으로 저항하지 못하는 지식인의 우유부단함을 보여 주고 있군.
⑤ 작가가 자식을 잃고 쓴 시이므로 자식을 잃은 부모의 슬픔을 그렸다고 볼 수 있겠군.

096 〈보기〉에서 설명하고 있는 민속극은?

---● 보기 ●---

조선 시대 민속 무용 중 하나이며, 중요 무형 문화재 제17호로 지정되어 있다. 황해도 지역에서 전해지는 산대놀음 계통의 탈춤으로 사자춤이 등장한다. 놀이 내용은 제1과장 사(四)상좌춤, 제2과장 팔(八)목중춤, 제3과장 사당춤, 제4과장 노장춤, 제5과장 사자춤, 제6과장 양반춤, 제7과장 영감·할미춤으로 구성되어 있다. 해학성이 강하고 봉건 제도의 모순에 대한 비판 의식이 반영되어 있다.

① 봉산 탈춤
② 통영 오광대
③ 꼭두각시놀음
④ 양주 별산대놀이
⑤ 하회 별신굿 탈놀이

097
고난도

〈보기〉에서 설명하고 있는 작가는?

---● 보기 ●---

이 작가의 문학 세계는 모더니즘과 리얼리즘의 영향 아래 놓여 있다. 가난한 사람들에게 관심을 가지고 있고, 계급적인 시각에서 민족의 개념을 규정한 좌파 문학과도 일정한 거리를 유지하고 있다. 철저한 이념주의와 명분주의를 벗어나 민족 전체의 이익을 위한 문학을 내세우는 점이 특징이다. 대표적인 작품집은 첫 시집 『분수령』(1937), 제2시집 『낡은 집』(1938), 제3시집 『오랑캐꽃』(1947)이 있다.

① 백석
② 이상
③ 박두진
④ 이용악
⑤ 정지용

다음 근대 광고에 대한 설명으로 적절하지 <u>않은</u> 것은?

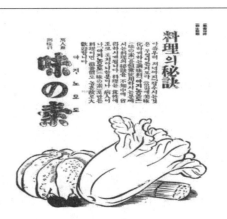

料理(요리)의 秘訣(비결)

아츰부터 져녁까지 잡수시는것은 무엇이든지모다 當場(당장)에 美味化(미매화)하게하는 調味料(조미료) 「아지노모도」를 恒常(항상) 使用(사용)하시는분께서는 料理(요리)의 秘訣(비결)을 不知中(부지중)에 會得(회득)하시게됨니다. 料理(요리)는 食性(식성)에 조코 조치아니한분이나 病人(병인)이나 「아지노모도」로 만든 料理(요리)이면 滋養價(자양가)도 놉흔故(고)로 大歡迎(대환영)함니다.

① 재음소화된 단어를 사용하고 있다.
② 음운이 축약된 형태를 사용하고 있다.
③ 종결 어미의 형태가 현대 국어와 같다.
④ 초성에 합용 병서된 단어를 사용하고 있다.
⑤ 선택의 의미를 가진 연결 어미의 형태가 현대 국어와 같다.

099 〈보기〉는 북한의 그림책에 실린 글이다. ㉠~㉤에 대한 설명으로 적절하지 <u>않은</u> 것은?

> ● 보기 ●
>
> 　옛날도 아주 오랜 ㉠ <u>옛날이였습니다</u>. 어느날 동산에서는 짐승들이 모여 ㉡ <u>힘 겨루기</u>를 하고 있었습니다. 이때 호랑이가 불쑥 나타났습니다.
> 　"힘내기는 해 보나마나 내가 일등이야. 자, 누가 나와 맞설 텐가, 응?"
> 　몸집이 큰 곰도 ㉢ <u>메돼지</u>도 감히 맞설 생각을 못하고 슬금슬금 뒤걸음을 쳤습니다.
> 　"가만, ㉣ <u>이기고지는건</u> 해보아야 알지 말만 가지고는 ㉤ <u>알수</u> 없어."

① ㉠: 북한에서는 남한과 달리 어간이 '하-'로 끝나지 않더라도 어미 '어'를 '여'로 적는다.

② ㉡: 남한에서는 하나의 단어로 인정하여 '힘겨루기'로 표기한다.

③ ㉢: 북한에서는 남한과 달리 사이시옷을 표기하지 않은 형태로 표기한다.

④ ㉣: 남한에서는 '이기고 지는 건'으로 띄어 쓴다.

⑤ ㉤: 남한에서도 의존 명사 '수'를 붙여 쓴다.

100 방송 언어에 대한 지적으로 적절하지 <u>않은</u> 것은?

① 경찰은 <u>초등</u> 수사와 수배망의 허점으로 번번이 독 안에 든 쥐나 다름없는 범인을 놓치고 말았다. → 잘못된 어휘로 '초동'으로 수정해야 한다.

② 서울시는 오는 12일부터 19일까지 <u>여드레</u> 동안 '도시재생기업' 2차 공개 모집을 실시한다고 11일 밝혔습니다. → 전달력 면에서 '8일'이 더 나은 표현이다.

③ 고양시가 지난 6월 시청 소회의실에서 경기장 <u>기부체납</u>을 위해 '바른사회운동본부'와 업무협약(MOU)을 체결했다고 밝혔다. → '기부채납'이 맞는 표현이므로 수정한다.

④ 아시아나 항공은 2015년 경영정상화 작업의 하나로 <u>A380</u>을 제외한 모든 기종의 일등석을 없앴습니다. → 항공기의 기종은 개별 숫자로 읽어야 하므로 [에이삼팔공]으로 읽는다.

⑤ <u>자신들에게</u> 유리하게 법안이 만들어지도록 해당 국회의원들에게 설명하겠다는 것입니다. → 어떤 행동이 미치는 대상을 나타내므로, 조사를 '자신들에'로 수정한다.

제4회

기출 동형 모의고사

제4회 기출 동형 모의고사

001~015   듣기 · 말하기   MP3로 듣기 지문을 들으며 문제를 풀어 보세요. 🎧

001 그림에 관한 설명에서 다루지 <u>않은</u> 것은?

① 오늘의 메뉴
② 식탁에 앉은 사람들
③ 머리에 장식을 한 신랑
④ 조신하게 앉아 있는 신부
⑤ 그릇을 나르는 나무판자

002 이 이야기의 마지막에 이어질 내용으로 가장 적절한 것은?

① 거울 뒤에는 또 다른 세상이 존재한다.
② 뒤집어 생각하면 모든 것을 이해할 수 있다.
③ 곤경에 빠져도 자유롭게 살아갈 날을 생각해야 한다.
④ 위기를 기회로 만드는 생각의 전환이 필요한 때이다.
⑤ 비방과 모함의 굴욕을 견디는 인내심이 필요한 때이다.

003 강연의 내용과 일치하지 <u>않는</u> 것은?

① '대나무 천장'은 아시아계 미국인들에 대한 차별을 의미한다.

② 아시아계 미국인들은 미국 기업에서 승진하는 데 어려움이 있다.

③ 아시아계 미국인들은 다른 미국인들에 비해 순종하는 경향이 있다.

④ 미국 기업에서는 자기 의견을 내세우기보다 순종하는 직원을 선호한다.

⑤ 아시아계 미국인들이 불이익을 받는 이유는 기업 문화의 차이 때문이다.

004 방송을 듣고 이해한 내용으로 적절하지 <u>않은</u> 것은?

① 이 곡은 존 레논과 폴 매카트니의 합작곡이다.

② 이 곡의 일부분은 미국 버전에서 들을 수 없다.

③ 이 곡은 pc 고주파 노이즈를 기본으로 만들어졌다.

④ 중간에 곡을 연결하는 부분은 오케스트라가 투입되었다.

⑤ 청각이 좋거나 어린 사람은 5분 6초쯤에 삽입된 부분을 들을 수 있다.

005 이 시의 제목으로 가장 적절한 것은?

① 구름

② 안개

③ 천둥

④ 소나기

⑤ 장맛비

006 교수가 설명한 내용과 일치하지 <u>않는</u> 것은?

① MBTI는 유형 지표에 따라 사람을 나눈 것이다.

② MBTI의 유형 지표는 크게 네 가지 차원으로 나눌 수 있다.

③ MBTI 열풍은 사회의 구조적인 특성에 의해서만 나타나는 것이다.

④ MBTI로 사람을 유형화하여 면접 등의 선발에 쓰는 것은 문제가 될 수 있다.

⑤ MZ 세대는 미 제너레이션(me generation) 세대로 자기 정체성에 대해서 궁금해 하는 특성이 있다.

007 대담자들의 말하기에 대한 설명으로 적절하지 <u>않은</u> 것은?

① 교수: 용어에 대한 개념을 설명하고 있다.
② 교수: 기본적인 개념에서 확장·적용되는 사례를 설명하고 있다.
③ 교수: 청취자들의 반응을 끌어내기 위해 사회자에게 질문하고 있다.
④ 사회자: 교수의 말을 요약하여 다음 말을 이끌어 내고 있다.
⑤ 사회자: 주제와 관련된 자신의 경험과 연관 지어 대화를 시작하고 있다.

008 등장인물의 생각으로 적절하지 <u>않은</u> 것은?

① 아들: 지금 내 처지에 데이트는 사치야.
② 엄마: 대책 없이 개를 키우는 것을 이해할 수 없어.
③ 엄마: 아들이 부족하면 부족한 대로 결혼해서 살았으면 좋겠어.
④ 아들: 마흔 돼서 결혼해도 늦지 않아. 혼자만의 삶을 좀 더 즐길 거야.
⑤ 엄마: 좋은 사람 만나라고 독립시켜 준 건데…… 빨리 좋은 사람을 만났으면 좋겠어.

009 두 사람의 의견이 대립하게 된 근본적인 원인으로 알맞은 것은?

① 결혼에 대한 시각 차이
② 반려견에 대한 시각 차이
③ 생활 패턴에 대한 시각 차이
④ 연애 방식에 대한 시각 차이
⑤ 적정 생활비에 대한 시각 차이

010 강연의 내용과 일치하지 <u>않는</u> 것은?

① 포대기는 다양한 용도로 사용되었다.
② 포대기의 구조는 단순하지만, 소재가 다양하다.
③ 포대기에는 우리 어머니들의 알뜰함이 배어 있다.
④ 포대기를 대물림하는 것에서 나눔의 문화를 찾을 수 있다.
⑤ 과거의 어머니들은 포대기 속 아이의 무게를 참아 가며 살아 왔다.

011 강연에서 비판하는 내용으로 가장 적절한 것은?

① 보수적 삶의 태도를 비판하는 현상
② 전통적 삶의 가치가 붕괴되는 현상
③ 효율적인 삶의 태도가 무시되는 현상
④ 공동체적 삶의 가치가 경시되는 현상
⑤ 합리적 삶의 자세가 인정받지 못하는 현상

012 대화를 이해한 내용으로 가장 적절한 것은?

① 이 대리는 급한 미팅을 먼저 처리하고자 한다.
② 이 대리는 김 과장이 자신에게 일을 떠넘기는 것에 화가 났다.
③ 김 과장은 이 대리가 업무 강도를 조절하지 못하는 것에 화가 났다.
④ 김 과장은 이 대리가 두 가지 일을 동시에 하려는 것이 맘에 들지 않는다.
⑤ 김 과장은 프로젝트 체크리스트보다 파트너사와의 미팅이 더 중요하다고 생각한다.

013 두 사람 사이에 갈등이 생긴 근본적인 원인으로 가장 적절한 것은?

① 김 과장은 이대리가 자신을 무시한다고 생각한다.
② 김 과장은 이 대리의 언어 예절을 부정적으로 생각한다.
③ 이 대리는 김 과장의 애매한 업무 배분 방식에 대해 불만이 있다.
④ 이 대리는 김 과장이 과도한 업무를 급하게 요구한다고 생각한다.
⑤ 김 과장은 자신의 이미지 관리를 하며 언행을 미화해서 말하고 있다.

014 발표의 내용과 일치하지 <u>않는</u> 것은?

① 백색 소음은 음높이와 음폭이 다양하다.
② 소음의 유형에는 컬러 소음과 백색 소음이 있다.
③ 다양한 음높이의 소리를 합하면 넓은 음폭의 컬러 소음이 된다.
④ 백색 소음은 자연음이기 때문에 그 소리에 안정감을 느끼게 된다.
⑤ 백색 소음을 인공적으로 만들어 개인 정보 보호를 위해 활용할 수 있다.

015 발표의 내용 구성 전략으로 가장 적절한 것은?

① 백색 소음과 컬러 소음의 공통점을 설명한다.
② 백색 소음을 장점과 단점으로 나누어 설명한다.
③ 소음의 유형을 원인과 결과로 나누어 설명한다.
④ 소음에 대한 전문가의 의견을 인용하여 설명한다.
⑤ 소음의 개념을 이해하기 쉽게 예를 들어 설명한다.

016~030 　어휘

---

016 '산뜻하지 못하게 조금 하얗다.'를 의미하는 고유어는?

① 톺다　　　　　　　　　　　② 내밟다
③ 걱세다　　　　　　　　　　④ 곰살궂다
⑤ 해읍스름하다

---

017 한자어의 사전적 뜻풀이로 옳지 <u>않은</u> 것은?

① 지탄(指彈): 잘못을 지적하여 비난함.
② 객기(客氣): 객쩍게 부리는 혈기(血氣)나 용기.
③ 호가(呼價): 팔거나 사려는 물건의 값을 높여 부름.
④ 첩경(捷徑): 멀리 돌지 않고 가깝게 질러 통하는 길.
⑤ 편법(便法): 정상적인 절차를 따르지 않은 간편하고 손쉬운 방법.

---

018 밑줄 친 고유어의 뜻풀이가 옳지 <u>않은</u> 것은?

① 그녀는 생각 없이 <u>덥뻑</u> 일을 저질렀다.
　　→ 깊은 생각이 없이 무턱대고 행동하는 모양.
② 일손이 <u>얼뜨니</u> 일이 언제 끝날지 모르겠다.
　　→ 다부지지 못하여 어수룩하고 얼빠진 데가 있다.
③ 그는 마음이 <u>달떠서</u> 일이 손에 잡히지 않았다.
　　→ 마음이 가라앉지 아니하고 조금 흥분되다.
④ <u>일껏</u> 음식을 만들어 주었더니 맛이 없다고 불평이다.
　　→ 힘닿는 데까지 최선을 다하다.
⑤ 아이는 어른들이 모인 자리에서 <u>자발없이</u> 굴다가 할아버지께 혼이 났다.
　　→ 행동이 가볍고 참을성이 없다.

019 밑줄 친 한자어의 쓰임이 적절하지 <u>않은</u> 것은?

① 현실과 이상의 <u>착종(錯綜)</u> 속에서 갈등을 겪었다.

② 전통의 계승과 <u>답습(踏襲)</u>을 혼동해서는 안 된다.

③ 규정을 어겼다는 이유로 <u>해촉(解囑)</u> 통보를 받았다.

④ 새로운 임금이 즉위하면서 각 지방에 예의를 강조하는 <u>장계(狀啓)</u>를 내렸다.

⑤ 신분적 <u>예속(隷屬)</u> 관계를 타파하고자 하는 하층민의 항거는 꾸준히 나타났다.

020 '예사롭지 아니하다.'를 뜻하는 '비상(非常)하다'의 용례로 가장 적절한 것은?

① 그는 재주가 <u>비상하다</u>.

② 비행기가 하늘로 <u>비상하고</u> 있다.

③ 갈매기는 자유를 찾아 하늘을 <u>비상하는</u> 것이라 했다.

④ 정든 곳을 떠나려니 <u>비상한</u> 마음에 잠이 오지 않았다.

⑤ 각 정당은 그 사건에 <u>비상한</u> 관심을 가지고 사건의 결과를 지켜보고 있다.

021 〈보기〉의 ㉠~㉢에 해당하는 한자로 올바르게 묶인 것은?

> ──────── 보기 ────────
>
> • 종이 ㉠ <u>매수</u>가 셀 때마다 잘 맞지 않는다.
> • 그는 돈에 ㉡ <u>매수</u>돼서 양심을 팔아 버렸다.
> • 이번 달에는 경기가 좋지 않아 ㉢ <u>매수</u>가 잘 이뤄지지 않았다.

	㉠	㉡	㉢
①	枚數	買收	買售
②	枚數	買售	買收
③	買收	枚數	買售
④	買售	枚數	買收
⑤	買受	買售	枚數

022 〈보기〉의 밑줄 친 부분의 의미 관계에 해당하는 것은?

> ● 보기 ●
>
> 반의어는 의미 요소가 서로 짝을 이루어 대립하는 단어 관계를 말한다. 한 개의 의미 요소만 다르고, 나머지의 의미 요소는 모두 같아야 한다. 이를 분류해 보면 중간 개념이 존재하지 않는 '상보 반의어', 중간 개념이 존재하는 '정도 반의어', 방향상의 대립을 나타내는 '방향 반의어'가 있다.

① 위 : 아래
② 시작 : 끝
③ 출석 : 결석
④ 어른 : 아이
⑤ 덥다 : 춥다

023 밑줄 친 어휘의 사용이 올바르지 않은 것은?

① 산을 오르며 나뭇가지를 잡아 뒤로 젖혔다.
② 막연한 갈음으로 사업을 하다가는 실패하기 쉽다.
③ 야, 너는 킷값도 못하고, 도대체 어쩌자는 것이냐?
④ 그는 밤하늘의 뭇별을 바라보며 과거를 회상하였다.
⑤ 옆에서 아이가 헤살을 치는 바람에 일을 망쳐 버렸다.

024 다음 중 밑줄 친 한자어와 고유어의 대응으로 적절하지 않은 것은?

① 문화 시설 대부분이 서울에 편재(偏在)해[치우쳐] 있다.
② 다른 사람을 훼방(毁謗)하는[헐뜯는] 말을 하는 게 도움이 될까?
③ 국력이 쇠퇴(衰退)하는[이우는] 때에는 항상 왜구의 침입이 잦았다.
④ 휴전을 반대한다는 우리의 확고한 결의를 반복해서 천명(闡明)했다[밝혔다].
⑤ 그는 이성적인 사람이라 위협(威脅)해도[얼러도] 쉽게 맘을 바꿀 사람이 아니다.

025 〈보기〉의 ⑤과 같은 의미의 '나가다'가 사용된 것은?

⸺• 보기 •⸺

기사가 신문에 ⑤ 나가자 사회가 온통 들쑤신 듯했다.

① 그는 이번에 새로 문단에 나가게 되었다.
② 차가 시동을 넣자 천천히 앞으로 나갔다.
③ 이 그림은 값이 무려 3천만 원이나 나간다.
④ 인기 드라마에는 광고가 연이어 나가는 법이다.
⑤ 새 제품이 시장에 나간 후의 시장 조사는 필수적이다.

026 속담을 사용한 표현이 적절하지 않은 것은?

① '하루가 여삼추'라는 말이 있듯이 나이가 들수록 시간이 빠르게 간다.
② '하루 세 끼 밥 먹듯'이라는 말이 있듯이 가벼운 운동을 일상화해야 한다.
③ '소 죽은 귀신 같다'라는 말이 있듯이 그의 고집은 누구도 꺾을 수가 없다.
④ '굳은 땅에 물이 괸다'라는 말이 있듯이 아끼는 것만이 재산을 모으는 방법이다.
⑤ '소 가는 데 말도 간다'라는 말이 있듯이 이 부장도 강 부장처럼 업무를 잘 처리할 수 있을 것이다.

027 '여럿 가운데 재능이 뛰어나거나, 훌륭한 물건'을 뜻하는 사자성어의 의미가 아닌 것은?

① 백미(白眉)
② 철중쟁쟁(鐵中錚錚)
③ 득의지추(得意之秋)
④ 군계일학(群鷄一鶴)
⑤ 낭중지추(囊中之錐)

028 밑줄 친 관용 표현의 의미가 적절하지 <u>않은</u> 것은?

① 그들은 차츰 흉악한 <u>마각을 드러내기</u> 시작했다.

　　→ 마각을 드러내다: 악마의 뿔이라는 뜻으로, 숨기고 있던 일이나 정체를 드러냄을 이르는 말.

② 저 사람은 우리 회사에서 <u>끗발이 좋은</u> 사람이다.

　　→ 끗발(이) 좋다: 세도나 기세가 당당하다.

③ 먹을 게 귀하던 시절에는 죽을 쑤어서라도 <u>느루 가게</u> 살려고 했다.

　　→ 느루 가다: 양식이 일정한 예정보다 더 오래가다.

④ 그는 항상 상대방의 <u>말끝을 잡는</u> 버릇이 있어 사람들 사이에서 평판이 좋지 않다.

　　→ 말끝(을) 잡다: 다른 사람의 말을 약점으로 문제 삼다.

⑤ 농민들은 <u>큰물이 간</u> 후에 엉망이 된 밭을 보고 허탈한 표정을 지을 수밖에 없었다.

　　→ 큰물이 가다: (강이나 개울이) 홍수로 인해 넘쳐 논밭을 휩쓸고 지나가다.

029 밑줄 친 부분을 쉬운 말로 표현한 것으로 적절하지 <u>않은</u> 것은?

① 젊은 세대 <u>거개(擧皆)의</u>(→ 소수의) 사람들이 출세를 하고 싶어 한다.

② <u>개전의 정(改悛의 情)</u>(→ 뉘우치는 빛)이 있는 사람에게는 면허를 재교부할 수 있다.

③ 그는 국내에서 열리는 회의 출석을 <u>가탁(假託)하고</u>(→ 거짓 핑계를 대고) 국내에 들어왔다.

④ 이런 얄팍한 <u>사술(詐術)</u>(→ 남을 속이는 수단)을 곧이곧대로 신용할 사람은 아무도 없었다.

⑤ 당에서 협의한 여러 사항을 본회의에 주요 안건으로 <u>부의(附議)하기로</u>(→ 토의에 부치기로) 했다.

030 밑줄 친 표현을 바르게 순화하지 <u>못한</u> 것은?

① 소고기의 맛은 적절한 <u>마블링</u>(→ 결지방)이 결정한다.

② 건물을 다시 고칠 때에는 <u>가드</u>(→ 가림막)를 설치해야 한다.

③ 큰 사고가 나면 이를 총괄할 <u>컨트롤 타워</u>(→ 지휘 본부)의 역할이 중요하다.

④ 각 나라에서는 원활한 협의 체계를 구축하기 위해 <u>워킹 그룹</u>(→ 자문단)을 파견했다.

⑤ 물가가 오르자 <u>소셜 커머스</u>(→ 공동 할인 구매)를 이용하여 저렴하게 물건을 구매하였다.

031 밑줄 친 단어의 표기가 올바르지 <u>않은</u> 것은?

① 배달된 저녁 신문이 <u>싹둑싹둑</u> 오려져 있었다.

② 환자의 얼굴에 고통이 <u>적나라(赤裸裸)</u>하게 드러났다.

③ 아이는 먼 길을 와서인지 밥 한 그릇을 <u>뚝딱</u> 해치웠다.

④ 아직 <u>햇발</u>이 남아 있고 전등이 들어와서 어중되게 환했다.

⑤ 그의 <u>냉냉(冷冷)</u>하고 근엄한 태도에 저도 모르게 주눅이 들었다.

032 '겹받침을 가진 어간에 접미사가 붙어서 된 말'의 표기로 옳지 <u>않은</u> 것은?

[고난도]

① 굵다랗다　　　　　　　　② 넓적하다

③ 짤따랗다　　　　　　　　④ 넙둥글다

⑤ 할짝거리다

033 밑줄 친 부분의 표기가 올바르지 <u>않은</u> 것은?

① 이것은 <u>붓이오.</u>

② 이제 어찌 <u>하리요?</u>

③ 그는 얼굴이 검고 <u>넓데데하다.</u>

④ 그녀는 사과를 껍질째 <u>베</u> 물었다.

⑤ 차가 먼지를 <u>자욱이</u> 날리며 달린다.

034 밑줄 친 부분의 띄어쓰기가 옳지 <u>않은</u> 것은?

① 그와 만난∨지 어느새 3년이 되어 간다.
② 오늘따라 기분이 좋아 보이는구면∨그래.
③ 이것은 우리 문제니 <u>제삼자</u>는 상관하지 마라.
④ 보관할 필요 없는 영수증은 반드시 <u>찢어∨버려야</u> 한다.
⑤ 그들 사이에는 그런 거래를 할 수는 없다는 식의 <u>대거리</u>가 있었다.

035 다음 중 표준어가 <u>아닌</u> 것은?

① 깜장   ② 서넛
③ 끽소리   ④ 뒷발톱
⑤ 논틀밭틀

036 다음 중 문장 부호의 사용이 적절하지 <u>않은</u> 것은?

① 아이들이 모두 학교(에, 로, 까지) 갔어요.
② 예나는 '일이 다 틀렸나 보군.' 하고 생각하였다.
③ 책의 서문, 곧 머리말에는 책을 지은 목적이 드러나 있다.
④ 그것[한글]은 이처럼 정보화 시대에 알맞은 과학적인 문자이다.
⑤ 우리는 모두…… 그러니까…… 예외 없이 눈물만…… 흘렸다.

037 어휘 선택에 따른 표준어 규정 중, "한 가지 의미를 나타내는 형태 몇 가지가 널리 쓰이며, 표준어 규정에 맞으면 그 모두를 표준어로 삼는다."에 해당하지 <u>않는</u> 것은?

① 가뭄/가물
② 되우/된통
③ 샛별/새벽별
④ 서럽다/섧다
⑤ 뾰두라지/뾰루지

038 〈보기〉의 ㉠~㉤에 대한 설명으로 적절하지 <u>않은</u> 것은?

• 보기 •

- 그는 대접째로 들어서 ㉠ <u>말국</u>을 후루룩 마셨다.
- 소개팅에 나갔더니 사진과는 ㉡ <u>영판</u> 다른 사람이 나왔다.
- 도로 공사 중이어서인지 길바닥이 ㉢ <u>언틀먼틀</u> 고르지 못하다.
- 직원들이 일할 생각은 안 하고 잡지 ㉣ <u>너부렁이</u>나 들여다보고 있다.
- 그녀는 눈물을 훔치며 ㉤ <u>부지팽이</u>로 타 버린 장작의 작은 불덩이들을 솥 아래로 긁어모았다.

---

① ㉠: '국, 찌개 따위의 음식에서 건더기를 제외한 물'이라는 의미의 표준어이다.
② ㉡: '보통 정도보다 훨씬 더 넘어선 상태로'라는 의미로 표준어가 아니다.
③ ㉢: '바닥이 고르지 못하여 울퉁불퉁한 모양'을 의미하는 표준어이다.
④ ㉣: '종이나 헝겊 따위의 자질구레한 오라기'를 의미하는 것으로 표준어이다.
⑤ ㉤: '아궁이 따위에 불을 땔 때에, 불을 헤치거나 끌어내거나 거두어 넣거나 하는 데 쓰는 가느스름한 막대기'의 의미로, 표준어가 아니다.

039 다음 중 된소리되기 현상이 일어나지 <u>않는</u> 것은?

① 넋이   ② 닳소
③ 있어   ④ 젊지
⑤ 훑소

040 다음 중 외래어의 표기가 옳은 것은?

① 보울(bowl)   ② 케챂(ketchup)
③ 카라멜(caramel)   ④ 마요네스(mayonnaise)
⑤ 콘플레이크(cornflakes)

041 다음 중 국어의 로마자 표기법에 따라 적은 것으로 올바르지 <u>않은</u> 것은?

① 김말이: Gimmari   ② 멧나물: Metnamul
③ 꽃게장: Kkotgejang   ④ 사직단: Sajikdan
⑤ 의상대: Uisangdae

042 글의 흐름을 고려할 때, ①~⑤ 중 자연스러운 문장은?

> ① 광고주들은 광고를 통해 상품의 인지도와 상품에 대한 호의적 태도를 확산시키려 한다. ② 광고 제작자는 간접 광고에서 이러한 광고 효과를 거두기 위해 주류적 배치와 주변적 배치가 활용된다. ③ 주류적 배치는 출연자가 상품을 사용·착용하거나 대사를 통해 상품을 언급한다. ④ 하지만 주변적 배치는 화면 속의 배경을 통해 상품을 노출하는 것인데, 시청자들은 주변적 배치보다 주류적 배치에 더 주목하게 된다. ⑤ 또 배치되는 상품이 간접 광고를 통해 자연스럽게 활용되어 프로그램의 맥락에 잘 부합하면 해당 상품에 대한 광고 효과가 커지는데 이를 맥락 효과라 한다.

043 밑줄 친 대상을 높이기 위해 사용한 방법에 대한 설명으로 적절하지 <u>않은</u> 것은?

① <u>할머니</u>를 모시고 5일장에 다녀왔다.
   → 객체인 '할머니'를 높이기 위해 '모시다'라는 특수 어휘를 사용했다.
② <u>손님</u>께서 주문한 음료는 품절이십니다.
   → 주격 조사 '께서'와 선어말 어미 '-시-'를 사용했다.
③ 그는 <u>친구</u>에게 "말이 그렇다는 거지."라고 말했다.
   → '두루 낮춤'의 '해체'를 사용하고 있다.
④ 엄마, 아빠께 <u>할아버지</u>께서 오셨다고 말씀드릴까요?
   → 주격 조사 '께서'와 선어말 어미 '-시-'를 사용했다.
⑤ 정오표에 이상이 있거나 궁금한 게 있으면 오늘까지 <u>담당 선생님</u>께 찾아가서 확인하세요.
   → 부사격 조사 '께'를 사용했다.

044 ㉠~㉤에 들어갈 문장으로 적절하지 <u>않은</u> 것은?

중의성이 있는 문장	표현하려는 의미	수정한 문장
딸기와 키위 두 팩을 샀다.	각각 두 팩씩 삼.	㉠
학생들이 학교에 다 오지 않았다.	학생들이 한 명도 오지 않음.	㉡
오빠는 나보다 영화를 더 좋아한다.	주체가 '오빠'와 '나'임.	㉢
아이는 분홍색 운동화를 신고 있다.	운동화를 신고 있는 행위가 진행 중임.	㉣
선배님이 보고 싶어 하는 후배들이 많다.	후배들이 선배님을 보고 싶어 함.	㉤

① ㉠: 딸기 두 팩과 키위 두 팩을 샀다.
② ㉡: 학생들이 학교에 다는 오지 않았다.
③ ㉢: 내가 영화를 좋아하는 것보다 오빠가 더 영화를 좋아한다.
④ ㉣: 아이는 분홍색 운동화를 신는 중이다.
⑤ ㉤: 선배님을 보고 싶어 하는 후배들이 많다.

045 밑줄 친 번역 투의 문장을 잘못 고친 것은?

① 가짜 뉴스에 현혹되지 않도록 <u>주의가 요구된다.</u> → 주의가 필요하다

② 우리 병원은 지하철과 가까운 곳에 <u>위치하고 있습니다.</u> → 있습니다

③ 우리는 이제 <u>세상으로의</u> 그의 멋진 여행을 기대할 때이다. → 세상으로

④ 안구건조증은 오랜 시간 컴퓨터 작업을 하는 데 <u>있어</u> 문제가 된다. → 데

⑤ 이번 <u>기회를 통하여</u> 자신의 삶을 반성하는 계기로 삼아야 할 것이다. → 기회에

[046~048] '청소년 문제'를 소재로 글을 작성하려고 한다. 제시된 물음에 답하시오.

046 글을 작성하기 위하여 계획한 내용으로 적절하지 <u>않은</u> 것은?

● 글쓰기 계획 ●

- 주제: 학교 밖 청소년들의 실태와 문제 해결 방안 촉구
- 목적: 학교 밖 청소년들과 관련된 정보 전달 및 설득
- 예상 독자: 일반인
- 글의 내용
  - 학교 밖 청소년의 개념과 구체적 현황을 제시한다. ·············· ㉠
  - 학교 밖 청소년에 대한 지원 상황을 분석하여 제시한다. ·············· ㉡
  - 학교 밖 청소년이 처한 현실적 문제를 사례를 통해 제시한다. ·············· ㉢
  - 학교 밖 청소년 문제의 해결에 대한 찬성과 반대 의견을 각각 제시한다. ·············· ㉣
  - 학교 밖 청소년 문제를 해결할 수 있는 방안을 다양한 관점에서 제시한다. ·············· ㉤

① ㉠

② ㉡

③ ㉢

④ ㉣

⑤ ㉤

047 〈글쓰기 자료〉의 활용 방안으로 적절하지 <u>않은</u> 것은?

━━━━━━━━━ • 글쓰기 자료 • ━━━━━━━━━

(가) 관련 전문가 인터뷰 자료(김○○ 청소년 상담사)

　　현황이 파악된 학교 밖 청소년은 모두 지원 센터와 연계된 학생들입니다. 지원 센터에서 도움을 주기 위해서는 학교 밖 청소년의 명단을 확보하고 이들의 연락처를 알아야 하는데 개인정보보호법 때문에 임의로 그것을 수집할 수 없는 것이 현실입니다. 학교 밖 청소년의 소재를 파악하여 그들이 센터의 지원을 받을 수 있도록 정부는 관련 기관이 학교 밖 청소년에 한해 개인 정보를 예외적으로 수집할 수 있게 관련 법률을 개정할 필요가 있습니다.

(나) 외국의 학교 밖 청소년 지원 사례(△△ 신문)

　　외국에서는 학교 밖 청소년 정책의 주된 목표가 학교 밖 청소년을 학교로 복귀시키는 것이 아니라 이들이 학교 밖에서 스스로 성장할 수 있도록 하는 것이다. 독일은 정부의 지원 아래 다양한 관련 기관들이 네트워크를 통해 공조하며 학교 밖 청소년 지원 프로그램의 질을 엄격하게 관리하고 있다. 또한 스웨덴은 정부가 지방자치단체에 관련 예산을 교부하여 지방자치단체가 학교 밖 청소년을 지원하는 센터를 직접 운영하고 다양한 프로그램을 개발하도록 하고 있다.

(다) 학교를 그만둔 후의 경험

〈학교 중단 이후 주 근로 업종〉 (단위: %)

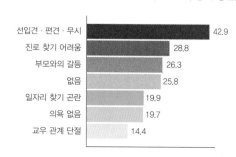

〈학교 중단 이후 겪고 있는 어려움〉 (단위: %, 중복 응답)

선입견·편견·무시	42.9
진로 찾기 어려움	28.8
부모와의 갈등	26.3
없음	25.8
일자리 찾기 곤란	19.9
의욕 없음	19.7
교우 관계 단절	14.4

(라) 학교 밖 청소년이 바라는 정책

1순위	2순위	3순위	4순위	5순위	6순위
검정고시 지원	건강 검진 제공	진로 탐색 체험	직업 교육 훈련	진학 정보 제공	각종 질병 치료

① (가)를 활용하여 학교 밖 청소년의 소재를 제대로 파악하지 못하는 이유가 개인정보보호법과 연관이 있음을 제시한다.

② (나)를 활용하여 지원 센터의 기능과 역할이 한정적인 이유는 우리나라 정책이 학교 밖 청소년의 복귀를 목표로 하고 있기 때문임을 밝힌다.

③ (다)를 활용하여 학교 밖 청소년의 근로 경험 실태와 사회의 부정적 시선을 제시한다.

④ (라)를 활용하여 학교 밖 청소년의 요구를 반영한 맞춤형 프로그램을 제시한다.

⑤ (가)와 (나)를 활용하여 정부의 정책적 노력을 법률 개정이나 예산 지원 등으로 구체화한다.

048 위의 계획과 자료를 바탕으로 〈글쓰기 개요〉를 작성하였다. 수정 방안으로 적절하지 <u>않은</u> 것은?

● 글쓰기 개요 ●

Ⅰ. 학교 밖 청소년의 현황 및 소개
  1. 학교 밖 청소년의 개념 ·· ㉠
  2. 학교 밖 청소년의 실태 조사
  3. 학교 밖 청소년을 지원하는 시설 및 프로그램 ·········· ㉡

Ⅱ. 학교 밖 청소년을 위한 사회적 지원
  1. 학교 밖 지원 센터에서 진행 중인 사업
  2. 학교 밖 지원 센터의 한계

Ⅲ. 학교 밖 청소년 문제 해결에 대한 다양한 관점 ············· ㉢
  1. 학업 중단 후 경험한 근로 형태의 한계점
  2. 학교 밖 청소년에 대한 사회적 편견
  3. 청소년들의 학업 성취도 평가 ································ ㉣

Ⅳ. 학교 밖 청소년 문제의 해결을 통한 사회적 혼란 감소 촉구 ········· ㉤

---

① ㉠은 논리적 흐름을 고려하여 'Ⅰ-2'와 순서를 바꾸어 제시한다.

② ㉡은 상위 항목과의 연관성을 고려하여 'Ⅱ'의 하위 내용으로 옮긴다.

③ ㉢은 하위 항목과의 관계를 고려하여 '학교 밖 청소년이 겪는 어려움'으로 고친다.

④ ㉣은 글의 목적에 부합하지 않는 내용이므로 삭제한다.

⑤ ㉤은 글의 마지막 내용으로 부적절하므로 '학교 밖 청소년 문제를 해결하기 위한 다각적 방안'으로 바꾼다.

학교를 다니지 않는 학생이라고 하면 무엇이 떠오르는가? 아마도 비행 청소년, 학교 중도 탈락자 등과 같은 부정적인 단어일 것이다. ㉠ 그리고 정확히 말하면 이런 학생들을 '학교 밖 청소년'이라고 부른다. 일반적으로 학교 밖 청소년은 정규 학교의 교육을 받지 않는 만 19세 미만의 청소년을 통칭하는 말이다. 그렇다면 학교 밖 청소년의 수는 얼마나 될까? 정부의 통계에 따르면 2016년 기준 우리나라에서 학교를 다니지 않는 청소년은 약 39만 명에 이르며, 매년 6만여 명씩 증가하고 있다고 한다. 그리고 그중 28만 명 정도는 어디에서 무엇을 하고 있는지 그 소재조차 파악되지 않는다고 한다. 학교 밖 청소년 지원 센터에서 일하고 있는 상담가 김○○ 씨는 그 이유를 개인정보 보호법에서 찾고 있다. 지원 센터에서 그들에게 도움을 주고 싶어도 임의로 연락처 등의 정보를 수집할 수 없기 때문이다.

우리나라에서는 학교 밖 청소년 지원을 위한 시설 및 프로그램 중 학교 밖 청소년 지원 센터, 상담 복지 센터, 청소년 쉼터 등이 인지도가 높은 편이다. 이곳에서는 상담 지원, 교육 지원, 직업 체험 및 직업 교육 훈련 등의 사업을 시행하고 있다. ㉡ 특히 2015년부터는 학교 밖 청소년 지원에 관한 법률이 시행되어 지원 센터 '꿈드림'을 통해 학교 밖 청소년이 건강한 사회 구성원으로 성장할 수 있도록 돕고 있다. 그러나 아직은 지원 센터의 기능과 역할이 한정적이어서 학교 밖 청소년이 참여할 수 있는 프로그램이 다양하게 운영되지 못한다는 한계가 있다. 또한 지원 센터의 도움을 받고 있는 청소년도 전체 학교 밖 청소년 중 일부에 불과하다는 문제도 있다.

2015년 여성가족부에서 학교 밖 청소년을 대상으로 조사한 결과에 따르면, 이들의 상당수가 학교를 그만둔 후 특별한 근로 경험 없이 친구 집이나 피시방, 숙박 업체 등에서 생활한 것으로 나타났다. 근로 경험이 있는 경우에도 음식점 서빙, 편의점 점원, 배달, 전단지 돌리기 등의 단순 업무가 대부분이었다. 또한 이들은 학교를 그만둔 후, 사회적 편견으로 인한 차별과 홀대, 진로 설정의 어려움, 부모와의 갈등 등 여러 어려움을 겪고 있다고 답했다. 이는 학교 밖 청소년이 학교를 다니는 청소년에 비해 ㉢ 취약한 성장 환경이 노출되고 있음을 보여 주는 것이다.

그렇다면 이 문제를 어떻게 해결해야 할까? '한 명의 아이를 키우기 위해서는 마을 전체가 필요하다.'라는 인디언 속담과 같이, 사회 공동체의 다각적인 동참과 노력이 필요하다. 학교는 가정과 연계하여 학생들의 학업 중단을 예방하고 학교생활에 적응하지 못하는 학생들을 돕기 위한 제도를 실질적으로 운영해야 한다. 또한 지원 센터는 학교 밖 청소년의 자립과 자활을 위한 지원을 확대하고, 지원 센터를 중심으로 학교 밖 청소년의 다양한 요구를 충족할 수 있도록 관련 기관과 연계한 맞춤형 프로그램을 ㉣ 관리하고 운영해야 한다. 그리고 정부에서도 학교 밖 청소년 문제를 해결할 수 있는 정책적 노력을 펼쳐야 한다. 독일이나 스웨덴처럼 정부의 지원 아래 관련 기관 및 지방자치단체에서 다양한 프로그램을 개발하고 관리하여 이들이 학교 밖에서 스스로 성장할 수 있도록 해야 한다. 특히 학교 밖 청소년이 필요로 하는 검정고시 지원, 건강 검진 제공, 진로 탐색 체험 등의 프로그램을 개발하고 관리할 필요가 있을 것이다. 그러나 무엇보다도 가장 중요한 것은 ㉤ 인식을 개선하는 것이다.

049 ㉠~㉤을 수정하기 위한 방안으로 적절하지 않은 것은?

① ㉠: 문맥상 흐름을 고려해 '그러나'로 바꾼다.
② ㉡: 문장 간의 유기적인 연결을 고려하여 앞 문장과 위치를 바꾼다.
③ ㉢: 문장 성분 간 관계에 맞추어 '취약한 성장 환경을 노출하고 있음'으로 고쳐 쓴다.
④ ㉣: '운영하다'와 의미상 중복되는 부분이 있으므로 삭제한다.
⑤ ㉤: 의미를 명확하게 하기 위하여 '학교 밖 청소년에 대한 사람들의 부정적인 인식'으로 수정한다.

050 윗글을 보완할 수 있는 방안으로 가장 적절한 것은?

① 글의 신뢰성을 높이기 위해 관련 분야 전문가의 의견을 제시한다.
② 글의 완결성을 높이기 위해 지원 센터 '꿈드림'의 연혁을 추가한다.
③ 글의 중립성을 높이기 위해 학교 밖 청소년을 채용한 고용주의 인터뷰를 인용한다.
④ 체계적인 내용 전개를 위해 지원 센터 프로그램의 개편 절차를 순차적으로 제시한다.
⑤ 글의 타당성을 높이기 위해 사회적 인식 개선이 중요한 이유를 관련 자료를 들어 구체적으로 밝힌다.

051~060   창안

[051~053] '스포츠 불안'을 인간 사회에 유비(類比)하고자 한다. 다음을 읽고 물음에 답하시오.

'불안'이란 적응하기 어려운 대상 혹은 상황에서 비롯한 심리적인 동요로, ㉠ '스포츠 경쟁 불안'은 경기 수행 중 발생하는 경쟁 상황으로 인하여 선수들이 느끼는 불안을 의미한다. 이러한 경쟁 불안은 선수들의 경기 수행 능력에 영향을 미친다.

스포츠 경쟁 불안은 다양한 원인에 의하여 발생하며, 상황적 그리고 인지적 요인이 복합적으로 작용한다. 이 두 가지 요인은 상태 불안과 특성 불안이라는 용어로 설명할 수 있다. 상태 불안은 특정한 상황으로 인하여 야기된 불안을, 특성 불안은 상황적 요인 없이도 불안감을 느낄 수 있는 개인의 성격을 의미한다. 즉, 과제의 성질, 타인의 참여 등과 같은 외부적인 인자가 원인이 되는 것은 상태 불안이며, 동일한 경기 내에서도 사람에 따라 그 상황을 다르게 지각하는 것은 특성 불안이다.

㉡ 적당한 정도의 각성은 경기력에 필수적이지만, 과도한 불안감 증가는 기량 발휘에 부정적인 영향을 준다. 일반적으로 선수는 경기 중 과도한 경쟁 상황을 직면하게 되고, 이로 인하여 높은 경쟁 불안을 느끼게 된다.

– 두산백과 두피디아, 스포츠 경쟁 불안(Sport competition anxiety)

---

051 ㉠을 '도전'에 비유하여 이끌어 낼 수 있는 내용으로 가장 적절한 것은?

① 어떤 상황이라도 항상 도전하는 자세로 임하면 시련은 찾아오지 않는다.
② 때로는 자신이 처한 상황에 따라 삶의 방향을 유연하게 바꿀 필요가 있다.
③ 새로운 환경에 적응하기 위해서는 새로운 것에 대한 도전적인 마음가짐이 필요하다.
④ 자신의 단점을 극복하기 위해서는 자신의 단점을 마주보는 연습을 꾸준히 하여야 한다.
⑤ 도전에는 많은 시련이 뒤따를 수밖에 없지만, 현실에 안주하여 멈춰 있는 것보다 의미 있다.

052 윗글의 ⓒ과 관련지어 활용할 수 있는 사자성어로 가장 적절한 것은?

① 과유불급(過猶不及)
② 난형난제(難兄難弟)
③ 불치하문(不恥下問)
④ 우공이산(愚公移山)
⑤ 이전투구(泥田鬪狗)

053 윗글을 바탕으로 공익 광고 문구를 〈조건〉에 맞게 창작할 때 가장 적절한 것은?

> ● 보기 ●
>
> 특성 불안이 높은 수준의 사람에게 해 줄 수 있는 말을 비유를 사용하여 표현할 것.

① 삶의 나침반은 내가 주인이 되어야 합니다.
② 마음의 그릇은 크기에 따라 용량이 달라집니다.
③ 남의 탓으로 돌리면 부메랑이 되어 돌아옵니다.
④ 마음이 어느 한쪽으로 기울어지지 않도록 중심을 잡아야 합니다.
⑤ 모든 것은 내 마음속에 있습니다. 내 마음의 저울을 지켜 주세요.

054 〈보기〉의 맥락을 고려하여 '교훈'을 연상한 내용으로 적절한 것은?

> ● 보기 ●
>
> 어느 날, 나이 들고 현명한 스승이 삶의 어려움을 호소하던 제자에게 소금 한 줌을 가져오라 일렀습니다. 그러고는 그 소금을 물 컵에 털어 넣게 하더니 그 물을 마시게 했습니다. 제자는 얼굴을 잔뜩 찡그리며 그 물을 마셨습니다. 스승은 물었습니다.
> "맛이 어떠냐?" / "짭니다."
> 제자가 불만스러운 목소리로 대답했습니다. 스승은 다시 소금 한 줌을 가져오라 하더니 근처 큰 호숫가로 제자를 데리고 갔지요. 그러고는 소금을 쥔 제자의 손을 호수물에 넣고 휘저었습니다. 잠시 뒤 스승은 호수의 물을 한 컵 떠서 제자에게 마시게 하였습니다.
> "맛이 어떠냐?" / "시원합니다." / "소금 맛이 느껴지느냐?" / "느껴지지 않습니다."
> 그러자 스승은 말했습니다.
> "삶의 고통은 짠 소금물과 같아. 하지만 짠맛의 정도는 고통을 담는 그릇에 따라 달라지지. 너는 어떤 그릇이 되기를 원하느냐."

① 주어진 기회를 능동적으로 활용해야 한다.
② 물질적 가치보다 정신적 가치를 중시해야 한다.
③ 작은 것을 소중히 여겨야 큰 것을 얻을 수 있다.
④ 고난을 극복하는 것은 자신의 마음가짐에 달려 있다.
⑤ 소망하는 바를 이루기 위해서는 목표가 뚜렷해야 한다.

사이버 공간은 광섬유와 통신위성 등에 의해 서로 연결된 컴퓨터들의 물리적인 네트워크로 구성되어 있다. 그러나 사이버 공간이 물리적인 연결만으로 이루어지는 것은 아니다. 사이버 공간을 구성하는 많은 관계들은 오직 소프트웨어를 통해서만 실현되는 순전히 논리적인 연결이기 때문이다. 즉, 사이버 공간은 ㉠ 물리적인 요소와 ㉡ 소프트웨어적 요소를 모두 가지고 있는 것이다. 양쪽 차원 모두에서 사이버 공간의 본질은 관계적이다. 이러한 사이버 공간을 유지하려면 네트워크 간의 믿을 만한 연결을 유지하는 것이 결정적으로 중요하다. 다시 말해, 사이버 공간 전체의 힘은 다양한 접속점들 간의 연결을 얼마나 잘 유지하느냐에 달려 있다. 한마디로 말해 사이버 공간은 ㉢ 관계의 네트워크이다.

055 윗글의 '사이버 공간'을 '인간 공동체'에 빗대어 설명할 수 있는 논리로 가장 적절한 것은?

① 사이버 공간은 점과 선의 만남이다.
② 사이버 공간은 믿음을 가진 견고한 관계이다.
③ 사이버 공간은 타인을 배려하는 공간적 장소이다.
④ 사이버 공간은 개인이 집단에 영향을 주는 나비 효과와 같다.
⑤ 사이버 공간은 겉과 안을 구분할 수 없는 뫼비우스의 띠와 같다.

056 '병원의 건강관리 네트워크'를 '인간 공동체'의 하나로 착안했을 때, ㉠과 ㉡에 빗대어 설명할 수 있는 논지로 가장 적절한 것은?

① '병원 건물'과 '환자를 치료해 주는 의사와 간호사들'은 모두 ㉠을 의미한다.
② '병원 건물'과 '환자를 치료해 주는 의사와 간호사들'은 모두 ㉡을 의미한다.
③ '병원 건물'은 ㉠을, '환자를 치료해 주는 의사와 간호사들'은 ㉡을 의미한다.
④ '병원 건물'은 ㉡을, '환자를 치료해 주는 의사와 간호사들'은 ㉠을 의미한다.
⑤ '병원 건물'과 '환자를 치료해 주는 의사와 간호사들'은 ㉠과 ㉡ 외의 것이다.

057 ㉢을 활용하여 설명할 수 있는 내용으로 적절하지 <u>않은</u> 것은?

① 인간 공동체 역시 관계의 네트워크에 의해 결정된다.
② 사이버 공간과 인간 공동체는 유의미한 비교를 할 수 있다.
③ 실제로 사이버 공간과 인간 공동체는 관계적이라는 점에서 유사성이 크다.
④ 인간 공동체 역시 혈연, 사교, 직업 등의 네트워크들이 유기적으로 존재한다.
⑤ '네트워크' 개념이 사이버 공간과 인간 공동체의 비교 근거가 될 만큼 명확하지는 않다.

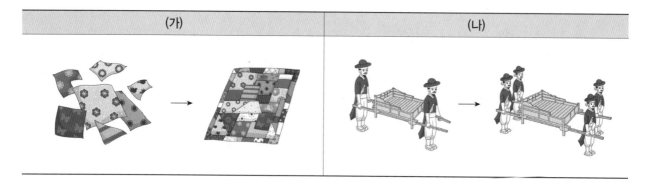

	(가)	(나)

058 다음은 그림 (가)와 (나)를 분석한 표이다. 적절하지 <u>않은</u> 것은?

	(가)	(나)
표현	'집소성대(集小成大)'를 그림으로 표현	ⓐ '십시일반(十匙一飯)'을 그림으로 표현
핵심	ⓑ 각기 다르게 생긴 조각보를 모아 하나의 작품을 만들었다.	ⓒ 혼자 하는 것보다 함께 하면 좋은 경우가 더 많다.
주제	ⓓ 작은 것을 모아서 큰 것을 이룰 수 있다.	ⓔ 협력이 공동체의 발전을 가져올 수 있다.

① ⓐ   ② ⓑ   ③ ⓒ   ④ ⓓ   ⑤ ⓔ

059 그림 (가)를 활용하여 생각한 삶의 방향으로 가장 적절한 것은?

① 공익을 위해 타인의 삶을 존중하며 살아야 한다.
② 목표를 실현하기 위해서는 만반의 준비가 필요하다.
③ 각자의 개성이 조화를 이루는 사회를 만들어야 한다.
④ 화합을 위해 개인의 다양성을 수용하며 살아야 한다.
⑤ 공동의 목표를 성취하기 위해서는 리더의 노력이 필요하다.

060 〈보기〉를 그림 (나)와 연관 지어 설명한 것으로 적절하지 <u>않은</u> 것은?

---- • 보기 • ----

아리스토텔레스는 "사람마다 관심 분야가 다르므로 모두 모여 고민하면 문제의 모든 부분을 고려할 수 있다"고 했다. 하지만 현실에선 집단의 구성원들이 잘못된 판단을 내리는 경향, 즉 '집단 사고'가 발생하기 마련이고, 집단의 의사 결정도 잘못될 때가 많다.

집단 의사 결정 과정에서는 먼저 말을 꺼낸 사람을 집단이 따라가거나 소수만 알고 있는 중요 사항이 공개되지 않는 등 다양한 오류가 발생한다. 이러한 오류를 줄이거나 피하려면 리더는 과묵함을 지키고 구성원의 발언을 독려해야 한다. 소수의 정보를 경청하고 집단의 성공에 대해 보상하는 것도 필요하다. 구성원의 구체적인 역할을 지정하는 것도 좋은 방법이다. 특히 서로 다른 분야의 전문가로 구성된 집단에서는 정보가 합리적으로 수집될 확률이 높다.

① 현실에서는 집단 의사 결정 과정이 항상 옳은 것은 아니다.

② 집단 의사 결정 과정의 잘못된 선택은 구성원들의 화합을 방해할 수 있다.

③ '집단 사고'를 막기 위해서는 집단 의사 결정 과정에서 나타난 다양한 오류를 수정해야 한다.

④ 관심 분야가 다른 사람들이 모여서 고민한다고 해서 모든 부분을 고려할 수 있는 것은 아니다.

⑤ '집단 사고'에서 집단 의사 결정 과정의 오류를 줄일 수 있는 방법은 합리적으로 정보를 수집하는 것이다.

[061~062] 다음 글을 읽고 물음에 답하시오.

> ㉠ 아무도 찾지 않으려네.
> 내 살던 집 툇마루에 앉으면
> 벽에는 아직도 쥐오줌 얼룩져 있으리.
> 담 너머로 늙은 수유나뭇잎 날리거든
> 두레박으로 우물물 한 모금 떠 마시고
> ㉡ 가윗소리 요란한 엿장수 되어
> 고추잠자리 새빨간 노을길 서성이려네.
> 감석 깔린 장길은 피하려네.
> ㉢ 내 좋아하던 고무신집 딸아이가
> 수를 끼고 앉았던 가겟방도 피하려네.
> 두엄더미 수북한 쇠전마당을
> 금줄기 찾는 ㉣ 허망한 금전꾼되어
> 초저녁 하얀 달 보며 거닐려네.
> 장국밥으로 깊은 허기 채우고
> 읍내로 가는 버스에 오르려네.
> 쫓기듯 도망치듯 살아온 이에게만
> 삶은 때로 애닯기도 하리.
>
> 긴 능선 검은 하늘에 박힌 ㉤ 별 보며
> 길 잘못 든 나그네 되어 떠나려네.
>
> – 신경림, 「고향길」

061 윗글에 대한 설명으로 적절하지 <u>않은</u> 것은?

① 시간의 흐름에 따라 시상이 전개되고 있다.
② 유사한 종결 어미를 통해 각운을 형성하고 있다.
③ 고향을 떠나 떠도는 모습을 비유적으로 표현하고 있다.
④ 시적 화자는 자신의 소망을 역설적 표현으로 나타내고 있다.
⑤ 향토색 짙은 시어 및 소재를 활용하여 정서를 심화하고 있다.

062 ㉠~㉤의 밑줄 친 시구의 의미로 적절하지 <u>않은</u> 것은?

① ㉠: 고향을 고통과 그리움이 교차되는 공간으로 인식하고 있다.
② ㉡: 허세를 부리지만 떠돌아다닐 수밖에 없는 초라한 삶을 의미한다.
③ ㉢: 추억을 훼손시키고 싶지 않은 심정을 표현한 것이다.
④ ㉣: 헛된 욕망에 대한 미련을 버리지 못하는 삶을 의미한다.
⑤ ㉤: 화자가 가진 꿈, 희망 등의 긍정적인 의미를 나타낸다.

그 한마디에 동화 속 같던 온 세상이 한 순간에 흰 빛 절망감의 구렁텅이로 변하던 장석조네 집 마당에서 어쩔 줄 모르던 소년의 모습이 환하게 떠올랐다.

나는 깨진 단지를 눈으로 찬찬히 확인하는 순간 입술을 파르르 떨었다. 어찌 떨지 않을 수 있었을까. 그 단지의 임자가 욕쟁이 함경도 할머니임에 틀림없음에랴! 이 베락맞아 뒈질 놈의 아새끼럴 봤나, 하는 욕설이 귀에 쟁쟁해지자 등 뒤에서 올라온 뜨뜻한 열기가 목덜미와 정수리께를 휩싸며 치솟아 올라 추운 줄도 몰랐다. 눈을 비비고 또 비볐지만 이미 벌어진 현실이 눈앞에서 사라져 줄 리는 만무했다.

집 안팎에서 귀청이 떨어져라 퍼부어질 지청구와 매타작을 감수하는 게 상수인 듯싶었다. 아무도 밟지 않은 첫길이라고 일부러 발끝에 힘을 주어 제겨 딛고 가느라 우리 집 앞에서 변소 앞까지 뚜렷이 파인 눈 위의 내 발자국은 요즘 말로 도주 및 증거 인멸의 가능성을 일찌감치 봉쇄하고 있는 터였다. 이미 아홉 가구의 어느 방안에서인지 잠에서 깨어난 사람들이 내 행동을 처음부터 끝까지 지켜보기라도 한 양 두런거리는 목소리들이 들려왔다. 나는 울기 전에 최후의 시도를 하기로 맘먹었다. 우랑바리나바롱나르비못다라까따라마까뿌라냐…….

손오공이 부리는 조화를 기대하며 입속으로 주문을 반복해서 외었다. 그리고는 고개를 홱 돌려 깨진 단지를 내려 보았다. 주문이 헛되지 않았는지 내 입가에 기쁨의 미소가 어렸다. 깨진 단지는 그 모양 그대로였지만 어떤 기발한 생각이 별똥별처럼 머릿속을 스치고 지나갔기 때문이었다. 그렇다 눈사람이다! 나는 가슴이 터질 듯 기뻐 하늘을 향해 두 팔을 쫙 벌렸다. 일단 이 아침만큼은 별일 없이 맞이할 수 있겠지.

(중략)

그리곤 어느덧 해질녘…… 이미 비밀이 다 까발려졌을 아홉 가구 집으로 돌아갔다. 대문간 앞에서 나는 심호흡을 몇 번이고 했다. 엄마한테 연탄집게로 맞으면 안 되는데 싶은 생각뿐이었다. 하지만 내가 대문간 앞을 흐르는 시궁창을 가로지르는 돌다리를 건너갔지만 아무도 나를 보고 아는 체하는 사람이 없었다. 내게 일제히 안됐다는 시선을 던지며 몰려들었어야 할 사람들이 평소와 다름없이 냄비를 들고 왔다 갔다 했고, 문짝에 기대 입을 가리고 웃었으며, 수돗가에 몰려나와 쌀을 일며 화기애애하게 얘기를 나누고 있었다. 심지어 수돗가에서 시래기를 다듬다 마주친 엄마도 너 점심 굶고 어디 갔다 왔니, 하는 지청구조차 내리지 않았다. 나는 무척 혼돈스러웠다. 사람들이 나를 더 곤혹스럽게 만들기 위해 일부러 짜고 그러는 것도 같았다. 나는 얼른 눈사람을 천연덕스럽게 세워두었던 변소통 쪽을 돌아다보았다. 거기엔 아무것도 없었다. 눈사람은 깨끗이 치워져 있었다. 물론 흉측한 몰골을 드러내고 있어야 할 짠지 단지도 눈에 띄지 않았다. 도대체 무슨 일이 일어난 것일까?

[A] ┌ 나는 나를 둘러싼 세계가 너무도 낯설게 느껴졌다. 내가 짐작하고 또 생각하는 세계하고 실제 세계 사이에는 이렇듯 머나먼 거리가 놓여 있었던 것이다. 그 거리감은 사실 이 세계는 나와는 상관없이 돌아간다는 깨달음, 그러므로 나는 결코 주변으로 둘러싸인 중심이 아니라는 아슴푸레한 깨달음에 속한 것이었다. 더 이상 나를 상대하지도 혼내지도 않는 세계가 너무나 괴물스럽고 슬퍼서 싱거운 눈물이라도 흘려야 직성이 풀릴 듯했다. 하긴 눈물 서너 방울쯤 짜내는 것은 일도 아니었으니까. 난 시래기 줄기가 매달린 처마 밑에 서서 몇 방울 떨구며 소리 없이 울었다. 차라리 그 깨진 단지라도 제자리를 지키고 있었다면 혼은 나더라도 나는 혼돈스 └ 럽지도 불안해 하지도 않았을 것 아닌가.

"뭘 잘했다고 소리 없이 눈물을 꼭꼭 짜니? 정초부터 에밀 못 잡아먹어서 그러니? 넉살 좋게 단지를 깨뜨려 눈사람 속에 파묻을 생각은 어찌 했담."

엄마가 물에 젖은 손으로 내 볼따구니를 야무지게 잡아 비틀며 어이가 없다는 듯 픽 웃음을 지었다. 그 얼얼함이 내 균형 감각을 바로잡아 주었다. 아주머니들의 웃음소리 사이에서 나는 울음을 딱 그쳤다. 그리고는 어른처럼 땅을 쿵쾅거리며 뛰쳐나와 이 골목 저 골목을 헤집으며 어딘가를 향해 가슴이 터져라고 마구 달리고 또 달렸다. 그렇게 컸다.

– 김소진, 「눈사람 속의 검은 항아리」

063 상황에 따른 '나'의 심리 상태로 적절하지 <u>않은</u> 것은?

① 욕쟁이 할머니의 단지를 깨뜨림. → 욕쟁이 할머니에게 혼날 것을 두려워함.

② 기발한 생각이 머릿속에 떠오름. → 위기 상황을 모면할 수 있다는 생각에 기뻐함.

③ 가출을 감행하여 여기저기 쏘다님. → 자신에게 닥쳐올 고통의 시간을 늦추고자 함.

④ 집으로 돌아와 다 치워진 마당을 발견함. → 평소와 다름없는 사람들을 보며 배반감을 느낌.

⑤ 엄마가 물에 젖은 손으로, 울고 있던 '나'의 볼을 잡아 비틂. → 자신을 혼내는 엄마로 인해 위축됨.

064 윗글에 대한 설명으로 적절한 것은?

① 외양 묘사를 통해 인물의 성격을 보여 주고 있다.

② 인물 간의 갈등을 중심으로 사건을 전개하고 있다.

③ 다양한 인물들의 경험을 삽화 형식으로 나열하고 있다.

④ 작중 인물의 회상을 통해 과거의 사건이 드러나고 있다.

⑤ 사건의 극적 반전을 통해 인물들이 화해에 도달하고 있다.

065 〈보기〉를 바탕으로 [A]를 감상했을 때, 적절하지 <u>않은</u> 것은?

> ● 보기 ●
>
> 　성장 소설은 유년기에서 소년기를 거쳐 성인의 세계로 입문하는 과정에서 한 인물이 겪는 내면적 갈등과 정신적 성장, 그리고 자신을 둘러싸고 있는 세계에 대한 각성 과정을 주로 담고 있다. 대체로 지적, 도덕적, 정신적으로 미숙한 상태에 있는 어린아이 혹은 소년의 갈등이 중심을 이루며 그가 자아의 미숙함을 딛고 일어서 자신의 고유한 존재 가치와 세계의 의미를 깨닫게 되는 것으로 끝을 맺는다. 이 깨달음의 과정을 문화 인류학자나 신화 비평가들은 '통과 제의, 통과 의례' 등의 용어로 표현한다.

① 깨진 단지와 관련된 사건이 '나'에게는 '통과 의례'였다고 볼 수 있군.

② '나'가 가진 자아의 미숙함은 '나'가 세상의 중심이라고 생각했던 것이군.

③ '나'는 혼돈과 불안의 과정을 거쳐 긍정적인 자아의식을 획득했던 것이군.

④ '나'의 눈물은 자신을 둘러싸고 있는 세계를 인식하는 과정에서 나온 것이겠군.

⑤ '나'의 내면적 갈등은 생각하는 세계와 실제 세계 사이의 괴리감에서 오는 것이군.

행정 기관의 작용이 개인의 권리와 이익을 침해한다면 당연히 그에 대한 구제가 이루어져야 한다. 이러한 권익의 구제를 가능하게 하는 제도가 행정 구제 제도이다. 대표적인 유형으로 '행정상 손해 전보'와 '행정 쟁송'이 있다.

행정상 손해 전보는 행정 작용 때문에 개인에게 손해나 손실이 발생하면 국가나 자치단체가 이를 금전적으로 갚아 주는 제도이다. 이는 배상 및 보상의 원인에 따라 '행정상 손해 배상(損害賠償)'과 '행정상 손실 보상(損失補償)'으로 구분된다.

[A] 행정상 손해 배상은 위법한 행정 작용 때문에 발생한 손해를 구제하는 것이다. 이러한 배상은 공무원의 위법한 직무 행위로 인해 발생한 손해와 영조물*의 설치·관리 하자로 인해 발생한 손해에 대해 이루어진다. 손해 배상을 받고자 할 때에는 배상 심의회에 배상금 지급을 신청하거나 법원에 소송을 제기해야 한다. 배상 심의회에 지급 신청을 한 경우, 배상 심의회의 결정을 신청자가 받아들이지 않는다면 법원에 소송을 제기할 수도 있다. 이와 달리 행정상 손실 보상은 공공을 위한 적법한 행정 작용 때문에 발생한 국민의 재산상 손실을 구제하는 것이다. 이는 사회 전체가 그 손실을 공평하게 부담해야 한다는 입장에서 마련된 제도이다. 행정상 손실 보상은 현금 보상을 원칙으로 하지만 물건으로 보상하기도 한다. 보상액을 결정할 때에는 대개 당사자 간의 협의에 의하기도 하고, 협의가 성립되지 않을 때에는 행정 기관에 결정을 내려줄 것을 요청할 수 있다. 만약 행정 기관의 결정 절차를 거치고도 보상 문제가 해결되지 않는다면 이의 신청을 하거나 바로 법원에 소송을 제기할 수 있다.

행정 쟁송은 당사자의 청구에 의해 행정 작용의 효력의 유무나 부당성을 심판하는 제도이다. 이는 소송을 행정 기관에 제기하느냐 법원에 제기하느냐에 따라 '행정 심판'과 '행정 소송'으로 구분된다.

행정 심판은 행정 작용 때문에 권익을 침해받은 자가 행정 기관에 제기하는 소송을 말한다. 이는 당사자가 정해진 기간 내에 행정 심판 위원회나 해당 행정 기관에 청구서를 제출해야 한다. 행정 심판 위원회가 당사자의 청구 내용이 타당하다고 인정하면 행정 작용을 취소·변경하거나 각종 처분을 내린다. 이러한 행정 심판은 행정 기관에 심판을 청구하는 것이므로 법원의 심판에 따르는 것에 비해 개인의 소송 비용과 법원의 업무 부담을 줄일 수 있다. 행정 심판과 달리 행정 소송은 권익을 침해 받은 자가 법원에 제기하는 소송을 말한다. 이는 행정 심판을 거치지 않고 제기할 수도 있으며, 행정 심판에서 기각 결정을 받은 경우에도 제기가 가능하다. 행정 소송은 사건과 관련하여 자격이 있는 당사자가 소송을 제기하고, 당사자가 소송을 통해 보호받을 실질적인 이익이 있으며, 급박한 사안일 때에 가능하다. 당사자의 청구 내용이 타당하다고 인정되면 법원은 행정 작용의 무효를 확인하거나 행정 작용의 일부 또는 전부를 취소하는 판결을 내린다. 그러나 청구 내용이 타당하더라도 행정 작용의 취소 등이 공공복리를 현저히 해친다면 기각 판결을 내릴 수 있다. 이는 공익 추구를 위해 예외적으로 인정되는 것이다.

*영조물: 국가 또는 공공 단체에 의해 공공의 목적에 공용되는 인적·물적 시설.

066 윗글의 내용 전개 방식으로 적절한 것은?

① 행정 쟁송의 개념을 사례를 들어 설명하고 있다.
② 행정 구제 제도의 유형을 구분하여 설명하고 있다.
③ 행정상 손해 배상의 문제점을 밝히며 대안을 제시하고 있다.
④ 행정 구제 제도의 변천 과정을 시대적 흐름에 따라 제시하고 있다.
⑤ 행정 구제 제도에 대한 다양한 관점을 소개하고 이를 절충하고 있다.

067 윗글을 통해 알 수 있는 내용이 <u>아닌</u> 것은?

① 행정 소송의 성립 요건
② 행정 심판의 법적 근거
③ 행정상 손해 배상의 대상
④ 행정상 손실 보상의 방법
⑤ 행정상 손실 보상의 도입 취지

068 [A]에 대한 이해로 적절하지 <u>않은</u> 것은?

① 손해 배상 신청자가 배상 심의회의 결정을 받아들일 수 없다면 법원에 소송을 제기할 수도 있다.
② 맨홀 뚜껑이 열려 있어 행인이 아래로 떨어져 다쳤다면 배상 심의회에 배상금 지급을 신청할 수 있다.
③ 주민들을 위한 도로 공사로 재산상 손실이 발생했다면 당사자 간의 협의로 보상액을 결정할 수도 있다.
④ 행정 기관의 결정 절차를 거치고도 행정상 손실 보상 문제가 해결되지 않는다면 법원에 소송을 제기할 수 있다.
⑤ 공공을 위한 적법한 행정 작용으로 피해를 입었을 때에는 이의 신청을 거친 경우에 한해 행정 기관의 결정을 요청할 수 있다.

069 윗글을 바탕으로 〈보기〉를 해석한 것으로 적절하지 <u>않은</u> 것은?

┌─────────── • 보기 • ───────────┐
'갑'의 식당은 구청으로부터 위생 검사를 받고 한 달간 영업 정지 처분을 받았다.
└──────────────────────────────┘

① '갑'이 제기한 행정 소송이 진행된다면, 법원은 '갑'의 상황을 급박하다고 인정한 것이겠군.
② '갑'이 행정 기관에 심판을 제기하여 기각 결정을 받으면 다시 행정 소송을 제기할 수 없겠군.
③ '갑'이 영업 정지 처분에 대한 행정 심판을 제기하려면 정해진 기간 내에 청구서를 제출해야겠군.
④ '갑'이 행정 심판을 제기하여 구제를 받는다면 법원에 소송을 제기하는 것에 비해 비용을 줄일 수 있겠군.
⑤ '갑'이 행정 심판을 제기하기 위해서는 영업 정지 처분을 내린 행정 기관에 심판 청구서를 제출해도 되겠군.

바이러스는 보통 세균의 100분의 1 정도의 크기로 단백질과 핵산만으로 구성되어 있다. 이처럼 바이러스는 세포의 구조를 갖추고 있지 않기 때문에 독립적으로 존재할 때에는 스스로 물질대사를 할 수 없다. 하지만 살아있는 생물에 기생할 때는 숙주* 세포 내의 효소와 에너지 등을 이용하여 물질대사를 하고 증식을 하는 등 생물학적 특성을 보인다. 바이러스가 생존을 위해 다른 생물을 이용하는 데만 그친다면 별 문제가 없겠지만 '기생'이라는 바이러스의 생존 방식은 필연적으로 숙주에게 피해를 주기 때문에 문제가 된다.

바이러스는 어떠한 방법으로 숙주에게 피해를 주는 것일까? 바이러스는 먼저 자신의 숙주가 되는 미생물, 식물, 동물 등의 세포 표면에 달라붙어 유전 물질을 세포 내로 들여보낸다. 이렇게 세포 내로 들어간 유전 물질은 숙주 세포의 단백질 합성 기구를 이용하여 바이러스 복제에 필요한 효소들을 만들어낸다. 바이러스는 이 효소들을 이용하여 유전 물질을 대량 복제하며, 복제된 유전 물질로부터 바이러스의 단백질 껍질을 합성한다. 이런 방식으로 복제된 바이러스 유전 물질이 단백질 껍질 속으로 들어가는 조립 과정을 거치면 새로운 바이러스가 완성된다. 이때 하나의 숙주 세포에서 복제되는 바이러스 수는 엄청나다.

이렇게 증식한 바이러스들은 숙주 세포를 뚫고 밖으로 나와 주변의 다른 숙주 세포들로 다시 침투한다. 물론 이때 기존의 숙주 세포는 죽는다. 만일 숙주가 사람이라면, 이런 일련의 과정을 여러 번 거치면서 많은 수의 숙주 세포가 파괴되어 수두, 유행성 눈병, 독감, 에이즈 등 다양한 바이러스성 질병에 걸리게 된다. 바이러스에 의한 질병은 세균에 의한 질병과 달리 치료 약이 별로 없다. 바이러스로 인한 질병을 치료하려면 체내에 침투한 바이러스를 제거해야 하는데 숙주 세포를 그대로 둔 채 바이러스만 죽이는 것이 어렵기 때문이다. 이런 이유로 그동안 바이러스는 사람들에게 부정적인 대상으로 인식되어 왔다.

그러나 최근 유전자 재조합 기술에 대한 관심이 커지면서 바이러스가 사람에게 유익한 일을 할 수 있다는 것이 밝혀졌다. 생물체의 유용한 DNA*를 유전자 운반체에 끼워 넣어 재조합 DNA를 만든 후 대장균과 같은 숙주 세포에 삽입하여 유용한 유전자를 합성하는 것을 유전자 재조합 기술이라고 한다. 이 과정에서 유전자 운반체로 사용되는 것 중의 하나가 바이러스의 일종인 '박테리오파지'이다. 박테리오파지는 세균의 세포 표면에 달라붙은 다음 자신의 유전 물질을 세균 세포 내로 들여보내 대량으로 증식한 뒤 결국 숙주를 파괴하고 나오게 된다.

[A]
현대 의학은 당뇨병 치료에 필요한 인슐린을 얻기 위해 이런 유전자 재조합 기술을 활용한다. 박테리오파지에 인슐린 합성에 필요한 DNA를 끼워 넣어 이를 대장균에 집어 넣어 복제함으로써 인위적으로 많은 양의 인슐린을 얻어 내 인슐린 주사를 만든다. 인슐린 주사는 부족한 인슐린을 보충하는 정도이긴 하지만, 동물에게서 인슐린을 얻어 내던 기존의 치료 방식에 비하면 획기적인 발전이라고 할 수 있다.

질병의 주원인이고 숙주 세포를 파괴하는 등 부정적인 존재로만 여겨지던 바이러스가 현대 의학의 중요한 관심사로 부각되고 있는 이유가 바로 여기에 있다.

*숙주: 기생 생물에게 영양을 공급하며 생명 활동의 장소를 제공하는 생물.
*DNA: 단백질과 결합하여 세포 안 염색체의 중요 성분을 이루는 유전자 본체.

070 윗글의 각 문단에 대한 설명으로 적절하지 <u>않은</u> 것은?

① 1문단: 바이러스의 생물학적 특성을 제시하고 있다.
② 2문단: 바이러스의 복제 과정을 단계적으로 설명하고 있다.
③ 3문단: 바이러스가 부정적으로 인식되는 이유를 밝히고 있다.
④ 4문단: 바이러스가 유전자 재조합 기술에서 어떻게 활용되는지 소개하고 있다.
⑤ 5문단: 바이러스가 지닌 다양한 역할과 기능에 대해 강조하고 있다.

071 [A]와 〈보기〉를 관련지어 이해할 때 그 반응으로 가장 적절한 것은?

고난도

> ● 보기 ●
>
> 당뇨병은 인슐린을 합성할 수 있는 췌장의 베타 세포에 유전자 이상이 생겨 인슐린을 충분히 합성해 내지 못하기 때문에 걸리게 되는 병이다. 그러므로 당뇨병에 걸린 환자에게는 이상이 생긴 유전자 대신 인슐린을 원활하게 합성할 수 있는 정상적인 유전자를 췌장의 베타 세포에 주입해 주어야 완전한 치료가 이루어진다.

① 바이러스를 이용한 현대 유전자 재조합 기술은 아직 당뇨병을 근본적으로 해결하지 못하고 있군.

② 인슐린 합성의 양을 최대로 늘리는 것이 바이러스를 활용한 당뇨병 치료 연구의 궁극적인 과제로군.

③ 박테리오파지로부터 숙주 세포에 해당하는 췌장의 베타 세포를 보호할 수 있는 방안을 시급히 마련해야겠군.

④ 바이러스를 활용하여 당뇨병 치료의 효과를 얻으려면 인슐린을 합성할 수 있는 또 다른 숙주 세균을 찾아야겠군.

⑤ 당뇨병을 근본적으로 해결하기 위해서는 인슐린을 대량으로 복제할 수 있는 DNA를 재조합하는 것이 급선무로군.

072 〈보기〉를 참고로 윗글의 내용을 이해할 때 적절하지 <u>않은</u> 것은?

● 보기 ●

① 유전자 재조합 기술에서 ㄱ~ㄹ에 활용되는 유전자는 의도적으로 만들어진 것이다.

② 유전자 재조합 기술을 활용할 때, ㄴ의 과정까지 바이러스는 유전자 운반체 역할을 한다.

③ ㄴ의 상황을 고려할 때, 바이러스만 제거하는 것이 어렵다는 것을 알 수 있다.

④ ㄷ에서 숙주의 단백질 합성 기구는 바이러스에 힘을 가하여 대량 증식을 일으키게 한다.

⑤ ㄹ은 복제된 바이러스 유전 물질이 단백질 껍질 속으로 들어가는 과정이다.

17세기 이후 등장한 바로크 미술은, 이상적이고 안정감 있는 아름다움을 추구하였던 르네상스 미술과는 달리 사실적이고 극적인 면을 추구하여 정적인 미술에 생동감을 불어넣었다. 이러한 바로크 미술을 이끌었던 독창적인 화가가 바로 카라바지오였다.

그는 종래의 이상화된 인간상을 거부하고 세속적이고 현실감 넘치는 인물 유형을 창조하여 사실주의의 새로운 지평을 열었다. 그는 종교화를 그릴 때에도 성자들을 보통 사람처럼 묘사하면서 신성한 장면을 평범한 일상에서 일어난 듯이 그렸다. 당시 매우 혁신적이었던 그의 시도는 그림에서 이상화된 성자의 모습을 만나기를 원했던 대중들에게 반감을 불러일으키기도 했다. 하지만, 마구간에서 태어나 평생 떠돌며 설교를 했던 예수의 모습을 상상해 본다면, 소박한 의복을 입은 범인(凡人)의 모습이었을 것이다. 또한 그의 제자들도 마찬가지였을 것이다.

그리고 그는 그림을 그릴 때 하나의 장면을 있는 그대로 묘사하려고 하였다. 사도들이 부활한 예수를 만나 놀라는 장면을 묘사한 작품 「엠마오의 저녁 식사」에는 뒤로 밀려난 의자와 놀라서 크게 벌린 팔, 테이블 밖으로 떨어질 듯한 과일 접시 등이 사실적으로 묘사되면서 보는 이로 하여금 그림의 이야기 속에 함께 있는 것처럼 느낄 수 있게 하였다.

또한 그는 '강렬한 빛'을 효과적으로 사용하였다. '테너브리즘'이라는 명암 대조법을 처음으로 사용하여 빛과 어두움을 대비시켜 공간의 깊이감과 인물의 양감을 자연스럽게 드러내었다. 이는 선 원근법*보다 더욱 진일보한, 공간을 회화적으로 재현하는 방식이라 할 수 있다. 이러한 그의 방식은 보는 이를 그림 속의 사건으로 끌어들이며, 빛과 어두움의 대비를 통해 감정적인 효과를 더욱 강렬하게 전달하였다. 즉 감상자로 하여금 어두운 무대에 한 줄기 강렬한 조명이 비치는 연극의 한 장면을 보는 듯한 긴장감과 감동을 느끼게 해 주었다. 그리고 그는 예수의 신성을 나타내기 위하여 빛이 가지고 있는 밝음의 속성을 살리는 방법을 사용하기도 하였다.

이와 같은 카라바지오의 현실을 바라보는 사실주의의 전통과 그가 창안한 빛과 어두움의 강렬한 대비에 의한 효과는 훗날 루벤스, 렘브란트에게 영향을 주어 새로운 화풍을 낳는 창조적 자극이 되었다.

*선 원근법: 한 점을 향해 뻗어 나간 선들에 의해 사물들이 뒤로 물러선 듯한 시각적 효과를 주는 방법.

073 윗글을 통해 알 수 있는 내용으로 적절하지 않은 것은?

① 바로크 미술은 회화에서 극적인 효과를 추구한다.
② 르네상스 미술은 이상적인 아름다움을 추구하는 특징을 보여 준다.
③ 빛과 어두움을 대비하는 카라바지오의 기법은 새로운 화풍을 창조하는 기반이 되었다.
④ 카라바지오는 공간을 회화적으로 재현하는 방식을 착안하여 선 원근법의 기초를 마련했다.
⑤ 테너브리즘은 인물의 양감과 공간의 깊이감을 자연스럽게 드러내는 데 효과적인 방법이었다.

074 윗글을 바탕으로 〈보기〉를 감상한 내용으로 적절하지 <u>않은</u> 것은?

• 보기 •

「마태오의 소명」은 화려한 복장의 일행과 함께 선술집 탁자의 맨 왼쪽에 앉아 고개 숙여 무언가에 몰두하던 마태오와, 그 반대편에 서서 손을 들어 마태오를 부르고 있는 범인(凡人) 복장의 예수 일행이 만나는 순간을 묘사한 작품이다.

① 예수 일행을 평범한 인간의 모습으로 그린 것은 당시 대중들에게 거부감을 불러일으켰겠군.
② 예수 일행의 머리 위로 흘러드는 강렬한 빛은 예수의 권위와 신성을 드러내기 위한 작가의 의도였겠군.
③ 앉아 있는 마태오의 일행과 서 있는 예수 일행의 모습을 통해 안정적인 아름다움을 표현하려 하였겠군.
④ 벽면에 사선으로 흐르는 빛과 그 빛이 가르는 어두운 공간의 대비는 감상자에게 강렬함과 긴장감을 느끼게 하는 요소가 될 수 있겠군.
⑤ 마태오 일행의 모자 위 장식, 다리에 비스듬히 걸쳐진 칼 등에 대한 세부적인 묘사는 감상자에게 실제 현장을 보는 듯한 느낌을 줄 수 있었겠군.

[075~077] 다음 글을 읽고 물음에 답하시오.

우리는 흔히 권력을 양도하거나 교환할 수 있는 재화나 소유물로 생각한다. '기득권층이 개혁의 발목을 잡아서'라는 말은 권력의 소유 개념에서 나온 말이다. 마치 권력이 손에서 손으로 건네줄 수 있는 물건이라도 되는 것처럼 여기면서 일단 어떤 사람의 손에 들어가면 강제로 그것을 빼앗지 않는 한, 영원히 그 사람의 소유라고 여기는 것이다.

그러나 20세기 후반 푸코는, 권력은 소유물이 아니라 전략이며 사람과 사람의 관계라고 주장하였다. 다시 말해서 사람과 사람 사이의 관계는 대부분 권력과 연관되어 있다는 것이다. 따라서 사람이 모인 사회는 지배 · 피지배의 이분법적 관계로 나뉘는 것이 아니라 마치 그물코처럼 무수한 복수의 권력으로 뒤덮여 있다.

그런데 사람들 사이의 관계 속에서 서로 간에 미치는 힘은 균형을 이루는 것이 아니라, 언제나 불균형을 이룬다. 그 비대칭의 불균형한 힘의 관계가 곧 'ⓐ 권력관계'이다. 힘의 불균형이 있다면 친구 사이나 직장 동료 사이의 관계도 역시 '권력관계'이다. 권력은 소유라기보다는 행사되는 것이고, 점유가 아니라 사람들을 배치하고 조작하는 기술과 기능에 의해 효과가 발생되는 것이다.

이러한 '권력'은 '지식'과 불가분의 관계를 맺고 있다. 인간의 육체에 직접적인 강제를 가하는 왕조 시대의 권력으로부터 사회 전체에 널리 퍼져 교묘하게 사람들을 감시하는 근대적 규율 관계로 넘어올 수 있었던 것은 바로 지식 덕분이었다. 과거의 권력은 물리적 폭력에 가까웠다. 힘은 있었을지언정 지적인 것과는 거리가 멀었다. 그러나 근대 이후의 권력은 이와 다르다. 무력으로 권력을 얻었다 하더라도 권력자는 자신의 권력을 유지하기 위해 주변에 온갖 학자들을 불러 모은다. 논리적으로 설득하지 못하는 물리적 폭력은 상대방의 진정한 복종을 얻기 어렵기 때문이다.

권력과 관계있는 지식의 가치 판단 기준은 '진실'이다. 그런데 '진실'은 과연 진실일까? 한 사회의 지적 지배권을 장악한 사람들이 '진실'이라고 결정하는 것이 바로 진실이 되는 게 아닐까? 개발 정보를 이용해 부동산 투기를 하고 개인적인 축재를 한 것에 대해 자본주의 사회에서 돈을 추구하는 것이 뭐가 나쁘냐고 하는 사람들의 수가 압도적으로 많으면, 그 사회는 그것을 범법이 아니라 능력으로 인정할 것이다. 이렇듯 지식은 자율적인 지적 구조라기보다는 사회 통제 체계와 연결되어 있다. 한 사회에서 '진실', '학문', '지식'이란 결코 순수한 것만은 아니다. 그것은 언제나 권력과 욕망에 물들어 있다. 그러므로 우리는 이러한 상관관계를 제대로 이해할 수 있는 안목을 길러야 할 것이다.

075 윗글을 어떤 질문에 대한 답이라고 할 때, 그 질문으로 가장 적절한 것은?

① 권력관계는 어떻게 변해 왔는가?
② 권력의 실체를 어떻게 바라볼 것인가?
③ 권력을 소유하기 위한 방법은 무엇인가?
④ 권력의 가치를 판단하는 기준은 무엇인가?
⑤ 권력을 소유물로 보는 것은 어떤 문제가 있는가?

076 윗글을 읽고, 〈보기〉를 이해한 내용으로 적절한 것은?

> ● 보기 ●
>
> 사람이 가지고 있는 것은 어느 것이나 빌리지 아니한 것이 없다. 임금은 백성으로부터 힘을 빌려서 높고 부귀한 자리를 가졌고, 신하는 임금으로부터 권세를 빌려 은총과 귀함을 누리며, 아들은 아비로부터, 지어미는 지아비로부터, 비복(婢僕)은 상전으로부터 힘과 권세를 빌려서 가지고 있다.
>
> 그 빌린 바가 또한 깊고 많아서 대개는 자기 것으로 하고 끝내 반성할 줄 모르고 있으니, 어찌 미혹(迷惑)한 일이 아니겠는가? 그러다가도 혹 잠깐 사이에 그 빌린 것이 도로 돌아가게 되면, 만방(萬邦)의 임금도 외톨이가 되고, 백승(百乘)을 가졌던 집도 외로운 신하가 되니, 하물며 그보다 더 미약한 자야 말할 것이 있겠는가?

① 권력을 얻기 위한 지식의 필요성을 강조하고 있군.
② 권력을 가진 자의 물리적인 폭력을 비판하는 말이군.
③ 권력을 소유의 개념으로 여기는 것을 경계하고 있군.
④ 권력이 욕망에 물들어 진실성을 잃게 될 것을 염려하는군.
⑤ 권력관계를 지배와 피지배의 이분법적 구조로 이해하는군.

077 ㉠을 뒷받침할 수 있는 사례로 가장 적절한 것은?

① 방학을 맞아 영희는 친구들과 함께 근처 양로원을 방문하여 봉사 활동을 하였다.
② 한우 유전자 연구소 강 박사는 유전자 변형을 통해 유전 형질이 우수한 소를 생산하였다.
③ 김 과장은 신제품 개발 프로젝트에 따라 동료들과 협의하여 혁신적인 제품을 개발하였다.
④ 인터넷 이용자들은 자신의 모습과 닮았거나 자신이 원하는 모습의 캐릭터를 아바타에 반영한다.
⑤ 연극반 반장인 철수는 발표회를 앞두고, 반원들에게 담당 역할을 분배하여 책임을 다하도록 했다.

078 다음 글을 읽고 이해한 내용으로 적절한 것은?

〈미래를 여는 선택, 고교학점제 UCC 공모전〉

교육부와 한국교육개발원은 2025년 전국 고등학교에서 본격 시행되는 '고교학점제'에 대한 국민의 관심을 제고하기 위하여 〈미래를 여는 선택, 고교학점제 UCC 공모전〉을 개최합니다. 학생, 현직 교원, 예비 교원 여러분들의 많은 관심과 참여를 바랍니다.

● 공모 주제
 – '고교학점제'를 홍보할 수 있는 모든 내용(뮤직비디오, 패러디, 다큐 등 형식 제한 없음)

● 참가 대상
 – 고등학생, 현직 교원, 예비 교원(사범대 재학생 및 졸업생 또는 교직 이수 중이거나 교직 이수한 졸업생)
 ※ 개인 또는 단체 참가 가능, 학생과 현직 교원의 경우 공동 제작 · 참여 가능

● 응모 방법
 – 고교학점제 홈페이지(www.hscredit.kr) 공지 사항에서 참가 신청서, 개인 정보 수집 · 이용 및 제공 동의서를 다운로드받아 작성하여 동영상과 함께 이메일(highschoolcredit@kedi.re.kr)로 접수

● 제출 파일
 – 참가 신청서, 개인 정보 수집 · 이용 및 제공 동의서, 동영상 파일을 압축하여 하나의 파일로 제출(파일명: 학교_성명(팀명)_작품명)
 – 서식에 자필 서명 후, 스캔하여 pdf 또는 이미지 파일로 제출

● 작품 규격
 – 30초 이상 3분 이내의 동영상(MP4 또는 MOV)

● 유의 사항
 – 참가 신청서 누락, 개인 정보 이용 · 수집 및 제공 동의서 누락, 공모 기간 외 작품 제출은 심사에서 제외될 수 있음.
 – 복수 응모는 가능하나, 동일인에게 중복 시상하지 않음.
 ※ 복수 수상 시 상위 등급으로 시상함.
 – 출품작에는 타인의 명예를 훼손하거나 초상권, 저작권, 표절 등 문제의 소지가 없어야 하며, 관련 문제 발생 시 모든 책임은 참가자 본인에게 있음.
 – 교육부와 한국교육개발원은 수상작의 저작 재산권에 대한 독점적인 이용 허락을 받아 향후 2차 저작물 또는 편집 제작물로 제작 · 복제 · 배포할 수 있음.
 – 고교학점제 온 · 오프라인 홍보매체(SNS 등)를 통해 홍보에 활용됨.

- 심사 제외 작품
  - 타 대회 출품 작품, 표절 · 무단 도용 등 저작권 관련 문제가 있는 작품
  - 대회의 목적에 부합하지 않는 작품
  - 욕설 등이 포함되어 선정적이거나 비윤리적, 비교육적인 작품
  - 순수 창작물 기준에 위배되는 작품
    ※ 추후 표절이나 저작권 관련 문제 등 발생 시 시상을 취소함.

① 제출 파일은 각각 별도의 파일로 제출한다.
② 복수 응모가 가능해서 중복 수상을 할 수도 있다.
③ 현직 교원과 예비 교원이 공동 제작하여 참여할 수 있다.
④ 형식에 제한이 있어 뮤직비디오나 다큐만 참여할 수 있다.
⑤ 참가 신청서나 개인 정보 수집 · 이용 및 제공 동의서는 스캔하여 파일로 제출한다.

[079~080] 다음 글을 읽고 물음에 답하시오.

포토 리얼리즘(Photo realism)은 1960년대 후반 미국과 유럽 등에서 유행하던 추상주의 미술에 반발하여 새롭게 등장한 미술 양식을 가리킨다. 포토 리얼리즘은 어떤 대상을 표현했는지, 어떤 내용을 담고 있는지조차 쉽게 알수 없었던 추상주의의 모호성에 반발해 표현의 사실성을 극대화하고자 했던 미술 양식이다.

포토 리얼리즘 화가들은 도시의 일상적인 풍경이나 생활, 사물, 인물 등을 담은 사진을 그대로 그림으로 재현하려고 하였다. 그들이 사진을 바탕으로 그림을 그린 것은 사진이 대상을 거의 완벽하게 재현할 수 있는 매체라고 생각했기 때문이다. 즉, 사진을 그대로 화폭에 옮기게 되면 화가의 의도나 감정을 배제하고 일상적 소재들을 더욱 객관적으로 재현할 수 있다고 생각했던 것이다. 이는 표현 대상은 주관적으로 구성되는 것이 아니며 화가의 의도나정서 등에 의해 편집되거나 왜곡되어서는 안 된다는 인식을 바탕으로 한 것이라 할 수 있다. 포토 리얼리즘은 일상생활에서 익숙한 주제와 형상을 제시함으로써, 추상주의로 인해 미술에서 멀어진 대중들이 보다 쉽게 미술 작품을감상할 수 있는 기회를 마련해 주었다.

또한 포토 리얼리즘 화가들은 사진 이미지를 그대로 화폭에 옮기기 위해서 환등기를 사용하는 방법이나 사진에바둑판 모양의 망을 그려 놓고 한 조각씩 정확하게 같은 비례로 그림을 확대하여 옮기는 격자 시스템 등을 사용하였다. 그리고 화면에 물감을 두껍게 바르는 일이 거의 없었다. 물감을 많이 사용하게 되면 거친 질감이 느껴져 사실성이 떨어지기 때문에 물감의 양을 최소화하여 그림을 그렸던 것이다. 특히 펜처럼 쥐는 분무기인 에어브러시나가는 털붓을 사용해 최소량의 물감으로 대상의 윤곽을 섬세하게 표현하였다.

추상주의 등에 의해 모호해진 대상의 모습을 되살리는 한편 그동안 미적인 관점에서 소외되었던 일상적 풍경이나 사물을 예술적 대상으로 확대시켰고 현대 문명을 대표하는 사진을 미술에 접목하여 새로운 예술적 영역을 개척했다는 점에서, 포토 리얼리즘은 미술사적 의의를 갖는다.

079 윗글을 통해 알 수 있는 내용이 <u>아닌</u> 것은?

① 포토 리얼리즘의 창작 기법
② 포토 리얼리즘의 출현 배경
③ 포토 리얼리즘의 창작 경향
④ 포토 리얼리즘의 유형과 종류
⑤ 포토 리얼리즘의 미술사적 의의

080 윗글을 참고하여 〈보기〉의 그림을 감상한 내용으로 적절하지 <u>않은</u> 것은?

• 보기 •

— 리차드 에스테스, 「버스의 반사(Bus Reflection: Ansonia)」

① 뉴욕 거리의 풍경을 담은 실제 사진을 바탕으로 그림을 그렸겠군.

② 일상적인 풍경을 담고 있으므로 대중들도 쉽게 작품을 감상할 수 있겠군.

③ 대상의 윤곽을 섬세하게 표현하여 마치 사진인 듯한 느낌이 들게 하는군.

④ 표현의 사실성을 극대화하기 위해 물감의 사용을 최소화하려 노력했겠군.

⑤ 건물, 버스 등의 대상을 주제에 맞게 재구성하기 위한 화가의 고민이 있었겠군.

[081~083] 다음 글을 읽고 물음에 답하시오.

경기를 끝낸 운동선수들을 대상으로 약물 검사를 할 때, 소변 또는 혈액 샘플에서 금지된 성분이 어느 기준 이상 검출된 선수는 금지 약물을 복용한 것으로 간주하여 부정 선수로 판정하고 실격시킨다. 그런데 기준을 어떻게 정하느냐에 따라 실제 약물을 복용하지 않았는데 약물 복용 혐의가 있는 것으로 판정하는 경우도 있고, 반대로 약물을 복용했는데도 약물 복용 혐의가 없는 것으로 판정하는 경우도 있다. 통계학에서는 전자를 채택의 오류(거짓 양성 반응)라고 하고, 후자를 기각의 오류(거짓 음성 반응)라고 한다.

그런데 전자의 경우에는 약물 검사관이 해당 선수로부터 명예 훼손 소송을 당하고 검사 기관은 신뢰를 잃게 되는 등의 심각한 대가를 치르게 되지만, 후자의 경우에는 자백하는 선수가 거의 없으므로 대가를 치를 일도 거의 없다.

이와는 반대로 채택의 오류에 의한 대가는 잘 드러나지 않고 기각의 오류에 의한 대가는 분명하게 드러나는 경우도 있다. 은행은 고객에 대한 대출 승인 여부를 결정할 때 고객들이 대출금을 미상환하는 일이 있을지 여부를 판정한다. 이때 승인 기준에 따라, 대출금을 상환할 사람인데 그렇지 않은 사람으로 판정하는 채택의 오류와 대출금을 상환하지 않을 사람인데 그렇지 않은 사람으로 판정하는 기각의 오류가 발생하게 된다. 이 경우 은행 입장에서는 대출해 주지 않아 영업 이익을 늘리지 못한 부분은 잘 드러나지 않고 대출해 준 후 대출금을 상환받지 못해 손실을 입는 부분은 비교적 분명하게 드러난다.

약물 검사관이나 은행은 기준을 정할 때 ㉠ 비교적 분명하게 드러나는 오류의 대가를 줄이려 할 것이다. 그런데 동일한 대상들에 대한 이 두 오류는 서로 ㉡ 시소 관계에 있다. 즉, 채택의 오류를 줄이기 위해 기준을 옮기면 그만큼 기각의 오류가 늘어나고, 기각의 오류를 줄이기 위해 기준을 옮기면 그만큼 채택의 오류가 늘어나게 되므로 두 오류의 가능성을 함께 줄일 수는 없다. 그래서 통계학자들은 어떤 검출 시스템도 채택의 오류나 기각의 오류가 일어날 확률을 재분배하는 것에 불과할 뿐이므로, 한쪽 오류로 인해 드러나는 대가에만 주목해 그 오류를 줄이려 하면 다른 쪽 오류가 커진다는 것을 간과해서는 안 된다고 말한다.

081 윗글의 서술 방식으로 가장 적절한 것은?

① 논의 내용들을 종합·비판하면서 이론화하고 있다.
② 유사한 개념을 다른 대상에 견주어 구분하고 있다.
③ 사례 분석을 통해 특정 현상에 대해 설명하고 있다.
④ 대상의 시대별 양상을 통해 그 변화를 설명하고 있다.
⑤ 상반된 이론을 비교하고 대안적 관점을 제시하고 있다.

082 ㉠을 이해한 것으로 적절한 것은?

① 약물 검사관과 은행은 채택의 오류를 줄이려
② 약물 검사관과 은행은 기각의 오류를 줄이려
③ 약물 검사관과 은행이 상의하여 기준을 옮기려
④ 약물 검사관은 채택의 오류를, 은행은 기각의 오류를 줄이려
⑤ 약물 검사관은 기각의 오류를, 은행은 채택의 오류를 줄이려

083 ㉡에 해당하는 예로 적절한 것은?

① 한 축구팀의 경기당 득점과 실점
② 시중 은행 금리와 은행 고객의 예금 수익
③ 버스 이용 승객 수와 버스 회사의 운행 수입
④ 하루 중 낮의 시간과 식물의 광합성 가능 시간
⑤ 모집 정원을 채워 선발할 때의 남자와 여자의 비율

084 다음 표의 내용을 바르게 이해하지 <u>못한</u> 것은?

〈최근 3년간 소비자 피해 구제 신청 내용〉

(단위: 건, %)

피해 유형 연도	계약 관련*	품질 · A/S	부당 행위	표시 · 광고 · 약관	안전 관련	가격 · 요금	기타	계
2016	1,042	38	131	19	12	17	3	1,262
2017	1,090	59	51	16	9	22	5	1,252
2018	1,119	156	70	12	14	53	13	1,437
계 (비율)	3,251 (82.3)	253 (6.4)	252 (6.4)	47 (1.2)	35 (0.9)	92 (2.3)	21 (0.5)	3,951 (100.0)

＊계약 불이행(불완전 이행), 계약 해제 · 해지 · 청약 철회 거부, 위약금 과다 청구 등

① 소비자 피해의 전체 건수는 매년 증가하고 있다.

② 가격이나 요금과 관련된 소비자 피해는 매년 증가하고 있다.

③ 피해 유형 중 가장 높은 비율을 차지하는 것은 계약과 관련된 것이다.

④ 부당 행위로 발생한 소비자 피해 건수가 전년 대비 가장 많이 감소한 해는 2017년이다.

⑤ 2018년의 피해 유형 중 발생 건수가 전년 대비 가장 많이 증가한 것은 품질 · A/S와 관련된 것이다.

085 다음 그래프의 내용을 바르게 이해한 것은?

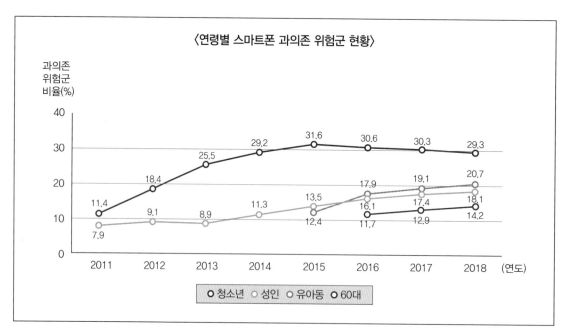

〈연령별 스마트폰 과의존 위험군 현황〉

① 60대의 스마트폰 과의존 위험군은 2015년부터 나타났다.

② 2014년부터 청소년 과의존 위험군 비율은 줄어들고 있다.

③ 스마트폰 과의존 위험군은 유아동보다 60대에서 더 빨리 나타났다.

④ 청소년과 성인의 스마트폰 과의존 위험군 비율은 차이가 좁혀지고 있다.

⑤ 2015년부터 유아동의 스마트폰 과의존 위험군 비율이 성인보다 높아졌다.

086 다음 글을 읽고 이해한 내용으로 적절하지 <u>않은</u> 것은?

공정거래위원회	**'소비자 분쟁 해결 기준' 개정·시행** - 스마트폰 품질 보증 기간 연장 -

❶ **스마트폰(휴대폰 포함) 품질 보증 기간 연장**
- ○ (현황) 대부분의 소비자가 약정으로 인해 스마트폰을 2년 이상 사용해야 함에도 불구하고 품질 보증 기간은 1년에 불과하여, 이에 대한 국민 제안 및 국회 국정감사 지적, 관계 부처의 요구 등이 있었다.
- ○ (개선 방안) 배터리의 경우에는 소모품으로서 제품 주기가 짧은 점을 감안하여 현행을 유지하되, 나머지 스마트폰 전체는 품질 보증 기간을 2년으로 연장했다.
  - – 다만, 악의적인 고장 및 교환·환불로 인한 서비스 비용 증가, 제품 가격 상승 등을 방지하기 위하여, '품질 보증 기간 이내'에 여러 번의 하자가 발생하면 제품을 교환·환불하도록 하는 기준을 '품질 보증 기간 중 최근 1년(수리 접수일 기준) 이내'로 변경했다.

❷ **노트북 메인보드의 품질 보증 기간 연장**
- ○ (현황) 데스크탑 컴퓨터의 핵심 부품인 메인보드의 경우에는 품질 보증 기간 2년을 적용하고 있는 반면, 노트북 메인보드에 대해서는 별도로 품질 보증 기간을 두고 있지 않았다.
- ○ (개선 방안) 데스크탑과 제품 특성, 사용 환경 등이 유사한 노트북도 품질 보증 기간을 2년으로 연장했다.

❸ **태블릿의 품질 보증 기간 및 부품 보유 기간 명시**
- ○ (현황) 현재 태블릿에 대한 품질 보증 기간 및 부품 보유 기간 기준이 별도로 없어 컴퓨터의 품질 보증 기간·부품 보유 기간 기준을 따르고 있었다.
- ○ (개선 방안) 데스크탑 및 노트북과 동일하게 품질 보증 기간은 1년, 부품 보유 기간은 4년이 적용되도록 명시했다.

① 현재 노트북의 부품 보유 기간은 4년이다.
② 태블릿의 품질 보증 기간은 1년이 될 것이다.
③ 스마트폰 배터리의 품질 보증 기간은 1년이다.
④ 노트북의 메인보드는 품질 보증 기간을 두지 않다가 2년으로 연장했다.
⑤ 스마트폰에 여러 번 하자가 발생하여 제품을 교환·환불하는 기준은 2년이다.

087 다음 표의 내용을 바르게 이해하지 <u>못한</u> 것은?

〈세대당 건강 보험료 부담액〉

(단위: 원)

연도	2014	2015	2016	2017	2018
계(세대당 부담액)	90,806	94,040	98,128	101,178	104,201
지역 가입자	78,629	80,876	84,531	87,458	85,546
직장 가입자	97,046	100,510	104,507	107,449	112,635

① 세대당 건강 보험료 부담액은 매년 늘고 있는 추세이다.

② 2018년 지역 가입자의 건강 보험료 부담액은 전년 대비 감소했다.

③ 직장 가입자의 건강 보험료가 가장 많이 인상되었던 해는 2018년이다.

④ 지역 가입자의 건강 보험료가 가장 많이 인상되었던 해는 2017년이다.

⑤ 직장 가입자의 건강 보험료 부담액이 지역 가입자보다 더 높게 나타난다.

088 다음 표의 내용을 바르게 이해한 것은?

〈성별 및 연령 집단별 비만율〉

(단위: %)

연도		2010	2011	2012	2013	2014	2015	2016	2017
	전체	30.9	31.4	32.4	31.8	30.9	33.2	34.8	34.1
성	남자	36.4	35.1	36.3	37.7	37.8	39.7	42.3	41.6
	여자	24.8	27.1	28.0	25.1	23.3	25.9	26.4	25.6
연령 집단	19~29세	20.5	21.7	22.4	22.4	23.9	23.5	27.2	29.4
	30~39세	31.0	31.5	32.5	33.2	31.8	32.9	34.2	33.4
	40~49세	34.1	35.4	39.2	33.7	31.1	35.6	39.0	35.3
	50~59세	35.3	35.7	34.1	37.3	35.4	38.3	36.1	38.0
	60~69세	40.7	38.8	38.5	36.3	36.8	40.1	40.2	38.0
	70세 이상	30.6	29.7	31.1	33.8	32.1	37.4	37.5	34.7

① 2017년 남녀 비만율은 전년 대비 감소했다.

② 여성의 비만율이 가장 높은 해는 2011년이다.

③ 2012년 비만율이 가장 높은 연령대는 70세 이상이다.

④ 2013년과 2014년에는 19세~29세의 비만율 차이가 없었다.

⑤ 2010년에서 2017년까지 비만율이 가장 높았던 연령대는 40~49세이다.

철도 여객 보상·환불 기준 개선

❶ 일반 열차 지연 시의 보상 기준 강화
  ○ (현황) 열차 지연 시의 보상 기준에 대해 KTX와 일반 열차의 경우를 다르게 규정하고 있었다.
  ○ (개선 방안) 탑승 요금에 따라 일정 비율로 보상 금액이 정해지는 점을 감안하여, 일반 열차 지연도 KTX와 동일한 수준으로 보상되도록 개선했다.
  ※ '철도 사고 등의 보고에 관한 지침(국토부 고시)', 세계철도연맹(UIC) 기준, 한국철도공사 경영 평가 및 고객 서비스 헌장 등 열차 정시성·지연에 관한 기준을 참고

❷ 열차 출발 후의 환불 기준 구체화
  ○ (현황) 소비자가 이미 출발해 버린 열차의 환불을 원하는 경우, 그 기준이 불명확하게 규정되어 있었다.
  ○ (개선 방안) 열차 출발 시각으로부터 어느 정도의 시간이 경과했는지를 기준으로 환불 기준을 구체화했다.

현행			개정안		
분쟁 유형	해결 기준		분쟁 유형	해결 기준	

□ 열차 지연 / 환급 금액(%)

지연 시간	KTX	일반 열차
20분 이상 40분 미만	12.5	–
40분 이상 60분 미만	25.0	12.5
60분 이상 80분 미만	50.0	
80분 이상 120분 미만		25.0
120분 이상		50.0

□ 열차 지연 / 환급 금액(%)

지연 시간	고속 열차	일반 열차
20분 이상 40분 미만	12.5	12.5
40분 이상 60분 미만	25.0	25.0
60분 이상 80분 미만	50.0	50.0
80분 이상 120분 미만		
120분 이상		

□ 승차권 반환
  – 역에서 반환하는 경우

○ 출발 시각 경과 후	○ 영수액에서 승차권에 표시된 열차가 도착할 다음 정차역까지 운임·요금을 공제 후 환급

□ 승차권 반환
  – 역에서 반환하는 경우

○ 출발 시각 경과 후 20분 미만	○ 영수액에서 15% 공제 후 환급
○ 출발 시각 경과 후 60분 미만	○ 영수액에서 40% 공제 후 환급
○ 출발 시각 경과 후 도착 시각까지	○ 영수액에서 70% 공제 후 환급

※ 비고: 다만, 도착 시각 이후에는 환불 불가

089 윗글을 읽고 보인 반응으로 적절하지 않은 것은?

① 현재는 KTX와 일반 열차의 열차 지연에 대한 보상 기준이 다르군.
② 현재는 환불 기준이 명확하지 않아 열차가 출발해 버리면 소비자에게 불합리하군.
③ 개선이 되면 일반 열차의 지연도 KTX와 동일한 수준으로 보상을 받을 수 있겠군.
④ 개선이 되면 열차가 90분 지연될 경우, 환급 금액이 열차의 종류에 따라 달라지겠군.
⑤ 소비자는 열차 출발 후 환불 기준이 개선되면 시간의 경과에 따라 환급을 받을 수 있겠군.

090 개정안 반영 후, 〈보기〉의 A 씨가 환불받을 금액으로 알맞은 것은?

보기

　서울역에서 오전 8시에 출발하여 10시 7분에 신경주역에 도착해야 하는 A 씨는 49,300원에 승차표를 구매했으나, 열차가 65분 지연되어 환불을 받으려고 한다.

---

① 12,325원　　　　　　　　　　② 24,650원
③ 36,975원　　　　　　　　　　④ 49,300원
⑤ 73,950원

091~100　국어문화

091

고난도

표준 발음을 기준으로 할 때, 〈보기〉와 같이 음운의 변동이 나타나는 단어는?

보기

들일 → [들닐] → [들릴]

---

① 물엿
② 홑몸
③ 닫히다
④ 저녁연기
⑤ 직행열차

092 밑줄 친 부분의 접두사 '되-'가 〈보기〉의 ㉠과 같은 의미로 사용된 것은?

보기

　상대편을 넘어뜨리고 깔아뭉갰는가 싶었는데 어느새 상대편에게 ㉠ 되깔리고 말았다.

---

① 어렵게 산 차를 중고 시장에 되팔며 눈물을 머금었다.
② 예쁘게 묶었던 포장을 되풀고 다시 내용물을 확인했다.
③ 한참을 생각하더니 껌을 되씹으며 무섭게 지껄이기 시작했다.
④ 내가 그렇게 말했더니 그 형사는 나를 되넘겨짚어 마치 나를 범인으로 여기는 것 같았다.
⑤ 오염된 바다가 본래의 모습으로 되돌아가는 데에는 막대한 시간과 노력과 경비가 필요하다.

093 〈보기〉의 ㄱ~ㄹ 중 밑줄 친 부분이 같은 기능을 하는 예문끼리 바르게 묶인 것은?

● 보기 ●

요¹⁴「조사」

1. (주로 해할 자리에 쓰이는 종결 어미나 일부 하게할 자리에 쓰이는 종결 어미 뒤에 붙어) 청자에게 존대의 뜻을 나타내는 보조사. 격식을 갖추어야 하는 상대에게는 잘 쓰지 않는다.
2. (체언이나 부사어, 연결 어미 따위의 뒤에 붙어) 청자에게 존대의 뜻을 나타내는 보조사.

ㄱ. 마음은요 더없이 좋아요.
ㄴ. 나는 정말 언니를 모르겠어요.
ㄷ. 늑장 부리다가는 차 시간을 놓치려고요?
ㄹ. 그렇게 해 주시기만 하면요 정말 감사하겠어요.

① ㄱ, ㄴ / ㄷ, ㄹ
② ㄱ, ㄷ / ㄴ, ㄹ
③ ㄱ, ㄹ / ㄴ, ㄷ
④ ㄱ, ㄴ, ㄷ / ㄹ
⑤ ㄱ, ㄷ, ㄹ / ㄴ

094 〈보기〉의 ㄱ~ㄹ 중, 의문문이 바르게 실현된 것으로 알맞은 것은?

고난도

● 보기 ●

중세 국어에서는 판정 의문문이냐 설명 의문문이냐에 따라, 의문형 어미가 달라졌다. 판정 의문문에는 의문 보조사 '가/아'가 붙거나, '-녀, -려' 등의 의문형 종결 어미가 붙고, 설명 의문문에는 의문 보조사 '고/오'가 붙거나, '-뇨, -료' 등의 의문형 종결 어미가 붙는다.

ㄱ. 이 딸이 너희 죵고. (이 딸이 너의 종이냐?)
ㄴ. 져므며 늘구미 잇노녀. (젊으며 늙음 있느냐?)
ㄷ. 이 엇던 광명고. (이 어떤 빛이냐?)
ㄹ. 므슴 마롤 니르노녀. (무슨 말을 이르느냐?)

① ㄱ, ㄴ
② ㄴ, ㄷ
③ ㄷ, ㄹ
④ ㄱ, ㄴ, ㄷ
⑤ ㄴ, ㄷ, ㄹ

095 〈보기〉에서 설명하고 있는 이야기의 형식은?

━━━━━━━━━━━● 보기 ●━━━━━━━━━━━

　　동일한 등장인물과 동일한 배경이 반복되면서도 독립된 여러 개의 이야기를 모아, 전체적으로 보다 큰 통일성을 갖도록 구성하는 방식이다. 여러 개의 사건이 인과 관계에 의해 긴밀하게 짜인 구성이 아니라, 산만하게 나열되어 있는 연작 형식의 이야기이다.

① 액자 구성
② 전기적 구성
③ 초점화 구성
④ 옴니버스 구성
⑤ 피카레스크식 구성

096 〈보기〉에서 설명하고 있는 문학 작품은?

━━━━━━━━━━━● 보기 ●━━━━━━━━━━━

　　이 작품은 고종 3년(1866)에 고종이 왕비를 맞이한 사실을 알리기 위해 중국에 사신을 보내는데, 이때 서장관(書狀官)으로 따라간 홍순학이 130여 일 동안의 여정과 견문을 그린 작품이다.

① 만언사
② 유산가
③ 연행가
④ 열하일기
⑤ 일동장유가

097 〈보기〉에서 설명하고 있는 문학 작품은?

━━━━━━━━━━━● 보기 ●━━━━━━━━━━━

　　혈연의 끈과 이데올로기의 대립이 얽힌 집안 간의 갈등과 화해를 보여 주는 작품이다. 사돈 관계의 김씨 집안과 권씨 집안 간에 전쟁에 의한 재해가 조장한 반목이 토착적인 무속적 사고로 극복되는 과정을 어린이의 시각으로 묘사하였다.

① 장마
② 만세전
③ 수난이대
④ 카인의 후예
⑤ 꺼삐딴 리

098 〈보기〉에서 설명하고 있는 작가는?

──────── • 보기 • ────────

    시어를 고르고 다듬는 데에 많은 노력을 기울인 시인으로 평가받고 있다. 특히 일상에서 흔하게 사용되지 않는 고어나 방언 등을 시어로 선택하여 폭넓게 사용하는 한편, 일상 언어를 자신만의 독특한 언어로 변형해 시어로 사용하였다. 모더니즘 시인 가운데서도 특히 뛰어난 작가로 평가받고 있다. 대표작으로는 「고향」, 「유리창」, 「인동차」가 있다.

① 김광균   ② 박용철
③ 유치환   ④ 조지훈
⑤ 정지용

099 다음 내용을 설명한 것으로 적절하지 <u>않은</u> 것은?

표준국어대사전(남한)	조선말 대사전(북한)
한글 맞춤법 제4장 제2절 제15항 [붙임2] 종결형에서 사용되는 어미 '−오'는 '요'로 소리 나는 경우가 있더라도 그 원형을 밝혀 '오'로 적는다. 예 이것은 책이오. [붙임3] 연결형에서 사용되는 '이요'는 '이요'로 적는다. 예 이것은 책이요, 저것은 붓이요, 또 저것은 먹이다.	−오: 맺음을 나타내는 풀이토*의 하나.(참고로 체언의 용언형에서는 이 토와 비슷한 위치에서 《요》가 쓰인다.) 예 잘 가리켜주오. −요01: 맺음을 나타내는 풀이토의 하나. 체언의 용언형에서 "높임" 말차림으로 일정한 억양이 붙어서 해당 사실을 알리거나 묻는데 쓰인다. 예 우리나라는 참 좋은 세상이요. −요02: 이음을 나타내는 풀이토*의 하나. 체언의 용언형*에 붙어서 대등하게 나란히 이어주는데 쓰인다. 예 조국통일은 조선인민의 한결같은 념원이요, 숙망이요, 또한 강력한 의지이다. ＊토: 우리말의 조사와 어미 ＊맺음을 나타내는 풀이토: 종결 어미 ＊이음을 나타내는 풀이토: 연결 어미 ＊체언의 용언형: 체언＋'이(다)

① 남북한의 연결 어미는 형태가 같다.
② 남한은 종결형 어미로 '−오'를 쓴다.
③ 북한은 종결 어미의 형태가 환경에 따라 다르다.
④ 북한의 종결 어미에는 높임의 의미가 포함되기도 한다.
⑤ 남북한 모두 체언과 결합하는 종결 어미는 '−오'로 쓴다.

100 〈보기〉의 세책에 관한 설명으로 적절하지 않은 것은?

• 보기 •

　　세책본(貰册本)이란 책을 전문적으로 대여해 주는 민간 '세책점'에서 돈을 받고 빌려주기 위해 특별 제작한 필사본 소설을 말한다. 이들은 책 형태면에서 보통의 민간본과는 확연한 차이를 지닌다. 세책점은 18세기 중반 무렵부터 20세기 초반까지 인구가 가장 많은 서울을 중심으로 성행하였으며, 19세기에 가장 번성하였다. 소설책 외에도 다양한 종류의 책을 취급하는 가운데 빌려주기만 한 것이 아니라 판매도 겸하였으나, 대개 '세책본'이라 하면 세책방의 가장 중요한 영업 품목인 '대여용 한글 필사본 소설책'을 지칭한다.

　　옛날에는 소설책이 귀했다. 책방에서 쉽게 구입할 수 있는 것이 아니라 그냥 필사본으로 돌아다니는 것들이 많았다. 더구나 인쇄된 간본(刊本)*이 나오지 않은 것들이 많아 그런 책들은 설사 돈이 있더라도 살 수가 없었다. 그래서 남의 집 이야기책을 빌려다 부지런히 베끼고 또 베꼈다. 수많은 필사본 소설책 끝 부분에는 이러한 필사기 내지 낙서들이 남아 있다.

　　책 주인, 빌려 온 곳(원주인), 베낀 날짜, 글씨 보고 욕하지 말라는 당부 등이 주류를 차지한다. 그런가 하면 일야(一夜)*만 보고, 장난 말고 즉시 돌려달라고 적어 두었으며, 「옥난기봉」 필사자는 "우리딸이 사정하여 싫은 것을 억지로 막필로 베낀다."라고도 했다. 소설책을 빌려서 베끼고 돌려 읽는 과정에서 자기가 하고 싶은 말을 가볍게 낙서로 남기기도 했다.

　　제법 친절한 독자들도 많았다. 어떤 「숙향전」 필사자는 "이 책을 두 권 다 묶자니 책 장 수가 너무 많사옵고, 보는 이도 지루하고 또한 책이 쉬 상할까 봐 두 권을 분권하여 상하로 맸으니 차례로 보시라."라고 했다. 그런가 하면 어느 소설에서는 "이 아래(하권) 책은 없어서 등서(謄書)*를 못하니 말을 계속 이어서 보려면 이 책을 광문(廣聞)*하여 아래 내용을 채우라."라고 했다. 독자 및 필사자들끼리 서로 돌려 읽으면서 대화를 나눈 셈이다.

　　　　　　　　　　　　　　　　　　　　　　　– 양승민, 『새국어생활 제24권 제1호(2014년 봄)』, 「한글 필사본 소설의 유통 및 향유 양상을 통해 본 선인들의 삶」

＊간본(刊本): 목판본(木版本)과 활자본(活字本)을 통틀어 이르는 말.
＊일야(一夜): 하룻밤.
＊등서(謄書): 책을 베낌.
＊광문(廣聞): 널리 수소문함.

① 독자나 필사자들은 소설책의 낙서로 대화했다.
② 세책본은 돈을 받고 빌려주거나 판매하는 필사본 소설책이다.
③ 세책점은 소설책뿐만 아니라 다양한 책 종류를 대여만 하는 곳이다.
④ 필사본 소설책에는 끝 부분에 필사기나 낙서들이 있었다.
⑤ '세책본'이라 하면 세책방의 가장 중요한 영업 품목인 '대여용 한글 필사본 소설책'을 지칭한다.

좋은 책을 만드는 길, 독자님과 함께하겠습니다.

2025 KBS 한국어능력시험 기출 동형 모의고사

개정4판1쇄 발행	2025년 01월 15일 (인쇄 2024년 10월 07일)
초 판 발 행	2020년 09월 03일 (인쇄 2020년 07월 16일)
발 행 인	박영일
책 임 편 집	이해욱
편 저	노수경
편 집 진 행	구설희 · 김지수
표지디자인	박종우
편집디자인	채현주 · 신지연
발 행 처	(주)시대고시기획
출 판 등 록	제10-1521호
주 소	서울시 마포구 큰우물로 75 [도화동 538 성지 B/D] 9F
전 화	1600-3600
팩 스	02-701-8823
홈 페 이 지	www.sdedu.co.kr

I S B N	979-11-383-7891-8 (13710)
정 가	25,000원

시대에듀

공기업 취업을 위한 NCS
직업기초능력평가 시리즈

NCS부터 전공까지 완벽 학습 "통합서" 시리즈

공기업 취업의 기초부터 차근차근! 취업의 문을 여는 **Master Key!**

NCS 영역 및 유형별 체계적 학습 "집중 학습" 시리즈

영역별 이론부터 유형별 모의고사까지! 단계별 학습을 통한 **Only Way!**

정답 및 해설

노수경 편저

STRONG

빛나는 당신의 내일을 위해 ──────────── 시대에듀가 함께합니다.

2025
KBS 한국어능력시험
기출 동형 모의고사

시대에듀

정답 및 해설

책 속의 책

정답 및 해설

001	002	003	004	005	006	007	008	009	010	011	012	013	014	015	016	017	018	019	020
④	②	④	②	①	④	③	⑤	⑤	④	③	④	④	⑤	③	①	④	④	①	⑤

021	022	023	024	025	026	027	028	029	030	031	032	033	034	035	036	037	038	039	040
②	①	②	④	②	④	③	②	③	④	①	③	③	④	④	⑤	②	④	①	③

041	042	043	044	045	046	047	048	049	050	051	052	053	054	055	056	057	058	059	060
④	②	④	②	④	④	①	④	③	④	②	⑤	③	②	⑤	④	⑤	③	⑤	②

061	062	063	064	065	066	067	068	069	070	071	072	073	074	075	076	077	078	079	080
②	⑤	②	①	⑤	③	①	④	③	⑤	④	⑤	③	①	②	③	①	③	②	②

081	082	083	084	085	086	087	088	089	090	091	092	093	094	095	096	097	098	099	100
④	②	④	③	③	④	②	⑤	⑤	③	④	④	③	②	④	②	①	①	③

001~015 듣기 · 말하기

[001] 먼저 그림에 대한 설명을 들려드립니다.

오늘은 빈센트 반 고흐의 작품 「별이 빛나는 밤」을 소개해 드릴게요. 이 작품은 주체할 수 없는 고독에 휩싸여 불안에 떨고 있는 반 고흐의 내면세계를 가장 정확하게 드러내 주는 작품이기도 합니다.

이 그림은 고흐가 생 레미의 정신 병원에 입원한 뒤 완성한 것으로 병실 창문으로 내다본 밤하늘을 그린 것입니다. 하지만 그림의 풍경은 자신이 보았던 밤 풍경의 기억과 상상을 결합시켜 그렸기 때문에 현실의 풍경이라고 보기에는 어렵습니다. 왼쪽에 보이는 불꽃 같은 사이프러스 나무도 반 고흐가 임의로 그려 넣은 것입니다. 반 고흐는 당시 사이프러스 나무의 매력에 푹 빠져 있었습니다. 사이프러스 나무는 전통적으로 죽음과 연결되는 소재이지만 그는 이 나무를 불길한 시선으로 바라보지 않았습니다. 반 고흐는 하늘을 찌를 듯 솟은 사이프러스 나무에서 힘찬 생명력과 강렬함을 보았던 것 같습니다.

사이프러스 나무 오른쪽으로 시선을 옮기면 소용돌이처럼 굽이치는 별 무리가 펼쳐집니다. 반 고흐는 동생 테오에게 보낸 편지에서 해가 뜨기 한참 전에 창문을 통해 아주 커 보이는 별을 보았다고 했습니다. 그 별은 사이프러스 나무와 그림 중앙 사이에 있는 커다란 흰 별일 것입니다. 몇몇 학자들은 1889년 봄에 이곳 프랑스 남동부에서 금성을 관측할 기회가 있었음을 근거로 그림 속의 커다란 흰 별이 금성이었을 것이라고 추측합니다.

밤하늘 아래로 보이는 마을 풍경은 고요하고 평온한 느낌이지만 어딘가 고독과 우울함이 드리워져 있습니다. 그림 속 모든 풍경이 반 고흐의 우울하고 불안한 심리 상태를 반영하고 있는 것입니다.

001

정답 ④

해설 반 고흐가 관측한 것이 아니라, 몇몇 학자들이 1889년 봄에 프랑스 남동부에서 금성을 관측할 기회가 있었음을 근거로 그림 속의 커다란 흰 별이 금성이었을 것이라고 추측한 것이다.
③ 사이프러스 나무는 전통적으로 죽음을 나타내지만, 반 고흐는 사이프러스 나무를 통해 힘찬 생명력과 강렬함을 표현했다.

[002] 이번에는 드라마의 일부분을 들려드립니다.

[유리] 경화야! 박서원 글이 실렸네? 작품전 보고 쓴 감상평 같은데?

[경화] (놀라며) 그래? 선생님께서 숙제 읽어 보시고 제일 괜찮은 글 추천해 주신다고 하시더니, 박서원 글이 실렸단 말이야?

[유리] (의아하단 듯이) 어? 근데 이거 인우 작업실에서 네가 했던 감상평 아니야?

[경화] (기가 막히다는 듯이) 내 감상평? 아주 치졸하게 표절했단 말이야?

[서원] 이게 무슨 대단한 일이라고 난리들이야? 내가 무슨 신춘문예라도 냈어? 임경화 네 말에 무슨 저작권이라도 있어?

[경화] 지금 그런 말이 아니잖아! 네 생각은 어디 갔어! 네 자존심은 다 어디 갔냐구!

[서원] 몰랐어? 나 원래 그런 거 없는 애야.

[경화] (화가 나서 정색하며) 박서원.

[서원] 자존심? 자존심 말이야? 나 그딴 건 애초에 버렸어. 여태 그런 게 있었으면 턱걸이로 입학한 내가 여기서 이렇게 오래 버틸 수 있었겠어? 자존심 버린 지 오래고, 잘난 누구 흉내나 내면서 근근이 버텨 가는 게 나야!

[경화] 발버둥 쳐 봐야 넌 나처럼 될 수 없어. 그러니까 생긴 대로 살아!

[서원] 잘난 체하지 마!

[경화] 너 완전 너를 상실했어. 네 그림에도, 네 머리에도, 어디에도 너는 없어. 네가 잃어버린 건 자존심이 아니라, 바로 너야! 잠시나마 널 친구라고 생각했던 내가 모자랐다.

– 드라마, 「학교 Ⅳ」

002

[정답] ②

[해설] 경화와 서원은 서원이 경화의 감상평을 표절한 일 때문에 갈등하고 있다.

[003] 다음은 고전 수필을 들려드립니다.

행랑채가 퇴락하여 지탱할 수 없게끔 된 것이 세 칸이었다. 나는 마지못하여 이를 모두 수리하였다. 그런데 그중의 두 칸은 비가 샌 지 오래되었으나, 나는 그것을 알면서도 이럴까 저럴까 망설이다가 손을 대지 않았던 것이고, 나머지 한 칸은 처음 비가 샐 때 서둘러 기와를 갈았던 것이다. 이번에 수리하려고 보니 비가 샌 지 오래된 것은 그 서까래, 추녀, 기둥, 들보가 모두 썩어서 못 쓰게 된 까닭으로 수리비가 엄청나게 들었고, 한 번밖에 비가 새지 않았던 한 칸의 재목들은 온전하여 다시 쓸 수 있었기 때문에 그 비용이 많이 들지 않았다.

나는 이에 느낀 것이 있었다. 사람의 경우도 마찬가지라는 사실을. 잘못을 알고서도 바로 고치지 않으면 곧 그 자신이 나쁘게 되는 것이 마치 나무가 썩어서 못 쓰게 되는

것과 같다. 잘못을 알고 고치기를 꺼리지 않으면 해(害)를 받지 않고 다시 착한 사람이 될 수 있으니, 저 집의 재목처럼 말끔하게 다시 쓸 수 있는 것이다.

그뿐만 아니라 나라의 정치도 이와 같다. 백성을 좀먹는 무리들을 내버려 두었다가는 백성들이 도탄에 빠지고 나라가 위태롭게 된다. 그런 뒤에 급히 바로잡으려 해도 이미 썩어 버린 재목처럼 때는 늦은 것이다. 어찌 삼가지 않겠는가?

– 이규보, 「이옥설」

003

[정답] ④

[해설] 행랑채를 수리한 경험을 통해 사람이 잘못을 알고도 고치지 않으면 자신이 나빠지게 되는데 그것이 마치 나무가 썩어서 못 쓰게 되는 것과 같다고 했다.
① 퇴락한 것은 행랑채 세 채가 아니라 세 칸이다.
② 행랑채가 퇴락하고 지탱할 수 없을 정도라고 한 것을 보아, 오래전에 지은 것임을 추측할 수 있다.
③ 한 번밖에 비를 맞지 않았던 한 칸의 재목들은 온전하여 다시 쓸 수 있다고 했으므로, 비를 한 번 맞았다고 해서 다시 사용할 수 없는 것은 아니다.
⑤ 올바른 정치는 백성을 좀먹는 무리(오래된 행랑채)를 수리하는 것이 아니라, 퇴락하기 전에 수리하여 비용도 줄이고, 더 이상 썩지 않도록 늦기 전에 바로 잡는 것이다.

[004] 이번에는 건강 강좌를 들려드립니다.

족저근막염은 족저근막이 반복적인 미세 손상을 입어 근막을 구성하는 콜라겐의 변성이 유발되어 염증이 발생한 것을 말합니다. 성인의 발뒤꿈치 통증의 대표적 원인 질환으로, 아침에 일어나 첫 발을 내디딜 때 느껴지는 심한 통증이 특징입니다.

발바닥의 해부학적인 요인에 의해 발생하기보다는 발의 무리한 사용이 원인이 되어 발생하는 빈도가 훨씬 높습니다. 예를 들어 평소 운동을 하지 않던 사람이 갑자기 많은 양의 운동을 하거나 장거리의 마라톤 또는 조깅을 한 경우, 바닥이 딱딱한 장소에서 발바닥에 충격을 줄 수 있는 운동을 한 경우, 과체중인 경우, 장시간 서 있는 경우, 너무 딱딱하거나 쿠션이 없는 구두나 하이힐의 착용 등에 의해 염증이 발생하는 경우가 흔합니다.

치료를 하기 위해서는 적절한 체중을 유지하고 무리한 운동을 피해야 합니다. 여성의 경우 하이힐은 가급적 피하는 것이 좋고 쿠션이 충분한 신발을 신는 것이 도움이 됩니다. 낡아서 충격 흡수가 잘 되지 않는 신발을 신고 조깅이나 마라톤 등을 하는 것은 절대적으로 피해야 합니다.

증세가 오래될수록 치료의 성공 가능성이 낮아지는 것으로 알려져 있으므로, 의심되는 증상이 있으면 빠른 시일 내에 정형외과 진료를 통하여 정확한 진단을 받고 조기에 치료를 시작하는 것이 중요합니다.

004

정답 ②

해설 발바닥의 해부학적 요인보다는 발의 무리한 사용이 원인이 되어 발생한다.

[005] 다음은 시 한 편을 들려드립니다.

노모의 칠순 잔치 부조 고맙다며
후배가 사골 세트를 사왔다
도막난 뼈에서 기름 발라내고
하루 반나절을 내리 고았으나
틉틉한 국물이 우러나지 않아
단골 정육점에 물어보니
물어보나마나 암소란다
새끼 몇 배 낳아 젖 빨리다 보니
몸피는 받아 야위고 육질은 질겨져
고기 값이 황소 절반밖에 안되고
뼈도 구멍이 숭숭 뚫려 우러날 게 없단다

그랬구나
평생 장승처럼 눕지도 않고 피붙이 지켜 온 어머니
저렇듯 온전했던 한생을
나 식빵 속처럼 파먹고 살아온 거였구나

그 불면의 충혈된 동공까지도 나 쪼아 먹고 살았구나
뼛속까지 갉아먹고도 모자라
한 방울 수액까지 짜내 목축이며 살아왔구나
희멀건 국물,
엄마의 뿌연 눈물이었구나

                               – 손 세실리아, 「곰국 끓이던 날」

005

정답 ①

해설 이 시는 곰국을 끓이면서 느낀 어머니의 사랑과 희생을 고백적으로 표현한 것으로, 곰국이 중심 소재이다.

[006~007] 이번에는 뉴스 보도를 들려드립니다. 6번은 듣기 문항, 7번은 말하기 문항입니다.

[앵커] 미세 먼지가 심할 때는 중국 영향이 큰 것으로 알려져 있는데요. 오히려 국내에서 발생되는 미세 먼지도 무시할 수준이 아니라는 견해가 있습니다. 미세 먼지의 발생 원인은 왜 달라지고, 어떻게 해석해야 할지 김지원 기상 전문 기자가 전해드립니다.

[기자] 서울의 초미세 먼지 농도가 평소 세 배였던 지난해 11월 6일, 미세 먼지 원인의 80%가 국내 오염원인 것으로 추정됐습니다. 대기가 정체되면서 오염물질이 국내에 쌓인 겁니다. 반대로 같은 달 27일엔 중국 영향이 최대 74%로 분석됐습니다. 겨울철 잦은 북서풍으로 중국발 오염 물질이 밀려든 겁니다. 미세 먼지의 원인은 이렇게 기상 조건에 따라 달라집니다.

[전문가] "미세 먼지가 생기는 원인은 계절 변화도 있고 온도나 습도, 일사량 등 기상 요인에 의해서도 많이 좌우됩니다."

[기자] 그럼 평균값은 어떨까요? 국제 공동 조사나 국내 연구 기관의 연구 결과 모두 국내와 중국 영향이 비슷하게 나타났습니다. 그런데 이에 대한 서로 다른 두 가지 시각이 존재합니다. 먼저 중국발 영향을 강조하는 입장. 중국 오염 물질이 더해진 고농도 미세 먼지가 몸에 더 나쁘다고 보는 시각입니다. 반대로 많은 보건학자들은 미세 먼지의 평균치에 주목합니다. 장시간 들이마시는 먼지가 인체에 질병을 유발한다는 겁니다. 실제로 미국 연구진은 초미세 먼지의 농도가 좋음 수준이더라도 평균적인 농도가 높아질수록 사망률이 크다고 분석합니다. 따라서 보건학자들은 미세 먼지의 평균 농도에 따라 조기 사망이 좌우된다고 판단합니다.

[전문가] "미세 먼지가 높은 날이나 위험·주의 이런 날을 심각하게 생각하시는데, 평균적으로 미세 먼지가 높은 국가나 지역이 건강에 더 영향을 미친다고 나타납니다."

[기자] 전문가들은 미세 먼지의 평균 농도를 줄이기 위해 중국과의 협력은 물론 국내 오염 원인을 줄이는 방안이 필수적이라고 지적합니다.

006

정답 ④

해설 뉴스 보도 내용에서는 미세 먼지의 원인과 이에 대한 해석을 다루고 있다. 고농도 시기 특별 대책에 대해서는 다루지 않고 있다.
① '반대로 같은 달 27일엔 중국 영향이 최대 74%로 분석됐습니다.'에서 확인할 수 있다.
② '그럼 평균값은 어떨까요? 국제 공동 조사나 국내 연구 기관의 연구 결과 모두 국내와 중국 영향이 비슷하게 나타났습니다.'에서 확인할 수 있다.

③ '먼저 중국발 영향을 강조하는 입장. 중국 오염 물질이 더해진 고농도 미세 먼지가 몸에 더 나쁘다고 보는 시각입니다.'에서 확인할 수 있다.

⑤ '실제로 미국 연구진은 초미세 먼지의 농도가 좋음 수준이더라도 평균적인 농도가 높아질수록 사망률이 크다고 분석합니다.'에서 확인할 수 있다.

007

(정답) ③

(해설) 미세 먼지의 영향에 대해 국제 조사나 국내 연구 결과 모두 국내와 중국의 영향을 반반 정도로 보고 있다. 중국발 영향을 강조하는 입장은 고농도 미세 먼지에, 보건학자들은 미세 먼지의 평균치에 주목하고 있다. 즉, 기자는 이 두 입장의 차이에 초점을 맞추어 보도 내용을 상세히 설명하고 있다.

① 미세 먼지에 대한 서로 다른 해석을 제시하며 보도를 시작하고 있다.

② 인터뷰를 통해 미세 먼지의 원인과 그 원인에 따른 해결 방안에 대해 설명하고 있다.

④ 미세 먼지의 원인이 달랐던 날의 구체적인 수치는 기자의 리포트를 통해 밝히고 있다.

⑤ 미세 먼지의 농도를 낮추려면 중국과 협력하는 것은 물론, 국내 오염의 원인을 줄이는 것이 필수적이라며 보도를 마무리하고 있다.

[008~009] 이번에는 강연을 들려드립니다. 8번은 듣기 문항, 9번은 말하기 문항입니다.

'루키즘'은 '룩(look)'과 '이즘(ism)'이 합성된 단어로 외모 지상주의에 해당하는 단어입니다. 우리말로는 외모 지상주의·외모 차별주의로 번역되는데요. 미국『뉴욕 타임스』의 칼럼니스트인 새파이어(William Safire)가 2000년 8월 인종·성별·종교·이념 등에 이어 새롭게 등장한 차별 요소로 지목하면서 부각되기 시작했습니다.

외모가 개인 간의 우열뿐 아니라 인생의 성패까지 좌우한다고 믿어 외모에 지나치게 집착하는 경향 또는 그러한 사회 풍조를 말합니다. 곧 외모가 연애·결혼 등과 같은 사생활은 물론, 취업·승진 등 사회생활 전반까지 좌우하기 때문에 외모를 가꾸는 데 많은 시간과 노력을 기울이게 된다는 것이죠.

학자들은 이 같은 경향이 잘난 외모를 선호하는 사회 풍조에서 비롯된다고 보고 있습니다. 아무리 좋은 학교를 나왔다고 하더라도 외모가 받쳐 주지 않으면 결혼을 할 수 없고, 학창 시절에 아무리 학점이 좋았더라도 역시 외모 때문에 번번이 면접에서 탈락하다 보니 자연 외모에 신경을 쓸 수밖에 없다는 겁니다.

그러나 외모에 너무 집착하다 보면 병증으로 발전할 수도 있다는 것이 가장 큰 문제점으로 지적되고 있습니다. 처음에는 운동이나 가벼운 다이어트 요법 등을 통해 몸매를 가꾸다가, 그래도 안 되면 막대한 시간과 돈을 들여 성형 수술을 하고, 그것도 모자라 몇 번씩이나 성형 수술을 되풀이하면서 외모를 가꾸는 데 열과 성을 다하죠. 이 과정에서 강박증이 생기기도 하고, 심하면 신체 변형 장애까지 일어나게 됩니다.

한국에서도 2000년 이후 루키즘이 사회 문제로 등장했는데, 조사 결과 한국 여성들이 세계에서 가장 많은 성형 수술을 하는 것으로 나타났습니다. 또한 다이어트 열풍에 휩쓸려 무리하게 살을 빼다가 죽음에 이른 경우도 보고되고 있습니다.

어떤 이들은 '건강하고 젊고 예쁘게 보여 나쁠 게 뭐냐'고 반문하겠지만, 현대인들이 말하는 아름다움에 대한 욕망은 자연스러운 선을 넘어선 듯합니다. 우리는 모두 다양한 개성을 지니고 자연스러운 생김새로 각자 다른 모습과 성격을 지니고 태어난 존재입니다. 그러므로 [   ]

008

(정답) ⑤

(해설) 한국 여성들이 세계에서 성형 수술을 가장 많이 하는 것으로 나타났다.

009

(정답) ⑤

(해설) '우리는 모두 다양한 개성을 지니고 자연스러운 생김새로 각자 다른 모습과 성격을 지니고 태어난 존재입니다.'라는 내용에서 사람마다의 고유한 아름다움을 중요하게 여겨야 한다는 점을 추론할 수 있다.

[사회자] 아파트에서 대형 애완견을 키우는 가구가 꾸준히 증가하고 있지만, 대부분의 아파트에서는 이를 규제하고 있습니다. 이에 따라 아파트에서 대형 애완견을 키울 수 있도록 허용해야 한다는 주장과 이에 반대하는 주장이 팽팽히 맞서고 있습니다. 먼저 찬성 측의 의견을 들어 보겠습니다.

[찬성] 한 심리학자에 의하면 애완견을 키우면 심리적 안정감을 얻을 수 있다고 합니다. 특히 크기가 인간에 가까울수록 그 안정감이 더 커진다고 합니다. 이런 소중한 존재를 단지 크다는 이유로 같이 생활할 수 없게 하는 일이 일어나서는 절대 안 됩니다.

[반대] 얼마 전에 아파트에서 키우는 대형 애완견으로 인해 법정 다툼이 벌어져 사회적으로 큰 파장을 일으켰습니다. 소송을 한 주민은 평소 대형 애완견이 내는 소음과 신체적 위협 때문에 괴로웠다고 합니다. 아파트에서 대형 애완견을 키우게 한다면 앞으로 유사한 소송이 계속 발생할 것입니다.

[사회자] 다음으로 찬성 측 토론자부터 상대방의 입론에 대해 반론하십시오.

[찬성] 반대 측 토론자의 주장은 극히 드문 사건을 확대하여 말씀하신 것입니다. 실제 대형 애완견으로 인한 피해는 극히 일부이고, 아파트에서 키우는 대부분의 대형 애완견은 온순하고 잘 짖지도 않는 종입니다. 저도 그 사건 기사를 봤는데 소송을 한 주민이 본 애완견은 사람을 잘 따라서 시각 장애인의 안내견으로도 활약하는 골든 리트리버라는 종이었습니다.

[반대] 저도 대형 애완견이 키우는 사람들에게 긍정적인 영향을 미친다는 사실은 인정합니다. 하지만 이웃에게 피해를 주면서까지 대형 애완견을 키워 심리적 안정감을 얻으려는 행위에는 반대합니다. 명상을 하거나, 화분을 가꾸는 것 같이 이웃에게 피해를 주지 않으면서도 심리적 안정감을 찾을 수 있는 방법은 얼마든지 많습니다.

[사회자] 이제 찬성 측 토론자부터 최종 발언을 해 주십시오.

[찬성] 최근에 대형 애완견이 유기되는 일이 종종 발생하고 있다고 합니다. 동물 단체의 조사 결과, 그 원인 중 하나가 단독 주택에서 아파트로 이사해야 하기 때문이라고 합니다. 이런 사태를 막기 위해서라도 아파트에서도 대형 애완견을 키울 수 있게 해야 합니다.

[반대] 전국 대부분의 아파트에는 15kg 이상의 애완견을 기르지 못하도록 하는 아파트 관리 규정이 있습니다. 이런 규정을 무시하고 아파트에서 대형 애완견을 기른다면 이로 인한 법정 다툼이 계속해서 일어날 것이고, 결국 아파트 주민의 화합도 깨지게 될 것입니다.

010

정답 ④

해설 찬성 측은 심리학자의 말을 인용하여, 반대 측은 찬성 측의 의견에 동의하며 '대형 애완견이 키우는 사람에게 심리적 안정감을 줄 수 있다'는 점을 인정하고 있다.

011

정답 ③

해설 반대 측 토론자는 최종 발언에서 자신의 경험이 아닌 '아파트 관리 규정'이라는 객관적 자료를 활용하여 자신의 주장을 강화하고 있다.
① 심리학자의 말을 인용하고 있다.
② 동물 단체의 조사 자료를 활용하고 있다.
④ 대형 애완견과 관련된 법정 다툼을 사례로 들고 있다.
⑤ 신문 기사에 나오는 애완견의 종을 밝히고 있다.

미국 스탠퍼드 대학교의 교수 필립 짐바르도는 1969년 흥미진진한 실험을 진행했습니다. 두 대의 자동차를 보닛을 열어 놓은 상태에서 한 대는 유리창을 깨 놓고, 다른 한 대는 깨지 않은 상태로 방치해 둔 것입니다. 일주일 뒤, 유리창을 깨지 않은 자동차는 처음 상태 그대로를 유지했지만, 유리창을 깼던 자동차는 차에 부속된 물건들이 없어졌습니다. 심지어 자동차에 더 이상 훔쳐갈 것이 없어지자 자동차를 파손하는 행동까지 나타났습니다. 이 실험에서 주목할 만한 점은 이 같은 행동이 어느 정도 교양이 있는 사람들에 의해 일어났다는 것입니다. 이 실험은 이후 윌슨과 켈링이 '깨진 유리창 이론'을 발표하는 토대가 되었습니다. 깨진 유리창 이론은 유리창이 깨진 자동차가 거리에 방치되면 사회의 법과 질서가 지켜지지 않고 있다는 메시지로 읽혀 더 큰 범죄가 일어날 가능성이 높다는 이론입니다. 즉, 일상생활에서 경범죄가 발생했을 때 이를 제때 처벌하지 않으면 결국 강력 범죄로 발전할 수 있다는 것을 경고하는 이론입니다.

이 이론을 활용해 좋은 효과를 거둔 사례도 있습니다. 1990년대 높은 범죄율로 고민하던 뉴욕시는 5년간에 걸쳐 지하철의 낙서 지우기 작업을 진행했습니다. 그러자 뉴욕의 범죄율은 서서히 감소하는 추세를 보여 1994년에는 범죄율이 50%가량 감소했고 이후 75%까지 감소했습니다. 이뿐만 아니라, 뉴욕 경찰에서도 도심의 낙서를 지우고 경범죄를 철저히 단속하도록 조치했습니다. 이 시도 역시 성공적이었으며, 뉴욕의 범죄율이 상당히 감소하는 효과를 거뒀습니다.

그렇지만 다양한 사례들에서 나타나는 깨진 유리창 이론의 효과가 과연 그 자체에서 기인한 것인지에 대해서는 학자들 간의 의견이 분분합니다. 예를 들어 뉴욕시 범죄율 감소의 경우, 낙서를 지운 것이나 경범죄 단속이 과연 더 심각한 범죄의 발생을 예방하고 전체적인 범죄율을 감소시킨 원인이라고 볼 수 있는지에 대한 반론이 제기되었지요. 당시 미국에서는 전체적으로 범죄율이 감소하는 추세였고, 이것이 반드시 깨진 유리창 이론을 도입함으로써 얻어진 효과는 아닐 수 있다는 것입니다.

또한 깨진 유리창 이론의 효과 크기에 대해서도 전혀 효과가 없다는 주장부터 미미한 효과, 상당한 효과에 이르기까지 학자마다 다른 연구 결과를 제시했습니다. 이처럼 깨진 유리창 이론의 효과에 대해서는 추가 연구가 필요하지만, [   ]

012

정답 ④

해설 1969년 미국 스탠포드 대학교의 심리학과 교수 필립 짐바르도의 실험이 깨진 유리창 이론을 발표하는 모태가 되었다.

① 깨진 유리창 이론의 효과가 그 자체에서 기인한 것인지에 대해서는 의견이 분분하다. 어떤 문제가 해결된 것이 깨진 유리창 이론의 효과만은 아닐 수 있다는 것이다.

② 범죄율이 높던 뉴욕시에서는 1990년대 낙서 지우기 작업 이후 75%까지 범죄율이 감소했다.

③ 깨진 유리창 이론의 효과에 대해서는 학자들 간의 의견이 분분하다.

⑤ 자동차를 파손하고, 자동차에 있는 물건을 훔쳐간 사람들은 교양 있고, 평범한 사람들이었다.

013

정답 ④

해설 깨진 유리창 이론의 효과가 이론 자체에서 기인한 것인지 의견이 분분하고, 효과의 크기에 대한 생각도 다양하지만, 뉴욕시에서 낙서 지우기 작업을 통해 범죄율 감소 효과를 거뒀다고 여긴 점에서 깨진 유리창 이론이 사회적 질서의 유지와 공공의 이익을 추구하는 데 긍정적 효과가 있다는 내용이 이어지는 것이 적절하다.

③ 깨진 유리창 이론의 효과 크기에 대해 전혀 효과가 없다는 주장도 있으므로, 어느 정도 효과를 줄 수 있다는 것에 대해 모두 동의를 하고 있는 것은 아니다.

⑤ 깨진 유리창 이론에 대한 긍정적인 효과를 경범죄를 줄이는 것으로 한정할 수 없다.

[014~015] 마지막으로 뉴스 해설을 들려드립니다. 14번은 듣기 문항, 15번은 말하기 문항입니다.

최근 2년 사이에 전국 53곳에서 싱크홀이 발생했습니다. 최근에는 서울 송파구 일대에서 대형 공동*, 지반 꺼짐이 연달아 발견되면서 시민들의 불안감이 높아지고 있습니다.

'싱크홀'의 원인은 지질학적인 요인과 인위적인 요인으로 나뉩니다. 지질학적 요인은 지진 등에 의한 지각 변동으로 발생하거나, 석회암이나 퇴적암층이 장기간 물에 침식되어 나타나는 자연적인 현상인데, 다행히 우리나라는 지각이 주로 화강암과 편마암층으로 구성되어 있어 안정적이라고 평가됩니다.

문제가 되는 것은 인위적인 요인으로 발생하는 경우인데요. 주로 도시 지역에서 발생하여 위험도가 큽니다. 도시 개발 과정에서 지하 수맥을 파괴하거나 공사 영향권에 대한 무시와 방치로 인해 문제가 발생합니다. 또한 상하수도관이 누수되어 침식되거나, 공사 후 되메우기의 부실로 인한 침하와 유실이 원인이 되기도 합니다. 특히 최근 10여 년간 1.5배 증가한 집중 호우는 하수도가 감당할 수 없는 정도로 대규모 토사 유실과 침식을 유발할 수 있습니다.

싱크홀은 원인이 제공된 시점부터 시간이 흐를수록 위험도가 높아 대책이 시급합니다. 먼저 싱크홀이 발생한 지역에 대한 원인 분석과 정밀 대책과 함께 지역 전반에 대한 지하 개발 실태 파악 및 관리에 나서야 합니다. 또한 지하 개발과 복구 공사 품질에 대한 규정을 전면 재검토하여 보완해야 합니다. 뿐만 아니라 노후된 상하수도 개수 및 기후 변화에 대비할 수 있는 도시 치수의 대책도 강구해 나가야 할 것입니다.

*공동: 아무것도 없이 텅 비어 있는 굴.

014

정답 ⑤

해설 싱크홀에 대한 대책을 강구하려면 기후 변화에 대비할 수 있는 도시 치수(수리 시설을 잘하여 홍수나 가뭄의 피해를 막음. 또는 그런 일)의 전면적인 대책을 강구해야 한다고 밝히고 있다.

015

정답 ③

해설 원인 규명과 대책 마련을 위해 정부와 서울시가 착수(어떤 일에 손을 댐. 또는 어떤 일을 시작함)한 상황이므로, 일을 시작하는 지금 투자를 미뤄서는 안 되는 상태임을 강조한 것이다. 흐름에 맞는 속담은 '무슨 일이나 그 일의 시작이 중요하다'는 의미의 속담 '천릿길도 한 걸음부터'가 적절하다.

① 더욱 어려운 지경에 처하게 되는 경우를 비유적으로 이르는 말.

② 옷차림이나 지닌 물건이 제격에 맞지 않아 어울리지 않음을 비유적으로 이르는 말.

④ 미리 준비를 해 놓지 않아서 임박해서야 허둥지둥하
게 되는 경우를 비유적으로 이르는 말.
⑤ 앞일은 생각해 보지도 아니하고 당장 좋은 것만 취하
는 경우를 비유적으로 이르는 말.

016~030   어휘

016

정답 ①

해설 '사그라들다'의 의미는 '삭아서 없어져 가다'이다. '일의
범위나 규모가 조금 줄어들다'의 뜻을 가진 단어는 '쪼그
라들다'이다. 예 아버지께서 사업에 실패한 이후 점점 살
림이 쪼그라들었다.
② '다락같다'는 '덩치나 규모 정도가 매우 크고 심하다'
의 뜻도 있다. 예 날씨가 다락같이 추워져 밤에 잠이
안 온다.
③ '치근덕거리다'는 '지근덕거리다'보다 거센 느낌을 준
다. ≒ 치근덕대다
⑤ '해사하다'는 다음과 같은 뜻이 있다.

> **해사하다**
> 1. 얼굴이 희고 곱다랗다. 예 해사한 얼굴
> 2. 표정, 웃음소리 따위가 맑고 깨끗하다. 예 해
>   사하게 웃다.
> 3. 옷차림, 자태 따위가 말끔하고 깨끗하다. 예 해
>   사한 맵시

017

정답 ④

해설 '찬동(贊同)'의 뜻은 '어떤 행동이나 견해 따위가 옳거나
좋다고 판단하여 그에 뜻을 같이함'이다. '무엇이 훌륭하
거나 좋거나 아름답다고 찬양함'은 '예찬(禮讚)'의 뜻이다.

018

정답 ④

해설 '역임(歷任)'은 '여러 직위를 두루 거쳐 지냄'의 뜻이 있
다. '거침, 지냄'으로 순화할 수 있다. 따라서 한 가지 직
위와 바로 '역임(하다)'을 함께 쓰는 것은 자연스럽지 않
은 표현이다. 예 그는 다양한 정부 요직을 역임하면서 경
력을 쌓았다.
① 영전(榮轉): 전보다 더 좋은 자리나 직위로 옮김.
② 타개(打開): 매우 어렵거나 막힌 일을 잘 처리하여 해
결의 길을 엶.
③ 전치(全治): 병을 완전히 고침.
⑤ 막후(幕後): 겉으로 드러나지 않은 뒷면. ≒ 배후(背後)

019

정답 ①

해설 문맥에 맞는 단어는 '공포(公布)'로 '이미 확정된 법률,
조약, 명령 따위를 일반 국민에게 널리 알리는 일'을 뜻
하며 주로 법률과 관련된 내용을 알릴 때 사용한다. '공
표(公表)'는 '여러 사람에게 널리 드러내어 알림'을 뜻하
며 일반적으로 대중에게 알릴 때 사용한다. 예 학회는 결
정적 증거가 나오기 전까지 새 학설의 공표를 미루기로
했다.
② 함구(緘口): '입을 다문다'는 뜻으로, 말하지 아니함을
이르는 말.
③ 추돌(追突): 자동차나 기차 따위가 뒤에서 들이받음.

> **충돌(衝突)**: 서로 맞부딪치거나 맞섬. 예 마주오
> 던 버스와 승용차가 정면으로 충돌했다.

④ 결제(決濟): 증권 또는 대금을 주고받아 매매 당사자
사이의 거래 관계를 끝맺는 일.

> **결재(決裁)**: 결정할 권한이 있는 상관이 부하가
> 제출한 안건을 검토하여 허가하거나 승인함. →
> 재가(裁可) 예 그 일은 아직 과장님의 결재가 나
> 지 않았다.

⑤ 구명(究明): 사물의 본질, 원인 따위를 깊이 연구하여
밝힘.

> **규명(糾明)**: 어떤 사실을 자세히 따져서 바로 밝
> 힘. 예 주민들은 사건의 진상 규명을 촉구하였다.

020

정답 ⑤

해설 '채소, 과일, 어물 따위가 한창 나오는 때가 되다'의 의미
인 단어는 '한물지다'이다.
① 넌출지다: 식물의 덩굴 따위가 길게 치렁치렁 늘어
지다.
② 덩이지다: 한데 뭉쳐 덩이가 되다.
③ 이랑지다: 호수나 바다의 수면이 밭이랑처럼 물결이
지다.
④ 징건하다: 먹은 것이 잘 소화되지 아니하여 더부룩하
고 그득한 느낌이 있다.

021

정답 ②

해설 ㉠은 '정해진 시간에 닿거나 맞추다'의 의미인 '대다(대도
록)', ㉡은 '얼굴의 핏기가 없어지다'의 의미인 '세다(세었
다)', ㉢은 '안타깝거나 조마조마하여 마음이 몹시 조급해
지다'의 의미인 '달다(달아)'가 적절하다.

데다
1. 불이나 뜨거운 기운으로 말미암아 살이 상하다. 또는 그렇게 하다. 예 팔이 불에 데다.
2. 몹시 놀라거나 심한 괴로움을 겪어 진저리가 나다. 예 사람에 데다.

새다²
날이 밝아 오다. 예 어느덧 날이 새는지 창문이 뿌옇게 밝아 온다.

다르다
1. 비교가 되는 두 대상이 서로 같지 아니하다. 예 아들이 아버지와 얼굴이 다르다.
2. 보통의 것보다 두드러진 데가 있다. 예 고장 난 문을 이렇게 감쪽같이 고치다니 기술자는 역시 달라.

022

정답 ①

해설 '보(補)하다'는 '영양분이 많은 음식이나 약을 먹어 몸의 건강을 돕다'의 의미이므로, 대응하는 고유어로는 '(건강을) 돕다'가 적절하다. '모으다'는 '한데 합치다, 벌어서 써 버리지 않고 쌓아 두다'의 의미로 의미상 차이가 있다.
② '처(處)하다'는 '어떤 형편이나 처지에 놓이다'의 의미로, 고유어 '놓이다'와 대응한다.
③ '가(加)하다'는 '보태거나 더해서 늘리다'의 의미로, 고유어 '더하다'와 대응한다.
④ '격조(隔阻)하다'는 '오랫동안 서로 소식이 막히다'의 의미로, 고유어 '(소식이) 막히다'와 대응한다.
⑤ '산개(散開)하다'는 '여럿으로 흩어져 벌어지다'의 의미로, 고유어 '흩어지다'와 대응한다.

023

정답 ②

해설 〈보기〉는 중간 개념이 존재하지 않는 '상보 반의 관계'에 해당하는 단어이지만, '길다'와 '짧다'는 중간 개념이 존재하는 '정도 반의 관계'이다.

024

정답 ③

해설 첫 번째의 '발'은 '사람이나 동물의 다리 맨 끝부분'의 의미로, 두 번째의 '발'은 '새로 생긴 나쁜 버릇이나 관례'의 의미로 쓰였으므로 의미상 서로 관련이 없는 동음이의어 관계이다.
① 첫 번째의 '머리'는 '생각하고 판단하는 능력'의 의미로, 두 번째의 '머리'는 '단체의 우두머리'의 의미로 쓰였으므로 의미상 서로 관련이 있는 다의어 관계이다.

② 두 '눈' 모두 '사람들의 눈길'의 의미로 쓰였으므로 동의어 관계이다.
④ 첫 번째의 '말'은 '일정한 주제나 줄거리를 가진 이야기'의 의미로, 두 번째의 '말'은 '앞에서 언급한 사실을 강조하여 말하는 뜻을 나타내는 말'로 쓰였으므로 의미상 서로 관련이 있는 다의어 관계이다.
⑤ 첫 번째의 '짐'은 '다른 곳으로 옮기기 위하여 챙기거나 꾸려 놓은 물건'의 의미로, 두 번째의 '짐'은 '맡겨진 임무나 책임'의 의미로 쓰였으므로 다의어 관계이다.

025

정답 ④

해설 일반적으로 부정의 보조 용언은 본용언의 품사를 따른다. ㉣은 '앞말이 뜻하는 상태에 미치지 아니함'을 나타내는 '보조 형용사'이고, ㉠~㉢은 '앞말이 뜻하는 행동에 대하여 그것이 이루어지지 않거나 그것을 이룰 능력이 없음'을 나타내는 '보조 동사'이다.

026

정답 ④

해설 ㉠ 보수(補修): 건물이나 시설 따위의 낡거나 부서진 것을 손보아 고침.
㉡ 보수(保守): 새로운 것이나 변화를 적극적으로 받아들이기보다는 전통적인 것을 옹호하며 유지하려 함.
㉢ 보수(報酬): 일한 대가로 주는 돈이나 물품.

027

정답 ③

해설 문맥에 맞는 단어는 '힘이나 정신을 한곳에만 기울임'을 뜻하는 '경주(傾注)'이다. '경주(競走)'는 '사람, 동물, 차량 따위가 일정한 거리를 달려 빠르기를 겨루는 일. 또는 그런 경기'를 뜻한다. 예 그는 오래달리기 경주에서 우승을 하였다.
① 소홀(疏忽): 대수롭지 아니하고 예사로움. 또는 탐탁하지 아니하고 데면데면함.
② 대체(大體): 일이나 내용의 기본적인 큰 줄거리.
④ 진상(眞相): 사물이나 현상의 거짓 없는 모습이나 내용. '참된 모습'으로 순화할 수 있다.
⑤ 동요(動搖): 생각이나 처지가 확고하지 못하고 흔들림.

028

정답 ⑤

해설 '교각살우(矯角殺牛)는 '소의 뿔을 바로잡으려다가 소를 죽인다'는 뜻으로, '잘못된 점을 고치려다가 그 방법이나 정도가 지나쳐 오히려 일을 그르침'을 의미한다.
① 욕속부달(欲速不達): 일을 빨리 하려고 하면 도리어 이루지 못함.
② 수주대토(守株待兔): (비유적으로) 한 가지 일에만 얽매여 발전을 모르는 어리석은 사람.
③ 백가쟁명(百家爭鳴): 많은 학자나 문화인 등이 자기의 학설이나 주장을 자유롭게 발표하여, 논쟁하고 토론하는 일.
④ 오월동주(吳越同舟): (비유적으로) 서로 적의를 품은 사람들이 한자리에 있게 된 경우나 서로 협력하여야 하는 상황.

029

정답 ③

해설 '허방(을) 치다'는 '바라던 일이 실패로 돌아가다'의 의미를 지닌 관용 표현이다. '잘못 알거나 잘못 예산하여 실패하다'의 의미를 지닌 관용 표현은 '허방(을) 짚다'로, '발을 잘못 디디어 허방에 빠지다'의 의미도 지닌다.

030

정답 ④

해설 '위트(wit)'는 '말이나 글을 즐겁고 재치 있고 능란하게 구사하는 능력'으로 '기지'나 '재치'로 순화하여 사용한다. '익살'은 '남을 웃기려고 일부러 하는 말이나 몸짓'이다.

031~045　어법

031

정답 ①

해설 '다른 사람의 목소리나 새, 짐승 따위의 소리를 흉내 내는 일을 비유적으로 이르는 말'은 '성대모사(聲帶模寫)'로 표기한다.
② 갯벌(= 개펄): 모래 점토질의 평탄한 땅.
③ 내로라하다: 어떤 분야를 대표할 만하다.
④ 널빤지(= 널판자): 판판하고 넓게 켠 나뭇조각.
⑤ 별의별: 보통과 다른 갖가지의.

032

정답 ③

해설 '구멍이 뚫린 물건 위에 국수나 야채 따위를 올려 물기를 빼다'는 '밭치다'의 의미이다. '받치다'는 '물건의 밑이나 옆 따위에 다른 물체를 대다'의 의미가 있다. 예 가야금을 두 손으로 받쳐 나왔다.
① 좇다: 목표, 이상, 행복 따위를 추구하다.

> 쫓다: 어떤 대상을 잡거나 만나기 위하여 뒤를 급히 따르다. 예 쫓고 쫓기는 숨 막히는 추격전을 벌이다.

② 들추다: 숨은 일, 지난 일, 잊은 일 따위를 끄집어내어 드러나게 하다.

> 들치다: 물건의 한쪽 끝을 처들다. 예 선비는 발을 들치고 밖을 내다 보았다.

④ 걷잡다: 마음을 진정하거나 억제하다.

> 겉잡다: 겉으로 보고 대강 짐작하여 헤아리다. 예 겉잡아도 일주일은 걸릴 일이다.

⑤ 썩이다: '썩다(걱정이나 근심 따위로 마음이 몹시 괴로운 상태가 되다)'의 사동사.

> 썩히다
> 1. '썩다(유기물이 부패 세균에 의하여 분해됨으로써 원래의 성질을 잃어 나쁜 냄새가 나고 형체가 뭉개지는 상태가 되다)'의 사동사. 예 음식을 썩혀 거름을 만든다.
> 2. '썩다(물건이나 사람 또는 사람의 재능 따위가 쓰여야 할 곳에 제대로 쓰이지 못하고 내버려진 상태에 있다)'의 사동사. 예 그는 시골구석에서 재능을 썩히고 있다.

033

정답 ③

해설 '꼼꼼히'는 '-하다'가 붙는 어근이므로, '히'로 적는다.
① '깊숙이'는 'ㄱ' 받침 용언 뒤이므로, '이'로 적는다.
② '익히'는 '-하다'가 붙는 어근 '익숙-'에 '-히'가 결합한 부사 '익숙히'가 줄어든 형태이다.
④ '간간이(공간적인 거리를 두고 듬성듬성)'는 첩어(한 단어를 반복적으로 결합한 복합어) 명사 뒤이므로, '이'로 적는다.

> 간간히: 입맛 당기게 약간 짠 듯이. 예 간간히 조리하다.

⑤ '깨끗이'는 'ㅅ' 받침 용언 뒤이므로, '이'로 적는다.

> **1. '이'로 적는 것**
> - '-하다'가 붙지 않는 용언 어간 뒤 예 같이, 굳이, 길이, 깊이, 높이, 많이, 실없이, 적이, 헛되이
> - 'ㅅ' 받침 뒤 예 느긋이, 지긋이, 번듯이, 버젓이, 기웃이
> - (첩어 또는 준첩어인) 명사 뒤 예 간간이, 번번이, 다달이, 살살이, 짬짬이
> - 'ㅂ' 불규칙 용언의 어간 뒤 예 가벼이, 괴로이, 기꺼이, 부드러이, 쉬이, 새로이, 즐거이
> - 부사 뒤 예 곰곰이, 더욱이, 생긋이, 오뚝이, 일찍이, 히죽이
> - 'ㄱ' 받침 뒤 예 고즈넉이, 끔찍이, 큼직이, 나직이
>
> **2. '히'로 적는 것**
> - '-하다'가 붙는 어근 뒤(단, 'ㅅ' 받침 제외) 예 극히, 급히, 딱히, 속히, 능히, 엄격히, 간편히, 고요히, 급급히, 꼼꼼히, 솔직히
> - '-하다'가 붙는 어근에 '-히'가 결합하여 된 부사가 줄어진 형태 예 익숙히 → 익히 / 특별히 → 특히
> - 어원적으로 '-하다'가 붙지 않는 어근에 부사화 접미사가 결합한 형태로 분석되나, 어근의 본뜻이 유지되고 있지 않아 익어진 발음의 형태대로 적는 경우 예 작히(어찌 조금만큼만, 오죽이나)

034

정답 ②

해설 '데'는 '일'이나 '것'의 뜻을 나타내는 의존 명사로, '읽는∨데'와 같이 앞에 오는 용언의 관형사형과 띄어 써야 한다.
① '듯하다'는 '앞말이 뜻하는 사건이나 상태 따위를 짐작하거나 추측함'을 뜻하는 보조 용언으로, 앞에 오는 본용언과 띄어 쓰는 것이 원칙이고, 본용언이 복합어이고 그 활용형이 2음절이면 붙여 쓰는 것도 허용한다. 여기에서 '듯'은 의존 명사이다.
③ '만(滿)'은 '시기나 햇수를 꽉 차게 헤아림'을 뜻하는 관형사로, 뒤에 오는 명사를 수식하므로 띄어 써야 한다.
④ '맨'은 '다른 것은 섞이지 않고 온통'을 나타내는 부사로, 뒤에 오는 용언과 띄어 써야 한다.
⑤ '-(으)ㄴ지'는 '막연한 의문이 있는 채로 그것을 뒤 절의 사실이나 판단과 관련시키는 데 쓰는 연결 어미'로, 앞에 오는 용언의 어간과 붙여 써야 한다.

035

정답 ④

해설 '물곬'은 '물이 흘러 빠져나가는 작은 도랑'의 의미를 지닌 표준어이다.
각 단어의 표준어와 의미는 다음과 같다.
① 절다: 사람이 술이나 독한 기운에 의하여 영향을 받게 되다.
② 갑갑하다: 너무 더디거나 지루하여 견디기에 진력이 나다.
③ 주추: 기둥 밑에 괴는 돌 따위의 물건
⑤ 강퍅하다: (사람이나 그 성미가) 까다롭고 고집이 세다.

036

정답 ④

해설 ① 지방 자치제를 만든 이유에 대한 서술어의 호응이 필요하다.
→ 지방 자치제는 ~ 정책의 실효성을 높이고 주민들의 생활을 보다 편리하게 <u>하고자 만든</u> 것이다.
② 서술어 '자립되다'와 주어 '지방 정부가'의 호응을 이루지 못하고 있다.
→ <u>지방 정부가 자립해야 하며</u> ~ 주민들의 의견을 원활히 수렴할 수 있어야 한다.
③ 앞 문장은 지방 자치제의 의의를 살리는 것에 대한 설명이고, 뒤 문장은 재정 자립도에 대한 설명이므로, 화제 전환의 접속어 '그런데'로 수정해야 한다.
⑤ 목적어 '주민들의 의견과 제도적 보완을' 중 '제도적 보완'이 서술어 '수렴해야 한다'와 호응을 이루지 못하고 있다.
→ ~ 주민들의 <u>의견을 수렴해야</u> 하며, 이를 위해 제도적 <u>보완이 필요하다.</u>

037

정답 ⑤

해설 〈보기〉는 '아름다운'이 '고향'을 수식하는지, '고향의 봄'을 수식하는지에 따라 다른 의미를 가지는 중의적 문장이다. 이와 같이 수식어에 의한 중의성이 나타난 것은 '비운의 역사를 간직한'이 '창덕궁'을 수식하는지, '창덕궁의 낙선재'를 수식하는지에 따라 다른 의미를 가지는 ⑤이다.
① '다 오지 않았다'가 한 명도 오지 않았음을 의미하는 것인지, 일부만 왔음을 의미하는 것인지에 따라 중의적으로 해석될 수 있다.
② '쓰고 있다'가 모자를 쓴 상태의 지속을 의미하는 것인지, 실제 쓰고 있는 행위를 의미하는 것인지에 따라 중의적으로 해석될 수 있다.

③ 형이 나와 게임 중 게임을 더 좋아함을 의미하는 것인지, 형이 게임을 좋아하는 정도가 내가 게임을 좋아하는 정도보다 더 큼을 의미하는 것인지에 따라 중의적으로 해석될 수 있다.

④ 배와 사과를 각각 두 개씩 샀음을 의미하는 것인지, 모두 합하여 두 개를 샀음을 의미하는 것인지에 따라 중의적으로 해석될 수 있다.

038

정답 ②

해설 '회의를 갖다'는 영어 'have a meeting'의 번역 투 표현이므로, '회의를 하다'로 바꿔야 한다. 번역 투 '예정으로 있다'는 '할 예정이다'로 바꾸는 것이 좋다.
① 부사 '여간'은 부정 서술어와 호응해야 한다.
③ '자랑이 된' 대상이 필요하므로, 부사어 '모두에게'를 넣어 문장 성분을 모두 갖추어야 한다.
④ '기쁨을 맛본' 주체가 '고추'로 나타나 있다. 무정 주어인 고추는 '맛보다'와 호응하여 쓸 수 없다.
⑤ '통상 협상 전개 시'는 명사의 지나친 나열로, 서술어에 맞게 문장 성분을 바꿔야 한다.

039

정답 ①

해설 '등산로'는 [등산노]로 발음되는데, 이것은 'ㄹ'이 'ㄴ'의 영향을 받아 [ㄴ]으로 발음되는 '비음화' 현상이다. 음운의 변동이 일어나는 환경은 같지만 비음화가 된 단어의 예로는 '상견례[상견녜], 입원료[이붠뇨], 공권력[공꿘녁], 생산량[생산냥]' 등이 있다.
②·③·④·⑤ 유음화 현상이 나타난다.

040

정답 ③

해설 '밤낮'은 '항상', '종이호랑이'는 '겉보기에는 힘이 셀 것 같으나 사실은 아주 약한 것'을 의미하고, '피땀'은 '무엇을 이루기 위하여 애쓰는 노력과 정성을 비유적으로 이르는 말'이다.

대등 합성어	종속 합성어	융합 합성어
마소, 오가다	돌다리, 비빔밥	피땀, 밤낮, 종이호랑이

041

정답 ④

해설 교장 선생님의 '말씀'을 높이는 간접 높임이므로, 서술어에 특수 어휘(계시다)를 쓰지 말고 높임의 선어말 어미 '-시-'를 사용하여 '있으시겠습니다'로 써야 한다.

① 주체 높임법이 특수한 어휘 '편찮다'에 의해 실현된 것으로, 높임의 대상 '할아버지'가 올 경우 조사 '께서'와 '아프다'를 높인 '편찮으시다'로 써야 한다.
② 주체 높임법으로 높임의 조사 '께서'와 높임의 선어말 어미 '-시-'를 사용하여 높임의 대상인 아버지를 높이고 있다.
③ 청자가 주체보다 높은 상위자이면 문장의 주체가 화자보다 상위자이더라도 주체를 높이지 않는 '압존법'을 쓴 것이다. 직원의 입장에서는 과장님이 자신보다 높기 때문에 높여야 하지만, 청자인 사장님이 주체인 과장님보다 높기 때문에 높이지 않는 것이 원칙이다. (비압존법도 허용하고 있음.)
⑤ 간접 높임법으로 어머니의 '머리카락'을 높여야 하므로, 서술어에 높임 선어말 어미 '-시-'를 써서 '하얘지시다'로 쓴다.

042

정답 ②

해설 두 개 이상의 어구가 밀접한 관련이 있음을 나타내고자 할 때는 '붙임표(-)'를 사용해야 한다. '줄표(—)'는 제목 다음에 표시하는 부제의 앞뒤에 쓴다. 예 '환경 보호 — 숲 가꾸기 —'라는 제목으로 글짓기를 했다.

043

정답 ④

해설 '공권력'은 'ㄹ'이 [ㄴ]으로 발음되어 [공꿘녁]만 표준 발음으로 인정한다.
① 예사소리만 인정하던 발음을 된소리도 인정한 것이다.
② 된소리만 인정하던 발음을 예사소리도 인정한 것이다.
③ 'ㄴ' 첨가 현상이 일어난 발음 외에 연음된 발음도 인정한 것이다.
⑤ 'ㄴ' 첨가된 발음도 인정한 것이다.

표준 발음으로 인정된 것들

1. **된소리 허용**
   불법[불법/불뻡], 효과[효:과/효:꽈], 관건[관건/관껀], 교과[교:과/교:꽈], 반값[반:갑/반:깝]

2. **예사소리 허용**
   안간힘[안깐힘/안간힘], 인기척[인끼척/인기척], 분수(分數)[분쑤/분수]

3. **'ㄴ' 첨가 발음 허용**
   강약[강약/강냑], 영영[영:영/영:녕], 의기양양[의:기양양/의:기양냥]

4. **'ㄴ' 첨가하지 않은 발음 허용**
   연이율[연니율/여니율], 순이익[순니익/수니익], 밤이슬[밤니슬/바미슬]

044

정답 ②

해설 'accent'는 '악센트'로 표기한다. '강세'로 순화할 수 있다.
① 가톨릭(Catholic)
③ 비틀스(The Beatles)
④ 팸플릿(pamphlet) → 소책자
⑤ 크로켓(croquette)[프]

045

정답 ③

해설 학여울[항녀울] → Hangnyeoul
: 'ㄴ, ㄹ'이 덧나는 경우 이를 반영한다.
① 좋고[조코] → joko
: 'ㄱ, ㄷ, ㅂ, ㅈ'이 'ㅎ'과 합하여 거센소리로 소리 나는 경우 이를 반영한다.
② 해돋이[해도지] → haedoji
: 구개음화가 되는 경우 이를 반영한다.
④ 낙동강[낙똥강] → Nakdonggang
: 된소리되기는 표기에 반영하지 않는다.
⑤ 집현전[지편전] → Jiphyeonjeon
: 체언에서 'ㄱ, ㄷ, ㅂ' 뒤에 'ㅎ'이 따를 때에는 'ㅎ'을 밝혀 적는다.

046~050 쓰기

046

정답 ④

해설 층간 소음에 대한 우리 사회의 대처 방안과 법적 판례는 이 글의 주제나 목적과 관계가 없다.

047

정답 ①

해설 'ㄱ'은 층간 소음의 원인으로 층간 소음을 판단하는 기준이 될 수는 없다. 층간 소음의 판단 기준은 정확한 소음 기준을 제시해야 한다.

048

정답 ③

해설 글의 흐름상 공정 무역 단체의 규모를 비교하는 것은 적절한 내용이 아니다. 공정 무역 단체에서 하는 일들을 분석하는 것이 적절하다.

049

정답 ⑤

해설 공정 무역 제품에 대한 인식이 부정적이라는 내용은 앞에 언급되어 있지 않으므로 '공정 무역 제품의 인식 전환'을 해결 방안으로 제시하는 것은 적절하지 않다.

050

정답 ④

해설 '많은 사람이'는 주어이므로, 반드시 필요한 문장 성분이다.
③ '띠다'는 감정이나 기운, 성질, 색깔을 나타낼 때 사용한다. '띄다'는 '눈에 보이다'의 의미로 사용된다.

051~060 창안

051

정답 ③

해설 유명 가수와 참가 선수는 서로 경쟁 관계가 아니므로 위치적 외부성이 나타났다고 보기에 적절하지 않다.
① 선거에서 특정 후보의 사퇴가 다른 후보의 당선 여부에 영향을 주었다면, 이는 경쟁자인 특정 후보의 상대적 성과에 따라 다른 후보의 위치적 보상이 달라진 것이다. 따라서 위치적 외부성이 나타났다고 볼 수 있다.
② 많은 사람의 목소리로 서로의 대화가 안 들리자 목소리를 더 높였다는 것은 자신의 상대적 위치를 높이기 위한 행동을 한 것이므로 위치적 외부성이 나타났다고 볼 수 있다. 이때 모든 사람이 동시에 자신의 위치를 향상시키기 위해 목소리를 높인다면 사람들 사이의 실질적인 위치는 변하지 않아 여전히 의사소통이 어려울 가능성이 크다.
④ 학부모가 자녀의 초등학교 입학을 미루는 것은 자녀가 경쟁 상대가 될 같은 학년의 초등학생보다 더 높은 학업 성취도를 얻을 수 있도록 하기 위한 것으로, 다른 경쟁자의 상대적 성과에 의존하여 상대적 위치에 대한 보상을 기대하는 것이므로 위치적 외부성이 나타났다고 볼 수 있다.
⑤ 카페의 좋은 자리에 앉기 위해 카페가 문을 열기도 전에 줄을 서는 것은 누가 먼저 줄을 서느냐의 상대적 성과에 따라 위치적 보상(좌석)이 결정되므로, 위치적 외부성이 나타났다고 볼 수 있다.

052

정답 ①

해설 위치적 외부성이 개입되었을 때, 경쟁자의 상대적 성과가 크게 하락할수록 개인의 위치가 크게 상승한다. 예를 들어, 모두가 각자의 위치를 상승시키기 위해 지출을 늘린다면 모두의 질적인 위치는 그대로일 것이고, 위치 상승에 따른 이익이 지출과 비교하여 미미한 수준이라면 오히려 손해를 볼 수 있으므로 지나친 경쟁은 비효율성을 가져온다고 볼 수 있다.

053

정답 ②

해설 반의어 '당기다'와 '열다'를 활용하여 서로 간의 화합을 이룰 것을 강조한 광고이다.

054

정답 ⑤

해설 '낭중지추(囊中之錐)'는 재능이 뛰어나면 숨어 있어도 저절로 알려짐을 강조한 것이다.

> 군계일학(群鷄一鶴): 닭의 무리 가운데에서 한 마리의 학이란 뜻으로, 많은 사람 가운데서 뛰어난 인물을 이르는 말.
> 낭중지추(囊中之錐): 주머니 속의 송곳이라는 뜻으로, 재능이 뛰어난 사람은 숨어 있어도 저절로 사람들에게 알려짐을 이르는 말.

055

정답 ④

해설 그림 (가)와 (나)는 개인의 타고난 능력에 대해 강조하고 있다. 그러므로 이를 바탕으로 삶을 살아가는 데 필요한 능력에 대한 글을 쓰려면 '타고난 능력'을 소재로 작성하는 것이 적절하다.

056

정답 ③

해설 그림 (가)에서는 능력이 있는 사람은 특별히 돋보이고자 하지 않아도 눈에 띈다고 주장하는 반면, 〈보기〉에서는 가려지고 묻혀 있지만 이름을 붙여 널리 전파하면 명승의 대열에 끼일 수 있는 경관을 사람에 비유하였으므로, 〈보기〉의 인물이 그림 (가)를 주장하는 인물에게 할 수 있는 조언으로는 눈에 띄지 않는 평범한 사람 중에서도 알고 보면 주목받을 만한 능력을 가진 사람이 있을 수 있다는 내용이 적절하다.

057

정답 ⑤

해설 사모아 사회에서는 지나친 돌봄과 기대를 경계하며 모든 문제를 소홀하면서 자연스럽게 풀어나간다. 따라서 '추위가 오니 더위가 간다는 뜻으로 모든 것은 순리대로 이뤄지기 마련임'의 뜻을 가지고 있는 '한래서왕(寒來暑往)'이 적절하다.

① 강호지락(江湖之樂): 자연을 벗 삼아 누리는 즐거움.
② 수간모옥(數間茅屋): 몇 칸 안 되는 작은 초가.
③ 안빈낙도(安貧樂道): 가난한 생활을 하면서도 편안한 마음으로 도를 즐겨 지킴.
④ 음풍농월(吟風弄月): 맑은 바람과 밝은 달을 대상으로 시를 짓고 흥취를 자아내어 즐겁게 놂.

058

정답 ①

해설 사모아에서 성장(사춘기)을 쉽고 간단한 문제로 만드는 배경에는 사회 전체가 평상적이라는 데 있다. 따라서 사춘기의 문제는 그 사회의 문화에서 오는 것임을 유추할 수 있다.

059

정답 ④

해설 학생들이 먹은 여러 가지 음식(선행하는 요소) 중 공통적으로 먹은 음식인 돼지고기(공통되는 유일한 요소)를 학생들의 장염(결과)이 발생한 원인으로 간주하였으므로 적절한 사례이다.

① · ② 결과에 대해 선행하는 요소가 한 가지로, 비교 대상이 없으므로 적절하지 않다.
③ 병이 호전된 닭(나타난 사례)과 병이 호전되지 않은 닭(나타나지 않은 사례)을 비교하여 각 사례 간 유일한 차이인 먹이(선행하는 요소)를 찾아 그것을 원인으로 간주하였으므로 적절하지 않다. 이는 '차이법'에 해당하는 사례로, 제시된 '일치법'과는 다른 방법이다.
⑤ 숙면을 취하지 못 한 밤(나타난 사례)과 숙면을 취한 밤(나타나지 않은 사례)을 비교하여 각 사례 간 유일한 차이인 저녁에 마신 커피(선행하는 요소)를 찾아 그것을 원인으로 간주하였으므로 적절하지 않다.

060

정답 ④

해설 X가 발생하는 여러 가지 선행하는 요소 중 c가 모든 경우에 공통되는 유일한 요소이므로, c가 X의 원인임을 나타내는 도식이다.

[061~062]

〈작품 해설〉

1. **작품 이해**: 이 작품은 죽은 누이동생에 대한 그리움과 추모의 심정을 노래한 산문시이다. 누이동생의 무덤을 찾은 시적 화자가 무덤 주변의 풍경을 감각적으로 묘사하면서 적막하고 쓸쓸한 이미지를 그려내고 있다. 시적 화자는 죽은 누이동생을 생각하면서 눈이 감기기도 하고, 다시 돌아올 것 같은 서러움에 안타까워하고 있다.

2. **시 분석하기**
   ① 화자: 죽은 누이동생을 그리워하는 '나'
   ② 대상: 죽은 누이동생
   ③ 상황: 누이동생의 무덤을 찾은 화자가 누이동생을 그리워함.
   ④ 정서·태도: 죽은 누이에 대한 그리움과 안타까움
   ⑤ 주제: 죽은 누이에 대한 슬픔과 그리움

061

정답 ②

해설 누이동생이 죽어 누이와 다시 함께하고 싶지만, 함께할 수 없는 부정적인 현실에 대한 화자의 안타까움이 드러나 있다.

062

정답 ⑤

해설 '비, 눈, 별' 등은 자연 현상으로 누이의 죽음과 관련된 자연의 이치나 세월의 흐름을 상징한다.

[063~065]

〈작품 해설〉

1. **작품 이해**: 이 작품은 6·25 전쟁이라는 역사적 상황에서 일곱 살 소녀가 겪어야 했던 왜곡된 성장을 그리고 있다. 작가는 아버지의 부재, 어머니의 외출, 오빠의 분노 등으로 상징되는 가난과 외로움, 애정과 미움, 기다림과 두려움 등을 공존시킴으로써 갈등과 허기로 기억되는 상처 가득한 '유년의 뜰'을 제시하고 있다.

2. **줄거리**: '나'는 일곱 살로 '노랑눈이'라고 불린다. 아버지가 전쟁터에 강제 징집되어 나가고, 아버지가 없는 피란살이가 길어지면서 읍내로 일하러 나가는 어머니의 외박은 갈수록 잦아진다. 이러한 어머니의 행실에 반발하는 오빠는 까닭 없이 언니에게 무서운 매질을 가하며 행패를 부린다. 한편 멍청이에 뚱보 취급을 받는 '나'는 아버지를 그리워하지만 자신과 가족이 변한 것처럼 아버지도 변했으리라고 생각하며, 상실감을 메울 수 없을 것임을 예감한다. 학교에 입학한 얼마 후 아버지가 돌아오지만 반갑기보다는 서러움으로 눈물만 흘린다.

3. **시점**: 1인칭 주인공 시점

4. **주제**: 6·25 전쟁을 겪는 한 소녀의 성장을 위한 고통, 전쟁으로 인한 혼란과 가족의 해체, 가부장적 사회에서의 여성에 대한 억압

063

정답 ②

해설 1인칭 서술자 '나'의 독백으로 과거의 사건을 진술하면서, 서술자의 연상에 따라 또 다른 과거의 장면들을 회상하고 있다.
① 인물 간의 대화는 나타나지 않는다.
③ '거울 속에는 언제나 좁은 방이 가득 담겨 있었다'에서 서술자가 과거의 사건을 회상하고 있지만 현재와의 대비는 나타나지 않는다.
⑤ 서술자는 작품 안에 존재하는 '나'이고, 1인칭 주인공 시점이므로, 주관적인 태도로 사건을 서술하고 있다.

064

정답 ①

해설 '등 뒤의 작은 시위'는 어머니에 대한 오빠의 무언의 시위로 볼 수 있다. 서술자가 사건에 대해 정확히 인지하고 있다고 볼 수는 없지만 '은밀히 조성되어 가는 팽팽한 공기', '나는 조마조마한 마음으로 어머니와 오빠를 번갈아 보며' 등의 표현을 통해 어머니와 오빠의 갈등에 대한 불안한 심리를 보이므로, 무관심한 태도를 보여 주는 것은 아니다.

065

정답 ⑤

해설 '비가 와서 밖에 나갈 수 없을 때 우리는 연극 놀이를 했는데 내용은 늘 똑같았다.'의 내용으로 볼 때, '나'에게서 현실로부터 벗어나려는 의지를 찾을 수 없다.

① '나날이 새롭게 번쩍이며' 서 있는 거울은 '유일하게 흠 없이 온전하고 훌륭한 물건'이라 했으므로 피난지 현실의 남루함을 부각시킨다.

② '언제나'와 '좁은 방 안'은 과거의 초라한 삶에 대한 기억이 거울을 통해 이미지화된 것을 암시한다.

③ '소꿉놀이를 하다가도 ~ 허겁지겁 밥을 먹다가도 문득', '자신은 볼 수 없는 등까지도 환히 비추는'이라는 표현으로 보아, 거울은 일상과는 다른 자신의 모습을 확인하게 하는 매개체를 상징한다.

④ 거울 속의 모습을 보고 '경원과 면구스러움'을 느끼는 것은 일상에서는 볼 수 없었던 자신의 모습과 대면하였을 때의 느낌을 나타낸다.

066

정답 ③

해설 3문단에서 강화물은 강화를 유도하는 자극을 가리키며 상황에 따라 변할 수 있다고 했다.

① 1문단: 조작적 조건화의 원리로 강화와 처벌을 들고 있고 6문단에 강화와 처벌은 외적 자극을 통해 반응자의 행동을 변화시킨다고 했다.

② 2문단: 강화는 반응자의 행동이 미래에도 반복해서 나타날 가능성을 높인다고 했다.

④, 5문단: 처벌의 사례를 보면 처벌은 반응자의 부정적 행동을 감소시키고 있다.

⑤ 6문단: 처벌은 강화와 결합해서 사용하면 더 효과가 있다고 했다.

067

정답 ①

해설 ㄱ. 기업의 사회 공헌 사업은 바람직한 행동이고 기업의 입장에서 세금은 싫어하는 것이다. 따라서 정부가 기업이 싫어하는 세금을 줄여 줌으로써 기업의 사회 공헌 사업의 증가를 유도해 내었기 때문에 '부적 강화'라 할 수 있다.

ㄴ. 쓰레기를 함부로 버리는 것은 바람직하지 못한 행동이고, 쓰레기를 버린 사람의 신원 공개는 사람들이 싫어하는 것이다. 따라서 사람들이 싫어하는 신원 공개를 통해 무단으로 쓰레기를 버리는 행위를 감소시켰기 때문에 '정적 처벌'이라 할 수 있다.

068

정답 ④

해설 조작적 조건화의 기본 원리인 강화와 처벌은 사람에게 외적 자극을 주어 그 행동을 변화시키려는 것이다. 즉 외적 자극 없이 사람이 스스로 판단하여 바람직한 행동을 하거나 또는 바람직하지 않은 행동을 자제하는 것에 대해 고려하지 않은 것이다. 이는 인간의 자율적 의지를 간과한 것으로 볼 수 있기 때문에 이를 통해 조작적 조건화를 비판할 수 있다.

② 조작적 조건화는 강화물을 이용해 반응자의 행동을 변화시키는 것이므로 인간이 만든 강화물은 무시하는 것이 아니다.

③ 조작적 조건화는 인간의 물질적 욕망을 강화물로 사용하기도 하지만 그 목적은 물질적 욕망의 추구가 아닌, 행동의 변화에 있다.

069

정답 ③

해설 숄더샷 프레임의 변천 과정은 설명하고 있지 않다.

① 2문단: 숄더샷 프레임이란 프레임 안에 장애물을 배치하여 감상자가 장애물 너머로 중심 피사체를 보도록 유도하는 프레임 구성 방법이라며 개념을 제시하고 있다.

② 2문단: 프레임 안에 삽입된 장애물로 인해 중심 피사체에 대한 감상자의 집중도가 높아진다며 숄더샷 프레임의 효과를 설명하고 있다.

④ 3문단: 장애물의 배치, 초점, 밝기와 같은 숄더샷 프레임의 촬영 기법을 제시하고 있다.

⑤ 4문단: 숄더샷 프레임이 사진 예술의 새로운 방향을 제시하고 있다는 점에서 의의가 있음을 설명하고 있다.

070

정답 ⑤

해설 숄더샷 프레임은 프레임에 장애물을 삽입하는 방식이며, 엣지샷 프레임은 중심 피사체를 가장자리나 구석에 위치시키는 프레임이다. 그러므로 두 프레임 모두 일반적인 프레임과 달리 익숙하지 않은 프레임을 통해 시각적 긴장감을 유발한다고 할 수 있다.

① ㉠과 ㉡ 모두 기존의 예술적 인식에서 벗어나 새롭게 아름다움을 발견하고자 하는 현대 예술의 한 경향을 보여 준다고 할 수 있다.

② ㉠은 의도하지 않았을 때 나타나는 미적 효과를 의도적으로 활용하여 사진의 예술성을 구현하고자 한 것이다.

③ ㉠은 조화와 균형, 통일을 기본으로 여겼던 기존의 예술적 인식에서 벗어나 순간적이고 우연적인 것, 불안정한 것에서 새롭게 아름다움을 발견하려는 것이다.

④ ㉡은 중심 피사체를 화면의 가장자리나 구석에 위치시키는 프레임이다.

071

정답 ④

해설 시간 표상에 대한 인식의 차이를 '크로노스적 시간'과 '카이로스적 시간'으로 나누어 설명하고 있다. 인간이 주로 자연에 의존하여 사는 경우에 시간은 천체의 순환과 함께 원환적으로 표상되는 크로노스적 시간관을 갖게 되고, 주로 역사에 의존해서 사는 경우에는 시간이 직선적으로 표상되는 카이로스적 시간관을 갖게 된다. 그리고 마지막 문단에서 두 가지 시간관을 통합하는 관점을 제시하고 있다.

① 특정 개념에 대한 이론의 타당성을 검증하는 내용은 나타나지 않는다.

② 특정 개념에 대한 기존의 관점을 반박하지 않고, 새로운 관점을 제시하는 내용도 나타나지 않는다.

③ 특정 개념에 대한 의문과 해결 방안은 제시되어 있지 않다.

⑤ 특정 개념에 대한 통시적인 변화를 설명하고 있지 않다.

072

정답 ⑤

해설 크로노스적 시간과 카이로스적 시간 모두 인간의 삶을 반영한 시간에 대한 표상이다. ㉠은 시간에 대한 원환적 표상으로 자연을 중시하는 태도와 관련이 있고, ㉡은 시간에 대한 직선적 표상으로 역사를 중시하는 태도와 관련이 있다.

③ 4문단: '신에 의해 창조된 인간의 삶은 최후의 심판과 심판 이후의 영원한 삶을 목표로 진행되는 것이다.'에서 ㉡이 '삶의 종말 이후의 영원한 삶을 전제한다'는 것을 확인할 수 있다.

④ 1문단: '시간은 천체의 원운동과 함께 흐르는 것으로 간주되고 인간은 이런 주기적인 흐름에 맞추어 삶을 영위한다.'라는 것으로 보아 ㉠이 주기적인 시간의 흐름과 관련 있는 것을 확인할 수 있다.

073

정답 ⑤

해설 〈보기〉의 플라톤은 천체의 규칙적 순환을 통하여 시간을 인식하는 원환적 시간 표상을 가지고 있다.

① 신의 섭리에 의해 예지되는 시간을 중시하는 것은 직선적 시간 표상이다.

② 플라톤은 자연의 흐름과 천체 운동을 다르게 인식하지 않고 있다.

③ 플라톤은 천체 운동의 규칙성을 원환적인 흐름으로 파악하고 있다.

④ 플라톤의 시간 표상은 헬레니즘적이다.

074

정답 ①

해설 이 글에서는 정서 유발에 대한 제임스와 랑게의 관점을 먼저 소개한 뒤, 그에 대비되는 캐넌과 바드의 관점을 소개하고 있다. 그리고 구체적인 예를 들어 각각의 관점에 대해 설명하고 있다.

075

정답 ②

해설 4문단의 내용에서 캐넌과 바드의 핵심 주장은 신체 변화와 정서가 거의 동시에 나타난다는 것과, 동일한 신체 반응에 여러 가지 정서가 대응될 수 있다는 것이다.

자율신경계의 반응으로 인한 신체 변화를 자각하고 정서를 느끼게 된다는 'ㄴ'과 정서를 신체 반응의 결과물로 파악한다는 'ㄷ'은 제임스와 랑게의 주장에 해당한다.

[076~077]

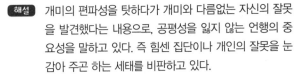

〈작품 해설〉

1. **작품 이해**: '굼벵이와 가재와 개미'의 우화를 풍자의 수단으로 사용하여 우리 시대의 사회를 비판하고 있는 수필이다. 작자는 굼벵이, 가재, 개미를 통하여 사람의 보편적인 결함을 차례로 보여 준다. 굼벵이를 매개로 어리석음을, 가재를 매개로 부정직함과 뻔뻔스러움을, 개미를 통하여 불공평성과 비굴함을 보여 주고 있다. 이 중에서 중심적인 비판 대상은 개미이다. 글의 끝에서 작자는 자신도 개미와 같이 불공평하고 비굴한 존재임을 고백한다. 힘이 약한 개인이나 집단을 비판하는 데는 적극적이면서도, 자신을 위협할 만한 개인이나 집단의 잘못에는 눈을 감고 모른 체하는 세상 사람들을 풍자하는 작품이다.

2. **주제**: 불공평하고 비굴한 인간의 행태 비판

076

정답 ③

해설 개미의 편파성을 탓하다가 개미와 다름없는 자신의 잘못을 발견했다는 내용으로, 공평성을 잃지 않는 언행의 중요성을 말하고 있다. 즉 힘센 집단이나 개인의 잘못을 눈감아 주곤 하는 세태를 비판하고 있다.

077

정답 ①

해설 이 글은 우화를 바탕으로 글을 전개한 것이다.
② 우화에는 굼벵이가 눈이 없는 이유, 가재에게 수염이 없는 이유, 개미의 허리가 잘록한 이유가 해학적으로 그려져 있다.
④ 굼벵이, 가재, 개미를 각각 인간의 속성인 무지와 경박함, 배신, 편파성을 지닌 대상으로 평가하고 있다.
⑤ 굼벵이에게 예민한 촉각과 날카로운 이빨이 있는 경우를 가정하여 글쓴이의 생각을 전개하고 있다.

078

정답 ③

해설 관람인 20명당 인솔자 1명이 필요하다.
① 광복절은 법정 공휴일이므로, 한글 도서관의 휴관일이다.
② 예약은 누리집(홈페이지)을 통해 해야 하며 전화 예약은 불가능하다.
④ '한글 놀이터'는 한글날 운영은 하지만, 예약 신청은 관람 희망일 7일 전까지 해야 하고, 전화가 아닌 누리집을 통해서만 가능하다.
⑤ '놀이터 속 한글 탐험'은 수요일, 목요일에 2, 3회차의 해당 시간대에만 단체로 이용할 수 있다.

079

정답 ②

해설 한국어 정기 해설 중 상설 전시의 저녁 7시 해설은 5~10월의 토요일 개관 시간 내에 진행하므로, 4월에는 들을 수 없다.
① 오전 10시에는 상설 전시 해설만 있다.
⑤ 20명 이상 단체의 박물관 관람은 누리집을 통해 예약해야 한다.

080

정답 ②

해설 ③ 공급이 기업에 집중되는 양상에 따라 시장 구조를 구분하면서 독점 시장과 경쟁 시장을 언급하고 있지만 이들 간의 비교가 이 글의 핵심은 아니다.
④ 우리나라 시장 점유율의 특성이 아니라 우리나라 시장 집중률의 특성이 되어야 성립 가능하다.

081

정답 ④

해설 제시된 도표를 이해할 때 매출액을 기준으로 한 시장 점유율을 토대로 시장 집중률을 계산한다면, 상위 1~3위 기업의 시장 점유율을 더한 값은 75%이므로 이 시장은 과점 시장으로 판단할 수 있다. 시장 집중률이 10% 상승하게 된다면 80% 이상의 시장 집중률을 보이게 되므로 이 시장은 과점 시장에서 독점 시장으로 변하게 된다.
① 생산량을 기준으로 한 시장 집중률은 85%, 매출액을 기준으로 한 시장 집중률은 75%이므로 측정 기준을 달리하면 시장 집중률은 달라진다.
② 생산량을 기준으로 보면 이 시장은 85%의 시장 집중률을 보이므로 독점 시장으로 판단할 수 있다.
③ (나)와 (마) 기업이 합병한다고 해도 이들이 상위 1~3위 기업에 해당하지 않기 때문에 시장 집중률에는 변화가 생기지 않는다.
⑤ (다)와 (라) 기업의 시장 점유율이 지금의 두 배가 된다면 두 기업은 전체 시장 점유율의 90%를 차지하게 되므로 이 시장의 시장 집중률은 높아진다.

082

정답 ②

해설 ⊙은 시장 안에서 특정 기업이 차지하고 있는 비중을 의미하는 수치이고, 상위 3개 기업의 ⊙을 더하면 ⓒ의 값을 산출할 수 있으므로 ②가 적절한 설명이다.
① ⊙은 ⓒ의 이해를 위한 전제이지 ⓒ의 불확실성을 보완하는 것은 아니다.
③ ⓒ은 시장 구조를 구분하는 기준이 된다.
④ ⊙은 ⓒ을 산출하기 위한 도구일 뿐 상위 개념은 아니다.
⑤ ⓒ은 ⊙을 합산한 결과이다.

083

정답 ④

해설 3·4문단에서 레비나스는 개별적으로 존재하는 주체의 틀을 넘어 타인과 상호 관계를 맺고 타인에게 윤리적 책임을 느끼는 책임의 주체가 되어야 한다고 주장했음을 알 수 있다.
① 1문단: 신이 정의롭다는 전제하에 고통이 선을 더 두드러지게 한다고 보는 변신론의 입장이 나타나 있다.
② 5문단: 레비나스는 타인과의 관계에서 이성적 판단이 아니라 감성이 중요하다고 보았음을 알 수 있다.
⑤ 2문단: 변신론적 사고가 역사의 비극적 사건들로 인해 경험적으로 설득력을 잃었다고 하였다.

084

정답 ③

해설 5문단에서 타인의 호소에 직접 노출되어 흔들리고 영향 받는 것은 감성이라고 하였다. A는 노숙인의 고통에 영향을 받아 안타까움을 느낀 것으로 볼 수 있다.

① 노인이 느낀 추위는 고통이다. 레비나스는 고통이 어떠한 쓸모도 없는 부정적이며 고독한 경험이라고 하였다.

② 노숙인과 마주친 것이 A에게 윤리적 감정을 불러일으키고 타인에게 책임 있는 존재가 되게 하였으므로, '타인의 얼굴'에 직면한 것으로 볼 수 있다.

④ A의 외투는 3문단에 나타난 음식, 공기, 잠 등과 같이 A가 향유의 주체로서 즐기고 누리던 대상이라고 할 수 있다.

⑤ A는 노숙인에게 자신의 외투를 기꺼이 벗어 주며 윤리적 의무를 실행하였으므로 노숙인을 '환대'한 것으로 볼 수 있다.

085

정답 ③

해설 2012년 이후 최저 임금 영향률은 지속적으로 상승한 것이 아니라, 2014년과 2017년에는 전년 대비 하락하였고 2016년과 2018년에는 전년 대비 급등하였다.

① 2018년에는 최저 임금 인상률이 16.4%로 전년 대비 가장 많이 올랐다.

② 2018년의 최저 임금 인상률은 16.4%로 2010년의 2.75%에 비해 약 6배 증가하였다.

④ 최저 임금 영향률이 전년도와 대비하여 가장 많이 변화한 해는 전년 대비 6.2%p 상승한 2018년이다.

086

정답 ④

해설 간호사와 사회복지사를 필수 배치하여 팀 단위 사례관리를 특징으로 한다.

① 장기요양 수급자 어르신은 다양한 재가 서비스를 이용할 수 있지만 지금까지 82%의 어르신이 1가지 서비스만 이용하고 있었다.

② 서비스의 질을 높이기 위해 간호사가 요양보호사에게 돌봄 방법을 교육·지도한다.

③ 어르신은 원하는 서비스 묶음을 결정한 후 1개의 기관에서 통합적으로 이용할 수 있다.

⑤ 국민건강보험공단에서 수급자에게 필요한 서비스 묶음을 먼저 제시한 후 어르신이 원하는 서비스 묶음을 결정하는 방식이다.

087

정답 ②

해설 2013년에는 지정 폐기물이 전년보다 감소했으므로, 매년 증가한 것은 아니다.

① 폐기물의 총계는 2012년 394,496톤에서 2013년 393,116톤으로 감소했다. 다른 해는 전년보다 모두 증가했다.

③ 생활 폐기물은 2016년에 53,772톤으로 가장 많이 발생했다.

④ 사업장 배출시설계 폐기물은 감소하는 해 없이 매년 증가하고 있다.

⑤ 다른 폐기물에 비해 해마다 건설 폐기물의 발생량이 가장 높다.

088

정답 ⑤

해설 2018년에는 전체 실업자의 수가 증가했지만, 청년 실업자의 수는 감소했다.

① 실업률의 변화가 가장 큰 해는 전년 대비 0.4%p 증가한 2014년이다.

② 2016년과 2017년의 청년 실업자의 수는 42.6만 명으로 같은 수를 보이고 있다.

③ 2014년은 취업자 증감이 59.8%p로 가장 높았다.

④ 청년 실업률은 전년 대비 2014년 1%p, 2015년 0.1%p, 2016년 0.7%p, 2018년 −0.3%p의 증감을 보이고 있다.

089

정답 ⑤

해설 시간적 제약이 없는 것이 아니라, 공간적 제약이 없어 상시 훈련이 가능하다.

090

정답 ③

해설 2000년 이후 일본의 연평균 초미세 먼지 농도는 증가와 감소를 반복하고 있다.

① 2005년 독일과 일본의 연평균 초미세 먼지 농도는 13(μg/m³)로 같다.

② 한국의 초미세 먼지는 2010년 25(μg/m³)이다가 2015년에는 29(μg/m³)로 상승했다.

④ 터키는 1990년부터 2015년까지 연평균 초미세 먼지 농도의 수치가 가장 높다.

⑤ 2010년부터 2015년까지 연평균 초미세 먼지 농도 변화는 일본 1(μg/m³), 독일 0(μg/m³), 이탈리아 5(μg/m³), 한국 4(μg/m³), 터키 3(μg/m³)이다.

091~100 국어문화

091

정답 ④

해설 'ㄱ, ㄹ'은 자신의 아버지를, 'ㄴ, ㄷ'은 남의 아버지를 부르는 '호칭어'이다. '지칭어(指稱語)'는 사람이나 사물을 가리켜 이르는 말이고, '호칭어(呼稱語)'는 사람이나 사물을 부르는 말이다.

ㄱ. 선친(先親): 남에게 돌아가신 자기 아버지를 이르는 말.
ㄴ. 춘부장(椿府丈): 남의 아버지를 높여 이르는 말.
ㄷ. 선대인(先大人): 돌아가신 남의 아버지를 높여 이르는 말.
ㄹ. 엄친(嚴親): 엄한 어버이, 주로 바깥부모를 이름. 또는 남에게 자기의 아버지를 높여 이르는 말. (= 가친: 남에게 자기 아버지를 높여 이르는 말)
ㅁ. 아범: 아내가 시부모나 친정 부모 앞에서 남편을 이르는 말.

092

정답 ④

해설 ④의 단어는 모음조화가 지켜지지 않은 예로 '깡충깡충, 오순도순('오손도손'보다 큰 느낌을 줌)'이 되어야 한다. 현대 국어에서는 'ㆍ(아래 아)'의 소멸로 모음조화가 파괴되고 있다. 이와 관련하여 '마음'은 'ᄆᆞᅀᆞᆷ → ᄆᆞᅀᆞᆷ → ᄆᆞᅀᅳᆷ → 마음'의 변천 과정을 거친다.

093

정답 ④

해설 '장본인(張本人)'은 '어떤 일을 꾀하여 일으킨 바로 그 사람'의 뜻으로, 일의 결과가 부정적인 때 사용할 수 있다. 일의 결과가 긍정적일 때는 '주역(主役)'이나 '주인공(主人公)'을 써야 한다.

① DMZ의 발음 원칙은 [디엠제트]이지만, 관용을 존중하여 [디엠지]로도 발음할 수 있다.
③ 늦장, 늑장은 복수 표준어이다.

094

정답 ③

해설 'ㄷ'의 '싶다'는 앞말이 뜻하는 행동을 하고자 하는 마음이나 욕구를 갖고 있음을 나타낸다. 보조 동사에서 '완료'의 의미를 갖는 예는 '동생이 과자를 다 먹어 버렸다.'에서 '버리다'를 들 수 있다.

095

정답 ②

해설 〈보기〉는 이태준에 대한 설명이다.

① 김동리: 순수 문학과 신인간주의의 문학 사상으로 일관해 왔다. 광복 직후 민족주의 문학 진영에 가담, 우익 민족 문학론을 옹호한 대표적인 인물이다. 고유의 토속성과 외래 사상과의 대립을 통해 인간성의 문제를 그렸고, 6 · 25 전쟁 이후에는 인간과 이념의 갈등에 주안을 두었다. 대표작으로는 「화랑의 후예」, 「무녀도」, 「역마」, 「황토기」, 「등신불」이 있다.
③ 황순원: 간결하고 세련된 문체, 소설 미학의 전범을 보여 주는 다양한 기법적 장치들, 소박하면서도 치열한 휴머니즘의 정신, 한국인의 전통적인 삶에 대한 애정 등을 고루 갖춤으로써 한국 현대 소설의 전범으로 평가받고 있다. 특히 그의 소설들은 서정적인 아름다움과 소설이 추구할 수 있는 예술적 성과의 극치를 보여 준다. 대표작으로는 「목넘이 마을의 개」, 「카인의 후예」, 「학」, 「소나기」가 있다.
④ 이광수: 한국 최초의 근대 장편 소설 「무정(無情)」을 쓴 소설가로, 친일에 앞장서 조선 문인 협회 의장을 지냈고 '가야마 미쓰로[香山光郎]'로 창씨개명을 했다.
⑤ 박완서: 첫 작품 「나목」을 비롯하여 「엄마의 말뚝」을 통하여 6 · 25 전쟁으로 초래된 작가 개인의 혹독한 시련을 냉철한 리얼리즘에 입각한 산문정신으로 작품화하였다. 1980년대에 들어서서 「살아있는 날의 시작」, 「서 있는 여자」, 「그대 아직도 꿈꾸고 있는가」 등의 장편 소설을 발표하면서 여성의 억압 문제에 눈길을 주게 되고, 1980년대 중반 이후 여성 문학의 대표적 작가로 주목받았다. 1988년 남편과 아들을 연이어 사별하고 신앙생활(가톨릭)에 몰두하였고, 「나의 가장 나종 지니인 것」, 「그 산이 정말 거기 있었을까」, 「너무도 쓸쓸한 당신」 등 자전적인 소설을 발표하면서 6 · 25 전쟁의 오랜 피해의식에서 벗어나 삶을 관조적으로 바라보는 면모를 보여 주었다.

096

정답 ④

해설 '우수리'는 표준어이다.

① '뽀드락지'는 방언이고, 표준어는 '뾰루지'이다.
⑤ '가리마'는 방언이고, 표준어는 '가르마'이다.

097

정답 ②

해설 '주책맞다, 주책스럽다'가 표제어에 추가된 것이지, '주책없다'를 표제어에서 삭제한 것은 아니다. 'ㄱ～ㅁ'의 수정 범주는 다음과 같다.

ㄱ. 문법 정보 수정

ㄴ. 표제어 추가

ㄷ. 문형 정보 수정

ㄹ. 뜻풀이 수정

ㅁ. 문법 정보 수정

098

정답 ①

해설 '해'를 인격화하여 높이거나 다정하게 이르는 말을 표현하는 '해님'은 남한과 북한 모두 사이시옷을 표기하지 않는다.

⑤ 남한에서는 '하-'로 끝나는 모든 용언의 어간이 어미 '어'와 결합하면 '여'로 적는다.

> **문화어**: 북한에서, 언어생활의 기준으로 삼기 위해 규범화한 언어. 사전의 올림말 배열 순서와 일부 자모의 명칭이 다르다.
> 1. ㄱㄴㄷㄹ……ㄲㄸㅃ……ㅏㅑㅓㅕ……
> 2. 기윽, 된기윽, 디읃, 된디읃, 시읏, 된시읏

099

정답 ①

해설 '됴화'는 구개음화 이전의 단어 형태이고, 구개음화가 적용되면 '죠화'가 되어야 한다.

> **구개음화**: 끝소리가 'ㄷ, ㅌ'인 형태소가 모음 'ㅣ'와 반모음 'ㅣ'로 시작하는 형식 형태소와 만나면 구개음 'ㅈ, ㅊ'이 되는 현상

② '까닭은, 이째, 싸지의'가 서로 다른 초성을 나란히 쓰는 합용 병서에 해당한다.

③ '보기실코, 맛지안코'에서 자음이 축약된 형태를 볼 수 있다.

④ 어미의 형태 중, '-옵소서'는 예스러운 표현으로 합쇼할 자리에 쓰여, 정중한 부탁이나 기원을 나타내는 종결 어미이다.

⑤ 의문을 나타내는 관형사가 '어나(어느)'이고, 의문형 종결 어미는 '-ㄹ가(-ㄹ까)'로 현대 국어의 형태와 다르다.

100

정답 ③

해설 '간병인'은 '병자를 간호하는 사람'으로 모든 성별을 지칭하는 중립적인 표현이다.

① '미망인(未亡人)'은 '아직 따라 죽지 못한 사람'의 뜻에서 '남편을 여읜 여자'로 바뀌었으나, 대응하는 남성 표현이 없으므로 성차별적 어휘에 해당한다.

② '처녀작(處女作)'은 '처음으로 지었거나 발표한 작품'으로 여성에 대한 성차별적 어휘에 해당한다. 다듬은 말은 '첫 작품'이다.

④ '학부형(學父兄)'은 '학생의 아버지나 형'의 뜻으로 학생의 보호자를 남성에 국한하여 표현한 성차별적 어휘이다.

⑤ '얼굴마담'은 '술집이나 다방 따위에서 그곳을 대표하는 마담'을 뜻한다. 특히 '마담'은 '술집이나 다방, 보석 가게 따위의 여주인'을 뜻하므로, 여성에 국한하여 표현한 성차별적 어휘이다.

001	002	003	004	005	006	007	008	009	010	011	012	013	014	015	016	017	018	019	020
④	③	③	④	⑤	②	①	①	③	①	⑤	②	②	②	⑤	②	③	⑤	⑤	④
021	022	023	024	025	026	027	028	029	030	031	032	033	034	035	036	037	038	039	040
①	④	②	⑤	⑤	③	⑤	②	②	⑤	④	②	③	③	①	①	④	④	⑤	④
041	042	043	044	045	046	047	048	049	050	051	052	053	054	055	056	057	058	059	060
⑤	④	④	②	②	⑤	④	②	①	⑤	④	②	⑤	①	③	①	⑤	⑤	③	①
061	062	063	064	065	066	067	068	069	070	071	072	073	074	075	076	077	078	079	080
④	②	③	②	⑤	②	⑤	④	②	③	④	④	③	①	④	①	②	⑤	⑤	①
081	082	083	084	085	086	087	088	089	090	091	092	093	094	095	096	097	098	099	100
⑤	③	①	④	⑤	②	①	②	③	①	⑤	⑤	②	⑤	③	⑤	③	④	⑤	③

001~015　듣기 · 말하기

[001] 먼저 그림에 대한 설명을 들려드립니다.

> 오늘은 프랑스 인상주의 화가 에드가 드가의 작품 「발레 수업」을 소개해 드릴게요. 드가의 발레 그림들 중 무대 위에 선 발레리나를 묘사한 그림들은 5분의 1도 되지 않습니다. 드가는 무대에서 공연을 펼치는 발레리나보다는 주로 휴식을 취하거나 연습 중인 발레리나의 모습을 화폭에 담았습니다. 지금 보고 있는 이 작품도 발레리나들이 연습을 하는 장면을 그리고 있습니다.
>
> 작품의 배경은 발레 수업이 진행되고 있는 연습실입니다. 연습실 중앙의 커다란 문 너머로 보이는 창문은 감상자의 시선을 바깥 풍경까지 확장시키고 있어 넓은 공간감을 형성하고 있습니다.
>
> 그림의 무게 중심이 되는 중앙에는 커다란 지팡이를 마룻바닥에 짚은 채 완고하고 고집스러운 표정으로 허공을 응시하는 남자가 있습니다. 이 남자는 당시에 명성을 떨치던 발레 마스터 '쥘 페로'로, 그는 잠시 수업을 중지하고 학생들에게 휴식 시간을 주고 있습니다.
>
> 드가는 휴식 시간의 발레리나들의 표정과 움직임, 분위기를 포착하였습니다. 휴식 시간에도 열심히 배운 것을 복습하며 동작을 취하고 있는 발레리나가 보이네요. 그 오른쪽으로는 옷매무새를 다듬는 발레리나가 보이며 왼쪽으로는 딴 생각을 하고 있는지 시선을 아래로 두고 있는 발레리나가 보입니다. 화면 오른쪽에는 팔짱을 끼고 옆 친구와 잡담을 하는 발레리나도 있습니다. 그런데 옆에 앉아 있는

> 친구의 표정을 보니 꽤 많이 지쳐 보입니다. 발레리나들 사이에는 발레 의상을 입지 않은 사람들이 보이는데 이들은 발레리나들의 부모들입니다.
>
> 얼핏 보기에 그림 속 인물들은 무작위로 다양한 동작들을 취하여 그려진 것처럼 보이지만 자세히 들여다보면 똑같은 동작을 취하고 있는 인물들을 찾아볼 수 없을 정도로 세심하게 구상되어 있다는 것을 알 수 있습니다.

001

정답 ④

해설 발레 마스터 '쥘 페로'는 허공을 응시하고 있다.

[002] 이번에는 드라마의 일부분을 들려드립니다.

> **[전하]** 사월아.
>
> **[사월]** 예, 전하.
>
> **[전하]** 열다섯이라 했더냐?
>
> **[사월]** 그러하옵니다. 전하.
>
> **[전하]** 쯧쯧……. 어린 나이에 어쩌다 예까지 흘러왔누……? 그냥 물어보는 것이니 기탄없이 얘기해 보거라.
>
> **[사월]** 소인의 아비는 산골 소작농이온데…… 어느 날부터 세금을 전복으로 바치라 하여…….

[전하] 농사꾼한테 전복이라니? 그래서……

[사월] 세전을 메우려고 고리를 빌리다 보니 빚이 빚을 낳게 하고…… 결국 업자에게 집과 전답마저 빼앗기고 아비까지 옥살이를 하게 되었나이다.

[전하] 어허……, 저런.

[사월] 그걸로도 갈음이 되지 않자, 업자는 관리와 결탁하여 어메는 변방 노비로, 저는 참판 집 몸종으로 팔려가고…….

[전하] 하~ 이런…… 나쁜 놈들…….

[사월] 혼자 남은 아비는 결국 맞은 장이 화근이 되어 해를 넘기지 못하고 그만…….

[전하] 저런!

[사월] 인자한 참판 마님 덕에, 소녀 열두 살 되던 해에 궁으로 들어오게 되었습니다.

[전하] 어메가 안 보고 싶으냐?

[사월] 생사만 알아도 원이 없겠사옵니다.

[전하] 그래! 내 왕 노릇 끝나기 전에……기필코 네 어미를 만나게 해 주마……. 약조하마.

[사월] 망극하옵니다.

– 영화, 「광해, 왕이 된 남자」

002

[정답] ③

[해설] 사월의 처지를 보고 전하가 안타깝게 생각한 것은 맞지만, 자신의 처지와 같다고 느끼는 대화는 없다.

[003] 다음은 건강 강좌를 들려드립니다.

오늘은 '아토피'에 대해서 말씀드리겠습니다. 아토피는 만성적으로 심한 가려움을 호소하는 피부질환으로 대개 생후 2개월 이후에 나타나는데 간혹 2세에서 3세에 시작되는 경우도 있습니다. 유아 때는 대부분 가려움증으로 시작해 발진, 짓무름, 반점, 염증 등으로 증상이 악화되며, 주로 얼굴, 머리, 몸통 부위가 붉어지고 심한 경우 진물이 나고 딱지가 생깁니다. 일정 연령, 대개 2세에서 3세 즈음이 되면 만성으로 바뀌어 무릎 뒤쪽, 팔꿈치 안쪽, 손목, 발목 등 접히는 부위와 이마, 목 등에 나타납니다. 아토피 피부염 환자는 천식·비염·결막염 등의 알레르기 질환을 동반하기도 합니다.

아토피라는 용어는 그리스어가 어원으로 '비정상적인 반응', '기묘한', '뜻을 알 수 없다'는 의미인데요. 아직까지도 정확한 원인은 밝혀지지 않았지만 유전적·환경적인 요

소, 면역계 결핍 등 다양한 원인이 복잡하게 얽혀 발생하는 것으로 알려져 있습니다. 이 중에서도 유전적 원인을 가장 큰 원인으로 꼽는데요. 부모 모두 아토피 피부염을 가지고 있는 아이의 70%에서 80%가 아토피 피부염을 앓고 있으며, 한쪽 부모가 아토피 피부염 환자인 경우 아이에게 아토피 피부염이 발생할 확률은 50%를 육박합니다.

하지만 확률이 높을 뿐이지 아토피 피부염 소인을 가진 모든 아이들이 유전되는 것은 아닙니다. 한 부모에게 태어난 일란성 쌍둥이의 경우 성장한 환경에 따라 한쪽은 아토피 피부염이 나타나기도 하고, 다른 한쪽은 전혀 나타나지 않기도 하기 때문인데요. 단지 유전적 소인만으로 설명하기 어렵다는 것은 소아 때 아토피 피부염을 앓은 적이 없는 성인 아토피 피부염 환자가 최근 급증하는 것을 보아도 알 수 있습니다.

003

[정답] ③

[해설] 아토피의 정확한 원인은 아직 밝혀지지 않았지만 유전적·환경적인 요소, 면역계 결핍 등 다양한 원인이 복잡하게 얽혀 발생하는 것으로 보고 있다. 유전적 소인은 그중 가장 큰 원인으로 꼽힐 뿐, 반드시 유전되는 것은 아니기 때문에 근본적인 원인이라 할 수는 없다.

[004] 이번에는 토론을 들려드립니다.

[남자] 동일한 질환으로 병원을 방문한 횟수가 3개월간 130회를 웃돈 사람이 1,500명이 넘는다는 보도가 있었습니다.

[여자] 네, 맞습니다. 의료 서비스 남용이 사회적 문제가 되고 있죠. 이 현상을 환자들의 개인적 특성으로 보는 경우가 있는데, 저는 근본 원인은 의료 서비스의 질에 있다고 생각합니다. 병원에 가 보면 대기 시간은 긴 데 반해 진료 시간이 짧아 제대로 된 진료를 받았는지 의심스러울 때가 많습니다. 그러다보니 환자들은 좀 더 나은 병원을 찾아 나서는 것이지요.

[남자] 저는 생각이 다릅니다. 이 문제의 원인은 건강 보험 제도에 있다고 생각합니다. 의료 서비스를 많이 이용하든 적게 이용하든 환자가 지불하는 진료비에는 큰 차이가 없죠. 그래서 사람들은 큰 부담 없이 여러 병원을 순례할 수 있는 겁니다.

[여자] 문제를 지나치게 경제 논리로만 접근하시는 듯합니다. 아무리 자기 부담이 적다고 해도 환자들이 여기저기 다니면서 시간과 비용을 들이려고 할까요? 환자들이 이렇게 하는 이유는 확실한 진단과 처방을 원하기 때문입니다.

[남자] 경제 논리라고 하셨는데, 자신이 지불하는 비용과 거기서 얻는 이익을 비교해서 행동하는 것은 합리적인 선택입니다. 문제는 현행 제도가 의료 서비스에 불만이 없는 사람들까지도 과잉 진료를 받게 만든다는 거죠. 그래서 저는 이렇게 제안하고 싶습니다.

004

(정답) ④

(해설) 남자는 의료 서비스의 남용 원인을 건강 보험 제도에서 찾고 있다. 의료 서비스를 사용하는 횟수에 관계없이 진료비를 내기 때문에 발생하는 과잉 진료를 해결하기 위해 남자는 수익자 부담의 원칙을 제시할 것이다.

[005] 다음은 시 한 편을 들려드립니다.

믿을 수 없다. 저것들도 먼지와 수분으로 된 사람 같은 생물이란 것을. 그렇지 않고서야 어찌 시멘트와 살충제 속에서만 살면서도 저렇게 비대해질 수 있단 말인가. 살덩이를 녹이는 살충제를 어떻게 가는 혈관으로 흘려보내며 딱딱하고 거친 시멘트를 똥으로 바꿀 수 있단 말인가. 입을 벌릴 수밖에 없다. 쇳덩이의 근육에서나 보이는 저 고감도의 민첩성과 기동력 앞에서는.

사람들이 최초로 시멘트를 만들어 집을 짓고 살기 전, 많은 벌레들을 씨까지 일시에 죽이는 독약을 만들어 뿌리기 전, 저것들은 어디에 살고 있었을까. 흙과 나무, 내와 강, 그 어디에 숨어서 흙이 시멘트가 되고 다시 집이 되기를, 물이 살충제가 되고 다시 먹이가 되기를 기다리고 있었을까. 빙하기, 그 세월의 두꺼운 얼음 속 어디에 수만 년 썩지 않을 금속의 씨를 감추어 가지고 있었을까.

– 김기택, 「바퀴벌레는 진화 중」

005

(정답) ⑤

(해설) 이 시는 '바퀴벌레'의 끈질긴 생명력을 반어적으로 표현한 작품으로, 환경 오염과 생태계 파괴의 심각성에 대해 경고하고 있다. 선지에서 '생물'이고, '시멘트와 살충제 속에서만 살면서도 저렇게 비대해질 수 있는' 대상은 '바퀴벌레'이다.

[006~007] 이번에는 뉴스 보도를 들려드립니다. 6번은 듣기 문항, 7번은 말하기 문항입니다.

[앵커] 사상 최초로 올해 1분기 출생아 수가 9만 명 밑으로 떨어졌습니다. 이대로 간다면 우리나라 인구가 감소세로 돌아서는 시점이 곧 닥칠 것이란 전망입니다. 이민성 기자입니다.

[기자] 산부인과 신생아실. 요람이 곳곳에 비어있습니다. 저조한 출산은 숫자로도 확인할 수 있습니다. 올 1분기 출생아 수는 8만 9,600명. 지난해 1분기보다 9,100명이나 줄었고, 1981년 통계 작성 이후 최저 수준입니다.

[산부인과 전문의] "예전에는 월별 병원당 진료 건수가 100건 이상 하는 병원이 많았습니다. 하지만 지금은 병원당 30건 미만이 대부분입니다."

[기자] 원인은 20~30대 여성들이 결혼을 안 하거나, 결혼을 하고도 아이를 안 갖는 경우가 많아지고 있기 때문입니다. 지난해 연간 출생아 수는 사상 최저치인 36만 5천 명에 머물렀고, 올해는 이보다 더 줄어들 거라는 전망입니다. 정부가 지난 10년 동안 저출산 문제를 해결하기 위해 200조 원이 넘는 혈세를 투입했지만, 저출산 문제는 훨씬 더 심각한 실정입니다. 앞으로는 더 큰 문제입니다. 지난 1분기 출생아 수에서 사망자 수를 뺀 인구 자연 증가분은 7,800명에 그쳤습니다. 지난해 1분기의 2만 5,600명에서 3분의 1이 줄어든 겁니다. 이러다 보니 우리나라 인구의 자연 감소세 전환이 목전에 와 있다는 우려 섞인 목소리가 나옵니다.

[통계청 인구 동향 과장] "지금처럼 출산율 감소가 최저 수준을 유지한다면 2022년까지도 자연 감소 시기가 빨라질 수 있다고 전망하고 있습니다."

[기자] 우리나라는 25살부터 64살 사이의 생산 가능 인구 비율이 급속도로 줄어드는 인구 절벽에 직면해 있습니다. 전문가들은 인구 절벽이 생산과 소비를 줄게 하여 경제 활동을 위축시키는 심각한 경제 위기를 일으킬 수 있다고 경고합니다. 이민성 기자입니다.

006

(정답) ②

(해설) 뉴스 보도에서는 인구의 자연 감소 시기가 빨라지고 있다는 점을 다루고 있다. 보도의 마지막에 생산 가능 인구 비율이 급속도로 줄어들고 있다는 점을 제시하고 있지만, 생산 연령 인구에 대한 구체적인 수치를 제시하지는 않았다.

① '저조한 출산은 숫자로도 확인할 수 있습니다. 올 1분기 출생아 수는 8만 9,600명. 지난해 1분기보다 9,100명이나 줄었고, 1981년 통계 작성 이후 최저 수준입니다.'에서 확인할 수 있는 내용이다.

③ '정부가 지난 10년 동안 저출산 문제를 해결하기 위해 200조 원이 넘는 혈세를 투입했지만, 저출산 문제는 훨씬 더 심각한 실정입니다.'에서 확인할 수 있는 내용이다.

④ '지난 1분기 출생아 수에서 사망자 수를 뺀 인구 자연 증가분은 7,800명에 그쳤습니다. 지난해 1분기의 2만 5,600명에서 3분의 1이 줄어든 겁니다.'에서 확인할 수 있는 내용이다.

⑤ '20~30대 여성들이 결혼을 안 하거나, 결혼을 하고도 아이를 안 갖는 경우가 많아지고 있기 때문입니다. 지난해 연간 출생아 수는 사상 최저치인 36만 5천 명에 머물렀고, 올해는 이보다 더 줄어들 거라는 전망입니다.'에서 확인할 수 있는 내용이다.

007

(정답) ①

(해설) 20~30대 여성들이 결혼을 하지 않거나, 결혼하고도 아이를 갖지 않는 사회적 배경을 출생아 수가 줄어든 이유로 제시하고 있다.

② 우리 사회의 현실을 제시하고 이에 대한 전문가들의 경고를 전하면서 보도를 마무리하고 있다.

③ 생산 가능한 인구의 비율을 구체적으로 제시하지는 않았고, 급속도로 감소하고 있다는 점에 대해서는 기자가 리포트하고 있다.

④ 통계청 인구 동향 과장의 말을 인용하여 우리나라의 출산율 감소세로 인한 전망을 제시했지만, 우리나라의 상황에 대한 반성을 요구하는 부분은 없다.

⑤ 출생아 수가 감소한 것을 구체적인 수치로 나타낸 것은 맞지만, 이를 외국과 비교하는 부분은 없다.

[008~009] 다음은 '쇼트 트랙'에 대한 설명을 들려드립니다. 8번은 듣기 문항, 9번은 말하기 문항입니다.

쇼트 트랙 스케이팅은 동계 스포츠가 발달된 북미와 캐나다에서 발생하였고, 오스트리아에서는 오래 전부터 성행하였습니다. 1981년 제1회 세계 쇼트 트랙 스피드 스케이팅 선수권 대회를 개최한 것을 계기로 세계적으로 널리 알려지게 되었습니다. 1986년 제1회 동계 아시아 대회에 쇼트 트랙 스피드 스케이팅이 정식 종목으로 채택되었습니다.

스케이트를 신고 111.12m의 아이스 링크를 돌아 순위를 겨루는 스포츠 경기로, 기존의 400m 롱 트랙 스피드 스케이팅에 비하여 짧은 코스를 주행하기 때문에 쇼트 트랙이라는 명칭이 붙게 되었습니다. 또한 롱 트랙 스피드 스케이팅 경기에서 선수 두 명이 뛰는 데 반해, 쇼트 트랙 스케이팅은 여러 명이 동시에 뛰는 오픈 경기 방식으로 진행합니다. 쇼트 트랙은 실내 경기장에서 실시하기 때문에 '인도어 쇼트 트랙 스피드 스케이팅(indoor short track

speed skating)'이라고 합니다. 실내에서 짧은 거리를 쉴 새 없이 도는 회전력과 속도감, 박진감 등으로 인해 폭발적인 인기를 얻고 있습니다. 보통 한 경기에 네 명이 함께 출전하며 능숙한 코너링과 앞 선수를 순식간에 제치는 기술이 절대적으로 필요합니다. 서로 몸이 부딪힐 수 있기 때문에 넘어지는 것을 조심해야 하며 본의 아닌 반칙을 범하여 실격당하는 실수를 범하지 말아야 합니다.

개인전이라 할지라도 같은 국가 출신 선수가 두 사람 이상 한 경기에서 뛰게 될 경우, 작전을 쓸 수 있기 때문에 육상의 1,500m 경기와 같은 두뇌 플레이가 가능합니다. 계주의 경우에는 현재 링크에서 게임을 뛰고 있는 이외의 선수는 링크 안쪽에서 돌고 있다가 자기 차례가 되면 선수 교대를 하게 됩니다. 이때 원래 뛰던 선수는 새로 들어오는 선수의 엉덩이를 밀어내며 교대를 합니다. 마지막 스퍼트 이후 결승점에 다다를 때는 스케이트 날이 먼저 들어오는 선수가 이기기 때문에 대부분 한 발을 쭉 내미는 자세가 됩니다.

008

(정답) ①

(해설) 쇼트 트랙 스케이팅은 여러 명이 동시에 뛰는 오픈 경기 방식으로 진행하고, 롱 트랙 스피드 스케이팅은 선수 두 명이 뛴다.

009

(정답) ③

(해설) 쇼트 트랙 스케이팅과 롱 트랙 스피드 스케이팅의 차이점을 제시하여 이해하기 쉽게 설명하고 있다.

[010~011] 이번에는 교양 강좌를 들려드립니다. 10번은 듣기 문항, 11번은 말하기 문항입니다.

공정 무역은 개발 도상국 생산자의 경제적 자립과 지속 가능한 발전을 위해 생산자에게 보다 유리한 무역 조건을 제공하는 무역 형태를 말합니다. 경제 선진국과 개발 도상국 간의 불공정 무역 구조로 인해 발생하는 부의 편중, 환경 파괴, 노동력 착취, 인권 침해 등의 문제를 해결하기 위해 대두된 무역 형태이자 사회 운동이지요.

공정 무역 거래의 기본 원칙은 다음과 같습니다. 첫째, 구매자는 생산자에게 최저 구매 가격을 보장하고, 공정한 가격을 지불하며, 생산 자금 조달을 돕기 위해 수확 또는 생산 전에 선지불하는 것입니다. 또 직거래를 통하여 유통 과정을 줄임으로써 이윤을 더 취할 수 있게 하고, 단기 계약보다는 장기 계약을 통해 생산 환경을 보호합니다. 그리고 공동체 발전 기금을 조성하여 생산자와 노동자의 공동체가 사회적 이익을 실현하도록 돕습니다.

둘째, 생산자는 인종·국적·종교·나이·성별 등과 관련된 각종 차별을 철폐하고, 동일 노동 동일 임금 원칙을 준수합니다. 또 아동의 권리를 존중하고, 안전하고 건강한 노동 환경을 제공하며, 환경 보호를 위해 노력해야 합니다.

위와 같은 원칙하에 생산된 공정 무역 제품들은 주로 직거래를 통해 수입되고, 소비자의 윤리적 소비를 촉진할 수 있습니다. 또 이러한 거래의 원칙이 잘 지켜진다면

010

정답 ①

해설 구매자는 생산 전에 가격을 지불하여, 생산 자금의 조달을 도와야 한다.

011

정답 ⑤

해설 강연에서 강사는 공정 무역의 정의와 공정 무역 거래 원칙을 구매자와 생산자로 나누어 제시하고 있다. 이러한 원칙이 지켜진다면 공정 무역이 지향하는 대로 개발 도상국이 발전하고 개발 도상국의 생산자와 소비자를 보호할 수 있으며 빈곤 상황을 타파할 수 있는 계기가 마련된다.

[012~013] 다음은 삼촌과 조카의 대화를 들려드립니다. 12번은 듣기 문항, 13번은 말하기 문항입니다.

[삼촌] 주영아, 저 교복 어때? 예쁘지 않니?

[조카] 네, 세일러복이네요! 사각형 깃과 스카프가 있어서 정말 예뻐요. 음……, 그런데 삼촌은 해군이셨잖아요. 세일러복은 원래 해군들이 입던 옷으로 알고 있는데, 어떻게 해서 교복이 되었는지 아세요?

[삼촌] 물론 알지. 1864년에 영국 해군에서 빅토리아 여왕의 어린 아들, 에드워드 왕자에게 세일러복을 선물한 적이 있었어. 그 당시는 사람들이 왕실을 따라 하는 데 열을 올리던 때야. 그래서 에드워드 왕자가 세일러복을 입자 사람들은 세일러복에 관심을 갖게 되었어.

[조카] 그럼 사람들이 세일러복을 일상복으로 입기도 했겠네요?

[삼촌] 당연하지. 먼저 세일러복은 중상류층 사이에서 아동복으로 인기를 모았다고 해. 이후 어떤 사업가가 세일러복 원피스를 초등학생용 교복으로 판매했는데, 이게 크게 유행한 거야. 왕실을 따라 하기 좋아했던 사람들이 너도 나도 자녀들에게 세일러복을 입혔던 거지.

[조카] 그런데 세일러복의 깃과 스카프는 왜 있는 거예요? 장식이었나요?

[삼촌] 멋을 내기 위한 장식은 아니었단다. 사각형 깃은 원래 더러움을 감추기 위한 천이었지. 거친 항해를 하다 보면 흰색 제복의 등과 목둘레가 더러워지는 건 피할 수 없었거든. 그래서 커다란 깃을 어깨와 등 쪽에 덧댄 거야. 그리고 스카프는 땀을 닦는 타월이었대.

[조카] 아, 그렇구나. 고마워요, 삼촌.

012

정답 ②

해설 대화에서 삼촌은 1864년 영국에서 있었던 사실을 바탕으로 설명을 하고 있다.

⑤ 조카는 삼촌의 말에 대해 질문을 하며 대화를 이어나가고 있다.

013

정답 ②

해설 1864년은 당시 영국 사람들이 왕실을 따라하는 데 열을 올리던 시기였으므로, 대중들의 모방 심리에 의해 세일러복이 유행한 것이다.

① 세일러복의 깃은 장식적인 것이 아니라, 더러움을 감추기 위한 것이었다.

③ 스카프는 땀을 닦는 타월이고, 깃이 제복의 더러움을 감추기 위한 것이었다.

④ 원래 영국 해군의 군복이었던 세일러복에 대중들이 관심을 갖자, 어떤 사업가가 세일러 원피스를 초등학생용 교복으로 판매한 것이다.

⑤ 영국 해군에서 군복을 에드워드 왕자에게 선물한 것이다.

[014~015] 마지막으로 뉴스 해설을 들려드립니다. 14번은 듣기 문항, 15번은 말하기 문항입니다.

약조차 안심하고 먹을 수 없는 세상입니다. 다들 흔히 자주 먹는 위장약에 발암 우려 물질 NDMA가 검출돼 큰 파장이 일고 있습니다. 문제의 약재는 위장약 원료로 쓰이는 라니티딘 성분으로 위궤양이나 식도염 치료제의 주원료입니다. 식품의약품안전처가 이를 수거, 검사한 결과 라니티딘 성분의 위장 약품에 인체 발암 추정 물질이 검출된 것입니다.

이에 따라 식품의약품안전처는 라니티딘 성분이 든 원료의약품 269개 품목에 대해 제조와 수입, 판매를 중지하고 처방을 제한하기로 했습니다. 앞서 지난 9월 14일 미국 식품의약청 FDA가 일부 라니티딘 계열의 제산제에서 발

암 추정 물질이 소량 검출됐다고 발표했습니다. 식약처는 그때만 해도 우리나라에서는 해당 발암 물질이 검출되지 않았다고 밝혔습니다. 그러던 식약처가 열흘 만에 입장을 바꿈으로써 부실 검사 논란을 불러왔습니다.

NDMA는 지난해 고혈압 약 발암 물질 논란을 일으킨 발사르탄 계열의 약에서 검출된 것과 같은 물질입니다. 미국에서는 낮은 수준의 NDMA가 검출됐기 때문에 별도의 회수 조치를 취하지 않았지만 스위스, 독일 등은 일부 또는 전 품목을 대상으로 회수 또는 판매 중단 조치를 내린 상태입니다. 라니티딘은 과다 복용 시 천 명 중의 한 명꼴로 변비와 복통, 고열, 요통, 혈뇨 등의 부작용을 유발한다고 합니다. 이 약을 복용 중인 국내 환자는 144만여 명으로 대부분 6주 이하의 단기 복용자들입니다.

전문가들은 이번 파동을 지나치게 염려할 필요는 없다고 말합니다. 장기간 과다 복용하지 않으면 위해 우려가 크지 않다는 것입니다. 환자 입장에서도 대체 약품이 많아 치료를 못할까 걱정할 이유는 없습니다. 해당 약품은 약국에서 교환·환불받을 수 있습니다. 정부는 철저한 영향 평가와 조사로 혹시 있을지 모를 부작용을 최소화해야 합니다. 식품 의약품에 대한 국민의 불안감 해소에 최선을 다해야 합니다. 유해성 등에 대한 모니터링은 물론 환자들에게 정확하고 다양한 정보를 제공하는 등 철저한 후속 조치도 시급합니다. 뉴스 해설이었습니다.

014

정답 ②

해설 미국은 낮은 수준의 NDMA가 검출되어 회수 조치를 취하지 않았지만, 스위스는 일부 또는 전 품목을 대상으로 회수 또는 판매 중단 조치를 내린 상태이다.

015

정답 ⑤

해설 마지막 부분에 환자들이 어떻게 대처해야 하는지 알려 주고, 정부에서 해야 할 일도 제시하고 있다.
② 외국과 우리나라의 대처 방안에 대한 정보를 전달하고 있다.
③ 개념에 대한 정의는 사용하지 않고 있다.
④ 해당 기관인 식품의약품안전처와 정부가 해야 할 일을 제시하고 있지만, 이에 대한 설득이 아니라 당부를 하고 있다.

016

정답 ②

해설 '해포'의 의미는 '한 해가 조금 넘는 동안'이다. '한 달이 조금 넘는 기간'은 '달포'이다.
① 재우: 매우 빨리.
③ '내처'는 '어떤 일 끝에 더 나아가'의 뜻도 있다. 예 가는 김에 내처 집까지 바래다주었다.
⑤ '가납사니'는 '말다툼을 잘하는 사람'의 뜻도 있다. 예 그녀는 가납사니처럼 입만 열면 다른 사람과 부딪힌다.

017

정답 ③

해설 '묘령(妙齡)'은 '스무 살 안팎의 여자 나이'를 의미한다.

018

정답 ⑤

해설 '가친(家親)'은 '남에게 살아 계신 자기 아버지를 높여 이르는 말'이다.
'돌아가신 자기의 아버지'는 '선친(先親), 선인(先人)'이다.
① 주재(主宰): 어떤 일을 중심이 되어 맡아 처리함.
② 비호(庇護): 편들어서 감싸 주고 보호함.
③ 보루(堡壘): '지켜야 할 대상'을 비유적으로 이르는 말.
④ 만류(挽留): 붙들고 못 하게 말림.

019

정답 ⑤

해설 '곤욕(困辱)'의 뜻은 '심한 모욕. 또는 참기 힘든 일'로 '곤욕을 치르다', '곤욕을 겪다'와 같이 쓰인다.

곤혹(困惑): 곤란한 일을 당하여 어찌할 바를 모름. 예 그는 전혀 예기치 못한 기자의 질문에 곤혹스러웠다.

① 문맥에 맞는 단어는 '재현(再現)'으로 '다시 나타남. 또는 다시 나타냄'을 의미한다.
'재연(再演)'은 '한 번 하였던 행위나 일을 다시 되풀이함'을 뜻한다. 예 현장 검증에 나선 범인은 태연히 범행을 재연했다.
② 문맥에 맞는 단어는 '풀거나 이해하기 어렵다'는 뜻의 '난해(難解)'이다.
'난삽(難澁)'은 '글이나 말이 매끄럽지 못하면서 어렵고 까다로움'을 뜻한다. 예 수식어가 필요 이상으로 많으면 난삽한 글이 된다.

③ 신문에 칼럼을 실은 것이므로, '글이나 그림 따위를 신문이나 잡지 따위에 실음'을 뜻하는 '게재(揭載)'를 써야 한다.

'게시(揭示)'는 '여러 사람에게 알리기 위하여 내붙이거나 내걸어 두루 보게 함. 또는 그런 물건'을 뜻한다. 예 결정된 사항은 자료실에 게시해 놓을 테니 봐라.

④ 문제점은 보충하면 더 커지므로, '모자라거나 부족한 것을 보충하여 완전하게 함'을 뜻하는 '보완(補完)'을 써야 한다.

'보충(補充)'은 '부족한 것을 보태어 채움'을 뜻한다. 예 아이는 학교 공부를 보충하려고 학원에 다닌다.

020

(정답) ④

(해설) 문맥에 어울리는 단어는 '일반적인 기준이나 예상, 짐작, 기대와는 전혀 반대가 되거나 다르게'를 뜻하는 '오히려'이다.

'못내'의 뜻은 다음과 같다.

> **못내**
> 1. 자꾸 마음에 두거나 잊지 못하는 모양. 예 그녀를 잊었다고 했지만 못내 그리워하고 있다.
> 2. 이루 다 말할 수 없이. 예 꽃다발을 받고 못내 감격하였다.

① '사뭇'의 의미는 '내내 끝까지'이다. '사뭇'은 다음의 뜻도 있다.

> **사뭇**
> 1. 거리낌 없이 마구. 예 그는 선생님 앞에서 사뭇 술을 마셨다.
> 2. 아주 딴판으로. 예 형제는 쌍둥이지만 성격이 사뭇 다르다.
> 3. 마음에 사무치도록 매우. 예 그녀의 마음에는 사뭇 슬픔이 밀려왔다.

② 좀체: '좀처럼(여간하여서는)'을 뜻하고, 주로 부정적인 단어와 호응한다.
③ 자못: 생각보다 매우.
⑤ 무릇: 대체로 헤아려 생각하건대.

021

(정답) ①

(해설) ㉠에는 '물에 젖어서 부피가 커지다'의 의미인 '붇다(불은)', ㉡에는 '물이나 술 따위의 액체를 단숨에 마구 마시다'의 의미인 '들이켜다(들이켰다)', ㉢에는 '어떤 감정이 북받쳐 목소리가 잘 나지 않다'의 의미인 '메다(메었다)'가 적절하다.

붇다
1. 물에 젖어서 부피가 커지다.
2. 분량이나 수효가 많아지다. 예 폭우가 와서 개울 물이 불었다.
3. 살이 찌다. 예 식욕이 왕성하여 몸이 많이 불었다.

붓다¹
1. 살가죽이나 어떤 기관이 부풀어 오르다. 예 얼굴이 붓다.
2. (속되게) 성이 나서 뾰로통해지다. 예 왜 잔뜩 부어 있나?

붓다²
1. 액체나 가루 따위를 다른 곳에 담다. 예 자루에 밀가루를 붓다.
2. 모종을 내기 위하여 씨앗을 많이 뿌리다. 예 모판에 볍씨를 붓다.
3. 불입금, 이자, 곗돈 따위를 일정한 기간마다 내다. 예 은행에 적금을 붓다.
4. 시선을 한곳에 모으면서 바라보다. 예 소년은 수평선에 눈을 부은 채 움직이지 않았다.

들이키다
안쪽으로 가까이 옮기다. 예 사람이 다닐 수 있도록 발을 들이켜라.

들이켜다
1. 물이나 술 따위의 액체를 단숨에 마구 마시다. 예 그는 목이 마르다며 물을 벌컥벌컥 들이켰다.
2. 공기나 숨 따위를 몹시 세차게 들이마시다. 예 시골로 가 가슴을 열고 맑고 시원한 공기를 들이켜기도 한다.

메다¹
1. 뚫려 있거나 비어 있는 곳이 막히거나 채워지다. 예 하수도 구멍이 메다.
2. 어떤 장소에 가득 차다. 예 마당이 메어 터지게 사람들이 들이닥쳤다.
3. 어떤 감정이 북받쳐 목소리가 잘 나지 않다.

022

(정답) ④

(해설) '핍진(逼眞)하다'는 '실물과 아주 비슷하다', '사정이나 표현이 진실하여 거짓이 없다'의 의미로 '물건의 사이가 뜨다'의 의미를 지닌 '성글다'와 대응할 수 없다.

① '비(比)하다'는 '사물 따위를 다른 것에 비교하거나 견주다'의 의미이므로, 고유어 '견주다'에 대응한다.
② '단장(丹粧)하다'는 '얼굴, 머리, 옷차림 따위를 곱게 꾸미다'의 의미이므로, 고유어 '꾸미다'와 대응한다.
③ '인(因)하다'는 '어떤 사실로 말미암다'의 의미이므로, 고유어 '말미암다'와 대응한다.

⑤ '관통(貫通)하다'는 '꿰뚫어서 통하다'의 의미이므로, 고유어 '꿰뚫다'와 대응한다.

© 경기(驚氣)[경끼]: 어린아이에게 나타나는 증상의 하나. = 경풍(驚風)

023

(정답) ②

(해설) '나무'의 부분이 '잎'이므로, ②의 두 단어는 '부분 관계'이다.
①·③·④·⑤ 한 단어의 의미가 다른 쪽을 포함하거나 다른 쪽에 포함되는 '상하 관계'이다.

> **고샅길**: 시골 마음의 좁은 골목길. 또는 골목 사이.
> **휘양**: 추울 때 머리에 쓰던 모자의 하나.
> **유기**: 놋그릇(놋쇠로 만든 그릇).
> **해금**: 향악기에 속하는 찰현 악기(활로 현을 마찰시켜 소리를 내는 악기)의 하나.

024

(정답) ⑤

(해설) 〈보기〉에 제시된 '마르다'는 '돈이나 물건 따위가 다 쓰여 없어지다'의 의미이다. ⑤는 '옷감이나 재목 따위의 재료를 치수에 맞게 자르다'의 의미로 동음이의어이다. 다른 선지는 모두 다의어이고, 의미는 다음과 같다.
① 물기가 다 날아가서 없어지다.
② 살이 빠져 야위다.
③ 강이나 우물 따위의 물이 줄어 없어지다.
④ 입이나 목구멍에 물기가 적어져 갈증이 나다.

025

(정답) ⑤

(해설) ⑤의 ⑩에 쓰인 '보다'는 '어떤 일을 경험함'을 뜻하는 보조 동사이다.
①, ②의 ㉠, ㉡에 쓰인 '보다'는 '앞말이 뜻하는 행동이나 상태를 추측하거나 어렴풋이 인식하고 있음을 나타내는 말'로 보조 형용사이다.
③, ④의 ㉢, ㉣에 쓰인 '보다'는 '앞말이 뜻하는 상태가 뒷말의 이유나 원인이 됨을 나타내는 말'로 보조 형용사이다.

026

(정답) ③

(해설) ㉠ 경기(景氣)[경기]: 매매나 거래에 나타나는 호황·불황 따위의 경제 활동 상태.
㉡ 경기(競技)[경ː기]: 일정한 규칙 아래 기량과 기술을 겨룸. 또는 그런 일.

027

(정답) ⑤

(해설) '일정한 규칙이나 관습의 위반에 대하여 제한하거나 금지함. 또는 그런 조치'의 뜻을 지닌 말은 '제재(制裁)'이다.
'제재(題材)'는 '문학이나 예술 작품에서 주제를 효과적으로 표현하기 위해 선택되는 이야기의 재료'를 의미한다.
예 수필은 다양한 제재를 가진 문학 장르이다.
① 수여(授與): 증서, 상장, 훈장 따위를 줌.
② 간파(看破): 속내를 꿰뚫어 알아차림.
③ 경질(更迭/更佚): 어떤 직위에 있는 사람을 다른 사람으로 바꿈.
④ 상충(相衝): 맞지 아니하고 서로 어긋남.

028

(정답) ②

(해설) '당랑거철(螳螂拒轍)'은 '제 역량을 생각하지 않고, 강한 상대나 되지 않을 일에 덤벼드는 무모한 행동거지'를 비유적으로 이르는 말이다.
① 견마지심(犬馬之心): '개나 말이 주인을 위하는 마음'이라는 뜻으로, 신하나 백성이 임금이나 나라에 충성하는 마음을 낮추어 이르는 말.
③ 오비이락(烏飛梨落): '까마귀 날자 배 떨어진다'는 뜻으로, 아무 관계도 없이 한 일이 공교롭게도 때가 같아 억울하게 의심을 받거나 난처한 위치에 서게 됨을 이르는 말.
④ 어로불변(魚魯不辨): '어(魚) 자와 노(魯) 자를 구별하지 못한다'는 뜻으로, '아주 무식함'을 비유적으로 이르는 말.
⑤ 낭중지추(囊中之錐): '주머니 속의 송곳'이라는 뜻으로, 재능이 뛰어난 사람은 숨어 있어도 저절로 사람들에게 알려짐을 이르는 말.

029

(정답) ②

(해설) '회가 동하다'는 '구미가 당기거나 무엇을 하고 싶은 마음이 생기다'의 의미로 문맥상 적절하지 않다. 다른 관용구의 뜻은 다음과 같다.
① 어깨를 겯다: 같은 목적을 위하여 행동을 서로 같이 하다.
③ 날(이) 새다: 일을 이룰 시기가 이미 지나 가망이 없다.
④ 김이 식다: 재미나 의욕이 없어지다.
⑤ 심사를 털어놓다: 마음에 품은 생각을 다 내놓고 말하다.

030

정답 ⑤

해설 '홀대(忽待)'는 '소홀히 대접함'의 의미이다. '푸대접'으로 순화한다.
'막대접'은 '마구 쓰는 대접'이라는 뜻이다.

031~045 어법

031

정답 ④

해설 '(얼굴이) 핏기가 없어 파르스름하다'는 '해쓱하다, 핼쑥하다'로 표기한다.
① 밥심(*밥힘): 밥을 먹고 나서 생긴 힘.
② 귓불(*귓볼): 귓바퀴의 아래쪽에 붙어 있는 살.
③ 덤터기(*덤테기): 억울한 누명이나 오명.
⑤ 야반도주(夜半逃走)(*야밤도주): 남의 눈을 피하여 한밤중에 도망함.

032

정답 ②

해설 '초점(焦點)'은 한자어가 결합된 합성어이므로, 사이시옷을 받치어 적지 않는다.
① 햇수 → 해+수(數): 고유어와 한자어가 결합된 합성어이므로, 사이시옷을 받치어 적는다.
③ 월세방 → 월세(月貰)+방(房): 한자어와 한자어가 결합된 합성어이므로, 사이시옷을 받치어 적지 않는다.
④ 나루터 → 나루+터: 고유어가 결합된 합성어지만, 뒷말의 첫소리가 거센소리이므로, 사이시옷을 받치어 적지 않는다.
⑤ 예사말(例事-): '예사말'은 한자어와 고유어의 결합으로 사이시옷을 받치어 적어야 하지만, 표준 발음이 [예:사말]이므로 '예사말'로 쓴다.

033

정답 ③

해설 '치여'의 본말은 '치이어'로 접미사 '이' 뒤에 어미 '-어'가 오면 'ㅕ'로 적는다.
① '괬다'의 본말은 '괴었다'로, 기본형 '괴다'에 과거 시제 선어말 어미 '-었-'이 올 경우, 준말 '쟀'으로 적는다.
② '폐지'의 본말은 '펴이지('펴다'의 피동형)'로, 'ㅕ'로 끝난 어간에 '-이'가 올 경우, 'ㅖ'로 적는다.
④ '트여'의 본말은 '트이어'로, 'ㅡ'로 끝난 어간에 '-이어'가 와서 줄어들 때에는 '이'가 앞말에 붙는 형식의 '틔어'와 뒷말에 붙는 형식 '트여'를 모두 쓸 수 있다.
⑤ '매'의 본말은 '매어'로 기본형 '매다'의 어간 끝모음 'ㅐ' 뒤에 '-어, -었'이 올 경우, '어'를 준 대로 적는다.

034

정답 ③

해설 '부녀간(父女間)'은 '아버지와 딸 사이'를 의미하는 하나의 단어이므로, 붙여 써야 한다.
① '매시간(每時間)'은 '한 시간 한 시간마다'를 의미하는 하나의 단어이므로 붙여 써야 한다.
② '한'은 '같은'을 의미하는 관형사로 앞말과 띄어 써야 한다.
④ '그'는 '확실하지 아니하거나 밝히고 싶지 아니한 일을 가리킬 때 쓰는 말'로 관형사이므로 띄어 써야 한다.
⑤ '총(總)'은 '모두 합하여 몇임을 나타내는 말'로 관형사이므로 띄어 써야 한다.

035

정답 ①

해설 '꼬라지'는 표준어 '꼬락서니'의 방언이다. '꼬락서니'는 사람의 모양새나 형태를 낮잡아 이르는 말이다.
② 깡그리: 하나도 남김없이.
③ 구레나룻: 귀밑에서 턱까지 잇따라 난 수염.
④ 아등바등: 무엇을 이루려고 애를 쓰거나 우겨대는 모양.
⑤ 아귀다툼: 각자 자기의 욕심을 채우고자 서로 헐뜯고 기를 쓰며 다투는 일.

036

정답 ①

해설 ② '선명(鮮明)하다'는 '산뜻하고 뚜렷하여 다른 것과 혼동되지 아니하다'의 뜻이다. 문맥에 어울리는 단어는 '어떤 사실이 틀림이 없이 확실하다'의 뜻이 있는 '분명(分明)하다'이다.
→ 이렇게 언어로 설명해 주는 것이 기억하는 데 도움을 주는 것은 <u>분명</u>하다.
③ 문맥의 흐름에 맞는 접속어는 앞의 내용과 뒤의 내용이 대립될 때 쓰는 '그렇지만'이다.
→ <u>그렇지만</u> 아이들은 그만큼 잃는 것도 많아, 언어 없이는 세상을 만날 수 없게 된다.
④ 주어와 서술어가 호응하도록 '아이들이 지식은 쌓을 수 있지만, 창의적 사고는 할 수 없다' 또는 '지식은 쌓이지만, 창의적 사고는 움틀 수 없다'로 바꿔야 한다.
→ <u>아이들이 지식은 쌓을 수 있지만, 창의적 사고는 할 수 없게 되는 것이다. / 아이들에게 지식은 쌓이지만, 창의적 사고는 움틀 수 없게 되는 것이다.</u>
⑤ 부사어 '왜냐하면'은 이유를 나타내기 때문에 '~ 때문이다'의 서술어와 호응해야 한다.
→ <u>왜냐하면</u> 언어는 상투적이어서 지금 당장 만들어진 물건이나 솟구치는 생각을 오롯이 담지 못하기 <u>때문이다.</u>

037

정답 ④

해설 ① '오랜 숙원'에서 '숙원(宿怨/夙怨)'은 '오랫동안 품고 있는 원한. 또는 그런 원한을 품은 대상'의 뜻이 있어서 '오랜'과 의미가 중복된다.

② '공기를 환기'에서 '환기(換氣)'는 '탁한 공기를 맑은 공기로 바꿈'의 뜻이 있어서 '공기'의 의미가 중복된다.

③ '돌이켜 회고'에서 '회고(回顧)'는 '지나간 일을 돌이켜 생각함'의 뜻이 있어서 '돌이켜'의 의미가 중복된다.

⑤ '여러 가지 다양한'에서 '다양하다(多樣--)'는 '모양, 빛깔, 형태, 양식 따위가 여러 가지로 많다'의 뜻이 있어서 '여러 가지'의 의미가 중복된다.

038

정답 ④

해설 '다 오지 않은 것'이 친구들 모두인지(전체 부정), 일부인지(부분 부정)의 중의성이 생긴다. 이때에는 부사어 '다'를 '아무도'로 바꾸거나, '오지' 뒤에 보조사 '은/는'을 붙여야 중의성이 해소된다.

① '제일 높은 점수'를 '그가 받은 것'인지, '그가 준 것'인지의 중의성이 생긴다.

② '입고 있다'는 행동의 진행상과 옷의 착용 상태에서 중의성이 생긴다. '입는 중이다'로 바꾸면 행동의 진행상으로 중의성이 해소된다.

③ '아름다운' 것이 '그녀'인지 '그녀의 어머니'인지의 중의성이 생긴다. 수식어 '아름다운'의 위치를 바꾸면 '어머니가 아름답다'의 의미가 되어 중의성이 해소된다.

⑤ '여러 사람이 함께 한 권의 책을 받은 것'인지, '각각 한 권의 책을 받은 것'인지의 중의성이 생긴다. '각각'을 사용하여 각자 한 권의 책을 받은 것으로 중의성을 해소했다.

039

정답 ⑤

해설 '끊기어'는 'ㅎ'과 'ㄱ'이 만나 'ㅋ'으로 축약되는 '거센소리되기'에 의해 [끈키어]로 발음한다.

① 밟지 → [밥지](자음군 단순화) → [밥찌](된소리되기) : 겹받침 'ㄼ'은 일반적으로 [ㄹ]로 발음하지만, '밟-'은 자음 앞에서 [밥]으로 발음한다.

② 연음은 앞 음절의 끝 자음이 모음으로 시작되는 뒤 음절의 초성으로 이어져 나는 현상을 의미한다.

③ 흙만 → [흑만](자음군 단순화) → [흥만](비음화)

④ '밟혀'는 'ㅂ'과 'ㅎ'이 만나 'ㅍ'으로 축약되는 '거센소리되기'에 의해 [발펴]로 발음한다.

040

정답 ④

해설 '그는 집에 있다'에서 서술어 '있다'는 '한 장소에 머묾'을 나타내는 동사이고, '나에게는 돈이 있다'에서는 '소유'를 나타내는 형용사이다. '있다'는 동사와 형용사로 쓰이는 경우 모두 관형사형 어미 '-는'과 결합이 가능하다.

① 형용사는 현재 시제를 나타낼 때에는 기본형을 사용한다.

⑤ '나무가 크다, 머리카락이 길다'에서 '크다, 길다'는 속성이나 상태를 나타내는 형용사이고, '나무가 쑥쑥 큰다, 머리카락이 잘 긴다'에서 '크다, 길다'는 상태의 변화를 나타내는 동사이다.

041

정답 ⑤

해설 'ㄱ~ㄹ'의 서술어 중, 필수적 부사어를 필요로 하는 서술어는 'ㄴ'의 '삼다'뿐이다. 'ㄱ, ㄷ'은 부사어(눈부시게, 벌써), 'ㄹ'은 관형어(반짝이는)로 모두 부속 성분에 해당한다.

① '눈부시게'는 서술어 '파랗다'를 수식하는 부사어이다.

② '삼다'가 필요로 하는 문장 성분은 주어, 목적어, 필수적 부사어이다.

③ 서술어 '되다, 아니다'는 앞에 보충 설명을 해 주는 '보어'가 반드시 와야 한다.

④ '바라보다'는 주어와 목적어를 필요로 하는 두 자리 서술어이다.

042

정답 ④

해설 '비밀을 유지해야 하거나 밝힐 수 없는 사항임을 나타낼 때'는 숨김표(○, ×)를 쓴다. 예 1차 시험 합격자는 김○영, 이○준, 박○순 등 모두 3명이다.

'빠짐표(□)'는 다음과 같은 경우에 사용한다.

빠짐표

1. 옛 비문이나 문헌 등에서 글자가 분명하지 않을 때 그 글자의 수효만큼 쓴다. 예 大師爲法主□□賴之大□薦

2. 글자가 들어가야 할 자리를 나타낼 때 쓴다. 예 훈민정음의 초성 중에서 아음(牙音)은 □□□의 석 자다.

043

정답 ③

해설 '작은형'은 용언의 관형사형과 명사의 결합이므로 통사적 합성어, '부슬비'는 의태부사와 명사의 결합이므로 비통사적 합성어이다.

① 큰집: 통사적 합성어[용언의 관형사형＋명사]
  철들다: 통사적 합성어[철(이) 들다 → 주격조사 생략]

② 늦잠: 비통사적 합성어[용언의 어간＋명사]
  ※ '늦잠'은 '늦－(접사)＋잠(명사)'의 구성인 파생어로 보는 견해도 있다.
  여닫다: 비통사적 합성어[동사 어간＋동사 어간]

⑤ 접칼: 비통사적 합성어[동사 어간＋명사]

통사적 합성어	비통사적 합성어
큰집, 작은형, 철들다	늦잠, 접칼, 여닫다, 부슬비

044

정답 ⑤

해설 포르투갈어 'castela'는 외래어 표기법에 따라 '카스텔라'로 적는다.

① 마니아(mania)

② 바비큐(barbecue)

③ 심포지엄(symposium)

④ 콜롬비아(Colombia)

045

정답 ②

해설 신선로[신설로] → sinseollo
: 자음 사이에 동화 작용이 일어난 경우 이를 반영하고, 'ㄹㄹ'은 'll'로 적는다.

① 식혜[시케] → sikhye
  : 체언에서 'ㄱ, ㄷ, ㅂ' 뒤에 'ㅎ'이 따를 때에는 'ㅎ'을 밝혀 적는다.

③ 떡볶이[떡뽀끼] → tteokbokki
  : 된소리되기는 표기에 반영하지 않고, [끼]의 'ㄲ'은 'kk'로 적는다.

④ 비빔밥[비빔빱] → bibimbap
  : 된소리되기는 표기에 반영하지 않는다.

⑤ 북엇국[부거꾹/부걷꾹] → bugeo-guk
  : 사이시옷을 발음에 반영하지 않으면 'bugeo-guk', 발음에 반영하면 'bugeotguk'으로 표기한다.

046~050 쓰기

046

정답 ⑤

해설 이 글의 목적이 '사물 인터넷에 대한 정보 전달 및 관련 산업 활성화 촉구'이므로 '사물 인터넷의 정보 보안 및 사생활 침해 문제'를 제기하면 모순이 생긴다. 이 글의 끝은 '사물 인터넷의 의의와 기대 효과'를 서술하는 것으로 마무리하는 것이 적절하다.

047

정답 ④

해설 'ㄴ'은 우리나라와 선진국(일본, 독일) 간의 사물 인터넷 시장 규모를 비교하는 자료이고, 'ㄹ'은 사물 인터넷을 공공 부분에 활용하여 수익을 거두고 있는 스페인의 사례를 보여 주는 자료이다. 따라서 사물 인터넷에 대한 선진국들의 투자가 민간 부문에 집중되었다는 내용을 뒷받침할 수 없다.

048

정답 ②

해설 이 글은 휴대용 물통 사용을 활성화하자는 주장을 하기 위한 글이다. 이러한 주제와 목적을 고려했을 때 '일회용 컵의 재활용 방법'은 이 글의 내용으로 적절하지 않다.

049

정답 ①

해설 상위 항목으로서 '일회용 컵 제작 및 사용에 관한 통계 자료'라는 제목이 이미 하위 항목의 내용을 모두 포함하고 있으므로 고칠 필요가 없다.

050

정답 ④

해설 ㉣이 포함된 문장의 주어는 '음료 판매점들이'이고, 서술어는 '제공하다'이다. 음료 판매점들이 소비자를 대상으로 서비스를 제공하는 것이기 때문에 '소비자에게'가 적절하다.

051

정답 ④

해설 ⓐ은 개인적 편의 도구가 사회 전체의 틀에서 불편과 비효율을 준다는 내용이다. 그런데 ④의 '도로 공사'는 개인적 편의를 추구하는 것이 아니라 공공의 필요성을 위한 것이므로 적절한 사례라고 할 수 없다.

052

정답 ④

해설 2문단에서 소음을 규제하는 것만이 공공의 이익을 위한 방법이 아니며, 소리는 문화적 가치를 담은 존재로 시공간적 다양성을 담아내는 문화의 구성 요소라고 하였다. 따라서 소음을 무조건 규제하기보다 문화 창출의 전략으로 활용하자고 주장할 수 있다.

053

정답 ②

해설 윗집과 아랫집을 하늘과 땅으로 비유하여 층간 소음 문제를 다루었고, 윗집의 사람이 '땅'이라 생각하는 것이 아랫집의 사람에게는 '하늘'이 될 수 있다고 말함으로써 처지를 바꾸어 생각하는 '역지사지(易地思之)'의 관점을 드러내었다. 또한 비슷한 어구 '~의 ~'를 반복하는 대구법과 평서형 종결 어미 '-습/ㅂ니다'를 사용한 평서문을 활용하였다.
① 대구법만 활용되었다.
③ 〈조건〉 중 반영된 것이 없다.
④ 대구법이 활용되지 않았다.
⑤ 평서문만 활용되었다.

054

정답 ⑤

해설 그림 (가)는 숲을 병든 폐로 형상화하여 지구를 숨 쉬게 하는 존재인 숲이 병들어 있음을 나타내고, 그림 (나)는 인간이 함부로 버린 쓰레기로 바다 오염이 심각함을 나타낸다. 이를 통해 그림 (가)와 (나) 모두 '환경 보호'를 강조하고 있음을 알 수 있다. 따라서 그림 (다) 역시 '환경 보호'를 주제로 해야 하므로, 어른의 아이 안전 보호를 강조하는 ⑤는 적절하지 않다.

055

정답 ①

해설 그림 (가)~(다)는 모두 '환경 보호'를 주제로 하는 반면, '노키즈 존'은 이와 관련이 없다.

② 여러 사람이 많이 모이는 축제 장소에는 쓰레기가 발생하므로 축제 시 발생하는 쓰레기와 관련하여 적절한 방향을 제시하기 위한 자료로 그림 (가)~(다)를 활용할 수 있다.
③·④·⑤ '환경 보호'를 목적으로 하는 활동을 진행하고 있으므로, 이에 대한 교육의 일환으로 그림 (가)~(다)를 활용할 수 있다.

056

정답 ③

해설 밑줄 친 부분은 다양한 이민자로 구성된 미국 사회가 미국의 주류 가치와 문화 속에 이민자를 통합·흡수함을 의미한다. 따라서 이민자의 관점에서 이민을 갈 다른 나라를 이해하기 위해서는 하나의 가치에 흡수되듯 동화되어야 한다는 내용이 들어가는 것이 적절하다.
② '모자이크 사회'와 '샐러드 볼'에 적절한 내용이다.

057

정답 ①

해설 '모자이크 사회'와 '샐러드 볼', '용광로 사회' 모두 다양한 사람이 공존할 수 있도록 하는 것으로 '무관심'과는 관련이 없다.

058

정답 ⑤

해설 연날리기는 '작용과 반작용의 법칙'으로 설명할 수 있다. 한쪽에서 힘이 가해지면 반대편에서 같은 힘이 가해지고 이러한 원리로 연이 하늘을 날게 되므로, 양쪽의 힘에서 양방향 소통을, 이로 인해 연이 하늘을 나는 모습에서 상승효과를 유추할 수 있다.

059

정답 ③

해설 밑줄 친 부분은 달리는 차창 밖의 손바닥과 지면이 나란해 양력과 항력이 작은 경우이다. 이는 자연에 거스르지 않고 순응하는 인생의 태도로 빗대어 표현할 수 있다.
① 거자필반(去者必返): 떠난 사람은 반드시 돌아오게 되어 있음.
② 도행역시(倒行逆施): 차례나 순서를 바꾸어서 행함.
③ 무위자연(無爲自然): 사람의 힘을 더하지 않은 그대로의 자연. 또는 그런 이상적인 경지.
④ 백년하청(百年河淸): 중국의 황허강(黃河江)이 늘 흐려 맑을 때가 없다는 뜻으로, 아무리 오랜 시일이 지나도 어떤 일이 이루어지기 어려움을 이르는 말.
⑤ 인생무상(人生無常): 인생이 덧없음.

060

정답 ①

해설 '연의 다양한 높이'는 인생에서 인간이 겪게 되는 다양한 일을 의미한다.

061~090　읽기

[061~062]

〈작품 해설〉

1. **작품 이해:** 화자는 어미와 새끼들이 자는 제비집 옆에 박힌 못 위에서 밤새 꾸벅거리는 아비 제비를 보면서, 문득 어린 시절 자신의 아버지를 떠올린다. 겉으로는 범주가 다른 두 대상을 그려 내고 있지만, 제비는 아버지의 모습을 간접적으로 드러낸 것이다. 밤이 늦어서야 창백한 얼굴로 집에 돌아오는 부인을 마중하러 아이 셋을 데리고 종암동 버스 정류장에 나갔던 실업자 아버지의 애환을, 못 위에 앉아 꾸벅거리는 아비 제비를 대하면서 떠올리게 된 것이다.

2. **시 분석하기**
   ① **화자:** 제비를 바라보며 어떤 가족을 떠올리는 '나'
   ② **대상:** 못 위에서 잠을 자고 있는 아비 제비와 아이 셋을 데리고 아내를 마중 나온 실업자 아버지
   ③ **상황:** 못 위에서 꾸벅이며 잠을 자고 있는 아비 제비를 보면서, 자신의 유년 시절 실업자가 된 아버지가 아내(어머니)를 마중 나온 모습을 떠올림.
   ④ **정서와 태도:** 유년 시절 힘겨웠을 아버지의 삶에 대한 연민
   ⑤ **주제:** 유년 시절의 힘겨운 삶을 살았던 아버지에 대한 회상과 연민

061

정답 ④

해설 화자는 아비 제비와 실업자 아버지를 보며, 자신의 어린 시절 힘겹게 살았을 아버지에 대해 연민의 마음을 갖고 있다.
   ① 자연물인 '제비'를 보고, 어린 시절 힘겹게 살았던 아버지를 떠올리고 있다.
   ② 어린 시절 아버지의 삶에 대해서 느낀 감정이나 기분을 직접적으로 표현하지 않고, 못 위에 있는 아비 제비를 통해 간접적으로 드러내고 있다.
   ③ 일상생활에서 쓰는 구어체 형식의 '해요체'를 사용하여 독자에게 친근감을 주고 있다.

062

정답 ②

해설 화자는 잠든 가족(어미, 새끼들)들을 돌보느라 둥지 옆의 못 위에 앉아 밤새 꾸벅거리는 제비를 보면서, 어린 시절 가난한 살림 속에 가족에 대한 책임을 다하지 못해 힘들어하던 아버지의 모습을 떠올린다. 즉, 현재 시점에서 과거를 회상하며 이어지는 시간의 흐름이 시상 전개(현재–과거 회상–현재)에 중요한 역할을 하는 것이다.
   ⑤ 특정 청자에게 말하는 듯한 경어체를 사용하고 있다.

[063~065]

〈작품 해설〉

1. **작품 이해:** 이 작품은 6·25 전쟁이 끝난 직후 작가의 유년기의 체험을 1인칭 시점으로 서술하고 있다. 초등학교 4학년인 주인공이 고향을 떠나 도시로 이사 오면서 1년 동안 겪게 되는 다양한 사건들을 '나'의 회고 형식으로 서술한 작품이다. 전쟁 이후 도시의 어둡고 비참한 풍경을 묘사하여, 가난과 외로움 때문에 비참한 삶을 살아가는 '나'가 내면적으로 성장하는 과정을 볼 수 있다.

2. **줄거리:** 6·25 전쟁이 끝난 지 2~3년 후, '나'는 가족과 함께 고향을 떠나 도시로 이사하게 된다. 고향의 초등학교에서는 장래의 면장감이라 찬사를 받았지만, 궁핍한 판자촌 생활이 시작되면서 다가온 것은 촌놈이라는 평판이었고, '나'가 터득한 것은 도시 생활의 냉엄한 질서였다. 아버지는 풀빵 장사를 하지만 실패를 하고, 무슨 물건을 자전거에 실어 나르다가 경찰에 잡혀 유치장에 갇히게 된다. 어머니는 생활고를 겪다가 돌아가시고, 누나는 원치 않는 결혼을 하는 등 아픔을 겪게 된다.

3. **시점:** 1인칭 주인공 시점

4. **주제:** 가난했던 어린 시절과 도시적 삶의 회상을 통해 보여 주는 내면의 성장

063

정답 ④

해설 어머니와 아버지가 돌아가신 것, 내가 과거 외삼촌을 만나 '녹슨 총기 냄새'를 맡은 것, 누나가 두부 공장 집 민며느리가 되어 '나'를 찾아오곤 하는 것, 다리 한 짝이 없는 매형이 누나를 찾아온 것 등은 '나'의 체험을 서술한 내용이다. 그리고 '나'가 누나의 결혼에 대해 반감을 갖는 것, 누나와 매형에게서 나는 '녹슨 총기의 냄새'에 혐오감을 갖는 것은 '나'의 느낌을 서술한 것이다.

064

정답 ③

해설 제시된 지문의 사건을 순서대로 정리하면 ③–①–⑤–④–②로 전개된다.

065

정답 ⑤

해설 [A]에서 '나'는 전쟁과 관련된 인물인 '외삼촌'과 '두부살의 오빠'에게서 '녹슨 총기 냄새'를 맡지만, '녹슨 무기'를 발현하는 꿈에서 충격을 받는 [B] 이후 [C]로 서사가 진행됨에 따라, 누나에게까지 그 냄새를 맡고 혐오감을 느낀다. 이는 전쟁 불구자와 결혼한 누나를 비정상적 인물로 인식함에 따라 누나에게까지 〈보기〉의 심리적 반응이 확대되고 있음을 의미한다.

066

정답 ⑤

해설 4문단에서 경찰관이 다른 사람, 즉 용의자의 입장이 되어 가상적인 상황을 생각하는 예가 제시되었다. 그런데 이 경우, 상상이 반복될수록 상상한 장면이 사실처럼 느껴지게 된다. 그 결과 용의자를 섣불리 범인이라고 단정 짓는 오류를 범할 수도 있다. 따라서 가상적인 상황에 대해 생각함으로써 정확하고 객관적인 판단을 내린다고 볼 수 없다.

① 1문단: '과거 경험을 바탕으로 어림짐작'하는 것이 휴리스틱이라고 하였으므로 적절하다.

② 3문단: '충격적이거나 극적인 사례들을 더 쉽게 회상한다'고 하였으므로 적절하다.

③ 5문단: '휴리스틱은 종종 판단 착오를 낳기도 하지만, 경험에 기반하여 답을 찾는 효율적인 방법'이라고 하였으므로 적절하다.

④ 4문단: '가상적 장면을 자꾸 머릿속에 떠올리다 보면, 그 용의자가 정말 범인인 것처럼 생각하게 된다'고 하였으므로 적절하다.

067

정답 ①

해설 5문단에서 '휴리스틱은 우리가 쓰고 싶지 않아도 거의 자동적으로 작용한다. 그리고 수많은 대안 중 순식간에 몇 가지 혹은 단 한 가지의 대안만을 남겨 판단하기 쉽게 만들어 준다.'라고 설명하고 있다. 여기에서 인간은 늘 시간과 노력을 들여 합리적인 사고를 하는 것이 아니고, 휴리스틱에 따라 자동적으로 사고하며 인지적 노력을 절약하는 경향이 있음을 알 수 있다.

② 인간이 주변 세계에 의미를 부여하고 앞으로 일어날 일을 예측하려는 욕구를 가지고 있다는 내용은 제시되어 있지 않다.

③ 1문단: '판단을 할 때마다 필요한 모든 정보를 수집하여 이용하고자 하면, 정보를 수집하는 것도 힘들뿐더러 그 정보를 처리하는 것도 부담이 된다'고 하는 데서 정보 수집과 처리에 필요한 시간과 노력을 아끼고자 하는 경향을 알 수 있다. 인간이 과학적이고 체계적으로 정보를 처리하여 정확하고 객관적인 판단을 하는 데에는 시간과 노력이 필요하므로 '인지적 구두쇠'의 개념과는 거리가 멀다.

④ 5문단: 휴리스틱은 '우리가 쓰고 싶지 않아도 거의 자동적으로 작용한다'고 하였으므로 휴리스틱을 의도적으로 사용한다고 보기는 어렵다.

⑤ 5문단: 휴리스틱은 '수많은 대안 중 순식간에 몇 가지 혹은 단 한 가지의 대안만을 남겨'라고 한 데서 인간이 일상생활 속 판단에서 가능한 모든 대안을 고려하는 것은 아님을 알 수 있다.

068

정답 ②

해설 2문단에서 비교는 유추의 사고 과정 중 알고자 하는 대상과 이미 알고 있는 것 사이의 공통점을 발견하는 것이라고 했다.

① 1문단: 유추는 학문 또는 예술 활동에서뿐만 아니라 일상생활에서도 흔히 행하고 있는 사고법이라는 내용이 있으므로 적절하다.

③ 5문단: 유추는 인간에게 많은 지식을 갖게 해주기 때문에 필요하다고 했으므로 적절하다.

069

정답 ②

해설 '유추의 활용 사례'는 언급되어 있으나, '유추의 유형'을 설명하고 있지 않으므로 ①은 옳지 않고, ③은 지문에 전혀 언급된 내용이 아니므로 적절하지 않다. ④의 '유추의 문제점 지적', ⑤의 '유추의 본질' 등에 관한 언급은 있으나, '새로운 사고 방법의 필요성'이나 '유추와 여타 사고 방법들과의 차이점'은 지문과 관련이 없다.

070

정답 ②

해설 (B)는 [가]와 [나]가 공통으로 갖고 있는 특성이다. 유추를 통해 옳은 결론을 내릴 가능성을 높이기 위해서는 '범위 좁히기'를 통해 알고자 하는 대상과 공통점이 많은 비교 대상을 찾는 것이 필요하다.

① · ③ [가]와 [나] 사이에 공통점이 적거나 없을 수 있으므로 ㉠을 위한 방법이 아니다.

⑤ 유추의 결론이 옳을 수도 있지만 ②보다는 그 가능성이 적다.

071

정답 ④

해설 단어의 문맥적 의미를 파악하는 문제이다. 4문단에서 대비와 집중은 모두 우세 속에 포함된다고 했으므로 맞는 설명이다.

① 2문단: 강조의 효과가 양적인 대비와 질적인 대비를 통해서 나타난다고 했을 뿐, 이 둘의 효과를 비교하는 내용은 없다.

② 3문단: 집중은 방사나 점이를 이용하면 더욱 효과적인 것이지, 이용하지 않는다고 해서 집중의 효과가 없다고 한 것은 아니다.

③ 5문단: 강조의 중심이 둘 이상이 되면 우리의 시선이 방황하게 되어 긴장감을 잃게 된다고 하였다.

⑤ 5문단: 어떠한 경우에도 강조의 중심점은 하나여야 한다고 하였다. 디자이너의 흥미의 중심에 따라 결정되는 것이 아니다.

072

정답 ②

해설 YES를 중심으로 NO가 '대비'를 이루고 있고, 모든 요소들이 방사 형태를 통해 YES로 '집중'되어 있으며, YES가 중심이 되고 NO가 주변 요소가 되는 '우세'의 방법을 적용하고 있다.

073

정답 ①

해설 2문단에서 빛은 유리와 같은 투명체를 통과할 때는 그대로 직진하는 것이 아니라 유리 원자에 흡수되었다가 다시 방출되는 과정을 거친다고 했다. 그런데 이 과정에서 자외선은 적외선과 함께 유리 원자에 흡수되어 열에너지로 남기 때문에 다시 방출되지 않고, 가시광선만 흡수되었다가 방출된다. 즉, 자외선이 유리에 흡수된다는 내용은 있지만, 왜 유리 원자에 흡수되는 것인지에 대한 설명은 없다.

② 1문단: 가시광선 중 진동수가 가장 낮은 빛은 빨간색 광선, 진동수가 가장 높은 빛은 보라색 광선이라고 언급되어 있다.

③ 4문단: 빛이 투명체를 만나 진행하는 과정에서 나타나는 굴절, 분산 등의 현상이 제시되어 있다.

④ 2문단: 유리가 가시광선을 흡수만 하는 것이 아니라 다시 방출하기 때문에 유리가 투명한 것이라고 제시되어 있다.

⑤ 3문단: 빛이 투명체를 통과할 때 투명체의 원자가 빛을 흡수하고 방출하는 과정을 거치는데, 원자가 빛(가시광선)을 흡수하고 방출하는 데에 걸리는 시간만큼 빛의 속력이 줄어든다고 제시되어 있다.

074

정답 ①

해설 〈보기〉의 현상은 빛의 굴절 현상이다. 빛의 굴절은 빛이 통과하는 매질이 바뀔 때, 빛의 속력 변화로 인해 빛의 경로가 꺾이는 현상을 의미한다. 그런데 빛의 속도는 빛이 통과하는 매질의 밀도에 따라 달라진다. 즉 빛의 굴절 현상이 나타나는 근본적인 원인은 빛이 통과하는 매질의 밀도가 달라져 빛의 속력이 변화하기 때문이다.

075

정답 ①

해설 이 글의 중심 화제는 삶과 역사의 관계이다. 삶이 역사와 관계를 맺는 유형을 '기념비적 역사', '골동품적 역사', '비판적 역사'로 제시하고 각각의 장점과 단점을 설명하고 있다.

076

정답 ④

해설 3문단에서 ⓒ은 실증적 사실의 확인은 중요하게 여기지 않는다고 진술하고 있다.

① ㉠은 3문단에 언급된 '비범한 대상에 대한 관심에서 시작한다'는 내용에서 확인할 수 있다.

② ⓒ은 3문단에 언급된 '민족 구성원 모두를 결합시킨다'는 내용에서 확인할 수 있다.

③ ㉠은 2문단에 언급된 '과거의 위대함에 대한 회상을 통해 새로운 위대함의 가능성을 촉진한다'는 내용에서, ⓒ은 4문단에 언급된 '보존되고 전승된 과거와 투쟁을 벌여 새로운 관습과 본능을 창안한다'는 내용에서 확인할 수 있다.

⑤ ⓒ은 4문단에 언급된 '과거를 숭상하는 ㉠이나 과거를 보존하는 ⓒ과 달리 과거를 부정하기 위한 역사'라는 내용에서 확인할 수 있다.

077

정답 ①

해설 (가)는 비판적 역사, (나)는 기념비적 역사, (다)는 골동품적 역사의 예이다. 비판적 역사에서 과거를 판결하는 기준은 절대적이고 선험적인 정의가 아니라 자기 자신의 욕구에 따른 삶 자체이다. 따라서 (가)에서 '가부장적 가족 제도에 문제가 있다고 판단한 것은 절대적인 정의에 근거한 것'이라는 진술은 적절하지 않다.

② 비판적 역사는 과거를 부정하여 새로운 관습과 본능을 창안한다. 따라서 (가)에서 제시한 '새로운 가족 제도'는 '가부장적 가족 제도'라는 과거를 부정하고 새롭게 창안한 것이다.

③ 기념비적 역사는 인간 현존의 모습을 보다 차원 높게 만든다. 따라서 (나)에서 '이순신의 위대함을 기리고 보존함'으로써 인간 현존의 모습을 보다 차원 높게 만들었음을 알 수 있다.

④ 골동품적 역사는 실증적 사실의 확인은 중요하지 않다. 따라서 (다)에서 '단군'을 시조로 만들 때 단군의 실체를 규명하는 것은 중요하게 여기지 않았다는 것을 알 수 있다.

⑤ 골동품적 역사는 민족의 역사적 고유성 속에서 민족 구성원 모두를 결합시키는 귀속성의 감정을 만든다. 따라서 (다)는 우리나라 국민들이 '단군의 자손'임을 인식하게 함으로써 한 민족으로서의 귀속성을 느끼게 하기 위한 것이라는 진술은 적절하다.

[078~079]

<작품 해설>

1. **작품 이해**: 봄을 어떻게 바라볼 것인지에 대한 상념을 주로 노년의 시선에서 서술하고 있는 수필이다. 사계절 중 하나인 청춘을 비유적으로 표현한 봄과 희망찬 앞날을 표현한 봄의 의미를 결합하여 봄을 맞이하는 상념을 드러내고 있다. 특히 늙은이의 봄은 기쁨과 슬픔을 아울러 지닌 것이라고 보면서 자신이 어떻게 바라보느냐에 따라 봄이 우리의 생활을 더욱 풍부하게 해줄 것이라고 담담하게 서술하고 있다.

2. **주제**: 노년에 맞이하는 봄의 기쁨과 봄을 바라보는 자세

078

정답 ⑤

해설 봄은 젊은이의 것이라는 생각과 늙어서 봄을 맞이하면 앞으로 봄을 많이 못 볼까 슬프다는 보편적 생각에서 출발하여 개성적인 시선으로 봄에서 새로운 삶의 의미를 찾아내고 있다.

① 분석은 복잡한 대상을 풀어서 개별적인 요소나 성질로 나누어 살펴보는 것으로 이 글에서 찾아보기 어렵다. 또한 봄이나 봄을 바라보는 관점에 대한 문제점을 지적하고 있지도 않다.

② 글쓴이가 자연의 흐름을 바라보면서 개인적인 느낌을 서술한 것이므로, 객관적 태도와는 거리가 멀다.

③ 글쓴이의 주장을 일반화하기 위해 인용하는 부분은 없다. 오히려 일반적인 생각에 의문을 제기하며 자신의 견해를 드러내고 있다.

④ 자연과 대화하는 부분은 찾을 수 없다.

079

정답 ⑤

해설 글쓴이는 이 작품에서 겨울을 이겨 내고 파릇파릇 싹이 움 돋기 시작한 '동쪽 가지'를 예찬하며 같은 나무 한 등걸인데도 한 가지는 살고 한 가지는 죽었다고 말한다. 씩씩하고 발랄한 '생의 의지'를 가진 동쪽 가지는 겨울을 이겨내고 봄을 맞이했지만, 서쪽 가지는 눈보라 추운 속에서 자기를 살리지 못해 죽었다고 보는 것이다. 결국 생의 의지에 따라 저마다 다른 봄을 맞이하는 것이라고 볼 수 있다.

② 글쓴이는 오히려 과거에서 아름다움을 발견하는 때도 있다고 말하고 있다.

③ 글쓴이는 글의 앞부분에서 젊은이의 봄은 홑겹이지만 늙은이의 봄은 겹겹의 봄이라고 말하며 노년의 봄을 긍정적으로 수용하고 있다.

④ 마지막 문장에서 '오래 세상에 머물러 봄을 여러 번 보는 것이 귀한 게 아니다'라고 서술하고 있다.

080

정답 ①

해설 '회원증 관리' 부분에 개인 정보 변경 시 홈페이지를 통해 변경할 수 있다는 내용이 있다.

② '회원증 재발급'에서 신분증과 재발급 수수료 지참 후 도서관에 방문해야 한다고 제시되어 있다.

③ '회원증 발급에 필요한 서류'에서 서울 소재 학교의 재학생은 신분증과 학생증 또는 재학증명서를 제출하도록 되어 있다.

④ '회원증 발급 대상 및 발급 시 구비 서류 안내'에서 서울 시내 직장인의 경우, 주민등록상 거주지가 서울이 아닌 경우에는 재직증명서를 제출해야 한다.

⑤ '회원증 관련 사항 및 가족 회원 등록 안내'에서 자녀의 회원증을 대리로 발급받으려면 도서관 홈페이지에서 본인 인증을 통한 회원 가입이 되어 있어야 하는 것으로 제시되어 있다.

081

정답 ⑤

해설 미취학 아동은 아직 초등학교에 입학하지 않은 어린아이이므로, 어린이를 기준으로 구비 서류를 준비하면 된다.

082

정답 ③

해설 건축에서 중요한 개념인 공간에 대하여 기능주의 건축에서의 관점과 최근의 관점이 다름을 지적하고 있는 글이다. 기능주의 건축에서는 공간을 기능을 위한 도구로서 이해했다면 최근의 건축에서는 공간을 예술적이고 감성적인 가치를 지니는 대상으로 여긴다는 것이다. 따라서 이 글은 공간에 대한 서로 다른 인식을 대비하고 있다고 할 수 있다.

① 공간에 대한 상반된 견해가 등장하지만 이를 절충하고 있지는 않다.

⑤ 사례가 등장하지만 이를 종합하여 문제를 제기하고 있지는 않다.

083

정답 ①

해설 <보기>의 건물은 내부 공간과 외부 공간을 연결하고 주변 환경과 조화를 이루도록 하는 등 건축의 예술성을 실현하였다. 비정형적인 형태의 건물을 지은 것도 공간의 예술적이고 감성적인 성격을 드러내는 것과 관련이 있다. 이를 주거 기능을 극대화하기 위한 장치라고 볼 수는 없다.

④ 미닫이로 공간을 변형할 수 있게 한 것은 공간을 다양한 가능성을 지닌 가변적 대상으로 인식한 것이다.

⑤ '로젠탈 현대미술센터'의 경우처럼 다양한 공간을 결합한 것은 공간을 풍부하게 느낄 수 있도록 한 것이다.

084

정답 ⑤

해설 별도의 앱 없이 신고자가 문자 메시지로 받은 주소를 클릭하면 GPS를 활용하여 신고자의 위치를 파악할 수 있다.
① 별도의 어플리케이션은 없어도 스마트폰이 켜져 있어야 이용할 수 있다.
② 2G폰 사용자는 제외이므로, 신고자의 위치를 전송할 수 없다.
③ 스마트폰 운영 체제에 상관없이 모든 스마트폰 사용자가 이용할 수 있다.
④ 조난 신고 전화 후, 받은 문자 메시지의 인터넷 주소를 클릭해야 신고자의 위치가 전송될 수 있다.

085

정답 ⑤

해설 초등학교의 경우 2019년에는 2018년보다 0.1명이 증가했으므로, 증가 없이 지속적으로 감소한 것은 아니다. 다른 학교급의 경우, 지속적으로 감소하고 있다.
① 유치원 11.9명, 초등학교 14.6명, 중학교 11.7명, 고등학교 10.6명으로 고등학교의 학생 수가 가장 적다.
② 초등학교의 경우 학생 수가 지속적으로 감소하다가, 2014년과 2015년에는 14.9명으로 같은 수를 유지, 2018년 14.5명, 2019년 14.6명으로 0.1명 증가했다.
③ 중학교 교사 1인당 학생 수는 1명 이하로 감소하다가, 2016년에는 1명 감소했다.
④ 고등학교의 교사 1인당 학생 수는 2018년까지 0.8명 이하로 감소하다가 2018년과 2019년 0.9명씩 감소했다.

086

정답 ②

해설 1995년에는 1990년보다 187(천 ha)가 줄어들었다. 5년 단위로 재배 면적의 감소 정도를 보면 2005년 88(천 ha), 2010년 80(천 ha), 2015년 89(천 ha)이다.
① 쌀 재배 면적은 1995년과 2000년에 1,055(천 ha)로 같다.
③ 2015년에는 쌀의 총생산량이 증가였으므로 계속 감소하고 있다는 말은 옳지 않다.
④ 쌀의 총수입 금액은 2005년, 2010년, 2016년에 감소했다.
⑤ 쌀의 총생산량이 증가했던 해는 2000년과 2015년이다. 2000년에는 545톤, 2015년에는 41톤 증가했으므로, 가장 컸던 해는 2000년이다.

087

정답 ①

해설 접종 후 30분 관찰로 이상반응 여부를 확인하는 것은 의료인이 해야 할 일이다.

088

정답 ②

해설 100~299인 사업장의 퇴직 연금 도입률은 2016년 83.5%에서 2017년 83.3%로 감소하였으며, 300인 이상의 사업장의 퇴직 연금 도입률은 2016년 90.9%에서 2017년 90.8%로 감소하였다. 따라서 2017년에 모든 사업장에서 퇴직 연금 도입률이 높아진 것은 아니다.
① 300인 이상 회사의 경우, 퇴직 연금의 도입률은 90.9%가 된다.
③ 2016, 2017년 모두 5인 미만의 사업장이 퇴직 연금 도입 대상 사업장의 수가 가장 많다.
④ 10~29인인 사업장에서 퇴직 연금을 도입한 수는 2016년 101,327개, 2017년 106,132개로 가장 많다.
⑤ 구성비가 5~9인, 10~29인인 사업장의 경우, 퇴직 연금 도입률이 모두 1.5%p씩 증가했다.

089

정답 ⑤

해설 출국 시점을 기점으로 여권의 유효 기간이 최소 6개월 이상 남아 있어야 입국할 수 있는 곳은 일부 국가의 경우이다.

090

정답 ①

해설 ② 물품 배송이 완료될 때까지는 운송장을 보관해야 한다.
③ 물품에 대한 정보는 택배를 보내는 사람이 연락해서 수령할 수 있도록 해야 한다.
④ 소비자가 구매한 물품의 배송 예정일을 명시하도록 한 근거는 '전자상거래 표준약관'에 있다.
⑤ 운송장에 물품의 가격을 기재해야 손해 배상을 받을 수 있다.

091

정답 ④

해설 ㉢은 점원이 손님의 이목구비에 대해 '간접 높임'을 함으로써 주체를 높이고 있다. 그리고 자신의 생각을 밝힐 때에는 '~ 것 같다'는 표현은 사용하지 않는 것이 좋으므로, '이목구비도 뚜렷해 보이시네요.'로 수정해야 한다.

092

정답 ③

해설 'ㄴ'의 '나'는 양성 모음으로 끝났으므로 목적격 조사 '롤'과 결합하여 '나롤'이 되고, 'ㄹ'의 '부텨'는 음성 모음으로 끝났으므로 목적격 조사 '를'과 결합하여 '부텨를'이 된다.

ㄱ: '구룸'은 마지막 글자에 음성 모음과 받침이 있으므로 목적격 조사 '을'과 결합하여 '구르믈'이 된다.

ㄷ: 'ᄆᆞᅀᆞᆷ'은 마지막 글자에 양성 모음과 받침이 있으므로 목적격 조사 '올'과 결합하여 'ᄆᆞᅀᆞ몰'이 된다.

093

정답 ①

해설 일반적으로 한자어에서는 'ㄱ, ㅂ'과 같은 무성음 뒤에서는 예사소리를 된소리로 발음하고, 'ㄴ, ㄹ' 뒤에서는 표기대로 발음하는 것이 원칙이다. 하지만 '불법(不法)'은 [불뻡]으로 발음하는 것도 허용하고 있다.

③ 최대(最大): 수나 양, 정도 따위가 가장 큼.

최고(最高): 가장 높음(높이나 온도를 나타낼 때 사용).

⑤ 방송 언어에서 수의 표현은 복잡한 수치를 사용하지 않고, '어림수'를 사용한다.

094

정답 ⑤

해설 'ㅁ'은 용례 수정의 범주에 속한다.

095

정답 ②

해설 「사씨남정기」는 서포 김만중이 쓴 작품으로, 숙종이 계비 인현왕후를 폐위시키고 희빈 장 씨를 왕비로 맞아들이는 데 반대하다가 마침내 남해도로 유배당하였으나 유배지에서도 흐려진 임금의 마음을 참회시키고자 쓴 작품이다. 김만중은 조선 시대의 문신으로, 숙종 때 전문이 한글인 소설 「구운몽」으로 소설 문학의 선구자가 되었다.

① 허균: 조선 중기 문신으로 조선 최초의 양명학자였다. 조선 시대 사회 모순을 비판한 소설 「홍길동전」을 집필했다.

③ 이규보: 고려 시대의 문신·문인·명문장가로 그가 지은 시풍은 당대를 풍미했다. 저서에는 『동국이상국집』, 『국선생전』, 『백운소설』 등이 있고, 대표작으로는 「동명왕편」이 있다.

④ 김시습: 한국 전기체소설(傳奇體小說)의 효시로 『금오신화』에는 「만복사저포기」, 「이생규장전」, 「취유부벽정기」, 「용궁부연록」, 「남염부주지」 등 5편이 수록되어 있다. 소설의 특징은 첫째, 주인공들이 한결같이 재자가인적(才子佳人的) 인물이라는 점, 둘째, 문장 표현이 한문 문언문(文言文)으로 사물을 극히 미화시켜 표현한 점, 셋째, 일상적·현실적인 것과 거리가 먼 신비로운 내용을 그린 점 등이 있다.

⑤ 박지원: 조선 후기 실학자 겸 소설가로 이용후생의 실학을 강조하였으며, 자유롭고 기발한 문체를 구사하여 여러 편의 한문 소설을 발표했다. 대표작으로는 「열하일기」, 「연암집」, 「허생전」이 있다.

096

정답 ③

해설 '나락'은 '벼'의 방언이다. '낟알'은 '하나하나 따로따로인 알'을 뜻하는 표준어이다.

097

정답 ⑤

해설 '그는 눈을 뜨자마자 바로 떠났다'에서 '바로'는 '떠났다'를 수식하는 부사이고, '공복에 바로 커피를 마시면 건강에 해롭다.'에서 '바로'도 '마시면'을 꾸며 주는 '부사'이므로, 품사의 통용의 예로 적절하지 않다.

098

정답 ④

해설 남한에서도 '말끔히'로 표기한다.

099

정답 ⑤

해설 '구비하야'에서 '하다'와 결합하여 용언이 될 경우, 어미 '-아'가 결합하여 모음 조화가 지켜진 형태로 쓰이고 있다. 현대에는 '하다'가 붙어 용언이 될 경우, 모음 조화가 파괴된 형태인 '-어'가 결합되고, 이를 '여' 불규칙이라 한다.

> **모음 조화**: 음운에서 'ㅏ, ㅗ' 등의 양성 모음은 양성 모음끼리, 'ㅓ, ㅜ, ㅡ, ㅣ' 등의 음성 모음은 음성 모음끼리 어울리는 현상

① '파오, 하오'의 문장 종결에서 상대 높임법으로 예사 높임이 사용된 것을 알 수 있다.

> **예사 높임**: 일정한 종결 어미를 선택하여 듣는 상대를 높이는 상대 높임법에서 '하오체'에 해당하는 것으로, '-(으)오'의 형태로 끝난다.

② '쏘'에서는 합용 병서가, '솜씨'에서는 각자 병서가 사용되었다.

> **각자 병서**: 같은 초성을 두 개 나란히 쓰는 방법
> 예 ㄲ, ㄸ, ㅃ, ㅉ, ㅆ, ㆅ
> **합용 병서**: 서로 다른 초성 두 개나 세 개를 나란히 쓰는 방법

③ '좌종, 쟝석'에서 이중 모음이 그대로 사용되고 있다.

> **이중 모음의 단모음화**: 중세 국어의 이중 모음 (ㅑ, ㅕ, ㅛ, ㅠ, ㅘ, ㅝ, ㅢ, ㅐ, ㅔ, ㅚ, ㅟ, ㅢ)이 근대 국어에서 단모음으로 변하는 것

④ 접속 조사 '와/과'는 받침이 없으면 '와', 받침이 있으면 '과'로 쓴다. '시계와 좌종과 각색 자힝거와'에서 현대 국어와 같은 음운론적 환경을 확인할 수 있다.

100

정답 ③

해설 '포스팅(posting)'의 다듬은 말은 '올리기'로 용언의 명사형이다. 참고로 '오픈 마켓(open market)'의 경우, '열린 장터'로 '용언의 관형사형＋한자어＋고유어'가 결합된 것이다.

① 개런티(guarantee)와 웨딩플래너(wedding planner)의 다듬은 말은 모두 한자어이다.

② 마블링(marbling)과 선루프(sunroof)의 다듬은 말은 고유어와 한자어가 결합된 것이다.

④ 다듬은 말이 대상 표현과 길이가 같거나 긴 경우도 제시되어 있다.

⑤ 다듬은 말은 언중들에게 편리하게 전달하기 위해 대상의 역할과 기능을 염두에 두고 만든다.

제3회 기출 동형 모의고사

기출 동형 모의고사 p.118

001	002	003	004	005	006	007	008	009	010	011	012	013	014	015	016	017	018	019	020
①	②	④	④	②	⑤	⑤	②	⑤	⑤	③	④	③	⑤	②	②	②	④	⑤	③
021	022	023	024	025	026	027	028	029	030	031	032	033	034	035	036	037	038	039	040
③	②	⑤	①	④	④	①	③	①	②	②	①	②	⑤	④	②	②	④	①	⑤
041	042	043	044	045	046	047	048	049	050	051	052	053	054	055	056	057	058	059	060
③	①	④	②	④	⑤	③	④	②	⑤	②	⑤	④	②	⑤	③	⑤	⑤	①	④
061	062	063	064	065	066	067	068	069	070	071	072	073	074	075	076	077	078	079	080
⑤	②	④	⑤	②	⑤	②	⑤	⑤	⑤	⑤	②	⑤	②	⑤	④	⑤	④	④	①
081	082	083	084	085	086	087	088	089	090	091	092	093	094	095	096	097	098	099	100
②	③	⑤	④	②	⑤	⑤	⑤	①	②	⑤	①	③	⑤	①	④	③	⑤	⑤	⑤

001~015 · 듣기 · 말하기

[001] 먼저 그림에 대한 설명을 들려드립니다.

아르침볼도는 화가의 아들로 태어나 일찌감치 그림의 길로 들어섰고 1562년에는 페르디난트 1세의 눈에 띄어 합스부르크 왕가의 궁정 화가가 되었습니다. 그는 진부한 주제였던 정물화에 새로운 형식을 재치 있게 결합하였습니다. 과일이나 야채, 꽃, 책, 물고기 등의 사물들을 조합하여 사람의 얼굴처럼 보이게 묘사한 것인데요.

〈그림 1〉은 봄을 주제로 그린 초상화입니다. 머리와 얼굴은 물론 입고 있는 옷까지 모두 꽃으로 이루어져 있습니다. 르네상스 시대에는 각 계절을 상징하는 식물을 그림에 넣음으로 그 계절을 표현하는 방식이 널리 행해졌습니다. 봄을 상징하는 식물은 꽃이었습니다. 초상화를 구성하고 있는 꽃들은 모두 봄에 피었던 것들입니다. 다양한 종류의 아름다운 꽃들은 그림 분위기를 화사하고 따뜻하게 합니다.

〈그림 2〉의 여름을 상징하는 초상화의 식물은 밀 이삭입니다. 상반신은 밀 이삭과 짚단으로 이루어져 있으며 화가의 이름과 제작 연도를 짚으로 수놓았습니다. 체리는 눈을, 오이는 코를, 강낭콩은 입을, 복숭아는 뺨을, 감자는 턱을 나타내고 있습니다. 신선하고 풍성한 과일과 채소들의 구성을 통해 제철 과일과 채소가 풍성한 계절인 여름의 모습을 정확하게 표현합니다.

〈그림 3〉의 초상화 속 포도송이는 가을을 상징하는 식물이었습니다. 잘 익은 호박이 모자처럼 씌워져 있으며 왕관의 모습처럼 그 둘레를 무르익은 포도송이와 포도 잎이 감싸고 있습니다. 사과와 배, 석류, 무화과 등 가을철 과일과 채소들이 얼굴을 이루며 밤송이와 수수가 멋들어진 수염을 장식하고 있습니다.

〈그림 4〉에서 겨울의 모습을 담은 이 초상화는 다른 계절의 초상화와는 다른 느낌입니다. 몸을 앙상한 가지만 남은 고목으로 표현하였으며 그 갈라진 피부는 노년의 모습을 보는 듯합니다.

001

(정답) ①

(해설) 〈그림 1〉은 봄을 주제로 그린 초상화이다. 다양한 종류의 아름다운 꽃들이 그림의 분위기를 화사하고 따뜻하게 하고 있는 것이지, 르네상스 시대의 분위기를 표현하는 것은 아니다.

[엄마] 어휴, 이 녀석. 공부하고 있으랬더니 스마트폰으로 뭘 하고 있니?

[아들] 공부하고 있는 거예요. 엄마, 단어 읽어 주는 거 들으면서 외우는데, 좀 따분해서 눈으로만 재미있는 동영상 보고 있었어요. 단어 외울 때는 뭔가를 보거나 들으면서 해야 지루하지 않아서요.

[엄마] 그게 말이 되니? 영어 단어만 외워도 모자랄 판에 눈으로는 동영상을 본다고?

[아들] 엄마, 요즘 친구들은 다 이렇게 공부해요. 엄마는 왜 항상 저를 의심하세요?

[엄마] 누가, 누가 그렇게 공부하는데? 그리고 언제 엄마가 너 의심했어? 한 번에 한 가지만 하라는 거지.

[아들] 아니, 엄마가 그러셨잖아요. 제가 지루해서 두 가지를 한다고 했더니 말이 되냐고요. 엄마는 항상 그런 식으로 말씀하시잖아요. 저를 좀 이해해 주시면 안 돼요?

[엄마] 그래. 그럼, 엄마가 이해는 할게. 하지만 습관을 그렇게 들이는 건 좋지 않아. 우리 뇌는 두 가지 이상의 일을 동시에 못 하거든. 평소 두 가지 이상의 일을 동시에 하는 습관을 가진 사람들은 그렇지 않은 사람들보다 집중도가 떨어진다는 연구 결과들이 많아. 스마트폰에 다양한 기능들이 많다고 해서 우리가 그런 기능들을 동시에 다 잘 사용할 수 있는 건 아니라는 거지.

[아들] 엄마, 그렇게 말씀해 주시면 좋잖아요. 제가 너무 화가 나서 엄마께 화를 냈어요. 저도 제 생각이 짧았다는 걸 알았어요. 그리고 우리 뇌가 동시에 두세 가지 일을 할 수 있을 거라 생각했는데, 그게 아니란 것도 알았고요. 조금씩 고치도록 노력할게요.

002

정답 ②

해설 아들이 엄마의 말씀을 듣고 '자신의 생각이 짧았다는 것, 우리 뇌가 동시에 두세 가지 일을 할 수 없다는 것'을 알게 되었으므로, 말이 안 되는 것도 많다는 내용은 적절하지 않다.

성대 결절은 지속적인 목소리 남용이나 무리한 발성에 의해 발생하는 성대의 양성 점막 질환입니다. 6세에서 7세의 남자 어린이, 또는 30대 초반의 여성에서 많이 발생하며, 가수·교사 등의 직업에서 흔히 발생합니다.

가장 흔한 증상은 음성 과용이나 상기도 감염 후 자주 재발하는 쉰 목소리입니다. 특징적으로 노래할 경우에 대화할 때보다 더 민감하게 나타나며, 결절이 성대의 진동을 방해하여 지연 발성, 고음에서의 분열이나 부드럽지 못한 소리, 중복음 등이 생깁니다.

치료의 원칙은 성대 점막의 원활한 윤활 작용을 위해 성대에 습기를 충분히 보충하고, 수술적 치료보다 음성 휴식, 음성 치료 등의 보존적 치료를 우선적으로 시행하는 것입니다. 음성 치료에 의해 환자의 80% 이상에서 증상 호전이 가능하며, 이는 수술 후에 생기는 상흔이나 과형성 등으로 인해 60% 이상의 환자에서 증상이 악화됨을 고려해 볼 때, 수술적 치료보다 보존적 치료가 우선적으로 시행되어야 함을 의미합니다. 특히 소아에서의 음성 치료 효과가 성인에서보다 더 좋다는 보고가 있습니다. 수술적 치료는 최소 3개월 이상 보존적 치료를 받음에도 불구하고 음성에 장애가 있는 경우에 시행합니다.

003

정답 ④

해설 성대 결절은 노래할 때 더 민감하게 나타난다.
① 성대 결절은 가수, 교사 등의 직업군에서 흔히 발생한다.
⑤ 최소 3개월 이상 보존적 치료를 받았음에도 불구하고 음성에 장애가 있는 경우 수술적 치료를 시행한다.

평상이 있는 국숫집에 갔다.
붐비는 국숫집은 삼거리 슈퍼 같다.
평상에 마주 앉은 사람들
세월 넘어온 친정 오빠를 서로 만난 것 같다.
국수가 찬물에 헹궈져 건져 올려지는 동안
쯧쯧쯧쯧 쯧쯧쯧쯧,
손이 손을 잡는 말.
눈이 눈을 쓸어 주는 말.
병실에서 온 사람도 있다.
식당 일을 손 놓고 온 사람도 있다.
사람들은 평상에만 마주 앉아도
마주 앉은 사람보다 먼저 더 서럽다.
세상에 이런 짧은 말이 있어서
세상에 이런 깊은 말이 있어서
국수가 찬물에 헹궈져 건져 올려지는 동안

쯧쯧쯧쯧 쯧쯧쯧쯧,
큰 푸조나무 아래 우리는
모처럼 평상에 마주 앉아서.

              – 문태준, 「평상이 있는 국숫집」

004

정답 ④

해설 이 시는 국숫집에서 만난 사람들이 평상에 마주 앉아 국수를 먹으며 서로 소통하고, 서로의 삶을 이해하고 교감하는 모습을 형상화한 시이다. '평상, 국숫집, 슈퍼, 푸조나무'는 친근함, 따뜻함, 푸근함이 느껴지는 시어이고, '식당'은 바쁘고 고된 일을 하는 공간을 나타내는 시어이다.

[005] 다음은 교양 강좌를 들려드립니다.

우리가 병원에 가기를 두려워하는 이유 중의 하나는 주사 바늘 때문입니다. 과학자들은 환자들이 주사 바늘에 대한 두려움에서 벗어날 수 있도록 다양한 기술을 개발해 왔습니다.

지금까지 개발된 기술로는 우선 약물 분자에다가 다른 고분자를 붙여 주사해서 약물을 몸 안에 오랫동안 머물게 하는 기술이었습니다. 또 약물을 나노 캡슐에 넣고 주사를 해서 약물을 서서히 방출하는 기술도 있습니다. 이런 기술들은 결국 주사 맞는 횟수를 줄여 주는 방법들이죠.

그리고 바늘이 주는 통증 자체를 없애는 방법을 고민한 끝에 몸에 붙이는 패치 형태의 주사기를 개발했는데요. 이 패치에 붙어 있는 바늘들은 매우 미세해서 피부에 붙여도 통증이 거의 없습니다. 그래도 금속성 바늘을 두려워하는 사람들을 위해서는 몸 안에서 녹는 재질의 미세한 바늘들이 붙어 있는 패치도 개발했습니다. 이 패치를 붙이면 바늘이 피부 안에서 녹으면서 그 안에 들어 있던 약물이 몸속으로 스며들게 됩니다.

이에 따라 암 환자 등 자주 주사를 맞아야 하는 환자들은 혈관이 잡히지 않아 주사 바늘에 찔리는 곤욕을 치를 필요도 없어졌고, 당뇨병 환자 역시 수시로 피부를 찔러 혈당을 재는 고통스러움에서 벗어날 수 있게 됐습니다. 뿐만 아니라 1회용 플라스틱 폐기물 감소는 물론 2차 감염에 대한 우려도 줄어들게 됐습니다.

005

정답 ②

해설 약물을 나노 캡슐에 넣고 주사를 하는 것은 약물을 서서히 방출하는 기술로, 결국 주사를 맞는 횟수를 줄여 주는 방법에 속하며, 통증을 줄여 주는 것은 아니다.
④ 금속성 주사 바늘에서 벗어나면 1회용 플라스틱 폐기물을 줄일 수 있고, 2차 감염에 대한 우려도 줄어든다.

[006~007] 이번에는 뉴스 보도를 들려드립니다. 6번은 듣기 문항, 7번은 말하기 문항입니다.

[앵커] 물건을 살 때 카드 포인트나 마일리지로 결제를 하면 부가세 10%가 면제됩니다. 하지만 소비자들은 이 사실을 잘 몰라서 여전히 내지 않아도 되는 부가세 명목의 포인트를 내고 있는데요. 이렇게 해서 대형 유통업체들이 챙기는 액수가 상당하다고 합니다. 이동민 기자가 취재했습니다.

[기자] A 유통업체가 운영하는 화장품 판매 체인점에서 포인트로 2만 원어치 물건을 사봤습니다. 물건값 18,182원, 여기에 부가세 10%가 붙어 모두 2만 원이 결제가 됐다고 나옵니다. 그런데 포인트로 물건 살 때는 부가세를 물리면 안 됩니다. '포인트는 일종의 할인액으로써, 실제 주고받는 돈이 아니기 때문에 과세 대상에서 제외된다.'라는 대법원 판결이 재작년에 나왔기 때문입니다. 이 판결 덕분에 A 쇼핑 등 유통업체들은 1,500여억 원을 돌려받았습니다. 기업들은 이렇게 소송을 내서 부가세 환급을 받고도 소비자들에겐 이 혜택을 제대로 알리지 않았습니다. 사정을 모르는 소비자들은 여전히 부가세 명목으로 포인트를 더 쓰고 있는 셈입니다. 그런 식으로 지난해 1년 동안 A 그룹이 소비자들한테 더 받은 포인트는 35억 원, B 그룹은 34억 원, C 업체는 19억 원을 부가세로 더 받은 것으로 집계됐습니다.

[국회 기획재정위원회 의원] "부가세를 납부할 필요가 없어졌으면 소비자도 그만큼 부담이 줄어야 하는데 소비자는 그대로 부담을 하고 있고 그것은 기업의 이윤으로 쌓이고 있습니다. 이 문제를 이번 국정 감사에서 집중적으로 살펴보겠습니다."

[기자] 업체들은 이 포인트를 세무 당국에 내는 것이 아니라 고스란히 회계 장부상 매출 이익으로 잡고 있습니다. 그러면서도 기업이 손해를 보면서 제공하는 '서비스' 차원이기 때문에 부가세 항목을 없애 가격을 내리기는 힘들다는 입장입니다. 이동민입니다.

006

정답 ⑤

해설 뉴스 보도 내용은 기업이 포인트나 마일리지 결제에도 부가세를 받아 이윤을 챙기고 있어, 이에 대한 개선이 필요함을 알리고 있다.
① '물건값 18,182원, 여기에 부가세 10%가 붙어 모두 2만 원이 결제가 됐다고 나옵니다.'에서 확인할 수 있는 내용이다.
② '그런 식으로 지난해 1년 동안 A 그룹이 소비자들한테 더 받은 포인트는 35억 원, B 그룹은 34억 원, C 업체는 19억 원을 부가세로 더 받은 것으로 집계됐습니다.'에서 확인할 수 있는 내용이다.
③ '사정을 모르는 소비자들은 여전히 부가세 명목으로 포인트를 더 쓰고 있는 셈입니다.'에서 확인할 수 있는 내용이다.

④ 기자가 인용한 대법원의 판결인 '포인트는 일종의 할인액으로써, 실제 주고받는 돈이 아니기 때문에 과세 대상에서 제외된다.'에서 확인할 수 있는 내용이다.

007

정답 ⑤

해설 업체들은 소비자들이 포인트로 낸 부가세를 매출 이익으로 잡아 이윤을 남기기 때문에 문제가 된다.

008

정답 ②

해설 활성탄 필터는 기체나 액체 등을 효과적으로 흡착하여 각종 냄새의 원인을 제거하는 데 사용한다. 유해 물질을 분해하거나 미생물을 죽이는 데 사용하는 것은 광촉매 방식이다.

009

정답 ⑤

해설 공기 청정기를 공기 중의 오염 물질을 제거하는 방식에 따라 필터 방식과 전기적 오염 물질 제거 방식으로 구분하여 설명하고 있다.

[008~009] 다음은 '공기 청정기'에 대한 설명을 들려드립니다. 8번은 듣기 문항, 9번은 말하기 문항입니다.

공기 청정기는 공기 중 건강에 해로운 세균이나 바이러스, 곰팡이, 미세 먼지, 유해 기체, 악취를 풍기는 냄새 성분과 같이 여러 가지 오염 물질을 제거하기 위해 사용합니다. 오염 물질을 제거하는 방식에는 두 가지가 있습니다. 필터를 사용하여 여과·흡착하여 걸러내는 방식과 전기적으로 오염 물질을 제거하는 방식입니다.

먼저 필터 방식으로 먼지를 제거할 때는 보통 섬유 필터를 사용하는데, 요즘 많이 사용하는 필터는 헤파 필터입니다. 헤파 필터는 미국에서 방사성 먼지를 제거하기 위해 개발되었는데요. 0.3㎛의 입자를 1회 통과시켰을 때 99.97% 이상 제거한다고 알려져 있습니다. 진드기, 바이러스, 곰팡이 등을 제거할 수 있는 까닭에 현재는 공기 청정기뿐만 아니라 에어컨, 청소기 등에 널리 쓰이고 있습니다.

다음으로 전기적으로 오염 물질을 제거하는 공기 청정기는 방전에 의한 이온화 방식을 이용합니다. 수천 볼트의 고전압을 걸어주면 전극 자체에서 전자가 생성되거나 전극 주위의 기체에서 전자가 만들어져 전극 주위에 전기를 잘 전도하는 플라즈마가 형성되는데요. 이렇게 만들어진 전자가 공기 중의 입자에 부착되면 입자들이 음(−) 전하를 띠게 되고, 전하를 띤 먼지 입자는 정전기적 인력에 의해 반대 전하가 걸려 있는 집진판으로 이동하여 들러붙어 제거됩니다. 이온화 방식은 공기 정화 과정에서 오존이나 질소 산화물 같은 산화물이 어느 정도 발생합니다. 이러한 산화물은 반응성이 커서 공기 중 유해 물질의 분해를 촉진하는 살균 효과를 나타냅니다. 그러나 오존 발생에는 주의를 기울여야 합니다. 실내의 오존 농도가 높으면 기침, 두통, 천식, 알레르기 질환 등의 원인이 되기 때문입니다.

먼지 외의 각종 냄새의 원인을 제거하는 데는 활성탄 필터를 사용합니다. 활성탄은 극히 미세한 수백만의 기공이 있는 다공성 물질로 기체나 액체 등을 효과적으로 흡착합니다. 이 밖에 살균력이 있는 자외선을 공기에 쪼여 미생물을 제거하는 방식이나 산화 티탄을 이용해 유해 물질을 분해하거나 미생물을 죽이는 광촉매 방식도 공기 청정에 이용되고 있습니다.

[010~011] 이번에는 강연을 들려드립니다. 10번은 듣기 문항, 11번은 말하기 문항입니다.

오늘은 사람들이 의사소통을 할 때에 필요한 적절한 거리 유지에 대해서 이야기해 보겠습니다. 먼저 철학자 쇼펜하우어가 통찰력 있게 제시한 다음의 '고슴도치의 가시' 비유를 듣고 인간의 두 가지 욕구에 대해 생각해 보시기를 바랍니다.

추운 겨울, 고슴도치들은 추위를 피하기 위해 한 곳으로 모여 서로에게 다가간다. 그런데 너무 가까이 다가가다 보면 서로 날카로운 가시에 찔리게 되니까 다시 멀리 떨어진다. 그러다 보면 다시 추워진다. 서로에게 다시 다가간다. 이렇게 여러 차례를 반복하다 보면 가시에 찔리지 않을 만큼의 거리를 유지하면서도 추위를 적절히 피할 수 있을 만한 최적의 지점을 찾게 된다. 고슴도치의 가시는 서로 간의 가장 적절한 거리를 결정해 주는 근거가 된다.

추위를 피하기 위하여 서로에게 다가가는 고슴도치처럼 우리 인간도 소외감이나 외로움에서 벗어나기 위해 서로에게 다가갑니다. 그러나 인간은 다른 사람에게 종속되기 싫어하는 독립성의 욕구 때문에 다른 사람을 필요로 하면서도 동시에 자신만의 개인적인 영역을 지키고 싶어 하지요. 마치 고슴도치가 추위도 피하고 상대방의 가시에 의해서 찔리지 않을 만큼의 최적의 거리를 찾으려고, 다가서고 물러섬을 반복하듯이 인간들도 의사소통 과정에서 최적의 거리를 유지할 수 있도록 노력하는 것입니다.

미국의 언어학자 로빈 레이코프는 의사소통에서 거리 유지의 원리를 다음과 같이 정리하고 있습니다.

첫째, 상대방과의 거리를 유지하라.

둘째, 상대방에게 선택권을 주어라. 상대방으로 하여금 의견을 말하도록 유도하라.

셋째, 항상 우호적인 태도를 견지하라.

이 중에서 거리 유지 원리의 핵심은 두 번째 지침, 상대방에게 선택권을 주는 것입니다. 이는 대개 간접적이고 우회적인 표현을 통해서 실현됩니다.

010

해설 추위를 피하기 위하여 고슴도치는 서로에게 다가가지만, 상대방의 가시에 찔리지 않으려면 최적의 거리가 필요하다. 이와 같이 의사소통 과정에서는 다른 사람에게 종속되기 싫어하는 독립성이 필요하고, 동시에 의사소통을 유지하기 위해서는 상대방과의 연대도 필요하다는 것이다.

011

정답 ③

해설 직접적인 대화 행위는 상대방에게 심리적 부담감을 준다. 반면에 선택권을 주는 대화는 간접적이고 우회적인 방식을 통해 실현된다. 선택권을 주는 대화로는 ③이 적절하다.

[012~013] 이번에는 대화를 들려드립니다. 12번은 듣기 문항, 13번은 말하기 문항입니다.

[오빠] 수학에 관한 책을 읽다가 보니까 '라이프 게임'이란 것이 나오더라구. 너 혹시 들어 봤니?

[동생] 아니, 그런데 왜?

[오빠] 1970년 영국의 수학자 존 콘웨이가 처음 제안한 것인데, 생명 현상의 특성에 기초하여 만들어 낸 모형 게임이야. 생명체의 개체 수 변화를 예측하는 데에 활용되는 거래. 재미있는데, 한번 들어 볼래?

[동생] 그래, 어떤 것인지 궁금해.

[오빠] 여기에 그림을 그려 설명할게. 라이프 게임은 바둑판 모양의 격자에서 이루어져. 각각의 정사각형을 하나의 생명체라 하고, 그중 음영을 칠한 것은 살아 있는 생명체, 그렇지 않은 것은 죽은 생명체라고 할게. 라이프 게임에서 생명체는 세 가지 규칙에 따라 살거나 죽어. 제1 규칙은 살아 있는 생명체는 자신을 둘러싼 여덟 개의 생명체 중 두 개 또는 세 개가 살아 있으면, 다음 세대에서도 살아남는다는 거야. 이 그림에서 첫 번째 예를 봐. A는 B와 D, B는 A · D · C, C는 B와 D에 의해 둘러싸여 있잖아. A · B · C 모두 둘 또는 세 개의 살아 있는 생명체에 둘러싸여 있기 때문에 모두 다음 세대에서도 살아남아. 제2 규칙은 죽은 생명체는 자신을 둘러싼 생명체 중 정확히 세 개가 살아 있으면 다음 세대에서 다시 살아날 수 있다는 거야.

[동생] 그럼, 죽은 생명체인 E는 B · C · D에 둘러싸여 있기 때문에 다음 세대에서 다시 살아나게 된다는 거네. 제3 규칙은 뭐야?

[오빠] 제3 규칙은 주변에 생명체가 한 개 이하이거나, 네 개 이상이면 죽는다는 거야. F는 자신을 둘러싼 생명체 중에서 살아 있는 생명체가 D밖에 없으니까 다음 세대에는

살지 못하겠지. 자, 그럼 내가 문제 하나 낼게. 여기 두 번째 예의 (가), (나), (다)는 다음 세대에서 어떻게 될까?

012

정답 ④

해설 오빠는 그림을 그려서 내용에 대한 이해를 돕고 있다.
② 동생의 질문은 이해되지 않는 내용에 대한 것이 아니라 대화를 전개하기 위한 것이다.

013

정답 ③

해설 두 번째 예에서 (가)와 (나)는 모두 두 개의 생명체에 둘러싸여 있으므로 다음 세대에서도 살아남는다. 그러나 (다)는 둘러싸고 있는 생명체 중에서 살아 있는 것이 하나밖에 없다. 따라서 (다)는 다음 세대에서 살아남지 못한다.

[014~015] 마지막으로 뉴스 해설을 들려드립니다. 14번은 듣기 문항, 15번은 말하기 문항입니다.

일자리 구하기가 점점 어려워지면서 우리나라도 이제는 내외국인 노동자가 치열한 일자리 경쟁을 벌이는 시대가 됐습니다. 한국 노총 건설산업노조가 어제 서울의 한 아파트 건설 현장에서 불법 외국인 노동자에 대한 강력한 단속을 정부에 촉구하며 현장 봉쇄 시위를 벌였습니다. 늘어나는 불법 외국인 노동자들 때문에 서민 일용직 노동자들의 생계가 위협받고 있다는 게 그 이유입니다.

통계청과 법무부가 지난달 발표한 자료를 보면 지난해 국내 취업 외국인은 88만 4천 명으로 그중 62%가 월급 2백만 원 이상을 받는 것으로 나타났습니다. 외국인 노동자는 최근 6년간 약 30% 늘었습니다. 재외동포 비자를 포함한 외국인 노동자는 104만여 명입니다. 불법 체류자를 포함하면 140만여 명으로 추정됩니다. 국내 취업자가 9년 만에 가장 낮은 수준으로 떨어지며 3년간 실업자 백만 명 시대에 돌입한 것과 대조를 이룹니다. 국내 노동 시장이 그만큼 외국인 노동자들로 대체된 셈입니다.

지난해 외국인 노동자들에게 지급한 임금은 14억 달러입니다. 우리 국민이 외국에서 번 임금 수입은 4억 달러에 그쳐 임금 수지 적자는 무려 10억 달러입니다. 불법 체류자를 포함한 외국인 노동자는 계속 늘 것으로 보입니다. 저임금과 열악한 노동 조건에서도 한국에서 일하려는 외국인 노동자들이 많기 때문입니다. 인력 시장의 불균형도 주요 원인입니다. 힘들고 어려운 기피 업종이나 중소기업에서는 인력난이 심한데 외국인 노동자가 그 공백을 메우는 겁니다. 성장이 멈추고 경제가 나빠질수록 내외국인 노동자 간의 일자리 다툼도 심해집니다.

근원적인 노동력 수급 대책이 절실합니다. 적재적소에 꼭 필요한 만큼의 외국인 노동력을 허용하되 외국인 노동자가 국내 인력의 노동 시장 진입을 막아 국내 인력이 점점 갈 곳을 잃어가는 악순환을 막아야 합니다. 국내 노동력을 쓰는 기업에 대한 장려책 마련도 적극 고려해야 합니다. 노동 시장의 해외 개방과 국내 노동력 보호 두 가지 모두 포기할 수 없는 과제인 만큼 국내 기업과 산업의 경쟁력 차원에서 그 답을 찾아야 합니다. 뉴스 해설이었습니다.

014

정답 ⑤

해설 우리가 외국인 노동자들에게 지급한 임금은 14억 달러이고, 우리 국민이 외국에서 번 임금 수입은 4억 달러에 그쳐 임금 수지 적자의 상황이다.

015

정답 ②

해설 현 실태의 문제점을 언급하기 위해 통계청과 법무부가 발표한 자료를 제시하여 외국인 노동자의 수가 많이 늘었음을 밝힌 것이지, 전문가의 말을 인용한 것은 아니다.
③ 국내에서는 내국인 취업자 수가 가장 낮은 수준으로 떨어져 실업자가 백만 명이 넘었지만, 외국인 노동자는 140만여 명으로 늘었다.
④ 외국인 노동자로 인해 내국인 노동자가 생계의 위협을 받고 있는 현실을 제시하여 노동력 수급에 대한 심각성을 밝히고 있다.
⑤ 뉴스의 마지막에 근원적인 노동력 수급 대책이 절실함을 밝히면서 다양한 해결 방안을 제시하고 있다.

016~030 어휘

016

정답 ②

해설 '홀몸'은 '배우자나 형제가 없는 사람'을 뜻한다. '아이를 배지 아니한 몸'을 뜻하는 단어는 '홑몸'이다. '홀몸'은 '딸린 사람이 없는 혼자의 몸'의 뜻도 있다. 예 그는 교통사고로 가족을 모두 잃고 홀몸이 되었다.

017

정답 ②

해설 '반려(返戾)'의 뜻은 '주로 윗사람이나 상급 기관에 제출한 문서를 처리하지 않고 되돌려줌'이다. '어떤 일을 당장 처리하지 아니하고 나중으로 미루어 둠'은 '보류(保留)'의 뜻이다. 예 그 논의는 다음 주까지 보류하기로 했다.

018

정답 ④

해설 '회자(膾炙)'의 뜻은 '회와 구운 고기'라는 뜻으로, '칭찬을 받으며 사람의 입에 자주 오르내림을 이르는 말'이다. 문맥상 칭찬의 내용이 와야 하는데, '망언'은 '이치나 사리에 맞지 아니하고 망령된 말'이므로, 문맥에 맞지 않다.
① 품의(稟議): 웃어른이나 상사에게 말이나 글로 여쭈어 의논함.
② 함구(緘口): '입을 다문다'는 뜻으로, 말하지 아니함을 이르는 말.
③ 전용(轉用): 예정되어 있는 곳에 쓰지 아니하고 다른 데로 돌려서 씀.

> 전용(專用): 특정한 목적으로 일정한 부문에만 한하여 씀. 예 버스 전용 차선으로 출퇴근길에 교통 혼란이 줄어들었다.

⑤ 누락(漏落): 기입되어야 할 것이 기록에서 빠짐. 또는 그렇게 되게 함.

019

정답 ⑤

해설 비행기의 운항을 늘리는 것은 '정기적인 교통편의 횟수를 늘림'을 뜻하는 '증편(增便)'을 써야 한다. '증설(增設)'은 '더 늘려 설치함'을 뜻한다. 예 우리 학교는 내년에 10개 학급의 증설을 계획하고 있다.
① 칩거(蟄居): 나가서 활동하지 아니하고 집 안에만 틀어박혀 있음.
② 배포(配布): 신문이나 책자 따위를 널리 나누어 줌.
③ 복원(復元/復原): 원래대로 회복함.
④ 경신(更新): 어떤 분야의 종전 최고치나 최저치를 깨뜨림.

> 갱신(更新): 법률관계의 존속 기간이 끝났을 때 그 기간을 연장하는 일. 예 나는 만료된 여권의 갱신을 위해 구청을 방문했다.

020

정답 ③

해설 '주효하다'는 '효력이 나타나다'의 의미를 가진 단어로 문맥에 어울리지 않는다. 문맥에 맞는 단어는 '주요하다'로 '주되고 중요하다'의 의미를 가진다.
① 가년스럽다: 보기에 가난하고 어려운 데가 있다.
② 게두덜거리다: 굵고 거친 목소리로 자꾸 불평을 늘어놓다.
④ 맞갖잖다: 마음이나 입맛에 맞지 아니하다.
⑤ 눙치다: 어떤 행동이나 말 따위를 문제 삼지 않고 넘기다.

021

정답 ③

해설 ㉠은 '아궁이 따위에 불을 지피어 타게 하다'의 의미인 '때다(때어)', ㉡은 '희미하거나 약하던 것이 왕성하여지다'의 의미인 '일다(일어)', ㉢은 '남보다 훨씬 두드러지다'의 의미인 '띄다(띄는)'가 적절하다.

떼다

I. 「…에서 …을」

1. 붙어 있거나 잇닿은 것을 떨어지게 하다. 예 벽에서 벽보를 떼다.
2. 전체에서 한 부분을 덜어 내다. 예 월급에서 식대를 떼다.

II. 「…에서/에게서 …을」

1. 어떤 것에서 마음이 돌아서다. 예 아이한테서 정을 떼기가 너무 어렵다.
2. 눈여겨 지켜보던 것을 그만두다. 예 잠시도 아이에게서 눈을 떼지 않고 돌보았다.
3. 장사를 하려고 한꺼번에 많은 물건을 사다. 예 그녀는 남대문 시장에서 물건을 도매로 떼다가 소매로 판다.

III. 「…을」

1. 함께 있던 것을 홀로 남기다. 예 친구를 떼고 혼자 오다.
2. 봉한 것을 뜯어서 열다. 예 편지 봉투를 떼어 보다.
3. 걸음을 옮기어 놓다. 예 발걸음을 떼다.

이르다

1. 어떤 장소나 시간에 닿다. 예 목적지에 이르다.
2. 어떤 정도나 범위에 미치다. 예 결론에 이르다.

띠다

I. 「…에 …을」

1. 띠나 끈 따위를 두르다. 예 치마가 흘러내리지 않게 허리에 띠를 띠다.

II. 「…을」

1. 물건을 몸에 지니다. 예 추천서를 띠고 회사를 찾아가라.
2. 용무나, 직책, 사명 따위를 지니다. 예 중대한 임무를 띠다.
3. 빛깔이나 색채 따위를 가지다. 예 붉은빛을 띤 장미
4. 감정이나 기운 따위를 나타내다. 예 노기를 띤 얼굴
5. 어떤 성질을 가지다. 예 보수적 성격을 띠다.

022

정답 ②

해설 '한미(寒微)하다'는 '가난하고 지체가 변변하지 못하다'의 의미이므로 '넉넉한'으로 바꿀 수 없다.

① 목도(目睹)하다: 눈으로 직접 보다.
③ 독촉(督促)하다: 일이나 행동을 빨리하도록 재촉하다.
④ 불하(拂下)하다: 국가 또는 공공 단체의 재산을 개인에게 팔아넘기다.
⑤ 차치(且置)하다: 내버려두고 문제 삼지 아니하다.

023

정답 ⑤

해설 '팔이 길다'와 '발이 넓다'는 인맥이 넓음을 나타내는 표현이므로 유의 관계에 있다. '발등의 불을 끄다'와 '발등에 불이 떨어지다'는 반의 관계에 해당한다.

024

정답 ①

해설 ㉠의 '되다'는 '일이 힘에 벅차다'의 의미이고, ㉡의 '되다'는 '반죽이나 밥 따위가 물기가 적어 빡빡하다'의 의미로 ㉠과 ㉡은 다의 관계이다. ㉢의 '되다'는 '다른 것으로 바뀌거나 변하다'의 의미이고, ㉣의 '되다'는 '일이 잘 이루어지다'의 의미로 ㉢과 ㉣도 다의 관계이다. ㉤의 '되다'는 '말, 되, 홉 따위로 가루, 곡식, 액체 따위의 분량을 헤아리다'의 의미로, 다의 관계로 짝 지을 수 있는 항목이 없다.

025

정답 ④

해설 ㉣의 '크다'는 '수준이나 능력 따위가 높은 상태가 되다'의 의미로, 동사이다.
다음은 모두 형용사 '크다'이다.

① ㉠: 사람이나 사물의 외형적 길이, 넓이, 높이, 부피 따위가 보통 정도를 넘는다.
② ㉡: 일의 규모, 범위, 정도, 힘 따위가 대단하거나 강하다.
③ ㉢: 생각의 범위나 도량이 넓다.
⑤ ㉤: 몸이나 마음으로 느끼는 어떤 일의 영향, 충격 따위가 보통 정도를 넘는다.

026

정답 ④

해설 ㉠ 구제(舊製): 옛적에 만듦. 또는 그런 물건.
㉡ 구제(驅除): 해충 따위를 몰아내어 없앰.
㉢ 구제(救濟): 자연적인 재해나 사회적인 피해를 당하여 어려운 처지에 있는 사람을 도와줌.

027

정답 ①

해설 '남의 말이나 글을 자신의 말이나 글 속에 끌어 씀'의 뜻이 있는 단어는 '인용(引用)'이다. '인용(認容)'은 '인정하여 용납함'을 뜻한다. 예 너의 독단적인 행동을 인용할 수 없다.

② 옹색(壅塞): 형편이 넉넉하지 못하여 생활에 필요한 것이 없거나 부족함. 또는 그런 형편.

③ 파견(派遣): 일정한 임무를 주어 사람을 보냄.

④ 순연(順延): 차례로 기일을 늦춤.

⑤ 간주(看做): 상태, 모양, 성질 따위가 그와 같다고 봄. 또는 그렇다고 여김.

028

정답 ③

해설 '견강부회(牽強附會)'는 '이치에 맞지 않는 말을 억지로 끌어 붙여 자기에게 유리하게 함'을 의미한다.

① 곡학아세(曲學阿世): 바른 길에서 벗어난 학문으로 세상 사람에게 아첨함.

② 구밀복검(口蜜腹劍): '입에는 꿀이 있고 배 속에는 칼이 있다'는 뜻으로, 말로는 친한 듯하나 속으로는 해칠 생각이 있음을 이르는 말.

④ 연목구어(緣木求魚): '나무에 올라가서 물고기를 구한다'는 뜻으로, (비유적으로) 도저히 불가능한 일을 굳이 하려 함을 이르는 말.

⑤ 다기망양(多岐亡羊): '갈림길이 많아 잃어버린 양을 찾지 못한다'는 뜻으로, 두루 섭렵하기만 하고 전공하는 바가 없어 끝내 성취하지 못함을 이르는 말.

029

정답 ①

해설 '손이 거칠다'는 '일을 다루는 솜씨가 세밀하지 못하다'와 '도둑질하는 손버릇이 있다'의 의미를 가진다. '일하는 동작이 매우 굼뜨다'의 의미를 가진 관용 표현은 '손이 뜨다'이다.

030

정답 ②

해설 'ㄴ'의 '레시피(recipe)'는 '조리법', 'ㅁ'의 타임캡슐(time capsule)'은 '기억 상자'로 순화하여 사용한다.

031

정답 ②

해설 '명태의 창자에 소금, 고춧가루 따위의 양념을 쳐서 담근 젓'은 '창난젓'으로 쓴다.

① 십상: 꼭 맞게.

③ 잔주름: 옷 따위에 잡은 잔주름.

> **한글 맞춤법 제4장 제4절 제29항**
> 끝소리가 'ㄹ'인 말과 딴 말이 어울릴 적에 'ㄹ' 소리가 'ㄷ' 소리로 나는 것은 'ㄷ'으로 적는다.
> 예 반짇고리(바느질~), 사흗날(사흘~), 삼짇날(삼질~), 섣달(설~), 숟가락(술~), 이튿날(이틀~), 잗주름(잘~), 푿소(풀~), 섣부르다(설~), 잗다듬다(잘~), 잗다랗다(잘~)

④ 귀띔: 상대편이 눈치로 알아차릴 수 있도록 미리 슬그머니 일깨워 줌.

⑤ 건넌방: 안방에서 대청을 건너 맞은편에 있는 방.

032

정답 ①

해설 '욱여넣다'는 '주위에서 중심으로 함부로 밀어 넣다'의 의미로 바르게 표기된 것이다.

② 문맥상 '쌈박하다'로 써야 한다.

> **쌈빡하다¹(〉쌈박하다〉삼박하다)**
> 눈까풀이 움직이며 눈이 한 번 감겼다 떠지다. 또는 그렇게 눈을 감았다 뜨다. 예 그는 눈을 쌈빡하며 아양을 떨었다.
>
> **쌈박하다²**
> 1. 물건이나 어떤 대상이 시원스럽도록 마음에 들다.
> 2. 일의 진행이나 처리 따위가 시원하고 말끔하게 이루어지다. 예 어려운 일을 쌈박하게 처리하고 나니 기분이 상쾌하다.

③ '같잖다'로 표기해야 한다.

> **같잖다**
> 1. 하는 짓이나 꼴이 제격에 맞지 않고 눈꼴사납다. 예 노는 꼴이 같잖다.
> 2. 말하거나 생각할 거리도 못 되다.

④ '해이하다'로 표기해야 한다.

> **해이하다**: 긴장이나 규율 따위가 풀려 마음이 느슨하다.

⑤ '흐리멍덩하다'로 표기해야 한다.

> **흐리멍덩하다**
> 1. 정신이 맑지 못하고 흐리다. 예 과음을 했더
>   니 정신이 <u>흐리멍덩해서</u> 일을 제대로 할 수가
>   없다.
> 2. 옳고 그름의 구별이나 하는 일 따위가 아주 흐
>   릿하여 분명하지 아니하다.
> 3. 기억이 또렷하지 아니하고 흐릿하다. 예 간밤
>   의 일들이 <u>흐리멍덩하게</u> 떠오른다.

033

정답 ②

해설 〈보기〉는 준말의 표기에 대한 설명으로, '결단코'는 부사
를 소리 나는 대로 적은 예이다. 이러한 단어에는 결코,
기필코, 무심코, 아무튼, 요컨대, 하마터면, 한사코, 하여
튼 등이 있다.
① '어떻든지'는 '어떠하든지'의 준말로, [붙임1]의 규정에
해당한다.
③ '간편케'는 '간편하게'의 준말로, 제40항의 규정에 해
당한다.
④ · ⑤ '섭섭잖게'와 '생각건대'는 '섭섭하지 않게'와 '생
각하건대'의 준말로 [붙임2]의 규정에 해당한다.

034

정답 ⑤

해설 '만'은 '앞말이 가리키는 동안이나 거리'를 나타낼 때에는
의존 명사이므로 앞말과 띄어 써야 한다.
① '-ㄹ밖에'는 '-ㄹ 수밖에 다른 수가 없다'의 의미를 나
타내는 종결 어미로 앞말과 붙여 써야 한다.
② '-ㄹ뿐더러'는 '어떤 일이 그것만으로 그치지 않고 나
아가 다른 일이 더 있음'의 의미를 나타내는 연결 어
미로 앞말과 붙여 써야 한다.
③ '-ㄹ지'는 추측에 대한 막연한 의문이 있는 채로 그것
을 뒤 절의 사실이나 판단과 관련시키는 데 쓰는 연결
어미로 붙여 써야 한다.
④ '-ㄹ망정'은 앞 절의 사실을 인정하고 뒤 절에 그와
대립되는 다른 사실을 이어 말할 때에 쓰는 연결 어미
로 앞말과 붙여 써야 한다.

035

정답 ④

해설 '양쪽 사이를 막대기나 줄 따위로 가로 건너막거나 내리
꽂다'는 '지르다'이다.
① 부스럼: 피부에 나는 종기를 통틀어 이르는 말.
② 낟알: 하나하나 따로따로인 알.
  낟알: 껍질을 벗기지 아니한 곡식의 알.
③ 찌르다: 후각을 세게 자극하다. ≒ 지르다²
⑤ 어쭙잖다: 비웃음을 살 만큼 언행이 분수에 넘치는
데가 있다.

036

정답 ②

해설 ① 주어와 서술어가 호응을 이루지 못하고 있다. 주어
'~ 미술품은'은 서술어 '목조각이다'와 어울려야 자연
스럽다.
→ <u>열대 아프리카에서 제작된 주요 미술품은</u> 가면과
3차원적인 조각품과 같은 <u>목조각이다.</u>
③ '물건으로써'에서 '으로써'는 '어떤 일의 수단이나 도
구를 나타내는 격 조사'이다. 문맥상 조각이 병을 치
료하고 적을 해하는 도구가 아니라, 병을 치료하고 적
을 해하는 힘을 가진 신성한 물건이므로 '지위나 신분
또는 자격을 나타내는 격 조사'인 '으로서'로 수정해야
한다.
→ 아프리카 사람들은 이러한 조각이 자연의 영(靈)과
조상신의 힘이 깃든 신성한 <u>물건으로서</u> 병을 치료하
거나 적을 해하는 힘이 있다고 믿는다.
④ '초자연적인 힘이 깃들어 있다'에 해당하는 대상인 부
사어가 생략되었다.
→ <u>조각상에는</u> 외경스러운 초자연적인 힘이 깃들어
있다고 해서 의식을 치르는 동안에는 여자와 아이들
이 이 조각상을 보는 것이 금지되었다.
⑤ '집중(集中)'은 '한곳을 중심으로 하여 모이거나 한 가
지 일에 모든 힘을 쏟아부음'을 뜻한다. 남아 있는 조
각상이 사회의 정서를 반영하는 것이므로, '한데 모아
서 요약함'을 뜻하는 '집약(集約)'으로 수정해야 한다.
→ 다습한 정글 기후 탓에 대부분의 목조각이 썩어 버
렸지만, 남아 있는 조각상에는 그들 사회를 반영하는
정서가 <u>집약되어</u> 나타나 있다.

037

정답 ②

해설 '절경(絕景)'은 '더할 나위 없이 훌륭한 경치'를 뜻하므로,
이 문장에는 중복되는 표현이 없다.
① '시범을 보이다'에서 '시범(示範)'은 '모범을 보임'의 뜻
이 있어서, '보이다'의 의미가 중복된다.
③ '미리 예매'에서 '예매(豫買)'는 '정하여진 때가 되기
전에 미리 삼'의 뜻이 있어서, '미리'의 의미가 중복
된다.
④ '과반수 이상'에서 '과반수(過半數)'는 '절반이 넘는 수'
를, '이상(以上)'은 '수량이나 정도가 일정한 기준보다
더 많거나 나음'의 뜻이 있어서, '넘다'의 의미가 중복
된다.
⑤ '혼자서 고군분투'에서 '고군분투(孤軍奮鬪)'는 '남의
도움을 받지 아니하고 힘에 벅찬 일을 잘해 나가는
것'의 뜻이 있어서, '혼자서'의 의미가 중복된다.

038

정답 ④

해설 ① '~ 할 최후의 사람'은 번역 투의 말이므로 수정하는 것이 좋다.

→ 그는 절대 거짓말을 <u>할 사람이 아니다</u>.

② '행(行)하다'는 한자어이므로 우리말로 바꾸어서 사용하는 것이 자연스럽다.

→ 오랜 기간의 조사를 <u>한</u> 끝에 결과가 나왔다.

③ '처럼'은 '마치'와 호응해야 한다. '아마'는 추측을 나타내므로, '처럼'과 어울리지 않는다.

→ 춤추는 아이의 모습은 <u>마치</u> 한 마리의 나비<u>처럼</u> 예뻤다.

⑤ '비난하다'는 목적어를 필요로 하는 서술어이므로, '다른 사람에게'를 '다른 사람을'로 바꿔야 한다.

→ 다른 사람을 자신만의 시각으로 비도덕적이라고 <u>비난하는</u> 것은 옳지 않다.

039

정답 ①

해설 '절약'은 단일어로서 [저략]으로 발음한다.

② '물약'은 [붙임1]에 따라 [물략]으로 발음한다.

③·④·⑤ '내복약', '식용유', '남존여비'는 앞 단어나 접두사의 끝이 자음이고, 뒤 단어나 접미사의 첫음절이 각각 '야, 유, 여'이므로 [내ː봉냑], [시굥뉴], [남존녀비]로 발음한다.

040

정답 ⑤

해설 '사람의 모양새나 행태를 낮잡아 이르는 말'의 표준어는 '꼬락서니'이고, 방언은 '꼬라지'이다.

② '얼척없다'의 표준어는 '일이 너무 뜻밖이어서 기가 막히는 듯하다'의 뜻이 있는 '어처구니없다'이다. ≒ 어이없다

③ '다디미'의 표준어는 '다듬이'이다.

④ '만날'과 '맨날'은 복수 표준어이다.

041

정답 ③

해설 표준어 규정 제1부 제2장 제12항과 관련된 문제이다. '웃-'은 '아래, 위'의 대립이 없는 단어에만 쓰이므로 '윗목'이 맞는 표기이다.

② 된소리나 거센소리 앞에서는 '위-'로 쓴다.

042

정답 ①

해설 장, 절, 항 등을 표시하는 문자나 숫자 다음에 쓰는 문장 부호는 마침표(.)이다. 바른 문장 부호를 사용하면 '가. 인명'의 형태로 써야 한다. 쌍점(:)은 표제 다음에 해당하는 항목을 들거나 설명을 붙일 때 쓴다. 예 문방사우: 종이, 붓, 먹, 벼루

043

정답 ④

해설 표준 발음법 제2부 제5장 18항과 관련된 문제이다. 〈보기〉와 ④에 적용된 음운 변동 현상은 다음과 같다.

• 자음군 단순화 → 비음화
  - 몫몫이[목목씨 → 몽목씨]
  - 흙만[흑만 → 흥만]
• 유음(ㄹ)의 비음화 → 비음화
  - 협력[협녁 → 혐녁]
  - 막론[막논 → 망논]
• 유음화
  - 칼날[칼랄] / 난로[날ː로] / 신라[실라]

다른 선지에 나온 단어들의 음운 변동 현상을 구분하면 다음과 같다.

• 닮는[달는 → 달른]: 자음군 단순화 → 유음화
• 국물[궁물]: 비음화
• 강릉[강능]: 비음화

> **자음군 단순화**: 음절 끝에 두 개의 자음이 놓일 때 둘 중 하나의 자음만 남고 나머지 자음은 탈락하는 현상
>
> **비음화**: 비음이 아닌 음운 'ㄱ,ㄷ,ㅂ'이 비음 'ㄴ, ㅁ'과 만나 비음 'ㅇ,ㄴ,ㅁ'으로 바뀌는 현상
>
> **유음(ㄹ)의 비음화**: 'ㄹ'을 제외한 자음 뒤에 'ㄹ'이 올 때, 'ㄹ'이 'ㄴ'으로 바뀌는 현상
>
> **유음화**: 유음이 아닌 음운 'ㄴ'이 유음 'ㄹ'과 만나 유음 'ㄹ'로 바뀌는 현상

044

정답 ②

해설 'Taibei'는 '타이베이'로 표기한다.

① 푸껫(Phuket)

③ 싱가포르(Singapore)

④ 쿠알라룸푸르(Kuala Lumpur)

⑤ 아랍 에미리트(Arab Emirates)

045

정답 ⑤

해설 '도로·관광 안내 용어 번역 통일안'에 따라 인공지명 '광장 시장'은 앞부분 '광장'을 로마자 표기, 뒷부분 '시장'을 속성 번역하여 'Gwangjang Market'으로 표기한다.

① · ③ '한강'은 자연지명, '경복궁'은 문화재명으로 전체 로마자 표기를 하거나, 전체 로마자 표기를 하고 속성 번역을 하여 각각 'Hangang, Hangang River', 'Gyeongbokgung, Gyeongbokgung Palace'로 표기한다.

② 을밀대[을밀때] → Eulmildae
: 된소리는 표기에 반영하지 않는다.

④ 동의보감[동이보감/동의보감] → Donguibogam
: 'ㅢ'는 [ㅣ]로 소리 나더라도 'ui'로 적는다.

046~050   쓰기

046

정답 ⑤

해설 글의 주제가 '친환경 자동차 보급'이므로, 친환경 자동차 산업의 명암에 대해서는 언급할 필요가 없다.

047

정답 ③

해설 (다)는 경유 자동차의 신규 등록 비중이 높다는 것을 드러낸 자료이므로, 정부의 지원책이 필요함을 뒷받침하는 자료로 활용하는 것은 적절하지 않다.

048

정답 ④

해설 친환경 자동차의 낮은 판매량은 보급 현황을 분석한 것에 해당하므로 삭제할 필요가 없다.

① 'Ⅲ'이 '친환경 자동차 보급 현황'과 관련된 내용이므로 '친환경 자동차 보급의 필요성'은 그 앞에 오는 것이 더 자연스럽다.

② 가솔린차는 친환경 자동차가 아닌 일반 자동차이므로 'Ⅱ'의 하위 항목으로 적절하지 않다.

049

정답 ②

해설 앞에서 밝힌 친환경 자동차의 장점에도 불구하고 국내에서의 친환경 자동차의 관심이 낮다는 내용으로 이어져야 하므로 '그러나'가 적절하다.

④ ㉣의 '부가(附加)'는 '주된 것에 덧붙임'이라는 뜻으로 문맥상 적절하지 않다. 화석연료 자동차에 환경 부담금을 매기어 부담하게 한다는 의미의 '부과(賦課)'로 대체하는 것이 적절하다.

050

정답 ⑤

해설 이 글에서는 여러 조사와 연구 결과에 대한 언급은 있지만, 구체적인 통계 수치에 대한 언급은 부족하여 신뢰성이 떨어진다. 따라서 온실가스 감축 효과 및 대기 오염 물질 배출과 관련된 통계 수치나 국내 자동차 연료별 신규 등록 수치 등을 구체적으로 제시하여 내용을 보충하는 것이 좋다.

051~060   창안

051

정답 ①

해설 3개의 개자리(구들개자리, 고래개자리, 굴뚝개자리)는 모두 온돌의 열효율을 높이기 위해 만들어진 것이다.

052

정답 ②

해설 전통 기술인 온돌을 현대에 맞춰 발전시키자는 내용으로 보아, '옛것을 익히고 그것을 미루어서 새것을 안다'의 의미인 '온고지신(溫故知新)'이 적절하다.

① 견물생심(見物生心): 어떠한 실물을 보게 되면 그것을 가지고 싶은 욕심이 생김.

③ 자강불식(自強不息): 스스로 힘써 몸과 마음을 가다듬어 쉬지 아니함.

④ 절차탁마(切磋琢磨): 옥이나 돌 따위를 갈고 닦아서 빛을 낸다는 뜻으로, 부지런히 학문과 덕행을 닦음을 이르는 말.

⑤ 천의무봉(天衣無縫): 천사의 옷은 꿰맨 흔적이 없다는 뜻으로, 일부러 꾸민 데 없이 자연스럽고 아름다우면서 완전함을 이르는 말.

053

정답 ⑤

해설 굴뚝개자리는 찬 공기나 빗물이 구들로 들어가는 것을 막아 주는 역할을 하므로, 열기가 잘 흐를 수 있도록 불필요한 요소들을 거르는 것과 관련지을 수 있다.

① 아궁이는 불을 때기 위한 구멍으로 열이 온돌에 이르게 하는 곳이라 할 수 있으므로, 어떤 일의 시작점과 관련지을 수 있다.

② 부넹기는 아궁이에서 온 불이 넘어가는 고개로 구들을 데우기 위해 통과해야 하는 곳이므로, 삶에서 반드시 통과해야 하는 관문과 관련지을 수 있다.

③ 구들개자리는 열기의 속도를 늦추고 열기가 고래 전체에 골고루 가게 하는 곳이므로, 중요한 일을 위해 속도를 늦추는 것 또는 공평한 기회를 제공하는 것 등과 관련지을 수 있다.

④ 고래개자리는 여러 고래를 통과한 뜨거운 공기가 다시 모이게 하여 열기만 남기고 연기는 나가게 하므로, 구성원을 화합하도록 하는 것 또는 일의 경중에 따라 중요한 것만 남기는 것 등과 연관 지을 수 있다.

054

정답 ④

해설 이 글에서 '거인'은 앞서 창작 활동을 통해 저작물을 남긴 저작자, '난쟁이'는 타인의 저작물을 이용하려는 사람이라 할 수 있다.

055

정답 ⑤

해설 의인법을 활용하여 '가치를 인정받지 못한 음악이 울고 있다'며 하나의 창작물인 음악이 가치(저작권)를 인정받지 못한 상황을 바람직하지 않은 것으로 표현함으로써 올바른 저작권 문화를 간접적으로 제시하였다. 또한 의문형 종결 어미 '-습/ㅂ니까'를 사용한 의문문을 활용하였다.

① 명령법을 활용하여 직접적으로 메시지를 전하고 있다.

②·④ 의문문을 활용하였으나 의인법은 활용되지 않았다.

③ 비슷한 어구를 반복하는 대구법을 활용하였으나 의인법과 의문문은 활용되지 않았다.

056

정답 ④

해설 그림 (가)의 철새 무리는 계절에 따라 더 나은 환경을 찾기 위해 긴 시간을 이동하고 그 과정에서 시련을 겪게 된다는 점과 그림 (나)의 뚝배기는 여러 과정을 거쳐 만들어질 뿐만 아니라 가마에서 고온을 견뎌 내어야 완성된다는 점에서 적절하다.

057

정답 ②

해설 그림 (가)의 위험을 무릅쓰고 앞장서는 철새와 같이, 〈보기〉의 과감하게 먼저 바다로 뛰어든 펭귄 역시 조직이 위기에 처했을 때 용기를 내어 앞장서는 리더의 자질을 갖추었다고 볼 수 있다. 따라서 리더는 조직이 위기에 처했을 때 앞장서는 용기가 필요하다는 내용이 적절하다.

058

정답 ⑤

해설 동네 사람들은 화재를 진압하는 데 도움을 줌으로써 이웃집 주인의 손해를 덜어 주었지만, 이웃집 주인이 순우곤의 경고에 귀 기울였다면 애초에 화재가 일어나지 않았을 것이므로 아무 손해도 없었을 것이다. 따라서 눈앞의 손해를 덜어 내기보다 문제의 화근(禍根)을 없애는 것이 중요하다는 내용이 가장 적절하다.

059

정답 ①

해설 '삭주굴근(削柱掘根)'은 '줄기를 깎고 뿌리를 파낸다는 뜻으로 화근을 없앰을 이르는 말'이므로 이 글의 교훈으로 적절하다.

② 양두구육(羊頭狗肉): 양의 머리를 걸어 놓고 개고기를 판다는 뜻으로, 겉보기만 그럴듯하게 보이고 속은 변변하지 아니함을 이르는 말.

③ 우공이산(愚公移山): 우공이 산을 옮긴다는 뜻으로, 어떤 일이든 끊임없이 노력하면 반드시 이루어짐을 이르는 말.

④ 자승자박(自繩自縛): 자기의 줄로 자기 몸을 옭아 묶는다는 뜻으로, 자기가 한 말과 행동에 자기 자신이 옭혀 곤란하게 됨을 비유적으로 이르는 말.

⑤ 타산지석(他山之石): 다른 산의 나쁜 돌이라도 자기 산의 옥돌을 가는 데에 쓸모가 있다는 뜻으로, 남의 하찮은 말이나 행동도 자신을 수양하는 데에 도움이 될 수 있음을 비유적으로 이르는 말.

060

정답 ⑤

해설 이웃집의 화재를 예견하여 이웃집 주인에게 화재를 피하는 방법을 미리 알려 주었으나, 화재가 난 날 출타하여 화재 진압에 직접적인 도움을 주지 못했다는 이유로 이웃집 주인에게 음식을 대접받지 못한 순우곤을 통해, 장기적인 관점에서 실질적인 도움이 될 수 있음에도 당장 쓸모가 없어 보인다는 이유로 쉽게 무시되는 대상의 모습 또는 그러한 상황을 유추할 수 있다. 따라서 달리는 데 손이 당장 필요해 보이지는 않지만 손을 사용하지 않으면 빨리 달리기 어렵다는 내용인 ⑤가 가장 적절하다.

[061~062]

〈작품 해설〉

1. **작품 이해**: 이 시는 깊은 산속 외딴집에 홀로 살고 있는 노인의 외로움을 묘사한 작품이다. 향토적 소재와 산골 마을의 풍경을 감각적으로 그려내면서 외딴집 노인의 삶의 한 단면을 섬세하게 포착하고 있다. 마을의 위치, 마을의 저녁 풍경, 기인 밤 외딴집에서 사는 외로운 노인의 모습과 떼를 지어 울어대는 귀뚜라미를 통해 노인의 고독이 심화되고 있다.

2. **시 분석하기**
① 화자: 외딴집 노인을 바라보는 관찰자
② 대상: 외딴집 노인
③ 상황: 외딴집에 살고 있는 노인을 관찰하고 있음.
④ 정서와 태도: 외딴집에 살고 있는 노인의 외로움에 대한 연민
⑤ 주제: 외딴 마을의 적막함과 노인의 외로움

061

정답 ⑤

해설 '목가적(牧歌的)인 분위기'는 평화로운 시골의 모습을 나타낼 때 쓰는 단어이다. 이 시에 나타난 노인이 사는 마을과 노인의 모습은 목가적인 분위기와는 거리가 멀다. 또한 화자가 노인을 관찰한 내용을 일방적으로 서술하고 있으므로, 이야기를 들려주는 방식에 가깝다.
① 멀리서 바라보는 마을(원경)에서 가까운 모과 빛 창문의 외딴집(근경)으로 시선이 이동하고 있다.
② 토속어 '모랫둑, 허방다리, 봉당, 짚단' 등을 사용해 향토적 정서를 불러일으키고 있다.
③ 반복적으로 쓰인 시어는 '콩깍지, 외딴집, 풀려'가 있고, 연쇄적으로 쓰인 부분은 '콩깍지, 콩깍지처럼 후미진 외딴집, 외딴집에도 불빛은 앉아'가 있다.
④ '월훈'이라는 단어로 시를 끝내고 있는데, 일반적으로 명사로 시를 끝내면 여운을 느낄 수 있다. 또한 '월훈'은 핵심어이므로, 시상이 집약된 시어라 할 수 있다.

062

정답 ②

해설 '귀뚜라미'는 짚단과 새들의 소리에 귀를 기울이며 혹시나 누가 찾아올까 하는 노인의 기대감이 허물어졌을 때의 슬픔을 간접적으로 불러일으키고 있다. '겨울', '떼를 지어'에서 이러한 노인의 슬픔을 강조하고 있다.
③ 시적 상황을 압축하는 것이 아니라, 노인의 감정을 집약적으로 제시하고 있다.

④ '관조적(觀照的)'이란 대상을 고요한 마음으로 관찰하고 음미하며 그 성격을 드러내는 것이다. 하지만 이 작품은 화자의 슬픔을 그대로 느낄 수 있으므로, 관조적이라 할 수 없다.
⑤ 화자가 처한 현실은 극도로 슬픈 상황이다. 이를 무기력한 현실이라고 할 수 없다.

[063~065]

〈작품 해설〉

1. **작품 이해**: 복덕방은 1930년대 서울 외곽의 한 복덕방을 배경으로 하여 땅 투기와 그 음모에 빠져 파멸하는 한 노인을 통해 근대화 과정 속에서 사라져 가는 세대의 궁핍함, 좌절 등을 그린 작품이다. 부동산 투기로 딸의 재산을 탕진하자 안 초시가 스스로 목숨을 끊을 수밖에 없는 현실은 소외된 계층들의 절망적인 상황을 극적으로 드러내고 있다. 또 아버지의 죽음 앞에서도 자신의 사회적 명예가 훼손될 것만을 염려하는 딸은 허세와 이기심에 가득 찬 새로운 세대의 모습을 보여 주고 있다. 작가는 안 초시의 영결식장에서 노인들이 내뱉은 탄식을 통해서 시대의 흐름에서 떨어져 나온 이들의 근본적인 소외의 문제, 그들의 고통에 대한 연민의 정, 새로운 세대에 대한 비판적 태도를 드러내고 있다.

2. **줄거리**: 안 초시, 서 참의, 박희완 영감은 생활의 기반을 잃은 노인들로, 서 참의의 복덕방에서 소일을 하며 지낸다. 딸에게 대접을 받지 못하고 무시당하며 살던 안 초시는 박희완 영감을 통해 황해 연변의 개발 정보를 입수하고는 일확천금을 꿈꾸며 딸에게 투자를 권한다. 안경화는 아버지의 정보로 투자를 하면서도 아버지를 투자에서 배제하고, 자신이 마련한 돈을 모두 부동산에 투자한다. 그러나 그 일이 모두 사기극임이 밝혀지고, 결국 안 초시는 딸의 눈치를 보며 살다가 자살을 한다. 안 초시의 죽음을 가장 먼저 알게 된 서 참의는 안경화를 불러 관청에 신고하라고 말하지만, 안경화는 자신의 명예만을 생각하고 신고를 꺼린다. 이에 서 참의는 장례를 성대히 치르라는 조건을 달고 신고를 하지 않기로 한다. 안 초시의 장례식에 참석한 서 참의와 박 영감은 안경화와 조문객들의 위선적인 모습에 실망하며 장례식장을 나와 버린다.

3. **시점**: 전지적 작가 시점

4. **주제**: 근대화의 물결 속에 소외된 세대의 좌절과 비애

063

정답 ④

해설 박희완 영감은 재판소에 다니는 조카에 의지하여 복덕방에서도 열심히 일본어 공부를 하고 있다.
① 서 참의는 만인의 심부름꾼 노릇을 하는 자신의 삶에 대해 서글퍼하고 있다.

② 안 초시는 서 참의에게 신세를 지고 있지만, 부러워하
　　지는 않는다.
③ 안 초시는 자신이 현재 서 참의의 복덕방에서 잠까지
　　빌려 자지만, 무슨 수가 생겨 다시 한번 일어설 수 있
　　다는 희망을 갖고 있다.
⑤ 안 초시의 딸은 돈을 벌지만 아버지를 위해 쓸 돈은
　　애초부터 마련해 놓지 않았다. 하지만, 안 초시는 속
　　으로 세상에 대한 야심을 품고 살아간다.

064

정답　④

해설　『속수국어독본』은 일본어로 된 책인데 그것을 『삼국지』
를 읽던 억양으로 읽는다는 뜻이므로, 일본어로 된 책을
읽는 발음이 일본어 억양이 아니어서 어울리지 않음을
의미한다.
① 최후의 십 전이기 때문에 떨리는 것이다. 이 글에서는
　　아직 안 초시의 죽음에 대한 어떠한 암시도 없다.
② 못생긴 엄지손가락에 대한 자탄이 아니라 자신의 운
　　수가 나쁨을 탓하는 것이다.
③ 서 참의는 가난한 처지 때문에 비관하는 것이 아니라
　　복덕방 영감으로서 모든 사람의 심부름꾼 역할을 하
　　는 것에 서글픔을 느끼는 것이다.
⑤ 책이 손때, 머리때에 절어서 글자가 안 보이는 것이다.

065

정답　②

해설　[A]는 살다 보면 어떻게 해서든지 먹고살아 갈 수 있는
것이 세상 이치이기 때문에 결국 굶어 죽지는 않는다는
뜻으로 한 말이다. 이와 비슷한 의미의 속담으로는 살기
가 어렵다고 쉽사리 죽기야 하겠느냐는 말을 뜻하는 '산
(사람) 입에 거미줄 치랴' 또는 '사람이 굶어 죽으란 법은
없다'가 있다.
① 살기 위하여 하지 못할 일까지 하게 된다는 말.
③ 몹시 고생하는 사람도 운이 트일 날이 있다는 말.
④ 우연히 한 일이 뜻하지 않게 성공할 수 있다는 말.
⑤ 천하고 고생스럽게 살더라도 죽는 것보다는 사는 것
　　이 낫다는 말.

066

정답　③

해설　다양한 상담 이론 중 대표적인 3개의 상담 이론을 다루
고 있다. 각 상담 이론을 시대순으로 나열하여 현재까지
어떻게 흘러왔는지 보여 주며, 각 이론에서 인간을 어떻
게 바라보고, 어떻게 치료하는지 서술하고 있다.

067

정답　⑤

해설　인간중심적 상담은 내담자의 고민과 문제를 충분히 들어
주고 공감하는 상담이라는 것을 추론할 수 있다. 이전의
상담과 달리 내담자를 존중해 주고 스스로 깨닫도록 돕
는 것이 중요하므로, 문제 해결 방법을 제시한다는 것은
옳지 않다.
① 정신분석적 상담에서 무의식은 과거의 경험에서 형성
　　된 것이다.
③·④ 인간중심적 상담에서는 내담자 자체를 중요시한
　　다. 그리하여 내담자가 스스로 자신의 가치를 깨닫게
　　돕는다. 내담자가 자신의 가치를 알지 못하는 것은 외
　　적으로 부여된 가치에 얽매여 있기 때문이다. 따라서
　　상담자는 무조건 존중하는 자세로 내담자를 대해 내
　　담자 스스로 외적 가치를 깨닫고 이를 해체하게 한다.

068

정답　②

해설　인지행동적 상담에서는 내담자의 비합리적 신념을 밝혀
합리적 신념으로 바꾸어 주는 것이 핵심이다. 선거에서
낙선한 사건이 가져올 긍정적인 의미를 이야기해 줄 수
도 있지만 그러한 상담은 인지행동적 상담이 아니다. ⓑ
는 '사건'에 해당하는 것이며 그 자체에는 아무런 의미가
담겨 있지 않다.
④ 내담자가 심리적 문제를 겪는 것은 '꼭, 반드시 당선
　　되어야 한다'고 생각했기 때문이다. 따라서 상담자는
　　이러한 비합리적 신념을 반박하여 바꿔 줘야 한다.

069

정답　⑤

해설　자산이 개혁에 대한 계승을 단행했다는 내용은 언급하지
않았다.
① 1문단: 인간이 자연 변화를 파악하면 얼마든지 재난
　　을 대비할 수 있고, 인간사는 인간 스스로 해결할 문
　　제라 생각한다는 말에서 자산의 사상적 기초를 알 수
　　있다.
② 2문단: 정나라가 춘추 초기부터 제후국의 쟁탈 대상
　　이었고, 춘추 중기에는 귀족 간의 정치 투쟁이 벌어져
　　자산이 집정(執政)하기 직전까지도 정변이 이어졌다
　　고 하였다.
③ 3문단: 귀족이 소유하던 토지를 백성들이 소유할 수
　　있게 했고, 중간 계층도 정치 득실을 논할 수 있게 했
　　으며 또한 형법을 성문화했다고 하였다.
④ 4문단: 나라가 부국강병을 이루었고, 백성들의 위상
　　을 높이기도 했다고 했다. 그러나 개혁이 국가의 엄한
　　형벌과 과중한 세금 수취로 이어지는 폐단을 낳기도
　　했다.

070

정답 ⑤

해설 〈보기〉에서 노자는 통치자의 무위를 강조하면서 인간의 삶을 인위적으로 규정하는 도덕, 법률, 제도 등은 허위라 파악하여 그것의 해체를 주장하였다. 반면에 자산은 '인간사는 인간 스스로 해결해야 한다'는 생각에서 정나라의 문제를 해결하기 위해 여러 제도를 통한 개혁을 추진하였다. 따라서 노자의 입장에서는 자산의 이러한 문제 해결 방법이 허위를 불러일으킨다는 평가를 할 수 있다.

071

정답 ⑤

해설 물체는 음파를 이용하여 찾을 수 있다. 그런데 2문단에 따르면 고주파나 저주파나 모두 전달되는 과정에서 물에 흡수된다. 그러므로 멀리 있는 물체일수록 반사파의 양은 줄어들게 된다.
① 1문단: 소리는 진동으로 인해 발생한 파동이 전달되는 현상이라고 하였다.
② 3문단: 음파는 전달하는 물질의 밀도가 높을수록 속도가 빨라진다고 하였는데, 음파는 공기 중에 비해 물 속에서 더 빠르므로 물의 밀도가 공기의 밀도보다 높음을 추론할 수 있다.
③ 3문단: 수중에서 음파는 물의 온도나 압력에 따라 속도가 달라진다고 하였으므로 수중에서는 음파가 물을 매개로 전달되는 것을 알 수 있다.
④ 3문단: 수온이나 수압이 높을 경우 음파의 속도가 빨라진다고 하였으므로 음파의 속도가 수압에 따라 달라짐을 알 수 있다.

072

정답 ⑤

해설 '지구 온난화'란 지구의 평균 온도가 상승하는 현상이다. 따라서 미국의 한 연구팀이 수행한 실험은 지구 온난화 현상 중 하나인 해수의 온도 상승을 입증한 것이라고 볼 수 있다. 그런데 3문단에서 수온이 높아지면 음파의 속도 또한 빨라진다는 정보가 있다. 그러므로 해안을 오가는 음파의 시간을 측정한 ⊙의 결과는 음파가 도달하는 시간이 짧아지는 추세일 것이라고 추론할 수 있다.
① 음파의 양이 증가하였다는 사실과 수온이 높아지고 있다는 결론 사이의 관련성에 대한 내용은 없다.
② 음파의 속도가 느려지는 것은 수온이 낮아진 경우에 해당된다.
③ 음파의 주파수와 수온 증가와의 관련성에 대한 내용은 없다.
④ 음파의 도달 거리와 수온 증가와의 관련성에 대한 내용은 없다.

073

정답 ⑤

해설 우리나라의 범종은 신라 시대에 전형적인 조형 양식이 완성되었으며, 그 조형 양식은 후대로 계승되었다. 그러나 4문단의 '원나라의 침입 이후 전래된 라마교의 영향으로 범자 문양 등의 장식이 나타난다'에서 알 수 있듯이, 고려 시대에는 외국의 영향을 받아 조형 양식에 미약한 변화가 나타났다.
① 1문단: 신라는 중국이나 일본의 주조 공법으로는 만들기 어려운 대형 종을 만들었다.
② 1문단: 범종은 불교가 중국에 유입되면서 우리나라와 일본에서 만들어진 것이다.
③ 5문단: 조선 시대에는 중국 종의 전형적인 양식이 나타나고, 당좌는 사라진다.
④ 3문단: 신라 종의 상대와 하대에는 덩굴무늬나 연꽃무늬 등의 불교적 상징물이 동일한 크기의 문양 띠를 이루고 있다.

074

정답 ②

해설 신라부터 조선 초기까지 '범종'의 조형 양식의 변화를 서술하고 있다.

075

정답 ③

해설 신라 종의 조형 양식이 조선 초기를 기점으로 큰 변화가 나타나게 된 것은 중국 종의 주조 공법을 도입하게 된 것과 관련이 있다. 주조 공법 도입 과정에서 중국 종의 조형 양식을 따르게 되면서 신라 종의 장식 대신 중국 종의 전형적인 장식들이 나타났기 때문이다.
② 고려 시대에 범종이 소형화된 것은 맞지만, 신라 종의 조형 양식은 미약한 변화 속에서 계승되고 있었다.

076

정답 ④

해설 학술 연구 부문은 연구 추진 주체(연구자)에 한하여 접수가 가능하다. 공동 연구 참여자는 연구 책임자 동의하에 응모할 수 있다.
② 비공모 부문은 문화체육관광부와 한국공예 · 디자인 문화진흥원이 조사하여 발굴, 선정한다.

077

정답 ②

해설 각 구청을 상징하는 로고 디자인은 비공모 부문의 주제에 맞는 디자인이다.

078

해설 3문단에서 장소 중심의 공공 미술은 이미 완성된 작품을 어디에 놓느냐에 주목하는 결과 중심의 수동적 미술이라고 했기 때문에 대중의 참여를 중요시했다고 할 수 없다.

079

정답 ④

해설 〈보기〉는 예술의 공공성을 위해 예술의 자율성을 포기해야 한다는 관점을 보이고 있다. [A]에서 공공 미술가는 예술의 자율성을 포기하지 않으면서도 대중과 소통할 수 있다고 했으므로, 미술가의 미학적 입장을 유지하면서 대중과의 소통을 할 수 있다는 비판적 내용이 제시되어야 한다.

080

정답 ①

해설 콜버그의 이론을 소개한 후 그의 이론이 유용한 도덕 교육의 틀을 제시하고 있다고 설명하고 있다. 그러므로 특정한 이론을 소개한 후 그 의의를 밝히고 있다고 할 수 있다.
② 권위자의 이론을 설명하고 있지만 장단점을 분석하고 있지 않다.
③·④ 콜버그의 이론을 소개하고 있을 뿐, 다양한 이론이나 상반된 이론을 소개하고 있지 않다.
⑤ 콜버그의 이론에 대한 통념을 소개하고 있지 않다.

081

정답 ②

해설 ㉠은 행위자에게 미치는 직접적인 결과가 판단의 기준이 되는 수준으로서 자기중심적인 단계이다. 그러므로 이 수준은 처벌이나 칭찬처럼 이기적인 욕망에 따라 도덕성을 판단하는 수준이라고 할 수 있다. ㉡은 ㉠의 수준을 넘어 집단의 기대나 법을 판단 기준으로 삼는 단계이다. 그러므로 자신이 속한 집단의 가치를 고려하는 수준이라고 할 수 있다. ㉢은 집단을 넘어 개인의 양심에 근거하는 단계로 인간 존엄과 같은 본질적 가치가 판단의 기준이 되는 단계이다. 그러므로 보편적인 도덕 원칙을 지향하는 수준이라고 할 수 있다.
① 콜버그에 따르면 도덕성 발달 단계는 순차적으로 이루어지므로 관습적 수준에 다다르기 위해서는 전 관습적 수준을 거쳐야 한다.
③ 집단의 질서를 지향하는 수준은 관습적 수준이다.
④ 개인의 자율성이 중시되는 단계는 후 관습적 수준이다.
⑤ 도덕성 발달은 성장하면서 발달하는 것이므로 아동에게서 후 관습적 수준의 모습이 많이 보일 수 없다.

082

정답 ③

해설 전 관습적 수준은 자기중심적 단계로서 행위자인 자신에게 미치는 직접적인 결과가 행동의 판단 기준이 된다.
① 법의 합리성, 즉 합법성을 지향하는 것은 후 관습적 수준의 첫 단계인 5단계의 특징이다.
② 사회 집단이나 국가의 기대, 규준 등을 따르는 것은 관습적 수준의 특징이다.
④ 사회의 질서 유지를 위해 법을 준수하는 것은 관습적 수준의 두 번째 단계인 4단계의 특징이다.
⑤ 보편타당한 본질적 가치를 추구하는 것은 후 관습적 수준의 두 번째 단계인 6단계의 특징이다.

083

정답 ⑤

해설 ⓑ는 콜버그 이론을 통해 제시될 수 있는 도덕 교육의 틀에 대한 내용을 담고 있어야 한다. 이 이론의 특징은 인간의 도덕성 발달이 각 단계를 순차적으로 거쳐 간다는 것과 자기 수준보다 높은 도덕적 난제를 스스로 해결하는 과정에서 발달한다는 것이다. 그러므로 ⓑ의 내용은 각자의 도덕성 발달 단계보다 한 단계 높은 도덕적 난제를 스스로 해결하게 하는 것이라고 추론할 수 있다.

084

정답 ②

해설 콜버그에 따르면 2단계는 자신의 욕망을 충족하는 것이 옳다고 판단하는 단계이다. 그러므로 [A]에는 자신이 필요로 하는 약을 얻었기 때문에 하인즈의 행동은 옳다는 내용이 담겨야 한다. 4단계는 질서 유지를 위하여 법을 준수하는 것이 옳다고 판단하는 단계이다. 그러므로 [B]에는 법을 어기고 도둑질을 했기 때문에 하인즈의 행동은 옳지 않다는 내용이 담겨야 한다.

085

정답 ④

해설 남녀 1인 가구 구성비는 남성의 경우 30~39세에 상승했다가 이후 감소하고 있다. 하지만 여성의 경우 40~49세까지 감소하다가 이후 상승하고 있다.
① 30~39세 남성 1인 가구 구성비는 20.5%로 가장 높다.
② 70세 이상의 여성 1인 가구 구성비는 29.9%로 가장 높다.
③ 20세 미만의 남녀 1인 가구 구성비는 1.2%로 같다.
⑤ 70세 이상의 남녀의 1인 가구 구성비의 차이는 21.8%p로 가장 높게 나타났다.

086

정답 ②

해설 남성의 건강 보험 가입률은 상승하는 해도 있고, 감소하는 해도 있다.
① 여성의 사회 보험(국민연금, 건강 보험, 고용 보험) 가입률은 2018년에 가장 높다.
③ 사회 보험의 남녀 가입 비율의 차이는 해마다 줄어들고 있다.
④ 국민연금의 남녀 가입률 차이는 2012년에 13.7%p로 가장 크다.
⑤ 남녀 모두 고용 보험 가입률의 변화가 가장 큰 해는 2013년이다. 각각의 변화를 살펴보면 여성은 2.9%p (2013), 2.8%p(2014), 0.4%p(2015), 2.4%p(2016), 1.4%p(2017), 0.5%p(2018), 남성은 2.1%p(2013), 1.6%p(2014), 0.2%p(2015), 1.6%p(2016), 0.4%p (2017), 0.2%p(2018)이다.

087

정답 ⑤

해설 벌침이 남아 있을 수 있는 것은 꿀벌이다.

088

정답 ⑤

해설 토지 이용 및 임업의 온실가스는 마이너스(−)이므로, 수치가 높을수록 온실가스 배출이 적어지는 것이다. 2010년에 온실가스 배출이 가장 적었고, 2011년 이후부터는 쭉 2010년에 비해 온실가스의 양이 증가하고 있다.
① 2013년의 온실가스 총배출량은 696.7로 가장 많았다.
② 2016년의 폐기물에서 나오는 온실가스 양은 16.5로 가장 많았다.
③ 온실가스 순 배출량의 증가량은 25.7(2011), 9.3 (2012), 14(2013), −3.7(2014), 1.8(2015), −0.5 (2016)로 나타나 가장 많이 증가한 해는 2011년이다.
④ 농업 부분에서 온실가스 배출량의 차이를 보면 −1 (2011), 0.3(2012), −0.1(2013), −0.6(2014), 0.1(2015), 0.3(2016)으로 나타나 가장 많이 감소한 해는 2011년이다.

089

정답 ⑤

해설 농수산물 명칭이 제품명에 포함되면 해당 농수산물을 모두 표시하던 규정이 3순위 이하의 미량 원료의 경우에 한하여 원재료명을 생략하면 원산지 표시도 생략할 수 있다고 바뀐 것이다. 즉 모든 제품에 해당하는 것은 아니다.
① 통신 판매의 원산지 표시 관리 대상은 신고한 통신 판매업자의 판매와 통신 판매중개업자가 운영하는 사이버몰 판매로 명확하게 나누고 있다.

090

정답 ①

해설 간내 담석은 초음파로는 정확한 진단이 어렵고, MRI로 정확한 평가가 가능하다.

091~100 국어문화

091

정답 ②

해설 'ㄴ'의 상황에서는 '창문을 열어 달라'는 의도를 전달한 것이므로, 기온을 묻는 내용은 직접 발화가 될 수 없다.
'ㄱ'은 지각한 것을 꾸짖는 의미, 'ㄹ'은 화난 상사가 부하직원에게 발표를 똑바로 하라는 의미, 'ㅁ'은 늦은 밤 소음을 일으키는 이웃에게 조용히 하라는 의미의 발화로 모두 간접 발화를 사용하고 있다.

> 직접 발화: 화자가 자신의 의도를 청자에게 직접적으로 표현하는 것. 발화의 표현과 기능이 일치함.
> 간접 발화: 화자가 자신의 의도를 간접적으로 전달하는 것. 발화의 표현과 기능이 일치하지 않음.

092

정답 ⑤

해설 ㉠~㉢의 '뜨−+−어 → 떠'는 활용할 때 형태 변화가 있지만 보편적 음운 규칙으로 설명이 되는 'ㅡ' 탈락 현상인 '규칙 활용'에 해당한다.
② 뜬 소 울 넘는다: '동작이 매우 느린 소가 울타리를 넘는다'는 뜻으로, 평소에 동작이 느린 사람이 뜻밖에 장한 일을 이룸을 이르는 말이다.
④ ㉠과 ㉡의 '뜨다'는 모두 두 자리 서술어로 주어와 목적어를 필요로 한다. 서술어의 자릿수를 셀 때는 주어를 포함해야 한다.

093

정답 ①

해설 〈보기〉의 단어들을 발음할 때 공통적으로 일어나는 음운 현상은 비음화이다.
• 목록[목녹 → 몽녹]
: 'ㄹ'의 비음화 → 비음화
• 색연필[색년필 → 생년필]
: 'ㄴ' 첨가 → 비음화
• 밟는다[밥는다 → 밤는다]
: 자음군 단순화 → 비음화
• 옛날[옏날 → 옌날]
: 음절 끝소리 규칙 → 비음화

① 꽃잎[꼰입 → 꼳닙 → 꼰닙]
  : 음절 끝소리 규칙 → 'ㄴ' 첨가 → 비음화
② 문화[문화]
③ 촬영[촤령]: 연음 현상
④ 알약[알냑 → 알략]: 'ㄴ' 첨가 → 유음화
⑤ 해돋이[해도지]: 구개음화

094

[정답] ③

[해설] 중세 국어에서 용언 '얼다'를 명사로 바꾸려면 명사 파생 접미사 '-음'을 결합한 후 이어적기하여 '어름'으로 적는다.

095

[정답] ⑤

[해설] 표현론적 관점은 문학 작품을 작가의 경험, 감정, 의식, 가치관, 사고방식의 표현으로 간주하여 해석하는 것이다. 자식을 잃은 작가의 경험과 그로 인해 느낀 슬픈 감정을 바탕으로 작품을 해석한 것 역시 이에 해당한다.
① 효용론적 관점: 문학 작품이 독자에게 어떤 효용을 주었는가를 중심으로 평가하는 것이다.
② 구조론적 관점: 문학 작품 자체만을 분석하고 감상하는 것이다.
③ · ④ 반영론적 관점: 문학 작품이 현실 세계를 어떻게 반영하고 있는지를 살펴보는 것이다.

096

[정답] ①

[해설] 〈보기〉는 봉산 탈춤에 대한 설명이다.
② 통영 오광대: 오광대는 다섯 광대(탈꾼)라는 뜻이고, 오행 사상과 오방 관념이 결합되어 벽사 의식무로 오방신장춤을 추기 때문에 오광대놀이라 호칭한다. 지역에 따라서는 오방신장 대신 양반이나 문둥이 다섯 명이 등장하기도 한다. 문둥탈 마당, 풍자탈 마당, 영노탈 마당, 농창탈 마당, 포수탈 마당 등 다섯 개의 놀이마당으로 구성된다.
③ 꼭두각시놀음: 오늘날까지 유일하게 전하는 한국의 전통 인형극으로, '박첨지놀음', '홍동지놀음'이라고도 한다. 등장인물은 박첨지, 꼭두각시(박첨지의 본처), 덜머리집(박첨지의 첩), 홍동지(박첨지의 조카) 등으로 이 때문에 지방에 따라 박첨지놀음 또는 홍동지놀음이라고도 한다. 직업적 유랑 연희패인 남사당패가 전국을 돌며 공연해 오는데, 남사당패의 여섯 가지 놀이 중 끝놀이다. 이들 연희자들은 그들만의 은어로 꼭두각시놀음을 '덜미'라 불렀는데, 이는 인형의 목덜미를 잡고 노는 데서 비롯되었다고 한다.

④ 양주 별산대놀이: 경기도 양주시 주내면 유양리에서 전승되어온 가면극으로서 다른 지역의 가면극에 비해서 매우 사실적이다. 양반을 풍자하는 정도에 있어서도 하회 별신굿 탈놀이와 봉산 탈춤의 중간쯤에 위치한다.
⑤ 하회 별신굿 탈놀이: 고려 시대부터 유래하며, 현존하는 가면극 중에 가장 오래된 것으로 알려져 있다. 하회 별신굿 탈놀이는 중부 지역의 산대놀이나 해서 탈춤과 계통을 달리하는 경북 지역의 자생적 서낭굿 탈놀이 형태이다. 전승 집단의 특징을 바탕으로 양반과 하인의 관계를 살펴보면 양반층이 주도하고, 하인인 초라니의 역할이 소극적 개입에 머무른다. 양반과 선비 자신의 자체 비하에 초점이 맞추어져 있는 것도 특징적이다.

097

[정답] ④

[해설] 〈보기〉는 이용악에 대한 설명이다.
① 백석: 당시 모더니즘의 세례를 받았으면서도, 향토적인 서정의 세계를 사투리로 형상화하는 특징을 띠고 있으며, 일제 강점기에 어렵게 살고 있던 민중들의 애환과 삶을 그려내는 모습을 보인다. 대표작으로는 「여승」, 「남신의주 유동 박시봉방」, 「여우난곬족」, 「팔원」이 있다.
② 이상: 시, 소설, 수필에 걸쳐 두루 작품 활동을 한 일제 식민지 시대의 대표적인 작가이다. 특히 그의 시와 소설은 1930년대 모더니즘의 특성을 첨예하게 드러낸다. 그의 시는 현대인의 황량한 내면 풍경을 보여 주며, 『오감도 시 제1호』처럼 반리얼리즘 기법을 통한 불안과 공포라는 주제로 요약된다. 소설은 전통적인 소설 양식의 해체를 통해 현대인의 삶의 조건을 보여 주는데, 「날개」의 경우 의식의 흐름 기법을 통해 어떤 일상적 현실과도 관계를 맺을 수 없는, 파편화되고 물화된 현대인의 소외가 드러난다.
③ 박두진: 1939년 문예지 『문장』에 한글로 된 시를 발표하면서 등단했다. 박목월, 조지훈과 함께 1946년 시집 『청록집』을 함께 펴내면서 청록파라는 이름을 갖게 되었다. 박두진의 시는 자연과 함께 기독교 신앙이 바탕이 되었다. 이후에는 점차 광복의 감격과 생명감을 노래하는 시로 변화하기도 했다. 대표작으로는 「해」, 「청산도」, 「어서 너는 오너라」가 있다.
⑤ 정지용: 1920~1940년대에 활동한 시인으로 참신한 이미지와 절제된 시어를 사용하였다. 대표작으로는 「유리창Ⅰ」, 「장수산Ⅰ」, 「고향」, 「향수」가 있다.

098

정답 ③

해설 이 글에 나타나는 종결 어미의 형태는 '-ㅁ니다'이다. 한편 현대 국어에서 현재 계속되는 동작이나 상태를 나타내는 종결 어미는 '-ㅂ니다'이다.

① '놉흔'은 '노픈'이 재음소화된 단어이다.

> **재음소화**: 하나의 음운을 기존에 존재하는 두 개의 음운으로 쪼개어 표기하는 방식. 'ㅊ, ㅋ, ㅌ, ㅍ'을 'ㅈ+ㅎ, ㄱ+ㅎ, ㄷ+ㅎ, ㅂ+ㅎ'으로 재분석함.

② '조코, 조치아니한'은 음운이 축약된 형태이다.

④ 조사 '까지, 쎄서는'은 모두 초성에 합용 병서를 사용한 단어이다.

⑤ 선택의 연결 어미 '-든지'는 모두 현대 국어와 형태가 같다.

> **연결 어미**: 문장이나 단어를 대등적, 종속적, 보조적으로 연결하는 어미

099

정답 ⑤

해설 남한에서는 용언의 관형사형 뒤에 오는 의존 명사 '수'는 띄어 써야 한다.

② 힘겨루기: 승부 따위를 위하여 힘이나 세력을 보여 주거나 확장하려고 서로 버티는 일.

100

정답 ⑤

해설 '어떤 행동이 미치는 대상을 나타내는 격 조사'는 '에게'를 써야 한다.

① 초동(初動): 맨 처음에 하는 행동.

③ 기부채납(寄附採納): 국가나 지방 자치 단체가 기반 시설을 확충하기 위하여 사업 시행자로부터 재산을 무상으로 받아들이는 일. 사업 시행자는 이후 용적률이나 건물 층수 혜택 따위를 받는다.

> **채납**
> 1. 의견을 받아들임. 예 의견 채납
> 2. 사람을 골라서 들임. 예 신입 사원의 채납
>
> **체납**
> 세금 따위를 기한까지 내지 못하여 밀림. ≒ 건납 예 세금 체납

제4회 기출 동형 모의고사

🔄 기출 동형 모의고사 **p.166**

001	002	003	004	005	006	007	008	009	010	011	012	013	014	015	016	017	018	019	020
③	④	④	③	④	③	③	④	①	②	④	①	③	③	⑤	⑤	③	④	④	⑤
021	022	023	024	025	026	027	028	029	030	031	032	033	034	035	036	037	038	039	040
①	③	②	④	④	①	③	①	①	④	⑤	④	③	②	④	①	③	①	④	⑤
041	042	043	044	045	046	047	048	049	050	051	052	053	054	055	056	057	058	059	060
②	⑤	⑤	③	④	②	①	③	⑤	⑤	①	①	⑤	④	②	③	⑤	⑤	⑤	②
061	062	063	064	065	066	067	068	069	070	071	072	073	074	075	076	077	078	079	080
④	⑤	④	③	②	⑤	②	⑤	⑤	⑤	①	⑤	④	③	②	⑤	⑤	⑤	④	⑤
081	082	083	084	085	086	087	088	089	090	091	092	093	094	095	096	097	098	099	100
③	④	⑤	①	④	⑤	④	⑤	④	②	④	②	④	②	⑤	③	①	⑤	⑤	③

001~015 듣기·말하기

[001] 먼저 그림에 대한 설명을 들려드립니다.

> 오늘은 브뤼헐의 작품 '농촌의 결혼식'을 소개하겠습니다. 그림 속 농촌의 결혼식은 오늘날의 화려한 결혼식과는 전혀 다른 풍경입니다. 입구와 벽면을 보면 알 수 있듯이 이곳은 많은 사람들을 들일 수 있는 큰 헛간입니다. 이 시대 플랑드르의 농촌에서는 허름한 헛간에서 잔치를 벌이는 모습은 그다지 어색한 풍경이 아니었을 것입니다.
> 엄청난 수의 하객들이 헛간 입구로 들어오고 있습니다. 마을 사람들이 한 명도 빠짐없이 다 왔는지 발 디딜 틈이 없어 보입니다. 치열한 경쟁을 뚫고 식탁 자리를 차지한 손님들은 여유롭게 식사를 즐기고 있습니다. 오늘의 메뉴는 빵과 포리지 그리고 수프네요. 오른쪽에서는 벌컥벌컥 음료를 들이키는 소리가, 왼쪽에서는 그릇을 달그락거리는 소리가 들립니다. 잔치의 흥을 돋우고 있는 백파이프의 경쾌한 소리도 울려 퍼지고 있습니다.
> 이렇게 많은 사람들의 음식을 준비한다는 것은 정말 힘든 일이겠지요. 하지만 음식 나르는 일을 거드는 것도 만만치 않아 보입니다. 그릇을 나르는 나무판자를 자세히 보면 경첩이 보입니다. 갑자기 몰려든 손님들을 보고 얼마나 조급했는지 헛간의 문을 뜯어내 운반 도구로 사용하고 있군요.
> 식탁 가장 오른쪽에는 부유한 고위층의 부부도 보입니다. 고급스러운 검은색 옷에 칼을 찬 남자는 식탁 아래에 있는 자신의 개에게 빵을 먹였는지 식탁 의자에는 빵 부스러기가 남아 있습니다.
> 왼쪽 하단에 있는 남자는 부드러운 인간미가 느껴지는 표정으로 음료를 병에 담고 있습니다. 물병 옆에 앉아서 손가락을 빨고 있는 이 아이는 그림에 재미를 더해 주고 있습니다. 잔치에 초대받은 하객들은 모두 흥겨운 분위기에 젖어든 것 같군요. 그런데 이 결혼식의 주인공인 신랑, 신부는 어디 있는 걸까요?
> 옅은 미소를 지으며 조신하게 앉아 있는 신부를 찾으셨나요? 신부 뒤에는 영광의 자리를 의미하는 초록색 천과 종이로 만든 머리 장식이 걸려 있습니다. 그럼 신랑은 누구일까요? 신랑이 누구인지에 대한 미술사학자들의 추측은 지금도 계속되고 있습니다.
> '농민 브뤼헐'이라는 별명에서 알 수 있듯이 브뤼헐은 농촌의 풍경과 농민들의 삶을 주제로 그림을 그리는 것을 좋아했습니다. 아마 그는 이 그림과 같은 농촌의 결혼식에도 참석해서 농민들과 어울리며 그들의 삶을 관찰했을 것입니다.

001

정답 ③

해설 신랑에 대해서는 지금도 미술사학자들이 추측을 하고 있다. 영광의 자리를 의미하는 초록색 천과 종이로 만든 머리 장식은 신부의 뒤에 걸려 있는 것이다.

당나귀가 빈 우물에 빠졌다. 농부는 슬프게 울부짖는 당나귀를 구할 도리가 없었다. 마침 당나귀도 늙었고, 쓸모 없는 우물도 파묻으려고 했던 터라, 농부는 당나귀를 단념하고 동네 사람들에게 도움을 청하기로 했다. 동네 사람들은 우물을 파묻기 위해 제각기 삽을 가져와서는 흙을 파 우물을 메워 갔다.

당나귀는 더욱 더 울부짖었다. 그러나 조금 지나자 웬일인지 당나귀가 잠잠해졌다. 동네 사람들이 궁금해 우물 속을 들여다보니 놀라운 광경이 벌어지고 있었다. 당나귀는 위에서 떨어지는 흙더미를 털고 털어 바닥에 떨어뜨렸다. 그래서 발밑에 흙이 쌓이게 되고, 당나귀는 그 흙더미를 타고 점점 높이 올라오고 있었던 것이다.

그렇게 해서 당나귀는 자기를 묻으려는 흙을 이용해 무사히 그 우물에서 빠져나올 수 있었다.

정말 그렇다. 사람들이 자신을 매장하기 위해 던진 비방과 모함과 굴욕의 흙이 오히려 자신을 살린다. 남이 진흙을 던질 때 그것을 털어 버려 자신이 더 성장하고 높아질 수 있는 영혼의 발판으로 만든다. 그래서 어느 날 그 곤경의 우물에서 벗어나 자유롭게 살아갈 수 있는 날을 맞게 된다.

모든 삶에는 거꾸로 된 거울 뒤 같은 세상이 있다. 불행이 행운이 되고, 행운이 불행이 되는 새옹지마의 변화가 있다. 우물 속같이 절망의 극한 속에서 불행을 이용하여 행운으로 바꾸는 놀라운 역전의 기회가 있다.

― 이어령, 「우물에 빠진 당나귀처럼」

002

정답 ④

해설 '절망의 극한 속에서 불행을 이용하여 행운으로 바꾸는 놀라운 역전의 기회가 있다.'라는 부분을 통해 불행과 행운을 뒤집어 생각하는 생각의 전환이 필요하다는 내용이 마지막에 이어져야 함을 알 수 있다.

[003] 다음은 강연을 들려드립니다.

여러분, '대나무 천장'을 아십니까? '대나무 천장'은 미국 기업에서 아시아계 미국인들의 고위직 진출을 막는 인식의 장벽을 말합니다. 미국의 500대 기업을 대상으로 조사한 결과, 최고 경영자 자리를 아시아계가 차지한 비율이 1.5%인 것으로 나타났습니다. 이는 아시아계가 미국의 명문 대학인 아이비리그 학생의 15%에서 20%를 차지하는 점이나, 아이비리그 졸업생 대다수가 이른바 '좋은 직장'에 취직하는 점, 미국 인구에서 차지하는 비율이 5% 수준인 점 등을 고려하면, 매우 낮은 수치임을 알 수 있습니다. 조사 결과를 보면, 아시아계가 미국 기업에서 보이지 않는

불이익을 받고 있는 것으로 해석됩니다. 왜 이런 현상이 나타났을까요?

이는 기업 문화의 차이에서 비롯된다고 볼 수 있습니다. 아시아계 미국인들은 다른 미국인들에 비해 대체로 과묵하고 겸손하며 윗사람에게 순종하는 경향이 있습니다. 아시아의 기업에서는 이런 성향의 직원을 긍정적으로 평가하는 반면, 미국의 기업에서는 이런 성향의 직원을 리더십이 부족하다고 평가합니다. 그 결과 아시아계 미국인들은 미국 기업에서 고위직으로 승진하는 데 어려움이 많은 것입니다.

003

정답 ④

해설 아시아계 미국인들은 다른 미국인들에 비해 과묵하고 겸손하며, 윗사람에게 순종하는 경향이 있다. 이를 미국의 기업에서는 리더십이 부족하다고 평가하므로, 순종하는 직원을 선호한다고 할 수 없다.

[004] 이번에는 라디오 방송 일부를 들려드립니다.

지금 듣고 계신 이 곡……, 귀에 익숙하신 분들 많으시죠? 1967년 비틀즈의 8집인 앨범의 마지막 트랙에 수록된 'A Day in the Life'로 비틀즈의 최고의 명곡으로 자주 손꼽히는 곡입니다.

존 레논과 폴 매카트니의 합작곡이라는 면에서 그 의미가 더 높은데요. 존 레논의 미완성 곡에 폴 매카트니가 멜로디를 덧붙인 형식이기도 하죠. 40인조 오케스트라가 투입된 중간 연결 부분은 특히 획기적인 발상으로 평가받기도 합니다.

이 곡에서 현악 세션들은 우스꽝스런 분장을 하고 연주했고, 곡의 분기점이 되는 피아노 소리는 3대를 한 번에 맞춰 건반을 눌렀다고 합니다. 존 레논은 이 곡 뒤의 15초가량, 곡의 5분 6초쯤 되는 부분에 15,000Hz의 음을 삽입했다고 하는데, 이 때문에 이 곡을 들으면 개들이 반응한다고 합니다. 인간의 가청 주파수는 20~20,000Hz이지만, 시간이 지나면서 그 폭이 좁아지는데, 청각이 매우 좋은 사람이거나 나이가 어린 사람은 이 소리를 들을 수 있다고 합니다. 바로 그 음은 pc에 고주파 노이즈와 비슷한 '삐~' 소리입니다.

존 레논이 이런 부분을 집어넣은 이유는 '만약 어떤 사람이 그 부분을 들을 수 있으면 그 사람은 개랑 동급의 인간일거야.'라는 장난에서 비롯되었다고 합니다. 존 레논은 비틀즈 시절 이런 잔인한 유머를 즐기기로 악명 높았다고 하죠. 단, 이 부분은 미국 버전에서는 편집되어 들을 수 없습니다.

004

정답 ③

해설 이 곡 전체가 pc 고주파 노이즈를 기본으로 만들어진 것이 아니라, 5분 6초쯤 되는 부분에 15,000Hz의 음을 삽입한 부분만 pc 고주파 노이즈를 활용해 만들어진 것이다.

[005] 다음은 시 한 편을 들려드립니다.

> 숲의 나무들 서서 목욕한다 일제히
> 어푸어푸 숨 내뿜으며 호수 쪽으로 가고 있다
> 누렁개와 레그혼, 둥근 지붕 아래 눈만 말똥말똥
> 아이가, 벌거벗은 아이가
> 추녀 끝에서 갑자기 뛰어나와
> 붉은 마당을 씽 한 바퀴 돌고 깔깔깔
> 웃으며 제자리로 돌아와 몸을 턴다
> 점심 먹고 남쪽에서 먹장구름이 밀려와
> 나는 고추밭에서 쫓겨나 어둔 방 안에서 쉰다
> 싸아하니 흙냄새 들이쉬며 가만히 쉰다
> 좋다.
>
> — 이연우, 「소나기」

005

정답 ④

해설 '숲의 나무들 서서 목욕한다'와 '점심 먹고 남쪽에서 먹장구름이 밀려와 / 나는 고추밭에서 쫓겨나 어둔 방 안에서 쉰다'는 시구에서 시의 제목이 '소나기'임을 알 수 있다. 이 시는 소나기가 내리는 풍경을 바라보며 느끼는 화자의 정서를 담담하면서도 생동감 있게 표현한 작품이다. 소나기가 내리고 있는 오후, 화자는 어두운 방에서 쉬면서 비가 오는 풍경을 바라보며 상쾌함, 평온함, 여유로움을 느끼고 있다.

[006~007] 이번에는 라디오 방송 대담의 일부를 들려드립니다. 6번은 듣기 문항, 7번은 말하기 문항입니다.

> [사회자] MBTI. 여러분, 들어 보셨죠? 일종의 성격 유형 테스트 같은 건데요. 인간의 성격을 16가지 유형으로 나눈 겁니다. 저도 재미 삼아 테스트를 해 봤는데요. 요즘 젊은이들 사이에서는 자기소개의 필수 항목이 되었고 심지어 어떤 회사에서는 면접 시 이걸 제시하도록 하는 회사까지 있는 정도랍니다. 이 MBTI 열풍이 왜 이렇게 부는 건지, 특히 MZ 세대는 이 검사에 왜 이토록 열광하는 건지, 그 속에 숨어 있는 우리 사회 구조적 특징에는 어떤 것이 있는지를 세대 문화 교수님과 짚어 보겠습니다. 교수님, 제가 MBTI에 대해 아주 간략하게 설명 드려 보았는데요. 이게 뭔가요?

[교수] MBTI에서의 M은 마이어스(Myers)고요. B는 브릭스(Briggs)입니다. 이걸 만든 모녀의 이름을 땄고요. 뒤에 TI는 '타입 인디케이터(Type Indicator)'라는 뜻이에요. 그러니까 '유형 지표'라는 뜻입니다.

[사회자] 그럼 유형 지표에 따라 사람을 나눈다는 것인데⋯⋯, 어떻게 나누는 건가요?

[교수] 유형 지표에 따라 네 가지의 차원으로 나누는데요. 첫 번째는 정신적인 에너지가 어느 방향으로 나가느냐에 따라서 외향성 E, 내향성 I로 나눕니다. 두 번째는 사람이나 사물을 인식하는 방식에 따라 감각 S, 직감 N으로 나누고요. 그다음에 수집한 정보로 어떻게 판단을 하느냐에 따라서 사고와 감정, T와 F로 나눕니다. 마지막으로, 실생활의 생활양식이라는 부분에서 판단과 인식인 J와 P로 나눕니다. 이렇게 네 가지의 차원을 조합해 보면 16가지가 나오거든요.

[사회자] 이 검사를 해 보신 분들 중에 '딱 맞아!'라는 분들이 되게 많아요. 2년 전쯤에도 유행했었는데, 반짝 유행하는 것인 줄 알았더니 요즘은 소개팅뿐만 아니라 취업할 때 면접장에서도 이걸 묻는답니다. 도대체 왜 MBTI가 이렇게까지 열풍이 불고 자리 잡아가고 있는 건가요?

[교수] MZ 세대는 '미 제너레이션(me generation)', 즉 '내가 제일 중요해!'라는 세대입니다. 현대 사회의 사람들은 자기 정체성에 대해서 궁금해 하는데요. 특히나 MZ 세대는 자기 자신에 대해서 굉장히 궁금해 합니다. 이에 대한 가장 큰 이유 중 하나가 어린 시절부터 '네 적성은 네가 찾아라.', '너를 네가 알아야 하고 네가 스스로를 책임져야 한다.'라는 것을 끊임없이 주입받은 세대이기 때문이죠. 하지만 어릴 때부터 끊임없이 '너를 알아라.'라고 주입을 받았지만 사실 스스로를 안다고 해서 진로에 대한 선택권이 많은 세대가 아니거든요. 특히 요즘은 경제 성장의 둔화로 취업이 어려워졌기 때문에 더욱더 그렇고요.

[사회자] 결국 사회 구조의 특성 때문에 MZ 세대 자신들이 가질 수 있는 기회를 생각하다 보니 스스로를 끊임없이 알려고 한다는 말씀이시네요. 그래서 MBTI 외에도 혈액형이니 사주니 각종 심리 검사들을 많이 하게 되고요.

[교수] 또, MZ 세대의 사이에서 MBTI와 각종 심리 검사의 열풍이 불 수 있는 이유는 MZ 세대가 어린 시절부터 디지털 환경 속에서 자란 디지털 네이티브(digital native) 세대이기 때문입니다. 온라인에 아주 익숙한 세대고 재미가 세상에서 제일 중요한 세대인거죠. 환경 또한 인터넷에서 무료로 하는 검사들을 굉장히 쉽게 받을 수가 있고요. 그다음에 이걸 가지고 굉장히 여러 가지 방식으로 재미있게 놀 수가 있거든요. 심지어 디즈니 만화 캐릭터하고는 어떻게 연결이 되고, 놀러갈 때의 모습이 각각의 유형별로 어떻게 다르고, 돈은 어떤 유형이 제일 많이 벌고, 아주 각각의 것으로 직접 창작하기도 하는 이런 재미까지 있는 거죠.

[사회자] 결국 사회 구조와 MZ 세대의 특성이 MBTI 열풍을 가져온 거라고 할 수 있군요. MZ 세대가 왜 여기에 열광하는지 이해가 됐어요. 이렇게 좋은 점도 있지만, 이런 문화에 대한 우려도 있으실 것 같아요.

[교수] 사회학자의 관점으로, 일단 가장 큰 문제는 이 MBTI가 재미를 넘어 사람을 뽑는 데 쓰이기도 한다는 점입니다. 가볍게 자신과 타인을 이해하고 이를 통해 재미를 느끼는 정도로 활용해야 하는데, MBTI로 유형화된 기준에 따라 사람을 뽑는 등의 공적인 부분에서 활용하는 것은 굉장히 큰 무리가 있어 보입니다.

[사회자] MBTI 등으로 사람을 유형화해서 취업 시장에까지 적용하는 건 완전 반대하신다는 말씀이시죠?

[교수] 네, 맞습니다. 이 점은 아주 무리가 있다고 말씀을 드릴 수 있어요. 하지만, 아까도 간략히 말씀드렸듯이, MZ 세대의 MBTI에 대한 관심에는 장점도 있는데요. MZ 세대가 실용주의적인 성향이 강하기 때문에 정보를 빠르게 찾고 싶어 한다는 점과 MZ 세대가 코로나가 심화된 시기의 디지털 네이티브 세대이기 때문에, 타인과의 오랜 관계를 맺은 경험이 적다는 점에서 자신과 타인을 이해하는 방법으로서 MBTI를 잘 활용하는 것은 괜찮아 보입니다. '나랑 다른 이러한 유형이 있어.'라며 타인을 이해하는 폭을 넓힌다거나 나의 유형을 파악하며 스스로를 이해하는 자기 이해의 부분에서는 좋은 점이 많습니다. 중요한 점은 이것을 절대적인 기준으로 여겨 타인이나 자신을 유형화하고 그에 대한 고착된 인식을 갖는 것은 지양해야 한다는 것입니다.

[사회자] 좋은 말씀입니다. MZ 세대는 스스로에게 이런 환경과 특성이 있음을, 다른 세대들은 MZ 세대에게 이런 맥락이 있음을 알고 이해하는 것을 통해 서로 이해의 폭을 넓힐 수 있겠네요. 오늘 MBTI, 이 열풍을 가지고 MZ 세대에 대한 공부를 해 보았습니다.

006

(정답) ③

(해설) MZ 세대 사이에서 MBTI 열풍이 부는 이유는 사회의 구조적인 특성과 MZ 세대의 특성 때문이다.

007

(정답) ③

(해설) 교수는 사회자의 요약이나 질문에 대해 답변을 한 것이지 사회자에게 질문을 한 것은 아니다.

[008~009] 이번에는 드라마의 일부분을 들려드립니다. 8번은 듣기 문항, 9번은 말하기 문항입니다.

[철수모] 하얀 털 뭉치같이 생긴, 저건 뭐냐?

[철수] 털 뭉치가 맞긴 한데……

[철수모] (E: 가까이 가며) 글쎄, 뭐냐니까? (이불 들추고) 이거…… 개잖아?

[철수] 아직 강아지예요.

[철수모] 그러니까. 개 새끼가 왜 네 집에 있어? 돈 아낀다고 집에서 쌀도 챙겨 가는 녀석이 개 새끼를 키울 리 만무하고, 누가 맡겼냐?

[철수] (심드렁) 아니요. 어쩌다 보니, 그렇게 됐어요.

[철수모] (버럭) 여자를 만나라고 독립시켜줬더니, 이 녀석이!

[철수] 그렇게 소리를 지르면 어떡해요? 잘 자고 있었는데, 엄마 때문에 깼잖아. 귀찮게.

[철수모] (E: 물 벌컥 마시고) 그래. 귀찮은 건 알아? 그리고 저런 개 새끼한테 들어갈 돈이 얼만지는 알고?

[철수] 별거 있나. 그냥 사료 주고 물 주고, 똥 싼 거 치우면 그만이지.

[철수모] 이렇게 대책이 없어? 돈을 그렇게 악착같이 아끼면 뭐해? 애먼 데서 돈이 새는데!

[철수] 엄마, 그래도 이 강아지가 암캐야. 나중에 새끼 낳아서 팔면 재미가 쏠쏠할 텐데?

[철수모] 뭐? 하다 하다…… 그래, 니 생각은 알겠다만. 하나만 알고 둘은 모르는 소리여. 신경 쓸 게 한두 가지가 아니야~

[철수] 저런 강아지는 그냥 알아서 크는 거 아닌가?

[철수모] 아우, 속 터지는 소리. 그래, 한번 경험해 봐야 정신 차리지. 그건 그거구. 엄마가 허구한 날 말하지만, 낼모레면 서른. 서른 되면, 금방 마흔이야. 요즘 포기 세대라고 결혼 안 하는 게 당연한 건 줄 아는데, 난 그 꼴 못 본다.

[철수] 지금 월세에, 한 달 생활비도 만만치 않고. 데이트는 뭐 공짜로 하나? 아직 아들에겐 사칩니다. 마마~

[철수모] 이놈아. 그럼 세상천지 풍족하게 사는 사람만 결혼할 수 있다냐? 다들 쪼들린 대로 같이 부대끼며 살어!

[철수] 너무 앞서가신다. 저 아직 이십대예요. 요즘 마흔 다 돼서 결혼하는 사람도 많은데. 너무 유난이셔.

– KBS 무대, 이승인, 「민희와 철수」

008

(정답) ④

(해설) 아들은 현실적으로 어려워서 결혼을 못하는 것이지, 혼자만의 삶을 즐기기 위해 결혼을 하지 않는 것이 아니다.

009

정답 ①

해설 엄마는 풍족하지 않아도 일찍 결혼해야 한다고 생각하고 있는 반면, 아들은 나이도 어리고 혼자 살면서도 들어가는 돈이 많아 데이트는커녕 연애는 엄두도 못 내는 처지이기 때문에 결혼은 아주 먼 이야기라고 생각하고 있다.

[010~011] 이번에는 강의를 들려드립니다. 10번은 듣기 문항, 11번은 말하기 문항입니다.

> 지금은 거의 볼 수 없지만 예전에는 아기의 나들이 필수품이자 아기용품으로 빼놓을 수 없었던 것이 포대기였습니다. 포대기는 이동 수단이면서 움직이는 식당이 되어 주기도 했고, 나들이 중간에 기저귀를 갈 때에는 훌륭한 깔개가 되었으며, 그다지 춥지 않은 날엔 이불로도 손색이 없었습니다. 또한 엄마의 따뜻한 체온에 아기는 옹알이로 화답하며, 사랑의 대화를 나누는 장소로도 그 몫을 톡톡히 해왔습니다. 네모난 천 양쪽에 줄 두 개뿐인 단순함.
> 그 시절엔 포대기 하나만 있으면 어떤 유모차도 부럽지 않았습니다. 이 포대기는 동생들에게로 물려졌습니다. 아무리 튼튼한 천에 튼튼한 바느질이라도 열 명의 자식들을 키우고 나면 해지기 마련입니다. 하지만 이렇게 돼도 버린다는 것은 있을 수도 없고, 있어서도 안 되는 일이었습니다. 당연히 기워서 또 쓰는 것이지요. 엄마는 '당연히', 아기는 '그런가 보다' 하는 속에서 자연스럽게 알뜰함이 몸에 배는 셈입니다.
> 또 애들은 다 컸는데 포대기가 아직도 쓸 만하다 싶으면 허물없이 지내는 친척들에게로, 이웃에게 보내어 그 알뜰함을 과시하기도 했습니다. 포대기 한 장으로도 짐작할 수 있는 대물림의 검소함. 이것이 바로 '나눔의 문화'가 아닐까요?
> 오늘날 내 아이는 다르다며 마치 자기 자식만 소중한 양 호들갑 떨곤 하는 사람들이 많죠? 이 사람들은 공주처럼 화사한 옷에, 앙증맞은 신발에, 영재 교육이다 뭐다 아이들 혼을 흘딱 빼놔야만 자식을 사랑하는 것처럼, 부모 노릇 제대로 하고 있는 것처럼 어깨에 힘을 줍니다. 이러한 요즘 부모들과 달리 과거의 어머니들은 등을 내리누르는 포대기 속 아이의 무게를 참아가며 자식들을 키워내셨고, 없이 살면서도 나눔의 문화를 이어오신 것입니다.

010

정답 ②

해설 포대기는 다양한 용도로 사용되지만 그 구조는 '네모난 천 양쪽에 줄 두 개'로 단순하다고 하였다. 소재의 다양성에 대한 내용은 제시되지 않았다.

011

정답 ④

해설 강연에서 화자는 나눔의 문화를 실천했던 우리 어머니들과 요즘 부모들을 대조하여 더불어 살며 공유하는 공동체적 삶의 가치가 경시되는 현상을 비판하고 있다.

[012~013] 직장 내 대화의 한 장면을 들려드립니다. 12번은 듣기 문항, 13번은 말하기 문항입니다.

> [김 과장] 이번 프로젝트 업무 분장은 회의에서 나온 결과대로 이렇게 진행하면 되겠죠?
>
> [이 대리] 과장님! 제 업무가 박 차장님과 중복되는데…… 조정이 필요할 것 같습니다.
>
> [김 과장] 그럼 일부만 두 분이 같이 하시면 될 것 같은데 말이죠.
>
> [이 대리] 그렇게 할 수도 있지만, 각자의 업무가 배분돼야 프로젝트 진행이 빠를 것 같아서요.
>
> [김 과장] 그럼 이 업무는 이 대리가 하는 걸로 하죠. 이 대리, 업무 배분은 선배들이 다 생각이 있어서 그렇게 정하는 건데 왜 자꾸 이래라 저래라 하는 겁니까?
>
> [이 대리] 저는 중복되지 않게 일을 처리하고 싶었을 뿐입니다.
>
> [김 과장] 이 대리, 그럼 지금 체크리스트 한번 작성해 보세요. 처음부터 끝까지요. 어떤 문제가 있을지…….
>
> [이 대리] 내일 파트너사와 미팅 준비를 해야 하는데…… 그 이후에 하면 안 될까요?
>
> [김 과장] 그건 그거고 이건 이거죠.
>
> [이 대리] 과장님 말씀은 알겠습니다. 하지만 과장님도 아시다시피 내일 미팅이 중요해서요.
>
> [김 과장] 이 대리, 뭐가 그리 불만입니까?
>
> [이 대리] 네?
>
> [김 과장] 과장이 궁금하니까 만들라고 하는 건데 뭐 그리 말이 많냐고요?
>
> [이 대리] 프로젝트는 아직 시간적 여유가 있고, 더 급한 게 내일 미팅 준비여서 드린 말씀이지 불만을 말한 게 아닙니다.
>
> [김 과장] 업무 조정을 원하는 것도 내일 미팅 때문입니까? 어떻게 일을 진행하면서 하나만 하려고 합니까?

012

정답 ①

해설 이 대리는 내일 있을 파트너사와의 미팅 준비를 먼저 하겠다는 의도로 말하고 있다.

013

정답 ③

해설 이 대리는 본인의 업무와 박 차장의 업무가 중복되도록 업무를 배분한 김 과장의 업무 배분 방식에 대해 불만이 있다.

[014~015] 마지막으로 발표를 들려드립니다. 14번은 듣기 문항, 15번은 말하기 문항입니다.

소음이란 듣는 사람에게 별로 도움이 되지 않는 소리를 말합니다. 지극히 주관적인 관점에서 보면, 아무리 좋은 소리라도 듣는 사람의 환경이나 심리 상태에 따라서 그 소리가 방해될 수도 있다는 말이죠. 예를 들어 애타게 보채는 아기의 울음소리는 엄마나 아기에게 아주 중요하고 의미 있는 소리겠지만 주변 사람들에게는 지극히 시끄러운 소음으로 들릴 뿐입니다. 그런데 소음 중에도 좋은 소음이 있습니다. 어떤 소음이 좋은 소음일까요?

소음의 유형에는 특정 음높이를 유지하는 '컬러 소음(color noise)'과 비교적 넓은 음폭의 '백색 소음(white noise)'이 있습니다. 백색음이라고도 하는 백색 소음은 백색광에서 유래됐는데요. 백색광을 프리즘에 통과시키면 일곱 가지 무지개 빛깔로 나눠지듯, 다양한 음높이의 소리를 합하면 넓은 음폭의 백색 소음이 됩니다. 백색 소음은 우리의 일상적인 환경에서 쉽게 접할 수 있는데요. 각자의 생활 환경에 따라 주변 소리가 다르듯이 백색 소음도 다양한 음높이와 음폭을 갖습니다.

우리 주변에서 들리는 백색 소음은 우리가 평상시에 듣고 지내는 일상적인 소리이기 때문에 이러한 소리가 비록 소음으로 들릴지라도 음향 심리적으로는 별로 의식되지 않는 것이죠. 또 항상 들어왔던 자연음이기 때문에 그 소리에 안정감을 느끼게 됩니다. 게다가 자연의 백색음을 통해 우리가 우주의 한 구성원으로서 주변 환경에 둘러싸여 보호받고 있다는 느낌을 받을 수 있으며, 청각적으로 적막감을 해소할 수 있습니다.

백색 소음을 인공적으로 만들어 실생활에 활용하고 있는 분야도 있습니다. 소음으로 소음을 잡아 개인 정보를 보호하는 것인데요. 은행이나 보험사 등에서 개인의 중요한 정보인 주민등록번호나 계좌번호 등의 숫자를 목소리를 통해 전달할 때 옆 사람을 통해 정보가 유출되지 않도록, 넓은 음폭을 가지는 백색 소음을 일정한 레벨로 들리게 하여 옆 사람이 숫자의 발음 차이를 잘 구분할 수 없게 사운드 마스킹(sound masking)하는 것이죠. 이를 통해 목소리를 통한 개인 정보의 유출을 방지할 수 있습니다.

014

정답 ③

해설 다양한 음높이의 소리를 합하면 넓은 음폭의 백색 소음이 된다.

015

정답 ⑤

해설 소음의 개념을 '듣는 사람에게 별로 도움이 되지 않는 소리'라고 설명하며, 그 예로 '보채는 아기의 울음소리'를 들고 있다.

016~030 어휘

016

정답 ⑤

해설 '해읍스름하다'는 '산뜻하지 못하게 조금 하얗다.'의 뜻을 가진 말이다. ≒ 해읍스레하다
① 톺다: 가파른 곳을 오르려고 매우 힘들여 더듬다. 예 그는 숨이 막히도록 산을 톺아 올라갔다.
② 내밟다: 밖이나 앞으로 옮겨 디디다. 예 그는 난간을 붙잡고 겨우 앞으로 한 걸음을 내밟았다.
③ 걱세다: 몸이 굳고 억세다. 예 그는 걱센 생김새와는 달리 마음씨는 매우 여린 사람이었다.
④ 곰살궂다: 태도나 성질이 부드럽고 친절하다. 예 아이의 곰살궂은 모습이 참 예뻤다.

017

정답 ③

해설 '호가(呼價)'는 '팔거나 사려는 물건의 값을 부름.'을 의미한다.

018

정답 ④

해설 '일껏'은 '모처럼 애써서'를 뜻한다. 예 그는 일껏 마련한 좋은 기회를 놓쳤다.

019

정답 ④

해설 '장계(狀啓)'는 '왕명을 받고 지방에 나가 있는 신하가 자기 관하(管下)의 중요한 일을 왕에게 보고하던 일. 또는 그런 문서'를 뜻한다. 신하가 임금에게 보고하는 것이므로 임금이 주체가 될 수 없다. 예 임금에게 올린 장계를 무사히 전달하는 데 있어 그만큼 미더운 자도 없었다.
① 착종(錯綜): 이것저것이 뒤섞여 엉클어짐.
② 답습(踏襲): 예로부터 해 오던 방식이나 수법을 좇아 그대로 행함.
③ 해촉(解囑): 위촉했던 직책이나 자리에서 물러나게 함.
⑤ 예속(隷屬): 남의 지배나 지휘 아래 매임.

020

정답 ⑤

해설 ① 여기서의 '비상(非常)하다'는 '평범하지 아니하고 뛰어나다.'의 의미이다.

> **비상(非常)하다**
> 1. 예사롭지 아니하다. 예 세상을 <u>비상</u>하게 볼 줄 알아야 한다.
> 2. 평범하지 아니하고 뛰어나다. 예 그 사람의 예술적 감각이 <u>비상</u>하다.

② '비상(飛上)하다'는 '높이 날아오르다.'의 의미이다.
③ '비상(飛翔)하다'는 '공중을 날다.'의 의미이다.
④ '비상(悲傷)하다'는 '마음이 슬프고 쓰라리다.'의 의미이다.

021

정답 ①

해설 ㉠ 매수(枚數): 종이나 유리 따위의 장으로 셀 수 있는 물건의 수효.
㉡ 매수(買收): 금품이나 그 밖의 수단으로 남의 마음을 사서 자기편으로 만드는 일.
㉢ 매수(賣售): 물건을 팔고 사는 일. = 매매
※ 매수(買受): 물건을 사서 넘겨받음.

022

정답 ③

해설 출석과 결석은 중간 개념이 존재하지 않는 '상보 반의어'이다.
① 방향상의 대립을 나타내는 '방향 반의어'이다.
②·④·⑤ 중간 개념이 존재하는 '정도 반의어'이다.

023

정답 ②

해설 '갈음'은 '다른 것으로 바꾸어 대신함'을 의미하므로 문맥상 '목표나 기준에 맞고 안 맞음을 헤아려 봄. 또는 헤아려 보는 목표나 기준'을 의미하는 '가늠'이 적절한 표현이다.
① 젖히다: 뒤로 기울게 하다.
  ※ '젖히다'는 '젖다'의 사동사이다.
③ 킷값: 키에 알맞게 하는 행동을 낮잡아 이르는 말.
  ※ 사이시옷을 써야 한다.
④ 뭇별: 많은 별.
⑤ 헤살: 일을 짓궂게 훼방함. 또는 그런 짓.

024

정답 ⑤

해설 '위협(威脅)'은 '힘으로 으르고 협박함'을 의미한다. 의미가 통하려면 '상대편이 겁을 먹도록 무서운 말이나 행동으로 위협하다'의 '으르다'의 활용형 '을러도'를 써야 한다. '얼러도'는 '어떤 일을 하도록 사람을 구슬리다'를 의미하는 '어르다'가 기본형이다.
① 편재(偏在): 한곳에 치우쳐 있음.
② 훼방(毀謗): 남을 헐뜯어 비방함. 또는 그런 비방.
③ 쇠퇴(衰退): 기세나 상태가 쇠하여 전보다 못하여 감.
  ※ 이울다: 점점 쇠약하여지다.
④ 천명(闡明): 진리나 사실, 입장 따위를 드러내어 밝힘.

025

정답 ④

해설 ㉠은 '말이나 사실, 소문 따위가 널리 알려지다'를 뜻한다.
① 사회적인 활동을 시작하다.
② 앞쪽으로 움직이다.
③ 값이나 무게 따위가 어느 정도에 이르다.
⑤ 생산되거나 만들어져 사회에 퍼지다.

026

정답 ①

해설 '하루가 여삼추(라)'라는 말은 '하루가 삼 년과 같다'라는 뜻이다. 짧은 시간이 매우 길게 느껴짐을 비유적으로 이르는 말이므로 시간이 빠르게 지나간다는 의미와는 같이 쓰일 수 없다.
② 하루 세 끼 밥 먹듯: 아주 예사로운 일로 생각함을 이르는 말.
③ 소 죽은 귀신 같다: 소가 고집이 세고 힘줄이 질기다는 데서, 몹시 고집 세고 질긴 사람의 성격을 비유적으로 이르는 말.
④ 굳은 땅에 물이 괸다: 헤프게 쓰지 않고 아끼는 사람이 재산을 모으게 됨을 비유적으로 이르는 말.
⑤ 소 가는 데 말도 간다: 남이 할 수 있는 일이면 나도 할 수 있다는 말.

027

정답 ③

해설 '득의지추(得意之秋)'는 일이 뜻대로 이루어졌거나 이루어질 좋은 기회를 뜻한다.
① 백미(白眉): 흰 눈썹이라는 뜻으로, 여럿 가운데에서 가장 뛰어난 사람이나 훌륭한 물건을 비유적으로 이르는 말.
② 철중쟁쟁(鐵中錚錚): 여러 쇠붙이 가운데서도 유난히 맑게 쟁그랑거리는 소리가 난다는 뜻으로, 같은 무리 가운데서도 가장 뛰어남. 또는 그런 사람을 이르는 말.

④ 군계일학(群鷄一鶴): 닭의 무리 가운데에서 한 마리의 학이란 뜻으로, 많은 사람 가운데서 뛰어난 인물을 이르는 말.

⑤ 낭중지추(囊中之錐): 주머니 속의 송곳이라는 뜻으로, 재능이 뛰어난 사람은 숨어 있어도 저절로 사람들에게 알려짐을 이르는 말.

028

(정답) ①

(해설) '마각을 드러내다'는 말의 다리로 분장한 사람이 자기 모습을 드러낸다는 뜻으로, 숨기고 있던 일이나 정체를 드러냄을 이르는 말이다.

029

(정답) ①

(해설) '거개(擧皆)'는 '거의 대부분'을 의미한다.

030

(정답) ④

(해설) '워킹 그룹(working group)'은 실무 회의를 진행하는 협의단을 의미하므로, '실무단' 정도로 순화해야 한다.

031~045   어법

031

(정답) ⑤

(해설) '태도가 정답지 않고 매우 차다'의 뜻을 가진 단어는 두음 법칙에 따라 '냉랭하다(冷冷--)'로 써야 한다.

① 싹둑싹둑: 어떤 물건을 도구나 기계 따위가 해결할 수 있을 만큼의 힘으로 자꾸 자르거나 베는 소리. 또는 그 모양. '삭둑삭둑'보다 센 느낌을 준다.

② 적나라하다(赤裸裸--): 있는 그대로 다 드러내어 숨김이 없다.

③ 뚝딱: 거침없이 손쉽게 해치우는 모양.

④ 햇발[해빨/핻빨]: 사방으로 뻗친 햇살.

032

(정답) ④

(해설) 한글 맞춤법 제4장 제3절 제21항과 관련된 문제이다. '넓둥글다'는 '넓다'와 '둥글다'의 합성어로, '넓-'에 접미사가 아니라 실질 형태소가 결합할 때에는 항상 원형을 밝혀 적어야 하므로, '넓둥글다'로 표기해야 한다.

① 어간 '굵-'에 접미사 '-다랗다'가 결합한 것으로, 겹받침의 끝소리 'ㄱ'이 발음되어 원형을 밝혀 적는다.

※ 겹받침에서 앞의 소리가 발음이 되면 원형을 밝혀 적지 않고, 뒤의 소리가 발음이 되면 원형을 밝혀 적는다.

② '넓다'에서 '넓-'의 받침은 [ㄹ]로 발음해야 하나 파생어의 경우 [넙]으로 소리 내고 '넙적하다'로 적는다.

③ '짧다'에서 '짧-'의 받침은 [ㄹ]로 발음되므로 '짤따랗다'로 적는다.

⑤ '핥다'에서 '할짝거리다'가 될 때에는 앞의 'ㄹ'만 발음되므로 원형을 밝히지 않고 '할짝거리다'로 적는다.

033

(정답) ③

(해설) 한글 맞춤법 제4장 제2절과 관련된 문제이다. '얼굴이 둥그스름하고 너부죽하다'의 뜻을 가진 이 단어는 '넙데데하다'로 표기해야 한다.

※ 넙데데하다: '너부데데하다'의 준말.

① 종결형에서 사용되는 어미 '-오'는 '요'로 소리 나는 경우가 있더라도 원형을 밝혀 '오'로 적는다.

② 어미 뒤에 덧붙는 조사 '요'는 '요'로 적는다.

④ 모음 'ㅏ, ㅓ'로 끝난 어간에 '-아/어, -았/었-'이 어울릴 적에는 준 대로 적을 수 있다.

⑤ 용언의 기본형에 '-하다'가 붙을 수 있으나 '-이'로 굳어진 경우에 굳어진 대로 적는다.

034

(정답) ②

(해설) '그래'는 '-구먼', '-군'과 같은 '해체'가 쓰일 자리의 일부 종결 어미 뒤에 붙어서 '청자에게 문장의 내용을 강조함을 나타내는 보조사'이므로, '보이는구먼그래'로 붙여 써야 한다.

① '지'는 시간의 경과를 나타내는 의존 명사이므로, 앞말과 띄어 써야 한다.

③ '제삼자(第三者)'는 '일정한 일에 직접 관계가 없는 사람'을 뜻하는 단어로, 이때의 '第'는 그 숫자에 해당되는 '차례'의 뜻을 더하는 접두사이므로 붙여 써야 한다.

④ 여기서의 '버리다'는 앞말이 나타내는 행동이 이미 끝났음을 나타내는 보조 동사이므로 띄어 쓸 수 있다.

예 동생이 과자를 다 먹어 버렸다.

⑤ '-거리'는 '비하'의 뜻을 더하는 접미사로 어근과 붙여 써야 한다.

예 대거리(對거리): 상대편에게 맞서서 대듦. 또는 그런 말이나 행동.

035

정답 ④

해설 '뒷발톱'은 비표준어로 '며느리발톱'이 표준어이다.

며느리발톱
1. 새끼발톱 뒤에 덧달린 작은 발톱.
2. 말이나 소 따위 짐승의 뒷발에 달린 발톱.

① 깜장: 깜은 빛깔이나 물감.
② 서넛: 셋이나 넷쯤 되는 수.
③ 끽소리: 아주 조금이라도 떠들거나 반항하려는 말이나 태도.
⑤ 논틀밭틀: 논두렁이나 밭두렁을 따라 난 좁은 길.

036

정답 ①

해설 열거된 항목 중 어느 하나가 자유롭게 선택될 수 있음을 보일 때는 '중괄호({ })'를 쓴다.
② 마음속으로 한 말을 적을 때는 '작은따옴표(' ')'를 쓴다.
③ 한 문장 안에서 앞말을 '곧', '다시 말해' 등과 같은 어구로 다시 설명할 때는 앞말 다음에 '쉼표(,)'를 쓴다.
④ 원문에 대한 이해를 돕기 위해 설명이나 논평 등을 덧붙일 때는 '대괄호([ ])'를 쓴다.
⑤ 머뭇거림을 보일 때는 '줄임표(……)'를 쓴다.

037

정답 ③

해설 '금성'을 일상적으로 이르는 말은 '샛별'만 표준어로 삼는다. 의미가 똑같은 형태가 몇 가지 있을 경우, 그중 어느 하나가 압도적으로 널리 쓰이면, 그 단어만을 표준어로 삼는다.
그 외 선지에 제시된 '복수 표준어'의 뜻은 다음과 같다.

가뭄/가물: 오랫동안 계속하여 비가 내리지 않아 메마른 날씨.
되우/된통/되게: 아주 몹시.
서럽다/섧다: 원통하고 슬프다.
뾰두라지/뾰루지: 뾰족하게 부어오른 작은 부스럼.

038

정답 ①

해설 '국물'의 의미로 '멀국'을 쓰는 경우가 있으나 '국물'만 표준어로 삼고, '멀국'은 버린다.
② '영판'은 '보통 정도보다 훨씬 더 넘어선 상태로'라는 의미의 비표준어로, 표준어는 '아주'이다.
③ '언틀먼틀'은 '바닥이 고르지 못하여 울퉁불퉁한 모양'이라는 의미의 표준어이다.

④ '너부렁이'는 '나부랭이'와 같이 표준어이다. '종이나 헝겊 따위의 자질구레한 오라기'의 의미 외에 '어떤 부류의 사람이나 물건을 낮잡아 이르는 말'의 의미도 있다.
⑤ '부지깽이'의 의미로 '부지팽이'를 쓰는 경우가 있으나 '부지깽이'만 표준어로 삼는다.

039

정답 ③

해설 '있어'는 쌍받침이 모음으로 시작된 어미와 결합되는 경우이므로, 제 음가대로 뒤 음절의 첫소리로 옮겨 [이써]로 발음한다. 이는 된소리되기 현상이 아니라 연음 법칙에 해당한다.
① '넋이'는 겹받침이 모음으로 시작된 조사와 결합하는 경우이므로, 'ㅅ'이 된소리로 발음되어 [넉씨]로 발음한다.
② '닳소'는 'ㅎ(ㄶ, ㅀ)'과 'ㅅ'이 [ㅆ]으로 실현되는 경우로, 이를 설명하는 방식에는 두 가지가 있다. 첫 번째는 'ㅎ'과 'ㅅ'이 축약되어 [ㅆ]이 되었다는 것이고 두 번째는 'ㅎ'이 대표음 'ㄷ'으로 바뀌고 'ㄷ' 뒤에서 'ㅅ'이 된소리로 바뀐 후 'ㅆ' 앞에서 'ㄷ'이 탈락했다는 것이다. 결론적으로 두 경우 모두 [다ː쏘]로 발음한다.
④ '젊지'는 어간 받침 'ㄴ(ㄵ), ㅁ(ㄻ)' 뒤에 어미의 첫소리 'ㄱ, ㄷ, ㅅ, ㅈ'가 결합되는 경우이므로, 'ㅈ'이 된소리로 발음되어 [점ː찌]로 발음한다.
⑤ '훑소'는 어간 받침 'ㄼ, ㄾ' 뒤에 어미의 첫소리 'ㄱ, ㄷ, ㅅ, ㅈ'가 결합되는 경우이므로, 'ㅅ'이 된소리로 발음되어 [훌쏘]로 발음한다.

040

정답 ⑤

해설 ① 볼(bowl)
② 케첩(ketchup)
③ 캐러멜(caramel)
④ 마요네즈(mayonnaise)

041

정답 ②

해설 멧나물[멘나물]은 동화 현상이 적용된 형태로 적어야 하므로, Mennamul로 표기해야 한다.
① 김밥이[김마리]는 소리 나는 대로 적는다.
③ 꽃게장[꼳께장]으로 발음되지만, 된소리는 표기에 반영하지 않는다.
④ 사직단[사직딴]으로 발음되지만, 된소리는 표기에 반영하지 않는다.
⑤ 의상대[의상대]의 '의'는 'ui'로 적어야 한다.

042

정답 ⑤

해설
① 목적어와 서술어가 호응을 이루지 못하고 있다. '인지도'는 '높이다'와 호응하고, '호의적 태도'는 '확산시키다'와 호응해야 한다. → 광고주들은 광고를 통해 상품의 인지도를 높이고 상품에 대한 호의적 태도를 확산시키려 한다.

② 광고 제작자가 주류적 배치와 주변적 배치를 능동적으로 활용하는 것이므로, 피동형으로 쓸 수 없다. → 광고 제작자는 간접 광고에서 이러한 광고 효과를 거두기 위해 주류적 배치와 주변적 배치를 활용한다.

③ '주류적 배치'에 대한 개념을 설명하는 것이므로, 서술어는 '언급하는 것이다'와 호응해야 한다. → 주류적 배치는 출연자가 상품을 사용·착용하거나 대사를 통해 상품을 언급하는 것이다.

④ 앞 문장은 '주류적 배치'의 개념을, ④는 '주변적 배치'의 개념을 설명하고 있으므로, 앞뒤 문장을 병렬적으로 연결할 때 쓰는 접속어 '그리고'로 수정해야 한다.

043

정답 ②

해설
높임의 대상은 손님이므로, 음료를 높인 표현은 잘못된 표현이다. 주체인 '손님'을 높이려면 서술어를 '주문하신'으로 하고, 음료는 높이지 않아야 한다. 따라서 '손님께서 주문하신 음료는 품절입니다.'라고 표현하는 것이 적절하다.

① 주체가 생략된 형태로, '할머니'는 서술어의 목적어인 객체이므로 객체 높임 어휘를 사용해서 할머니를 높이고 있다.

③ 듣는 상대인 친구에게 상대 높임법을 실현하고 있다.

④ 주체인 할아버지를 높이기 위해 주체 높임법을 실현하고 있다.

⑤ '께'는 '에게'의 높임말로 부사격 조사이다.

044

정답 ②

해설
'다'라는 부사어로 인해 중의성이 생긴 것이다. 이를 전체 부정으로 바꾸려면 '학생들이 아무도 학교에 오지 않았다.'가 적절하다.

045

정답 ③

해설
일본어 번역 투 '의'를 남용한 것으로, '세상을 향한' 정도로 수정해야 한다. 따라서 '우리는 이제 세상을 향한 그의 여행을 기대할 때이다.'가 적절하다.

① '주의가 요구된다'는 불필요한 피동 표현을 사용한 것이므로, '주의가 필요하다' 또는 '주의해야 한다'로 수정해야 한다.

② 영어 'be located at'을 직역한 것이므로, '위치하고'를 사용할 필요가 없다.

④ '데 있어'는 영어 'be going to'를 번역한 것이므로, '있어'를 사용할 필요가 없다.

⑤ '기회를 통하여'는 번역 투 '~을 통해'가 쓰인 표현이므로, '기회에'로 수정해야 한다.

046~050   쓰기

046

정답 ④

해설
학교 밖 청소년 문제는 해결 방안을 모색해야 하는 사회 문제이지, 찬반을 논할 대상이 아니다.

047

정답 ②

해설
(나)에서 우리나라 정책이 학교 밖 청소년의 학교 복귀를 목표로 하고 있다는 내용은 언급되지 않았다.

⑤ 법률 개정의 필요성은 (가)에서, 예산 지원의 근거는 (나)에서 찾을 수 있다.

048

정답 ①

해설
학교 밖 청소년의 의미를 먼저 밝힌 후 실태를 소개하는 것이 자연스럽다.

049

정답 ③

해설
문장의 주어는 '학교 밖 청소년'이고, 서술어는 '노출되고 있다'이므로 부사어 '성장 환경에'로 고쳐 써야 한다.

① 학교를 다니지 않는 청소년을 부정적인 언어로 규정하는 경우가 많지만 이를 바로 잡아야 함을 지적하는 내용으로 이어지고 있으므로 앞 내용과 상반되는 '그러나'가 적절하다.

② 앞 문장의 '이곳'이 지칭하는 대상이 불분명하기 때문에 긴밀성을 고려하여 '이곳'이 '꿈드림' 센터임을 먼저 밝히는 것이 적절하다.

④ '운영하다'의 의미는 '조직이나 기구, 사업체 따위를 관리하고 운용하다'이므로 '프로그램을 관리하고 운용하다' 혹은 '프로그램을 운영하다'로 쓰는 것이 적절하다.

050

정답 ⑤

해설 글의 타당성은 주장과 근거가 알맞고 합리적이며 일관성이 있을 때, 근거가 객관적이고 일반적일 때 확보된다. 이 글의 마지막 문장에는 사회적 인식 개선이 필요하다는 글쓴이의 주장만 제시되어 있으므로 이를 뒷받침하는 논거가 필요하다. 선입견·편견·무시와 같은 사회적 편견이 학교 중단 이후 가장 힘들었다고 답한 설문 자료를 근거로 들어 구체적인 이유를 밝혀야 한다.

051~060 창안

051

정답 ⑤

해설 경쟁을 하게 되면 반드시 불안을 느끼게 되듯, 도전에는 많은 시련이 뒤따를 수밖에 없다. 하지만 현실에 안주하여 멈춰 있는 것보다는 도전하는 것이 보다 의미가 있다.

052

정답 ①

해설 적당한 불안은 각성에 필수적인 것이므로, 중용의 중요성을 설명한 '과유불급(過猶不及)'과 관련지을 수 있다.
※ 과유불급(過猶不及): 정도를 지나침은 미치지 못함과 같다는 뜻으로, 중용(中庸)이 중요함을 이르는 말.
② 난형난제(難兄難弟): 누구를 형이라 하고 누구를 아우라 하기 어렵다는 뜻으로, 두 사물이 비슷하여 낫고 못함을 정하기 어려움을 이르는 말.
③ 불치하문(不恥下問): 손아랫사람이나 지위나 학식이 자기만 못한 사람에게 모르는 것을 묻는 일을 부끄러워하지 아니함.
④ 우공이산(愚公移山): 우공이 산을 옮긴다는 뜻으로, 어떤 일이든 끊임없이 노력하면 반드시 이루어짐을 이르는 말.
⑤ 이전투구(泥田鬪狗): 자기의 이익을 위하여 비열하게 다툼을 비유적으로 이르는 말.

053

정답 ⑤

해설 특성 불안은 개인이 지닌 성향에 의한 것이며, 자신이 마음먹는 대로 달라질 수 있으므로 '내 마음의 저울'이라는 비유로 자신의 마음이 균형을 잃지 않도록 스스로 지켜야 한다는 내용을 담은 ⑤가 가장 적절하다.

054

정답 ④

해설 스승은 '삶에서의 고통은 누구에게나 있지만 그 고통을 수용하고 극복하는 자세에 따라 결과가 달라질 수 있다'고 하였다.

055

정답 ②

해설 사이버 공간은 네트워크 간의 믿을 만한 연결, 즉 신뢰도에 의존하는 관계이다.
① 사이버 공간을 인간 공동체에 빗대면 인간은 하나의 점이라 할 수 있고, 개인이 만나는 접속점들을 이으면 이것이 네트워크가 되므로, 점과 점의 만남이라 할 수 있다.

056

정답 ③

해설 병원의 건강관리 네트워크도 물리적인 요소와 소프트웨어적 요소를 모두 가지고 있는데, '병원 건물'은 실체를 가진 물리적인 집합을, '환자를 치료해 주는 의사와 간호사들'은 인적 자원을 의미하므로, 비물질적인 네트워크를 의미한다.

057

정답 ⑤

해설 인간 공동체 역시 가족끼리의 혈연적인 네트워크, 친구들 간의 사교적인 네트워크, 직장 동료들 간의 직업적인 네트워크 등 여러 관계들에 의해 중첩적으로 연결되어 있다. 따라서 '네트워크' 개념은 사이버 공간과 인간 공동체의 비교 근거가 될 수 있다.

058

정답 ⑤

해설 그림 (나)는 가마를 두 사람이 드는 것보다는 네 사람이 힘을 합하면 훨씬 들기 쉽다는 것을 보여 준다. 이것이 '협력'의 중요성을 의미하는 것은 맞지만 '공동체의 발전'으로 연결하는 것은 확대 해석이다.
※ 집소성대(集小成大): 작은 것을 모아서 큰 것을 이룸.

059

정답 ③

해설 (가)는 천 조각이 이불이 되는 모습을 표현한 것이다. 천 조각을 개인으로 보면 하나의 이불은 그 개인이 모인 사회가 되므로 각기 다른 개성이 조화를 이룬 사회를 만들어야 한다는 내용을 삶의 방향으로 제시할 수 있다.

060

정답 ②

해설 집단 의사 결정 과정에서 구성원들이 잘못된 선택을 할 수는 있지만 그것이 구성원들 간의 화합을 방해한다는 내용은 나타나지 않는다.

061~090 읽기

[061~062]

〈작품 해설〉

1. **작품 이해:** 이 작품의 '고향'은 평화로운 안식처라는 보편적인 모습이 아니라 화자의 슬픈 사연을 간직한 곳이다. 그리움의 대상이지만 남몰래 숨어들어야 하는 아픔을 동반하고 있으며 오히려 상실감을 심화시키기도 하는 공간인 것이다. 특히 고향을 환기하는 정겨운 소재들을 열거함으로써 고향에 자유롭게 돌아가지 못하는 화자의 안타까운 심정과 처지를 더욱 효과적으로 드러낸다. 나아가 산업화가 가속화되었던 1970년대 이후, 삶의 터전으로서의 역할을 상실한 채 변질되어 버린 농촌 사회와 고향의 모습이 작품 전체에 반영되어 있다.

2. **시 분석하기**
① **화자:** 고향을 떠나 있으면서 고향을 그리워하는 '나'
② **대상:** 그리운 고향
③ **상황:** 화자가 고향을 찾았지만, 산업화로 인해 고향조차 삶의 터전이 되지 못하고 도망치듯 떠나야 하는 상황
④ **정서:** 고향의 상실감과 그로 인한 슬픔
⑤ **주제:** 고향의 상실감과 고향을 떠나야만 하는 삶의 비애

061

정답 ④

해설 이 작품에서 '고향길'은 고향으로 향하는 길이 아니라 고향을 버리는 길이다. 산업화의 현실 속에서 고향은 삶의 터전으로서의 기능을 상실하고, 쫓기듯 도망치듯 떠나야만 하는 공간으로 변해 버렸기 때문이다. 그러나 화자의 소망은 고향을 피하거나 떠나고 싶은 것이 아니기 때문에, 고향에 가고 싶은 마음을 반어적으로 표현하고 있다.
① '노을 → 초저녁 → 하늘에 박힌 별'에서 시간의 흐름을 알 수 있다.
② 종결 어미 '–네'의 반복을 통해 각운을 형성하고 있다.
③ 고향을 떠나 떠도는 시적 화자의 모습을 '엿장수, 금전꾼, 나그네'에 빗대어 표현하고 있다. '엿장수'는 떠돌이의 삶을, '금전꾼'은 헛된 욕망을 쫓는 삶을, '나그네'는 피동적 삶을 살아가는 모습을 비유한 것이다.
⑤ 향토성을 느낄 수 있는 시어로는 '우물물, 두레박, 고추잠자리, 장길, 두엄더미, 쇠전'이 있다.

062

정답 ⑤

해설 '긴 능선 검은 하늘에 박힌 별'은 화자의 처지와 심리 상태를 비유적으로 표현한 구절이다. '긴 능선'은 화자가 걸어가야 할 곳까지의 심리적 거리감을, '검은 하늘'은 화자가 살고 있는 암울한 현실을 의미한다. 따라서 '별'은 긍정적인 의미로 사용된 것이 아니라, 길을 잘못 든 것을 알면서도 나아가야 하는 화자의 서글픈 삶을 나타낸다.

[063~065]

〈작품 해설〉

1. **작품 이해:** 한 소년이 자신과는 상관없이 돌아가는 세계에 대한 깨달음을 통해 성장하는 모습을 그려 내면서, 동시에 그러한 소년 시절의 기억이 깃든 장소가 허물어지는 상황에 대한 현재적 자아의 무기력함과 절망을 묘사한 작품이다. 소설 속 어린 '나'에게 성장은 자신이 세상의 중심이 아니며, 주변일 뿐이라는 충격적인 깨달음을 통해 이루어진다. 이러한 인식적 충격은 성인이 된 현재의 '나'까지 이어져, '나'는 자신의 존재 기반이 되어 주던 미아리 산동네가 재개발로 허물어지는 상황에서 어떤 중심적인 역할을 하지 못하고 그 주변을 두리번거린다. 현재와 과거를 교차시키며 성장에 대해, 기억과 공간의 상실에 대해 이야기하는 것이 특징적이다.

2. **줄거리:** '나'는 재개발 이야기가 한창인 미아리 셋집에 들렀다가 어린 시절의 기억을 떠올린다. 어느 겨울 이른 새벽, '나'는 오줌을 누러 나왔다가 공동 주택 이웃인 욕쟁이 할머니의 짠지 단지를 깨뜨린다. 어쩔 줄을 몰라 하다가 단지 위에 눈사람을 만들어 숨겨 놓고는 고민하며 일부러 바깥을 돌아다니다 들어온다. 하지만 집에 돌아와 보니 눈사람도, 깨진 항아리도 모두 사라지고 없었고, 사람들은 아무렇지 않게 '나'를 대한다. '나'는 그런 세계가 낯설어 울음을 터뜨린다. 회상을 마친 '나'는 재개발 지역에서 창이 형을 만나 술을 마시고, 돌아오는 길에 빈집에 들어가 깨진 항아리에 똥을 누고는 '나'를 지탱해 왔던 기억, 그 기억의 태반이 되었던 산동네가 사라진다는 사실에 눈물을 흘린다.

3. **시점:** 1인칭 주인공 시점

4. **주제:** 세계의 인식을 통한 정신적 성장

063

정답 ⑤

해설 예상치 못했던 집안 분위기에 혼돈스러웠던 '나'는 엄마가 볼을 꼬집자 그제서야 상황에 대한 균형감이 살아났다.

064

정답 ④

해설 주인공의 회상을 통해 과거의 사건을 전개하고 있다.

065

정답 ③

해설 [A]에서 '나'는 자신을 둘러싼 세계를 인식하면서 주변인으로서 자신의 모습을 발견한 것이지, 긍정적인 자아의식을 획득하게 된 것은 아니다.

066

정답 ②

해설 행정 구제 제도의 유형을 행정상 손해 전보와 행정 쟁송으로 나누어 설명하고 있으므로 적절하다.
① 4문단에서 행정 쟁송의 개념을 설명하고 있지만 사례를 들고 있지는 않다.
③ 행정상 손해 배상의 문제점과 대안 모두 제시하고 있지 않다.
④ 행정 구제 제도의 변천 과정을 제시하고 있지 않으므로 적절하지 않다.
⑤ 행정 구제 제도에 대한 다양한 관점을 소개하고 있지는 않다.

067

정답 ②

해설 행정 심판의 법적 근거에 대한 내용은 나타나지 않으므로 적절하지 않다.
① 5문단: 행정 소송의 성립 요건으로 자격 있는 당사자의 소송 제기와 소송으로 보호받을 당사자의 실질적인 이익, 급박한 사안을 제시하고 있다.
③ 3문단: 행정상 손해 배상의 대상으로 공무원의 위법한 직무 행위와 영조물의 설치·관리상의 하자로 인한 손해를 언급하고 있다.
④ 3문단: 행정상 손실 보상의 방법으로 현금 보상과 물건으로 하는 보상을 언급하고 있다.
⑤ 3문단: 행정상 손실 보상의 도입 취지로 적법한 행정 작용으로 인한 손실을 사회 전체가 공평하게 부담해야 한다는 것을 언급하고 있다.

068

정답 ⑤

해설 공공을 위한 적법한 행정 작용으로 피해를 입었다면 이를 구제하는 것은 행정상 손실 보상이다. 따라서 [A]에서 언급한 대로 협의가 성립되지 않을 때 행정 기관의 결정을 요청할 수 있으므로, 이의 신청을 거친 경우에 한해 행정 기관의 결정을 요청할 수 있는 것은 아니다.

① 배상 심의회에 배상금 지급 신청을 한 신청자는 배상 심의회의 결정을 받아들일 수 없을 경우, 법원에 소송을 제기할 수도 있다.
② 맨홀 뚜껑의 관리 하자로 인해 손해가 발생했으므로 이로 인한 손해를 구제하는 것은 행정상 손해 배상이다. 행정상 손해 배상은 배상 심의회에 배상금 지급을 신청할 수 있다.
③ 주민들을 위한 도로 공사는 공공을 위한 적법한 행정 작용이므로 이로 인한 손실을 구제하는 것은 행정상 손실 보상이다. 행정상 손실 보상은 당사자 간의 협의로 보상액을 결정할 수도 있다.
④ 행정 기관의 결정 절차를 거치고도 보상 문제가 해결이 되지 않았을 때에는 이의 신청을 하거나 법원에 소송을 제기할 수 있다.

069

정답 ②

해설 5문단에서 행정 심판 시 기각 결정을 받은 경우에도 행정 소송이 가능하다고 했다.

070

정답 ⑤

해설 각 문단의 핵심 내용을 파악하는 문제이다. 독해 능력을 향상시키려면 각 문단의 중심 내용과 중심 문장을 찾는 연습을 지속적으로 해야 한다. 5문단은 당뇨병 치료에 바이러스를 활용한 유전자 재조합 기술이 성과를 거두고 있다는 내용이다.

071

정답 ①

해설 〈보기〉에서는 인슐린을 합성할 수 있는 정상적인 유전자를 췌장의 베타 세포에 주입하여 세포를 정상적으로 만드는 것이 당뇨병 치료의 완전한 방법임을 밝히고 있다. 그러나 [A]에서는 현대 의학이 유전자 재조합 기술을 활용하여 인슐린을 외부에서 합성한 후 인체에 보충해 주고 있다고 하였다. 이렇게 인슐린 주사로 부족한 인슐린을 보충하는 것은 세포 자체를 정상화하는 것이 아니므로 근본적인 치료가 될 수 없다.

072

정답 ④

해설 'ㄷ'에서 숙주의 단백질 합성 기구는 바이러스 복제에 필요한 효소를 만들어 내고, 이 효소는 유전 물질을 복제하는 역할을 한다. 그러므로 숙주의 단백질 합성 기구가 바이러스에 힘을 가하여 대량 증식을 일으키게 한다는 설명은 적절하지 않다.

① 4문단: 유전자 재조합 기술에서는 재조합 DNA를 인위적으로 만들어 사용한다.

② 4문단: 유전자 재조합 기술에서 유전자 운반체로 사용되는 것 중 하나가 바이러스의 일종이라고 하였다.

③ 3문단: 숙주 세포를 그대로 둔 채 바이러스만 죽이는 것은 어렵다고 하였다.

⑤ 2문단: 복제된 바이러스 유전 물질이 단백질 껍질 속으로 들어가는 조립 과정을 거치면 새로운 바이러스가 완성된다고 하였다.

073

정답 ④

해설 4문단에서 카라바지오가 창안한 테너브리즘이 공간을 회화적으로 재현한다는 점에서 선 원근법보다 진일보했다고 했으므로 적절하지 않다.

① 1문단: 바로크 미술이 극적인 면을 추구하여 미술에 생동감을 불어넣었다는 진술에서 확인할 수 있다.

② 1문단: 르네상스 미술이 이상적이고 안정감 있는 아름다움을 추구하였다는 진술에서 확인할 수 있다.

③ 5문단: 빛과 어두움을 대비시키는 카라바지오의 기법이 새로운 화풍을 낳는 창조적 자극이 되었다는 진술에서 확인할 수 있다.

⑤ 4문단: 테너브리즘이 공간의 깊이감과 인물의 양감을 자연스럽게 드러내었다는 진술에서 확인할 수 있다.

074

정답 ③

해설 앉아 있는 마태오 일행과 서 있는 예수 일행은 대조적인 모습이기 때문에 안정적이라고 할 수 없다. 또한 안정적인 아름다움은 르네상스의 특징에 해당하는 내용이므로 적절하지 않다.

① 2문단에서 당시 대중들은 이상화된 성자를 보고 싶어 했고 범인(凡人)의 모습에는 반감을 느꼈다고 하였으므로 적절한 감상이다.

② 그림의 오른쪽 예수 일행의 머리 위에 빛이 들어오고 있고, 4문단에서 빛은 예수의 신성을 드러내는 방법으로 사용되었다고 하였으므로 적절한 감상이다.

④ 그림에 빛과 어두움의 대비가 나타나 있고, 4문단에서 이러한 요소가 감정적인 효과를 강렬하게 전달한다고 하였으므로 적절한 감상이다.

⑤ 그림에서 마태오 일행의 모자 장식, 칼 등이 세부적으로 묘사되어 있고, 3문단에서 이와 같은 요소가 감상자로 하여금 그림의 이야기 속에 함께 있는 듯이 느끼게 한다고 하였으므로 적절한 감상이다.

075

정답 ②

해설 글쓴이는 푸코의 견해를 인용하여 권력을 소유로 간주하는 통념을 부정하고 있다. 그리고 사회 통제 체계와 밀접하게 연관되어 있는 권력의 실체에 대해 올바른 안목으로 바라보아야 한다고 주장하고 있다.

① · ⑤ 각각 4문단과 1문단에서 부분적으로 언급한 내용이다.

③ 제시문에 없는 내용이다.

④ 5문단에서 지식의 가치 판단 기준은 '진실'이라고만 언급하였다.

076

정답 ③

해설 〈보기〉에서는 권력을 빌려서 가지고 있는 것으로 인식하여 자기 것으로 생각하면서 집착하는 태도를 경계하고 있다.

① · ② · ④ 〈보기〉에 언급되어 있지 않다.

⑤ 힘과 권세를 빌려서 가진 것으로 보고 있으므로, 권력 관계를 지배 · 피지배의 이분법적 관계로 보는 것은 잘못된 것이다.

077

정답 ⑤

해설 3문단에서 '권력관계'가 형성되는 조건은 사람 간의 불균형한 힘의 관계, 소유가 아니라 행사되는 관계로 제시하고 있다. 연극반 반장으로서 반원들에게 업무를 분배하고 지시하는 것에서 반장과 반원의 힘의 불균형을 확인할 수 있다.

① · ③ 힘의 불균형이 없는 관계이다.

② 강 박사의 개인적인 연구이다.

④ 온라인에서 이루어지는 '나'와 '아바타'의 관계이다.

078

정답 ⑤

해설 참가 신청서나 개인 정보 수집 · 이용 및 제공 동의서는 스캔하여 동영상 파일과 함께 압축해서 제출해야 한다.

① 제출 파일은 하나의 파일로 압축해서 제출해야 한다.

② 복수 응모는 가능하나, 동일인에게 중복 시상은 하지 않는다.

③ 학생과 현직 교원이 공동 제작하여 참여할 수 있으나, 현직 교원과 예비 교원이 공동 제작하여 참여할 수는 없다.

④ 형식에는 제한이 없다.

079

정답 ④

해설 추상주의에 반대해 출현한 포토 리얼리즘은 사진을 보고 그대로 그림으로 그려 작가의 의도를 배제하고 대상을 제시하려는 경향을 보여 주고 있다. 그러나 이 글에는 포토 리얼리즘의 유형, 종류 등에 관한 언급은 제시되어 있지 않다.

①은 3문단, ②는 1문단, ③은 2문단, ⑤는 4문단에 제시되어 있다.

080

정답 ⑤

해설 〈보기〉는 사진을 보고 있는 그대로를 그렸다는 점에서 대상을 어떻게 재구성할지 고민할 필요가 없었을 것이다.

① 이 글을 참고할 때, 〈보기〉의 그림은 포토 리얼리즘 화가가 뉴욕 거리의 풍경을 담은 실제 사진을 보고 그림으로 그린 것이라 추측할 수 있다.

② 2문단: 포토 리얼리즘 화가들의 일상적인 풍경을 담은 그림을 보면 대중들도 쉽게 미술 작품을 감상할 수 있는 기회를 갖게 된다.

③ 3문단: 포토 리얼리즘 미술은 대상의 윤곽을 섬세하게 표현하여 마치 사진인 듯한 효과를 준다.

④ 3문단: 포토 리얼리즘 화가들은 대상을 사실적으로 표현하기 위해 물감의 양을 최소화하여 그림을 그렸다.

081

정답 ③

해설 이 글은 약물 반응 검사와 대출 승인 과정의 사례 분석을 통해 '채택의 오류'와 '기각의 오류'가 나타나는 현상에 대해 설명하고 있다.

082

정답 ④

해설 약물 검사관 입장에서는 채택의 오류에 대해 명예 훼손 소송이라든가 검사 기관의 신뢰도 상실 등의 대가가, 은행 입장에서는 기각의 오류에 대해 대출금을 상환받지 못해 손실을 입는 대가가 비교적 분명하게 드러난다고 했다. 따라서 약물 검사관 입장에서는 채택의 오류를, 은행은 기각의 오류를 줄이려 할 것이다.

083

정답 ⑤

해설 ㉡은 양쪽 관계에서 한쪽이 올라가면 다른 쪽이 내려가고, 한쪽이 내려가면 다른 쪽이 올라가는 관계이다. '모집 정원을 채워 선발할 때의 남자와 여자의 비율'도 이와 같은 시소 관계에 있다. 예를 들어 100명을 채워 선발할 때 남자가 50명이면, 여자도 50명이다. 그런데 남자를 70명으로 늘리면 여자는 30명으로 줄어들고, 남자를 30명으로 줄이면 여자는 70명으로 늘어나는 시소 관계를 가지게 된다.

②·③·④ 비례 관계를 나타낸 예이다.

084

정답 ①

해설 소비자 피해 전체 건수는 2017년 감소했다가 2018년에 증가하고 있다.

③ 계약 관련 피해는 82.3%로서 피해 유형 중 가장 높은 비율을 차지한다.

④ 부당 행위와 관련된 소비자 피해 건수가 전년 대비 가장 많이 감소한 해는 80건이 감소한 2017년이다.

⑤ 품질·A/S와 관련된 피해는 2018년에 전년 대비 97건이 증가하여 피해 유형 중 가장 많이 증가한 것으로 나타난다.

085

정답 ④

해설 청소년과 성인의 스마트폰 과의존 위험군 비율은 2015년까지 격차가 점차 벌어졌다가 2016년부터는 좁혀지는 것으로 나타났다.

① 60대의 스마트폰 과의존 위험군은 2016년부터 나타났다.

② 청소년 과의존 위험군 비율이 줄어든 것은 2015년 이후이다.

③ 유아동은 2015년부터, 60대는 2016년부터 스마트폰 과의존 위험군이 나타났으므로, 유아동의 스마트폰 과의존 위험군이 더 빨리 나타났다.

⑤ 유아동의 스마트폰 과의존 위험군 비율이 성인보다 높아진 것은 2016년부터이다.

086

정답 ⑤

해설 스마트폰에 여러 번 하자가 발생하여 제품을 교환·환불해 주는 기준은 '품질 보증 기간 이내(1년)'에서 '품질 보증 기간 중 수리 접수일을 기준으로 최근 1년'으로 변경됐다.

087

정답 ④

해설 지역 가입자의 건강 보험료는 전년 대비 2015년 2,247원, 2016년 3,655원, 2017년 2,927원이 오르고, 2018년에는 1,912원이 감소한 것으로 나타나, 가장 많이 인상되었던 해는 2016년임을 알 수 있다.

② 지역 가입자의 경우, 2017년 87,458원에서 2018년 85,546원으로 감소했다.

③ 직장 가입자의 건강 보험료는 전년 대비 2015년 3,464원, 2016년 3,997원, 2017년 2,942원, 2018년 5,186원씩 오른 것으로 나타나 2018년에 가장 많이 인상되었음을 알 수 있다.

⑤ 매해 건강 보험료 부담액을 보면 직장 가입자가 지역 가입자보다 많은 금액을 내고 있다.

088

정답 ①

해설 2017년의 남녀 비만율은 2016년에 비하여 모두 감소했다.

② 여성의 비만율이 가장 높은 해는 2012년으로 28%였다.

③ 2012년 비만율이 가장 높은 연령대는 40~49세로 39.2%의 비만율이 나타났다.

④ 19세~29세의 비만율이 같았던 해는 2012년과 2013년으로, 22.4%로 나타났다.

⑤ 2010년 60~69세의 비만율이 40.7%로 가장 높게 나타났다.

089

정답 ④

해설 개선 전인 현재는 열차가 90분 지연될 경우, KTX는 50%를, 일반 열차는 25%를 환급받을 수 있다. 그러나 개선 후에는 KTX나 일반 열차 모두 50%를 환급받을 수 있으므로, 열차의 종류에 따라 환급 금액이 같은 것은 개선되기 전이다.

090

정답 ②

해설 A 씨는 열차가 65분 지연되어 환불을 받는 것이므로, 원래 열차표 가격 49,300원의 50%인 24,650원을 환불받을 수 있다.

091

정답 ④

해설 저녁연기는 [저녁년기] → [저녕년기]의 음운 변동이 일어나는 단어로, 'ㄴ' 첨가 1회와 교체(유음화) 1회가 일어나므로 '들일'의 음운 변동 현상과 같다.

① 물엿 → [물녓] → [물련]의 음운 변동이 일어나는 단어로, 'ㄴ' 첨가 1회와 교체(평파열음화, 유음화) 2회가 일어난다.

② 홑몸 → [혼몸] → [혼몸]의 음운 변동이 일어나는 단어로, 교체(평파열음화, 유음화) 2회가 일어난다.

③ 닫히다 → [다티다] → [다치다]의 음운 변동이 일어나는 단어로, 축약(거센소리되기) 1회와 교체(구개음화) 1회가 일어난다.

⑤ 직행열차 → [지캥열차] → [지캥녈차]의 음운 변동이 일어나는 단어로, 축약(거센소리되기) 1회와 첨가('ㄴ' 첨가) 1회가 일어난다.

092

정답 ④

해설 '되깔리다'에서 '되-'는 '도리어' 또는 '반대로'의 뜻을 더하는 접두사이므로, '되넘겨짚다'와 같은 의미로 사용되고 있다.

> 되깔리다: 도리어 눌려서 깔리다.
> 되넘겨짚다: 넘겨짚으려는 사람을 이쪽에서 도리어 넘겨짚다.

①·⑤ '되팔다'와 '되돌아가다'에서의 '되-'는 '도로'를 뜻하는 접두사이다.

> 되팔다: 산 물건을 도로 팔다.
> 되돌아가다: 원래 있던 곳이나 원래 상태로 도로 돌아가다.

②·③ '되풀다'와 '되씹다'에서의 '되-'는 '다시'를 뜻하는 접두사이다.

> 되풀다: 묶인 것을 다시 풀거나 도로 풀다.
> 되씹다: 씹었던 것을 다시 씹다.

093

정답 ③

해설 'ㄱ'과 'ㄹ'은 각각 체언(마음)과 연결 어미(-면) 뒤에, 'ㄴ'과 'ㄷ'은 모두 종결 어미(-어, -고) 뒤에 붙어서 청자에게 존대의 뜻을 나타낸다.

094

해설 ㄴ: '네/아니오'의 대답을 요구하는 판정 의문문이므로, 의문형 종결 어미 '-녀'가 붙었다.

ㄷ: 내용에 대한 설명을 요구하는 설명 의문문이므로, 의문 보조사 '고'가 붙었다.

ㄱ: '네/아니오'의 대답을 요구하는 판정 의문문이므로, 의문 보조사 '가'를 붙인 '죵가'로 써야 한다.

ㄹ: 내용에 대한 설명을 요구하는 설명 의문문이므로, 의문형 종결 어미 '-뇨'를 붙인 '니르ᄂᆞ뇨'로 써야 한다.

095

정답 ⑤

해설 ① 액자 구성: 액자가 그림을 둘러서 그림을 꾸며 주듯, 바깥 이야기(외부 이야기)가 그 속의 이야기(내부 이야기)를 액자처럼 포함하고 있는 기법을 말한다.

② 전기적 구성: 현실적으로 불가능한 배경이나 사건이 중심이 되어 이야기가 전개되는 것을 말한다.

③ 초점화 구성: 어디에 초점을 두고 이야기를 전개하고 있는가에 대한 인지적 시점으로 이야기가 진행되는 것을 말한다.

④ 옴니버스 구성: 원래 옴니버스는 합승마차라는 뜻인데, 비슷한 방향성을 지닌 의미를 내포하는 구성으로, 일어나는 사건뿐만이 아니라 인물과 배경도 전혀 다른 독자적인 이야기를 한데 묶어 놓은 구성을 말한다. 옴니버스식 구성은 각기 독립되어 있기는 하지만 주제는 같은 이야기들을 하나의 구조에 엮어 놓은 구성 방식을 뜻한다.

096

정답 ③

해설 총 3,924구로 된 장편 기행 가사로, 여정이 자세하고 서술 내용이 풍부하며, 치밀한 관찰력으로 대상을 자세하고도 객관적으로 묘사하여 생동감을 주는 작품이다. 운문의 형식이지만 관찰, 보고의 내용으로 산문에 가깝다. 우리말로 기록하여 서민 계층의 독자들이 쉽게 읽을 수 있도록 배려한 것이 특징이다. 김인겸의 「일동장유가」와 더불어 조선 후기 기행 가사의 대표적인 작품으로 평가받는다.

① 만언사: 조선 정조 때 안조원(安肇源, 또는 안조환)이 지은 유배 가사로, 추자도로 유배된 사건을 배경으로 하고 있다.

② 유산가: 서울·경기 12잡가 중 하나로, 봄을 맞아 구경하기를 권하고 봄산의 아름다운 경치를 노래한다.

④ 열하일기: 조선 정조 때 실학자인 박지원이 청나라를 여행하고 돌아와 쓴 기행 문집이다. 발달한 청나라의 문물이 두루 소개되어 있고, 사회를 풍자한 소설도 실려 있다.

⑤ 일동장유가: 조선 영조 때 김인겸이 일본 통신사를 수행하면서 지은 기행 가사이다. 작자의 공정한 비판, 기발한 위트와 해학, 정확한 노정(路程)과 일시(日時)의 기록, 상세한 기상(氣象) 보고와 자연 환경의 묘사 등이 잘 나타나 있어서 기행문의 모범이라 할 만하다.

097

정답 ①

해설 〈보기〉는 윤흥길의 「장마」를 설명한 내용이다. 이 작품은 민족적 공통분모인 반근대적 공동체 감각의 회복에서 분단 극복의 가능성이 있음을 시사하는 문제작이다. 재래적인 신화적 사고에 기초한 민족 동질감의 회복을 통해 이데올로기의 해체를 시도함으로써 분단 문제를 소설적 형상화한 하나의 유형을 제시한 작품으로 평가받고 있다.

② 만세전: 염상섭의 작품으로, 연재될 당시에는 「묘지」라는 제목이었으나, 곧 단행본으로 출간되면서 「만세전」으로 제목이 고쳐졌다. 이 작품은 3·1 운동 직전인 1918년 겨울을 시간적 배경으로 하여 도쿄 유학생인 주인공 이인화가 조선에 있는 아내가 위독하다는 전보를 받고 귀국하는 동안 목격하게 되는 여러 현실들을 사실적으로 묘사하고 있다.

③ 수난이대: 하근찬의 작품으로 일제 식민지 시대의 고통과 6·25 전쟁의 참극을 겪어 나가는 두 세대의 아픔을 동시에 포착하면서 민족적 수난의 역사적 반복성을 의미 있게 함축한 작품이다. 징용에 끌려갔다 한쪽 팔을 잃은 박만도가 6·25 전쟁에서 다리를 잃고 돌아온 아들 진수를 업고 집으로 돌아오는 모습에서 아픔을 극복하는 방법을 탐색하게 한다.

④ 카인의 후예: 황순원이 쓴 장편 소설로, 광복 직후 북한의 공산 정권 치하에서 정치적 시련을 겪던 끝에 자유를 찾아 남하할 것을 결심하게 되는 한 지식인의 삶의 과정을 통해 당시의 이념 대립의 격동적 현실을 그린 저자의 대표적인 작품이다.

⑤ 꺼삐딴 리: 전광용이 지은 단편 소설로, 심리주의적 경향을 보인 그의 다른 대표작과는 달리, 사회적 존재로서의 한 개인의 이기적, 속물적 근성의 일부를 표현한 소설이다.

098

정답 ⑤

해설 ① 김광균: 정지용, 김기림 등과 함께 한국 모더니즘 시 운동을 선도한 시인으로, 도시적 감수성을 세련된 감각으로 노래한 기교파를 대표하고 있다. 그는 암담했던 30년대의 사회 현실로서 도시적 비애의 내면 공간을 제시하여 인간성 상실을 극복하고자 한 휴머니스트이기도 하다. 시집에는 『와사등』, 『기항지』, 『황혼가』 등이 있다.
② 박용철: 「떠나가는 배」 등 식민지의 설움을 묘사한 시로 세상에 알려졌으나 실상은 이데올로기나 모더니즘을 지양하고 순수시적 경향을 보였다. 김영랑, 정지용 등과 함께 시문학파를 형성했다.
③ 유치환: 1931년 시 「정적」을 발표하여 문단에 등단하였다. 그 뒤 잡다한 직업을 전전하다가 1939년 첫 시집 『청마시초』를 발간하였다. 여기에 초기의 대표작인 「깃발」, 「그리움」, 「일월」 등이 수록되었다. 1940년 가족을 거느리고 만주로 이주하여, 농장 관리인 등에 종사하면서 5년여에 걸쳐 온갖 신산을 맛보고, 광복 직전에 귀국하였다. 이때 만주의 황량한 광야를 배경으로 한 허무의식과 가열한 생의 의지를 쓴 제2시집 『생명의 서』를 발간한다. 광복 후에는 청년 문학가협회 회장 등을 역임하면서 민족문학운동을 전개하였고, 6·25 동란 중에는 종군하여 시집 『보병과 더불어』를 썼다.
④ 조지훈: 초기 작품에서 한국의 전통의식과 민족의식을 주요 서정적 대상으로 삼고 있다. 그는 식민지 치하의 고통을 집약적으로 표현하기도 하고, 전쟁의 비극적 국면을 시화하였다. 대표작에는 「승무」, 「봉황수」, 「고풍의상」이 있다.

099

정답 ⑤

해설 남한은 종결 어미로 '-오'를 쓰지만, 북한에서는 체언의 용언형에서 비슷한 위치에 '-요'를 쓴다.
① 남북한의 연결 어미는 '-요'로 형태가 같다.
② 남한은 종결 어미로 '-오'를 쓰고, 북한은 '-오'와 '-요'를 쓴다.
③ 북한의 종결 어미는 일반적으로 '-오'가 쓰이고, 체언과 결합하는 경우에는 '-요'를 쓴다.
④ 북한의 종결 어미 '-요'의 경우 높임 말차림으로 일정한 억양이 붙어 있다.

100

정답 ③

해설 세책점은 다양한 종류의 책을 빌려주거나 판매하는 곳이다.

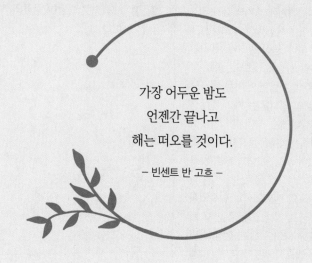

가장 어두운 밤도
언젠간 끝나고
해는 떠오를 것이다.

– 빈센트 반 고흐 –

KBS한국어능력시험 모의 답안지

답 안 지(ANSWER SHEET)

기 록 란(DATA SHEET)

	한글	
성명	한자	
	영문	
	한글	
학급	한자	
	영문	

수험번호

주민등록번호

응시일자 : 20   년   월   일

감독관 확인

객 관 식 답 란

문항	답란	문항	답란	문항	답란	문항	답란	문항	답란
1	① ② ③ ④ ⑤	21	① ② ③ ④ ⑤	41	① ② ③ ④ ⑤	61	① ② ③ ④ ⑤	81	① ② ③ ④ ⑤
2	① ② ③ ④ ⑤	22	① ② ③ ④ ⑤	42	① ② ③ ④ ⑤	62	① ② ③ ④ ⑤	82	① ② ③ ④ ⑤
3	① ② ③ ④ ⑤	23	① ② ③ ④ ⑤	43	① ② ③ ④ ⑤	63	① ② ③ ④ ⑤	83	① ② ③ ④ ⑤
4	① ② ③ ④ ⑤	24	① ② ③ ④ ⑤	44	① ② ③ ④ ⑤	64	① ② ③ ④ ⑤	84	① ② ③ ④ ⑤
5	① ② ③ ④ ⑤	25	① ② ③ ④ ⑤	45	① ② ③ ④ ⑤	65	① ② ③ ④ ⑤	85	① ② ③ ④ ⑤
6	① ② ③ ④ ⑤	26	① ② ③ ④ ⑤	46	① ② ③ ④ ⑤	66	① ② ③ ④ ⑤	86	① ② ③ ④ ⑤
7	① ② ③ ④ ⑤	27	① ② ③ ④ ⑤	47	① ② ③ ④ ⑤	67	① ② ③ ④ ⑤	87	① ② ③ ④ ⑤
8	① ② ③ ④ ⑤	28	① ② ③ ④ ⑤	48	① ② ③ ④ ⑤	68	① ② ③ ④ ⑤	88	① ② ③ ④ ⑤
9	① ② ③ ④ ⑤	29	① ② ③ ④ ⑤	49	① ② ③ ④ ⑤	69	① ② ③ ④ ⑤	89	① ② ③ ④ ⑤
10	① ② ③ ④ ⑤	30	① ② ③ ④ ⑤	50	① ② ③ ④ ⑤	70	① ② ③ ④ ⑤	90	① ② ③ ④ ⑤
11	① ② ③ ④ ⑤	31	① ② ③ ④ ⑤	51	① ② ③ ④ ⑤	71	① ② ③ ④ ⑤	91	① ② ③ ④ ⑤
12	① ② ③ ④ ⑤	32	① ② ③ ④ ⑤	52	① ② ③ ④ ⑤	72	① ② ③ ④ ⑤	92	① ② ③ ④ ⑤
13	① ② ③ ④ ⑤	33	① ② ③ ④ ⑤	53	① ② ③ ④ ⑤	73	① ② ③ ④ ⑤	93	① ② ③ ④ ⑤
14	① ② ③ ④ ⑤	34	① ② ③ ④ ⑤	54	① ② ③ ④ ⑤	74	① ② ③ ④ ⑤	94	① ② ③ ④ ⑤
15	① ② ③ ④ ⑤	35	① ② ③ ④ ⑤	55	① ② ③ ④ ⑤	75	① ② ③ ④ ⑤	95	① ② ③ ④ ⑤
16	① ② ③ ④ ⑤	36	① ② ③ ④ ⑤	56	① ② ③ ④ ⑤	76	① ② ③ ④ ⑤	96	① ② ③ ④ ⑤
17	① ② ③ ④ ⑤	37	① ② ③ ④ ⑤	57	① ② ③ ④ ⑤	77	① ② ③ ④ ⑤	97	① ② ③ ④ ⑤
18	① ② ③ ④ ⑤	38	① ② ③ ④ ⑤	58	① ② ③ ④ ⑤	78	① ② ③ ④ ⑤	98	① ② ③ ④ ⑤
19	① ② ③ ④ ⑤	39	① ② ③ ④ ⑤	59	① ② ③ ④ ⑤	79	① ② ③ ④ ⑤	99	① ② ③ ④ ⑤
20	① ② ③ ④ ⑤	40	① ② ③ ④ ⑤	60	① ② ③ ④ ⑤	80	① ② ③ ④ ⑤	100	① ② ③ ④ ⑤

KBS한국어능력시험 모의 답안지

답 안 란(ANSWER SHEET)

기 록 란(DATA SHEET)

성명	한글		
	한자		
	영문		

응시일자 : 20   년   월   일

주 민 등 록 번 호

수 험 번 호

감독관 확인

KBS한국어능력시험 모의 답안지

기 록 란(DATA SHEET)

성 명	한글	
	한자	
	영문	

답 안 란(ANSWER SHEET)

응시일자 : 20   년   월   일

수험번호

주민등록번호

감독관 확인

1. 답안지에는 반드시 연필을 사용하여
   표기해야 합니다.
   (※ 기타 필기구 사용시 불이익이 있음)
2. 표기란에는 "●"와 같이 바르게 표기
   해야 합니다.
   (좋못된 표기 예시) ⊕⊘⊙◑⊙
3. 표기란 수정은 지우개만을 사용하여
   완전(깨끗)하게 수정해야 합니다.

객 관 식 답 란

문항	1	2	3	4	5	문항	1	2	3	4	5	문항	1	2	3	4	5	문항	1	2	3	4	5	문항	1	2	3	4	5
1	①	②	③	④	⑤	21	①	②	③	④	⑤	41	①	②	③	④	⑤	61	①	②	③	④	⑤	81	①	②	③	④	⑤
2	①	②	③	④	⑤	22	①	②	③	④	⑤	42	①	②	③	④	⑤	62	①	②	③	④	⑤	82	①	②	③	④	⑤
3	①	②	③	④	⑤	23	①	②	③	④	⑤	43	①	②	③	④	⑤	63	①	②	③	④	⑤	83	①	②	③	④	⑤
4	①	②	③	④	⑤	24	①	②	③	④	⑤	44	①	②	③	④	⑤	64	①	②	③	④	⑤	84	①	②	③	④	⑤
5	①	②	③	④	⑤	25	①	②	③	④	⑤	45	①	②	③	④	⑤	65	①	②	③	④	⑤	85	①	②	③	④	⑤
6	①	②	③	④	⑤	26	①	②	③	④	⑤	46	①	②	③	④	⑤	66	①	②	③	④	⑤	86	①	②	③	④	⑤
7	①	②	③	④	⑤	27	①	②	③	④	⑤	47	①	②	③	④	⑤	67	①	②	③	④	⑤	87	①	②	③	④	⑤
8	①	②	③	④	⑤	28	①	②	③	④	⑤	48	①	②	③	④	⑤	68	①	②	③	④	⑤	88	①	②	③	④	⑤
9	①	②	③	④	⑤	29	①	②	③	④	⑤	49	①	②	③	④	⑤	69	①	②	③	④	⑤	89	①	②	③	④	⑤
10	①	②	③	④	⑤	30	①	②	③	④	⑤	50	①	②	③	④	⑤	70	①	②	③	④	⑤	90	①	②	③	④	⑤
11	①	②	③	④	⑤	31	①	②	③	④	⑤	51	①	②	③	④	⑤	71	①	②	③	④	⑤	91	①	②	③	④	⑤
12	①	②	③	④	⑤	32	①	②	③	④	⑤	52	①	②	③	④	⑤	72	①	②	③	④	⑤	92	①	②	③	④	⑤
13	①	②	③	④	⑤	33	①	②	③	④	⑤	53	①	②	③	④	⑤	73	①	②	③	④	⑤	93	①	②	③	④	⑤
14	①	②	③	④	⑤	34	①	②	③	④	⑤	54	①	②	③	④	⑤	74	①	②	③	④	⑤	94	①	②	③	④	⑤
15	①	②	③	④	⑤	35	①	②	③	④	⑤	55	①	②	③	④	⑤	75	①	②	③	④	⑤	95	①	②	③	④	⑤
16	①	②	③	④	⑤	36	①	②	③	④	⑤	56	①	②	③	④	⑤	76	①	②	③	④	⑤	96	①	②	③	④	⑤
17	①	②	③	④	⑤	37	①	②	③	④	⑤	57	①	②	③	④	⑤	77	①	②	③	④	⑤	97	①	②	③	④	⑤
18	①	②	③	④	⑤	38	①	②	③	④	⑤	58	①	②	③	④	⑤	78	①	②	③	④	⑤	98	①	②	③	④	⑤
19	①	②	③	④	⑤	39	①	②	③	④	⑤	59	①	②	③	④	⑤	79	①	②	③	④	⑤	99	①	②	③	④	⑤
20	①	②	③	④	⑤	40	①	②	③	④	⑤	60	①	②	③	④	⑤	80	①	②	③	④	⑤	100	①	②	③	④	⑤

KBS한국어능력시험 모의 답안지

답 안 란(ANSWER SHEET)

객 관 식 답 란

문항	1	2	3	4	5	문항	1	2	3	4	5	문항	1	2	3	4	5	문항	1	2	3	4	5	문항	1	2	3	4	5
1	①	②	③	④	⑤	21	①	②	③	④	⑤	41	①	②	③	④	⑤	61	①	②	③	④	⑤	81	①	②	③	④	⑤
2	①	②	③	④	⑤	22	①	②	③	④	⑤	42	①	②	③	④	⑤	62	①	②	③	④	⑤	82	①	②	③	④	⑤
3	①	②	③	④	⑤	23	①	②	③	④	⑤	43	①	②	③	④	⑤	63	①	②	③	④	⑤	83	①	②	③	④	⑤
4	①	②	③	④	⑤	24	①	②	③	④	⑤	44	①	②	③	④	⑤	64	①	②	③	④	⑤	84	①	②	③	④	⑤
5	①	②	③	④	⑤	25	①	②	③	④	⑤	45	①	②	③	④	⑤	65	①	②	③	④	⑤	85	①	②	③	④	⑤
6	①	②	③	④	⑤	26	①	②	③	④	⑤	46	①	②	③	④	⑤	66	①	②	③	④	⑤	86	①	②	③	④	⑤
7	①	②	③	④	⑤	27	①	②	③	④	⑤	47	①	②	③	④	⑤	67	①	②	③	④	⑤	87	①	②	③	④	⑤
8	①	②	③	④	⑤	28	①	②	③	④	⑤	48	①	②	③	④	⑤	68	①	②	③	④	⑤	88	①	②	③	④	⑤
9	①	②	③	④	⑤	29	①	②	③	④	⑤	49	①	②	③	④	⑤	69	①	②	③	④	⑤	89	①	②	③	④	⑤
10	①	②	③	④	⑤	30	①	②	③	④	⑤	50	①	②	③	④	⑤	70	①	②	③	④	⑤	90	①	②	③	④	⑤
11	①	②	③	④	⑤	31	①	②	③	④	⑤	51	①	②	③	④	⑤	71	①	②	③	④	⑤	91	①	②	③	④	⑤
12	①	②	③	④	⑤	32	①	②	③	④	⑤	52	①	②	③	④	⑤	72	①	②	③	④	⑤	92	①	②	③	④	⑤
13	①	②	③	④	⑤	33	①	②	③	④	⑤	53	①	②	③	④	⑤	73	①	②	③	④	⑤	93	①	②	③	④	⑤
14	①	②	③	④	⑤	34	①	②	③	④	⑤	54	①	②	③	④	⑤	74	①	②	③	④	⑤	94	①	②	③	④	⑤
15	①	②	③	④	⑤	35	①	②	③	④	⑤	55	①	②	③	④	⑤	75	①	②	③	④	⑤	95	①	②	③	④	⑤
16	①	②	③	④	⑤	36	①	②	③	④	⑤	56	①	②	③	④	⑤	76	①	②	③	④	⑤	96	①	②	③	④	⑤
17	①	②	③	④	⑤	37	①	②	③	④	⑤	57	①	②	③	④	⑤	77	①	②	③	④	⑤	97	①	②	③	④	⑤
18	①	②	③	④	⑤	38	①	②	③	④	⑤	58	①	②	③	④	⑤	78	①	②	③	④	⑤	98	①	②	③	④	⑤
19	①	②	③	④	⑤	39	①	②	③	④	⑤	59	①	②	③	④	⑤	79	①	②	③	④	⑤	99	①	②	③	④	⑤
20	①	②	③	④	⑤	40	①	②	③	④	⑤	60	①	②	③	④	⑤	80	①	②	③	④	⑤	100	①	②	③	④	⑤

기 록 란(DATA SHEET)

성명	한글
	한자
	영문

응시일자 : 20   년   월   일

주민등록번호

수험번호

① ② ③ ④ ⑤ ⑥ ⑦ ⑧ ⑨ ⓪

수험생이 지켜야 할 일

1. 답안지에는 반드시 연필을 사용하여 표기해야 합니다.
   (※ 기타 필기구 사용시 연필을 붙이어 있음)
2. 표기란에는 필기구 사용시 "● 와 같이 바르게 표기해야 합니다.
   (잘못된 표기 예시 → ⦸⊘⊙◒●)
3. 표기란 수정은 지우개만을 사용하여 완전(깨끗)하게 수정해야 합니다.

감독관 확인

KBS한국어능력시험 모의 답안지

답 안 란(ANSWER SHEET)

기록 란(DATA SHEET)

기록 란(DATA SHEET)

성명	한글	
	한자	
	영문	

응시일자 : 20   년   월   일

수험번호

⓪	⓪	⓪	⓪	⓪	⓪
①	①	①	①	①	①
②	②	②	②	②	②
③	③	③	③	③	③
④	④	④	④	④	④
⑤	⑤	⑤	⑤	⑤	⑤
⑥	⑥	⑥	⑥	⑥	⑥
⑦	⑦	⑦	⑦	⑦	⑦
⑧	⑧	⑧	⑧	⑧	⑧
⑨	⑨	⑨	⑨	⑨	⑨

주민등록번호

감독관 확인

1. 답안지에는 반드시 연필을 사용하여 표기해야 합니다.
   (※ 기타 필기구 사용시 불이익 있음)
2. 표기란에는 "●"와 같이 바르게 표기해야 합니다.
   (잘못된 표기 예시) → ⊕⊘⊗◑⦿
3. 표기란 수정은 지우개만을 사용하여 완전(깨끗)하게 수정해야 합니다.

수험생이 지켜야 할 일

객 관 식 답 란

문항	1	2	3	4	5	문항	1	2	3	4	5	문항	1	2	3	4	5	문항	1	2	3	4	5	문항	1	2	3	4	5
1	①	②	③	④	⑤	21	①	②	③	④	⑤	41	①	②	③	④	⑤	61	①	②	③	④	⑤	81	①	②	③	④	⑤
2	①	②	③	④	⑤	22	①	②	③	④	⑤	42	①	②	③	④	⑤	62	①	②	③	④	⑤	82	①	②	③	④	⑤
3	①	②	③	④	⑤	23	①	②	③	④	⑤	43	①	②	③	④	⑤	63	①	②	③	④	⑤	83	①	②	③	④	⑤
4	①	②	③	④	⑤	24	①	②	③	④	⑤	44	①	②	③	④	⑤	64	①	②	③	④	⑤	84	①	②	③	④	⑤
5	①	②	③	④	⑤	25	①	②	③	④	⑤	45	①	②	③	④	⑤	65	①	②	③	④	⑤	85	①	②	③	④	⑤
6	①	②	③	④	⑤	26	①	②	③	④	⑤	46	①	②	③	④	⑤	66	①	②	③	④	⑤	86	①	②	③	④	⑤
7	①	②	③	④	⑤	27	①	②	③	④	⑤	47	①	②	③	④	⑤	67	①	②	③	④	⑤	87	①	②	③	④	⑤
8	①	②	③	④	⑤	28	①	②	③	④	⑤	48	①	②	③	④	⑤	68	①	②	③	④	⑤	88	①	②	③	④	⑤
9	①	②	③	④	⑤	29	①	②	③	④	⑤	49	①	②	③	④	⑤	69	①	②	③	④	⑤	89	①	②	③	④	⑤
10	①	②	③	④	⑤	30	①	②	③	④	⑤	50	①	②	③	④	⑤	70	①	②	③	④	⑤	90	①	②	③	④	⑤
11	①	②	③	④	⑤	31	①	②	③	④	⑤	51	①	②	③	④	⑤	71	①	②	③	④	⑤	91	①	②	③	④	⑤
12	①	②	③	④	⑤	32	①	②	③	④	⑤	52	①	②	③	④	⑤	72	①	②	③	④	⑤	92	①	②	③	④	⑤
13	①	②	③	④	⑤	33	①	②	③	④	⑤	53	①	②	③	④	⑤	73	①	②	③	④	⑤	93	①	②	③	④	⑤
14	①	②	③	④	⑤	34	①	②	③	④	⑤	54	①	②	③	④	⑤	74	①	②	③	④	⑤	94	①	②	③	④	⑤
15	①	②	③	④	⑤	35	①	②	③	④	⑤	55	①	②	③	④	⑤	75	①	②	③	④	⑤	95	①	②	③	④	⑤
16	①	②	③	④	⑤	36	①	②	③	④	⑤	56	①	②	③	④	⑤	76	①	②	③	④	⑤	96	①	②	③	④	⑤
17	①	②	③	④	⑤	37	①	②	③	④	⑤	57	①	②	③	④	⑤	77	①	②	③	④	⑤	97	①	②	③	④	⑤
18	①	②	③	④	⑤	38	①	②	③	④	⑤	58	①	②	③	④	⑤	78	①	②	③	④	⑤	98	①	②	③	④	⑤
19	①	②	③	④	⑤	39	①	②	③	④	⑤	59	①	②	③	④	⑤	79	①	②	③	④	⑤	99	①	②	③	④	⑤
20	①	②	③	④	⑤	40	①	②	③	④	⑤	60	①	②	③	④	⑤	80	①	②	③	④	⑤	100	①	②	③	④	⑤

KBS한국어능력시험 모의 답안지

답안 란(ANSWER SHEET)

객 관 식 답 안 란

문항	1	2	3	4	5
1	①	②	③	④	⑤
2	①	②	③	④	⑤
3	①	②	③	④	⑤
4	①	②	③	④	⑤
5	①	②	③	④	⑤
6	①	②	③	④	⑤
7	①	②	③	④	⑤
8	①	②	③	④	⑤
9	①	②	③	④	⑤
10	①	②	③	④	⑤
11	①	②	③	④	⑤
12	①	②	③	④	⑤
13	①	②	③	④	⑤
14	①	②	③	④	⑤
15	①	②	③	④	⑤
16	①	②	③	④	⑤
17	①	②	③	④	⑤
18	①	②	③	④	⑤
19	①	②	③	④	⑤
20	①	②	③	④	⑤

문항	1	2	3	4	5
21	①	②	③	④	⑤
22	①	②	③	④	⑤
23	①	②	③	④	⑤
24	①	②	③	④	⑤
25	①	②	③	④	⑤
26	①	②	③	④	⑤
27	①	②	③	④	⑤
28	①	②	③	④	⑤
29	①	②	③	④	⑤
30	①	②	③	④	⑤
31	①	②	③	④	⑤
32	①	②	③	④	⑤
33	①	②	③	④	⑤
34	①	②	③	④	⑤
35	①	②	③	④	⑤
36	①	②	③	④	⑤
37	①	②	③	④	⑤
38	①	②	③	④	⑤
39	①	②	③	④	⑤
40	①	②	③	④	⑤

문항	1	2	3	4	5
41	①	②	③	④	⑤
42	①	②	③	④	⑤
43	①	②	③	④	⑤
44	①	②	③	④	⑤
45	①	②	③	④	⑤
46	①	②	③	④	⑤
47	①	②	③	④	⑤
48	①	②	③	④	⑤
49	①	②	③	④	⑤
50	①	②	③	④	⑤
51	①	②	③	④	⑤
52	①	②	③	④	⑤
53	①	②	③	④	⑤
54	①	②	③	④	⑤
55	①	②	③	④	⑤
56	①	②	③	④	⑤
57	①	②	③	④	⑤
58	①	②	③	④	⑤
59	①	②	③	④	⑤
60	①	②	③	④	⑤

문항	1	2	3	4	5
61	①	②	③	④	⑤
62	①	②	③	④	⑤
63	①	②	③	④	⑤
64	①	②	③	④	⑤
65	①	②	③	④	⑤
66	①	②	③	④	⑤
67	①	②	③	④	⑤
68	①	②	③	④	⑤
69	①	②	③	④	⑤
70	①	②	③	④	⑤
71	①	②	③	④	⑤
72	①	②	③	④	⑤
73	①	②	③	④	⑤
74	①	②	③	④	⑤
75	①	②	③	④	⑤
76	①	②	③	④	⑤
77	①	②	③	④	⑤
78	①	②	③	④	⑤
79	①	②	③	④	⑤
80	①	②	③	④	⑤

문항	1	2	3	4	5
81	①	②	③	④	⑤
82	①	②	③	④	⑤
83	①	②	③	④	⑤
84	①	②	③	④	⑤
85	①	②	③	④	⑤
86	①	②	③	④	⑤
87	①	②	③	④	⑤
88	①	②	③	④	⑤
89	①	②	③	④	⑤
90	①	②	③	④	⑤
91	①	②	③	④	⑤
92	①	②	③	④	⑤
93	①	②	③	④	⑤
94	①	②	③	④	⑤
95	①	②	③	④	⑤
96	①	②	③	④	⑤
97	①	②	③	④	⑤
98	①	②	③	④	⑤
99	①	②	③	④	⑤
100	①	②	③	④	⑤

기 록 란(DATA SHEET)

성명	한글	
	한자	
	영문	

응시일자 : 20   년   월   일

주민 등록 번호

수험 번호

(숫자 마킹란: ⓪ ① ② ③ ④ ⑤ ⑥ ⑦ ⑧ ⑨)

감독관 확인

수험생이 지켜야 할 일

1. 답안지에는 반드시 연필을 사용하여 표기해야 합니다.
   (※ 기타 필기구 사용시 불이익 있음)
2. 표기란에는 "●"와 같이 바르게 표기해야 합니다.
   (잘못된 표기 예시 → Ⓧ ⊘ ⊗ ◑ ●)
3. 표기란 수정은 지우개만을 사용하여 완전(깨끗)하게 수정해야 합니다.